广东教育蓝皮书

BLUE BOOK OF GUANGDONG EDUCATION

盘点成就　探索问题　预测未来

广东教育改革发展研究报告

广东省教育研究院　组编

广东高等教育出版社

Guangdong Higher Education Press

广州

图书在版编目（CIP）数据

广东教育改革发展研究报告 . 2018/广东省教育研究院组
编 . —广州：广东高等教育出版社，2018.3
（广东教育蓝皮书）
ISBN 978 - 7 - 5361 - 6123 - 8

Ⅰ. ①广⋯　Ⅱ. ①广⋯　Ⅲ. ①教育改革 - 研究报告 - 广东 - 2018
Ⅳ. ①G527. 65　②G639. 21

中国版本图书馆 CIP 数据核字（2018）第 034083 号

广东教育改革发展研究报告(2018)
Guangdong Jiaoyu Gaige Fazhan Yanjiu Baogao （2018）

编　　者：广东省教育研究院
出版发行：广东高等教育出版社
地　　址：广州市天河区林和西横路/510500
电　　话：（020）87553335
印　　刷：广东信源彩色印务有限公司
开　　本：787 mm×1 092 mm　　1/16
印　　张：23.5
字　　数：409 千
版　　次：2018 年 3 月第 1 版
印　　次：2018 年 3 月第 1 次印刷
定　　价：75.00 元

广东教育蓝皮书

《广东教育改革发展研究报告（2018）》编辑委员会

学习实践习近平新时代中国特色社会主义思想　加快推进广东教育现代化

（代总序）

景李虎*

深入学习贯彻党的十九大精神和习近平新时代中国特色社会主义思想，落实省委十二届二次、三次全会和省十三届人大一次会议部署，贯彻2018年全国教育工作会议精神，需要认真总结2017年全省教育工作，清醒分析全省教育形势，谋划写好全省教育"奋进之笔"，部署2018年全省教育改革发展稳定各项任务。

一、2017年全省教育工作主要成绩

2017年，全省教育系统自觉用习近平新时代中国特色社会主义思想武装头脑、指导实践、推动工作，认真学习贯彻党的十九大精神，在省委、省政府坚强领导下，全面加强教育系统党的建设，以"争先进、当标兵、建高地"为主线，不断深化教育领域综合改革，推动教育事业迈上新台阶。

（一）深入学习宣传贯彻习近平新时代中国特色社会主义思想和党的十九大精神

把学习宣传贯彻习近平新时代中国特色社会主义思想和党的十九大精神作为首要政治任务，按照省委十二届二次全会部署，全力以赴，早谋划、早布置，通过学习、培训、宣讲、研究等手段，实现党的十九大精神在全省教育系统传达学习全覆盖。突出教育特色，树立从娃娃抓起、从学

---

* 作者简介：景李虎，男，中共广东省委教育工委书记，广东省教育厅党组书记、厅长。

生抓起的理念，开展"六个一百"宣讲活动，推进习近平新时代中国特色社会主义思想进教材、进课堂、进师生头脑、进网络、进学生社区，习近平新时代中国特色社会主义思想和党的十九大精神在广大师生心中落地生根。

（二）全面加强教育系统党建工作

加强党对教育工作的全面领导，完善高校党的领导管理体制，高校思想政治工作持续加强、不断改进，"三项机制""五项制度""六项责任制""七个防范重点"高校意识形态安全体系进一步完善。广东高校领导干部暑期读书班连续举办 20 年，已经成为全国高校领导班子建设的"金字招牌"。落实全面从严治党的主体责任和监督责任，加强对党员干部的日常教育、管理和监督，加强教育审计，营造良好政治生态。

（三）教育综合改革重点突破

研制《关于深化教育体制机制改革的实施意见》，印发《关于广东省深化高等教育领域简政放权放管结合优化服务改革的实施意见》，进一步向高校放权、为人才松绑。加强规范指引和政策解读，稳妥推进民办教育办学体制改革。

（四）教育"创强"任务圆满完成

截至 2018 年 1 月，全省教育强镇、教育强县（市、区）、教育强市覆盖率均达 100%。同时，教育"争先"顺利推进，珠三角地区的广东省推进教育现代化先进县（市、区）和先进市覆盖率分别为 100% 和 89%，除潮州市外，地级以上市实现了推进教育现代化先进县（市、区）申报零的突破。

（五）基础教育优质资源覆盖面不断扩大

统筹推进义务教育均衡优质标准化发展，实施广东省第三期学前教育行动计划，加快推动学前教育发展。出台《广东省人民政府办公厅关于增加幼儿园中小学学位和优质教育资源供给的意见》，力推增加基础教育学位供给，增加优质学位。推进普通高中优质特色多样化发展。支持经济欠发达地区建设特殊教育学校和资源教室，做好残疾适龄儿童招生入学工作。全省规范化幼儿园占比 74.57%；公办幼儿园和普惠性民办幼儿园占比 74.50%；义务教育标准化学校比例提高到 97.40%；全省普通高中省一级学校占比 48%。

（六）职业教育更加注重产教融合、协同育人

扎实推进现代职业教育体系建设，拓宽职业院校毕业生上升通道，高职本科三二分段协同育人招生计划同比增加40%。以创建现代职业教育综合改革试点省为统领，注重发挥教育和产业两个领域、学校和企业两类主体的积极性，探索实施多种办学模式，职业教育与经济社会更好融合发展。全省新增技术技能人才中，70%以上由职业院校配置。职业院校三大产业相关专业在校生所占比例，与全省三大产业结构发展目标基本一致。全省459所中等职业学校中，国重、省重学校的比例达46.8%。安排专项资金支持18所学校建设一流高职院校。

（七）高等教育以"双高"建设引领内涵发展

以"创新强校工程"为统领，以"双高"建设为牵引，完善适应高校分类发展的办学资源配置机制，为广东实施创新驱动发展战略提供有效支撑。高校人才培养模式改革持续推进，成立4个省教师教育联盟，积极探索广东"新师范"建设。出台《广东省高等学校设置"十三五"规划》，进一步优化全省高等教育布局结构。"双高"建设高校入围基本科学指标数据库（ESI）全球排名前1%的学科数量增速明显加快。截至2018年1月，全省高校已有60个学科入围ESI全球排名前1%，比2015年1月增加25个，增长71%。11所高校入选四大国际权威排行榜，位居全国第四；290个学科入选上海软科公布的中国最好学科排名，位居全国第四。

（八）民办教育持续规范发展

《广东省人民政府关于鼓励社会力量兴办教育促进民办教育健康发展的实施意见》经省政府审议通过。起草系列规范性文件，推动国家民办教育新法新政在广东落实。组织民办教育新法新政宣讲、培训100余场次。试点民办高校分类审计，排查非法集资风险，有效防控办学风险。

（九）师资队伍水平持续提高

深入实施"强师工程"，加强师德师风建设，教师队伍数量、素质、结构更加协调发展。加快构建省、市、县、校四级教师专业发展体系，扎实推进8个省级中小学教师发展中心建设，新建1个省级中职学校教师发展中心，积极推进市、县教师发展中心建设。提高教师待遇保障水平，农村教师生活补助标准提高到人均不低于900元/月。全面推进中小学教师"县管校聘"改革、中小学和高校教师职称制度改革、高校"放管服"和教师评价制度改革。

（十）考试招生制度改革有序推进

探索建立分类考试、综合评价、多元录取的考试招生制度。加快推进高职院校分类考试招生改革、"职业技能"测试方式改革试点、减少专科录取批次、实施和规范农村专项计划等 4 项高考单项改革工作。继 2016 年合并二本 A、B 类两个招生批次后，2017 年高考合并普通专科三 A 和三 B 批次。开展高中阶段学校考试招生制度综合改革试点，加快建立完善学生综合素质评价制度。

（十一）对外交流合作质量和水平稳步提升

出台《中共广东省委办公厅广东省人民政府办公厅印发〈关于做好新时期我省教育对外开放工作的实施意见〉的通知》。来粤国际学生人数稳步增长，46 所高校共招收来自 175 个国家和地区的 2.5 万名学生；在中小学就读的外籍学生达 1.3 万人。粤港澳台教育交流合作深入发展，粤港澳高校联合实验室项目创新设立，粤港澳姊妹学校数占全国 60%；在广东高校就读的港澳台侨学生 1.2 万人，占全国总规模 50%；在广东中小学就读的港澳台学生超过 8.8 万人，港澳台人士子女读书问题得到较好解决。

二、全省教育面临主要形势分析

进入新时代，全省教育改革发展站在了新的历史起点。我们的工作还有很多不足，还面临不少考验，教育发展不平衡不充分问题还比较突出。一是教育总体基本满足需求与局部发展失衡并存。广东已经建成全国最大规模的教育体系，人民群众的获得感越来越强，但发展质量还不够高，城镇化快速发展加剧了教育公共服务供给压力，珠三角与粤东西北地区之间、城乡之间、校际之间差异明显，部分地区"麻雀"教学点长期存在，部分地市尚未完成本科高等教育布局。二是教育服务能力与经济发展水平不相称。广东经济总量连续 29 年居全国第一，但教育发展支撑能力与此并不适应。人才总量多但领军人才比例小；高等学校和职业院校数量大、专业齐全但高水平院校、一流学科专业少，专业布局与产业需求不完全匹配，理工类人才培养能力不足；高等学校毕业生就业压力大与高技能人才短缺现象长期并存。三是教育供给单一无法满足教育需求多样化。当前人民群众对教育的期盼越来越高，"有学上""有书读"之后，"上好学""读好书"成为全社会的普遍心态和迫切需要。教育需求呈现越来越清晰的多样性，学习者对学习时间、场所、方式、节奏等要求越来越高，以学

习者为中心的个性化、多样化学习成为主流，传统的"一言堂""灌输式""大班化"已满足不了现实需要。四是知识驱动型教育影响人的全面发展。全面实施素质教育这么多年，考试"指挥"的教学特征仍然凸显，课堂知识灌输多、核心素养培养少，学生课业负担重、教师工作压力大、题海战术、死记硬背、片面追求升学率等问题依然广泛存在，学生和老师自我发展机会仍有较大欠缺。五是多样化学习诉求凸显教育体系不完善。知识经济、技术创新时代的教育日益向着整个社会和个人终身方向延伸，年轻父母盼着孩子有更好的早期教育，走出校门的成年人盼着有更多的职后教育机会，大量的老年人也有老有所学的诉求，学校教育向社会教育拓展的趋势越发明显。相比之下，正规教育与非正规教育、职前与职后教育、普通教育与职业教育能较好衔接贯通的终身教育体系尚未充分构建。

在今后的工作中，我们要冷静分析、准确把握全省教育及各区域发展的不平衡不充分现状，开动脑筋、创新思路，着力解决突出问题。一是妥善处理总体发展与局部落后的关系。总体发展能有效抬高底部，厚植事业发展的基础，增强人民群众的获得感；局部落后则暴露了事业发展的短板，是我们必须解决的"最后一公里"问题。二是辩证看待统一性与多样性的关系。统一性关注整体发展水平，重视发挥兜底作用，满足人民群众基本公共服务需求；多样性重视个体个性发展，体现以学习者为中心、以生为本，注重为学习者提供最适合的教育。三是努力确保教育规模与教育质量相得益彰。足够的教育规模才能满足人民群众日益增长的教育需求，体现效率优先；有效的教育质量才能契合人民群众追求教育的本质，强调注重公平。我们既要大力稳定教育规模，又要着力提升教育质量。四是协调好教育增量与教育存量的关系。教育增量必须高起点、高标准，充分发挥后发优势，着力解决突出问题，让人"眼前一亮"；同时，教育存量必须持续完善优化，在各自的水平上办出新高度。五是着力解决思想重视与脚步迟缓的矛盾。必须绷紧"建设教育强国是中华民族伟大复兴的基础工程"这根弦，牢牢抓住教育改革发展的主要矛盾，充分重视、敢于担当、改革创新、优先发展。同时，要努力解决事业发展过程中存在的步伐沉重、脚步迟缓现象，发扬"钉钉子"精神，一年接着一年干、一件事接着一件事办，把全省及各区域教育事业改革发展持续推向深入。

三、2018 年全省教育工作重点

2018 年是深入学习贯彻党的十九大精神的开局之年，是改革开放 40

周年，是决胜全面建成小康社会、实施教育"十三五"规划承上启下的关键一年。全省教育系统要高举习近平新时代中国特色社会主义思想伟大旗帜，全面贯彻党的十九大精神，紧紧围绕"五位一体"总体布局和"四个全面"战略布局，按照"三个定位、两个率先""四个坚持、三个支撑、两个走在前列"的要求，全面贯彻党的教育方针，坚持教育优先发展，以教育"争先进、当标兵、建高地"为总抓手，落实立德树人根本任务，突出抓重点、补短板、强弱项，着力解决全省及各区域教育发展不平衡不充分问题，提高教育质量，促进教育公平，办好人民满意的教育。

（一）全面实施教育系统党的建设和思想政治工作攻坚行动

一是提高政治站位，以高度的政治责任感推进教育系统党建工作。深入推进习近平新时代中国特色社会主义思想和党的十九大精神学习宣传贯彻工作，务求学懂弄通做实，推动习近平新时代中国特色社会主义思想在广东教育系统落地生根、结出丰硕成果。把握新形势，坚持问题导向，开展党建重大课题攻关，持续推动高校党建理论创新。抓住"关键少数"，让各级领导干部成为学习宣传贯彻习近平新时代中国特色社会主义思想的骨干力量、关键要素。用好广东高校学习论坛、高校领导干部暑期读书班、高校院（系）党组织负责人示范培训班、民办高校党委书记专题培训班等平台，提高党委书记和基层党支部书记的党建工作"主业"意识。树立一切工作到支部的鲜明导向，把全面从严治党延伸到支部，把思想政治工作和群众工作落到支部，使党支部真正成为教育党员的学校、团结群众的核心、攻坚克难的堡垒。进一步规范"三会一课"等组织生活制度，继续组织开展"党支部风采展示"系列活动，增强基层党组织的吸引力、感染力、凝聚力、号召力。制定加强高校基层组织建设、中小学党建工作、民办学校党建实施意见和各类党建工作考核标准，进一步完善制度保障，有效确保新时代党的建设总要求得到落实。把对党建工作的指导、督促和检查纳入教育督导内容。推动民办高校在章程中明确党建工作要求和党委政治保障地位，进一步明确党委书记进入董事会的要求，将党建工作纳入民办高校年度检查指标体系。

二是贯彻全国、全省高校思想政治工作会议精神，落实教育系统意识形态和政治安全工作责任。建立高校思想政治工作检查和通报机制，督促全省高校落实全国、全省高校思想政治工作会议任务、政策要求和硬性指标。实施广东高校思想政治工作质量提升工程，构建课程、科研、实践、文化、网络、心理、管理、服务、资助、组织"十大"育人体系，形成全

员全过程全方位"三全"育人格局，打通育人"最后一公里"。制定《广东大中小幼德育一体化工作指引》，构建社会主义核心价值观有效融入，大中小幼有机衔接、目标内容途径方法相互统一的德育工作体系。持之以恒维护教育系统意识形态安全，完善"三项机制""五项制度""六项责任制""七个防范重点"高校意识形态安全工作体系，推动高校意识形态安全工作常态化制度化；抓好中小学意识形态安全工作，增强各级教育部门和中小学的意识形态安全意识和工作水平。建立校园意识形态风险评估长效机制。指导各级各类学校建立校园应急突发事件应对和处置工作机制。

三是强化纪律建设，加大教育系统监督执纪力度和反腐败工作。进一步严肃党内政治生活，强化党内监督，严格落实中央八项规定及实施细则精神。严肃查处公款旅游、公款送礼等顶风违纪问题，巩固深化整治"四风"成果。深入开展纪律教育，运用监督执纪"四种形态"，处理党员干部存在的苗头性、倾向性问题和轻微违纪问题。继续开展"以案明纪明心"警示约谈活动，加强廉政风险防控。深入推进巡察工作，强化巡察结果运用。进一步加强高校纪委规范化建设。

（二）全面铺开教育"争先进、当标兵、建高地"

珠三角地区"争先进"工作已经基本完成，粤东西北地区"争先进"也已全面开展，今年务必尽快启动"当标兵"工作。要结合珠三角和粤东西北不同地区特点，科学设计分类评价指标，在不同地区的县（市、区）开展"当标兵"工作试点。要确保完成"到2018年，全省推进教育现代化先进县（市、区）覆盖率达到85%以上"的工作目标。会同省财政厅出台《广东省推进基础教育现代化奖补资金管理办法》，加大对粤东西北推进基础教育现代化建设工作的资金支持力度。继续实行双月通报制度，加强省奖补资金管理，加快资金支出进度，提高使用效益。

（三）全力推动学前教育普惠健康发展

近年来，全省推动实施了三期"发展学前教育三年行动计划"，先后出台促进学前教育发展和规范管理的系列文件，省教育厅、各地教育部门与相关部门通力合作，推动学前教育持续健康发展。与此同时，我们也清楚认识到，学前教育仍然是我们教育事业的短板，随着"二孩"政策实施和新型城镇化进程加快，人民群众对学前教育的需求和要求越来越高，目前的普惠性学前教育资源还不能充分满足人民群众的需求。全省各级教育部门要加快实施学前教育普惠健康发展攻坚行动。

一是落实《广东省人民政府办公厅关于增加幼儿园中小学学位和优质教育资源供给的意见》。编制 2018—2022 年幼儿园建设专项规划。各县（市、区）专项规划要经地级以上市政府审定后于 2018 年 7 月底前报省教育厅备案，各县（市、区）还要制定分年度实施方案，建立工作台账，推进专项规划实施。

二是各地市和县（市、区）要逐级编制实施第三期学前教育行动计划。目前，省教育厅正在起草《关于促进学前教育普惠健康发展的行动方案》，并计划在今年上半年召开全省学前教育工作现场会。

三是各地要新建、改扩建一批公办幼儿园和普惠性民办幼儿园。按规定确保城镇住宅小区配套建设幼儿园，并确保办成公办幼儿园或普惠性民办幼儿园。保证每个乡镇建有 1 所以上规范化公办乡镇中心幼儿园，常住人口规模 4 000 人以上的行政村举办规范化普惠性幼儿园，每个街道在合理布局的前提下至少建设 1 所公办幼儿园。

四是落实财政经费保障。2018 年省学前教育专项经费有 5.75 亿元，主要用于粤东西北地区公办幼儿园和普惠性幼儿园新建和改扩建项目，各地要做好学前教育发展资金申报、使用和绩效评价工作。各地级以上市和县（市、区）政府也要加大学前教育经费投入，设立学前教育专项经费，新增教育经费向学前教育倾斜，提高财政性学前教育经费占财政性教育经费的比例。探索建立生均拨款、收费、资助一体化学前教育经费投入机制，珠三角地区要率先建立公办幼儿园生均拨款机制，粤东西北地区也要加快步伐。同时，要建立和完善普惠性民办园的补助机制。健全资助制度，确保建档立卡等家庭经济困难幼儿优先获得资助。

五是各地要善于改革创新，研究解决部分公办幼儿园和村集体办幼儿园事业单位登记问题。我们也将继续加强与教育部和有关部门密切沟通，推动解决此类问题。有条件的地市要按照幼儿园编制标准逐步落实公办幼儿教师编制。加强对民办园教师工资指导机制探索。

六是规范幼儿园办园行为。健全幼儿教师资格准入制度，加强幼儿教师师德师风建设，提高教师法治意识和底线意识。建立健全有关部门分工负责、齐抓共管的联动监管机制，落实监管责任。按照《幼儿园办学行为督导评估办法》要求，开展规范办园行为专项督导检查，实施幼儿园办园行为常态监测。建立民办园信息公示、年检和定期视导督查制度。加强对无证园的排查治理。

（四）促进义务教育优质均衡发展

近年来，全省大力加强薄弱学校改造和标准化学校建设，合理规划城乡义务教育学校布局建设，增加城镇学校学位供给，有力推进义务教育优质均衡发展。全省121个县（市、区）已全部通过全国义务教育发展基本均衡县的督导评估认定，义务教育基本均衡发展目标已经实现。但与此同时，随着新型城镇化加快推进、人口生育政策调整、户籍制度改革以及人口流动和适龄人口规模结构改变，人民群众对中小学学位需求尤其是优质学位需求日益增长，但中小学建设仍然相对滞后，随迁子女平等接受义务教育的压力巨大，"城镇挤、乡村弱"仍然是当前基础教育改革发展面临的突出问题，现有优质教育资源不足与人民群众日益增长的优质学位需求之间的矛盾日益突显。2018年，各地要紧紧围绕促进义务教育优质均衡发展做文章。

一是建立以学生发展为本的新型教学关系。改进教师教学方式，改进学生学习方式，引导学生运用问题导向式、小组合作式、主题探究式等多种学习方法，推动学生自主学习。创新教学手段，推动现代信息技术与教育教学融合创新。改革学生评价方式，注重过程评价，推进学生综合素质评价，淡化"分分计较"。

二是着力解决中小学生课外负担重问题。切实提高课堂教学质量，提高教师现代信息技术使用能力，严格按照课程标准开展教学。探索实行弹性离校时间，通过多种方式鼓励学校、单位和教师参与课后服务。改善家庭教育，加强指导服务，加强家校联系，形成家庭学校共同育人合力。规范校外教育培训机构，探索建立负面清单制度和联合监管机制，加强对无证无照教育培训机构的整治。营造健康的教育生态，宣传全面发展、人人皆可成才、终身学习等科学教育理念，不简单以升学率和考试分数评价教育质量。

三是推动城乡义务教育一体化发展。推进县域内城乡义务教育学校建设"四个统一"和"两免一补"政策城乡全覆盖。落实《广东省人民政府办公厅关于增加幼儿园中小学学位和优质教育资源供给的意见》，全面实施消除义务教育大班额专项规划，增加学位供给，基本消除超大班额。抓好"全面改薄"落实工作。大力推动全省农村义务教育寄宿制学校建设。开展义务教育现代化学校督导评估工作。完善控辍保学督导机制和考核问责机制。保障特殊群体教育，促进教育公平发展。改革随迁子女就学机制，加强留守儿童教育关爱保护，落实好学生资助政策。深化治理结构改革，健全学校管理制度，规范义务教育学校办学行为。改进管理模式，积极探索多校协同、区域组团、同学段联盟、跨学段联合等多种办学模式，以小学、初中为主体，组建横向连通和纵向贯通的学区与集团。完善入学制度，统筹设计小学入学、小升初招生办法，严格查处变相择校行为，规范民办中小学招生行为。

（五）大力提升职业教育"校企精准对接、精准育人"水平，制订职业教育振兴发展三年行动计划

职业教育肩负着为经济社会发展培养高素质劳动者的重大使命。随着供给侧结构性改革、新旧动能转换等重大战略实施，广东高素质技术技能人才短缺问题越来越突出，一方面，高新技术企业、大企业、龙头企业招不到合适的高技能人才，另一方面，广大职业院校培养出来的学生又找不到合适的工作。为破解这一矛盾，党和国家近年对职业教育改革发展做出一系列重大部署。党的十九大报告要求"完善职业教育和培训体系，深化产教融合、校企合作"。省政府常务会议要求制定职业教育振兴发展三年行动计划，为落实《中国制造 2025》、推动制造业转型升级、培养大国工匠提供支撑。2018 年，把推进职业教育校企精准对接、精准育人作为工作重点，目的就是要落实国家和省对职业教育工作的重要部署，着力解决校企合作不够紧密、人才培养质量不高的问题，全面提升职业教育服务经济社会发展能力。希望大家齐心协力，把职业教育"双精准"品牌干出来、喊响亮。

一是着力调整职业院校布局，使办学与产业相匹配，切实提升办学条件和水平。二是着力办好一批对接龙头优势企业的一流产业学院，把职业教育办到产业园区、办到企业身边，精准感受产业和企业脉搏，倾听产业和企业声音，对接、服务产业和企业需求。三是着力完善专业动态调整机制，什么样的专业该鼓励办、什么样的专业要限制办、什么样的专业要淘汰，做到心中有数；精准对应重点产业发展，围绕"广东制造"打造高水平专业群。四是着力推进课程改革，对接行业最新标准、最新技术、最新要求、最新工艺、最新设备，企业需要什么样的人，就培养什么样的人，努力让技术技能人才培养水平和发展能力精准对接主流企业发展实际。五是着力推进校企共同育人，在人才培养上，充分发挥行业企业力量，调动行业企业积极性，通过联合制定人才培养方案、联合组织课程教学、联合开展实习实训，精准对接企业的真实生产场景和工艺过程。

省教育厅将用好政策红利，当好政策推手，配合省人大、省政府出台

一系列政策，打好政策"组合拳"，同心协力推进职业教育"双精准"落地实施。一是强化法律保障层面，配合省人大常委会做好颁布《广东省职业教育条例》工作，加大宣传力度，从法律层面明确政府、行业、企业、学校在发展职业教育过程中的责权利，为职业教育改革发展提供法治保障。二是加强政策统筹层面，配合省政府印发《关于坚持"双精准"导向促进职业教育新发展的意见》，明确推进职业教育"双精准"的工作目标、主要任务和举措保障，统筹各有关部门共同调动行业企业参与职业教育的积极性，保障校企深度融合、共同育人。三是具体工作举措层面，推进高水平高职院校建设和品牌专业建设，开展制造类专业为主的高职院校和一流产业学院建设，建成一批中等职业学校"双精准"示范专业，全面推行现代学徒制，大力拓宽职业教育人才培养通道，充分发挥职业教育集团的作用，精准对接产业和企业需求，提升技术技能人才培养质量。

（六）深入推进高等教育内涵式发展

一是启动广东省高等教育"冲一流、补短板、强特色"计划。制定《"冲一流、补短板、强特色"计划实施方案》及资金管理办法。组织参建高校编制发展规划和学科建设方案，遴选一批重点建设学科。整合原有高等教育重点建设项目，引导全省高校深化分类发展，建设一批国内领先、国际一流的大学和学科；改善粤东西北和珠三角非核心区域本科高校办学条件，提升办学水平；推进理工类高校和行业高校特色发展，着力解决高等教育发展不平衡不充分问题。紧紧围绕人才、平台和体制机制创新下大力气。

二是加强人才队伍建设。以世界眼光、全球胸怀引进人才。加强与国（境）外知名大学对接，建立高水平大学科研合作平台，举办广东省高校高层次人才海外招聘活动，支持省内高校大力引进海外高水平人才。加强高校高层次人才队伍建设，深入实施高校"珠江学者岗位计划"，支持面向全球引进创新领军人才和学术团队。完善有利于人才脱颖而出的分配激励机制，坚持向关键岗位、优秀拔尖人才、学科领军人才和优秀创新团队倾斜。

三是加强学科建设，打造高端平台。引导和支持高校主动对接省内重大创新平台、高新区、专业镇等创新载体，推动新兴产业集群发展。引导高校完善科研成果转移转化机制和办法，培育一批推进科研成果转移转化的专业机构和团队。加强粤港澳教育合作，支持粤港澳高校联盟建设。

四是狠抓体制机制创新。推动高校进一步深化人事制度改革和科研体制改革，赋予高校及科研项目负责人更大的人、财、物自主权，充分激发高校内部创新活力。优化高等学校布局，推进职业院校资源整合，支持地级以上市采取多种形式举办本科院校。继续推进一般本科院校应用型转型，全面推进高校专业认证。完善省市共建本科高校财政管理体制和预算拨款机制。

五是持续推进"新工科"建设。优化理工类学科专业结构，扩大理工类招生规模。制定出台《广东省普通高校产业学院建设指导意见》，推动高校建设一批产教融合、校企合作的产业学院。开展新工科研究与实践，共建共享工科类通识教育课程。

六是推进大学生就业创业教育深化发展。完善大学生就业创业政策，提高信息化招聘水平，注重帮助解决粤东西北大学生就业难的问题，推进高校毕业生更高质量、更充分就业。加强大学生就业规划教育，办好第二届粤港澳大湾区大学生创新创业项目对接活动。

（七）着力提高教师队伍素质

中共中央、国务院印发《关于全面深化新时代教师队伍建设改革的意见》，这是新中国成立以来党中央出台的第一个专门面向教师队伍建设的里程碑式政策文件。这充分表明新时代教师队伍建设已经上升到国家战略的高度。当前，广东正处于推进教育现代化发展的关键阶段，教师队伍是教育工作最宝贵的资源，在教师队伍建设上花多大的功夫都值得。我们要紧紧围绕"提高质量、优化结构、均衡配置"的工作重点，谋划设计好教师培养、培训、使用、管理等工作，为各级各类教育改革发展提供坚强人才保障和智力支撑。

一是全面加强师德师风建设。加强教师队伍党的建设，牢牢把握党对教师队伍建设的领导权，充分发挥党委（党组）的领导作用、党支部的战斗堡垒作用和党员教师的先锋模范作用。将思想政治素质和职业道德水平摆在首位，推进教师全员全方位全过程师德养成。发掘师德典型、选树师德先进，推进高校黄大年式教师团队创建活动，开展南粤优秀教师（优秀教育工作者、特级教师）评选。加强师德宣传，讲好师德故事，注重精神感召，弘扬正能量。强化师德考评，加强师德奖励，体现奖优罚劣。推行师德考核负面清单制度，严格落实师德"一票否决"制度，严肃惩处师德败坏、影响恶劣的"害群之马"。

二是深化教师管理制度改革。全面推进中小学"县管校聘"管理改革，县域内统筹配置教师编制和岗位，使教师由"学校人"转变为"系统

人"。落实义务教育校长教师交流轮岗制度，让教师队伍动起来、活起来、强起来。全面实施中小学教师资格考试和定期注册制度，严把教师入口关，将不合格教师清退出教学岗位。深化大中小学教师职称制度、考核评价制度改革，强化事中事后监管，激发教师教书育人的积极性、主动性、创造性。推动完善教师编制和岗位管理制度，完善符合教育行业特点的教师招聘办法，吸引优秀人才进入教师队伍。积极探索中小学校长职级制和高校人员总量管理制度。

三是深入推进教师教育振兴。启动实施"教师教育振兴行动计划"，积极推进"新师范"建设。加大对师范院校和师范专业的支持力度，建设一批高质量的教师教育基地。改革师范生招生制度，强化师范生技能培养，进一步提高师范人才培养质量和匹配度。分级分类开展师范专业认证，创建教师教育改革示范区，实施粤东西北中小学教师定向培养计划。充分发挥各类教师教育联盟、教师发展联盟的平台纽带作用，促进教师教育水平提升。

四是大力促进教师专业发展。深入实施"强师工程"。加强教师专业发展支持体系建设，强化省级中小学教师发展中心的示范引领作用。各地要整合教师培训、教研、电教等资源，建设市、县级中小学教师发展中心。要建立完善省、市、县、校既分层分类又相互衔接的教师培训体系，根据教师实际需求开展培训。要加强高校高层次人才和青年教师队伍建设，深入实施"珠江学者"岗位计划，发展壮大骨干教师队伍。要加强职业院校专业带头人和"双师型"教师队伍建设。要对标国家对教师队伍建设的新要求和本省推进教育现代化的工作目标，提升各级各类教师队伍的学历层次和学位水平。

五是补齐乡村教师队伍短板。深入实施"乡村教师支持计划"，更好地配置农村教师资源，确保农村教师队伍稳定、结构合理、素质提升。提高农村中小学从教"上岗退费"标准，重点补充农村学校紧缺的体育、艺术、信息技术等学科教师。加强农村学校教师专业培训，构建完善教师对口帮扶机制，积极推进各类教师支教行动。深入落实中小学教师工资福利待遇"两相当"，确保中小学教师工资与当地公务员同步增长。2018年乡村教师生活补助标准提高到人均不低于1 000元/月。

（八）积极加强教育信息化建设

信息化是未来教育发展最有潜力、最具活力的增长点，是促进教育公平、优质、均衡的重要手段。

一是实现优质数字资源公办民办学校全覆盖。通过征集、购买、共享等方式汇聚优质数字教育资源，形成体系完善、与中小学课程配套的基础性数字教学资源。建设和完善"粤教翔云"教育教学资源公共服务平台，并依托省平台实现全省互通共享。建成覆盖全省、开放共享的优质数字教育资源云服务体系。

二是着力推进基础教育教学课程与教学改革。分类推进不同地区信息化环境下教学与课程改革，实现信息技术与教育教学深度融合。以智慧校园建设为抓手，在全省建设一批基础环境建设良好、应用特色鲜明、教育教学改革成效明显的信息化中心学校，带动区域内其他学校发展。至2018年底，全省建设240所以上信息化中心学校。

三是以信息化促进教育治理能力和治理体系现代化。在省数字政府建设总体要求下，继续推进省级教育数据中心建设，建设各类教育业务信息系统，推动信息系统整合和数据共建共享。完善教育大数据管理、共享机制，打造教育大数据生态圈，形成基于大数据的教育科学决策和个性化教育服务体系，推动基于大数据的教育规划与决策支持系统建设与应用，开展教育大数据系统应用试点。

四是全面提升教育信息化的基础支撑能力。以深化"三通"工程为重点，加强与通信运营商合作，深入推进教育主干网升级换代与优化和各级各类学校带宽提速扩容。重点解决全省9%的课室尚未配备多媒体教学设备的问题。广泛开展基于网络学习空间的教学、教研、学习等活动，满足教育信息化与教育教学向深度应用、融合创新的重大转变。

五是提高教师信息化素养和应用能力水平。各地要切实加强教师信息技术应用能力的精准培训，通过中小学教师信息技术应用能力提升工程、"一师一优课、一课一名师"活动、教师信息化应用技能大赛、网上教研、名师工程等形式和途径，不断提升教师信息化应用水平和深度融合的能力。省属师范大学（院）及招收师范生的其他高校要研究加强师范生信息技术应用能力培养。

（九）切实促进民办教育健康发展

《中华人民共和国民办教育促进法》修订后，国家层面印发了鼓励社会力量兴办教育促进民办教育健康发展的若干意见等一系列政策性文件，标志着国家层面新时代民办教育政策框架体系基本形成。省实施意见即将出台，省教育厅将进一步加强民办学校党的建设，逐步完善省和地方配套法规政策制度体系，推进落实民办教育新法新政，有序展开分类管理改

革，促进现有民办学校平稳过渡，完善内部治理，逐步形成全省民办教育以公益导向、营利性与非营利性民办学校并举、持续健康发展的局面。主要举措包括：加强民办学校党的建设，完善省和地方配套政策制度体系，深入开展新政宣讲，建立全省民办教育相关部门间工作联席会议制度，创新多元主体合作办学体制，加大公共财政扶持力度，完善学校设置工作机制，健全资产财务管理制度和年检制度，提升教师队伍水平，保障学生、教职工和举办者合法权益，建立民办教育信息管理系统，指导现有民办高校"一校一策"平稳有序过渡。

（十）稳妥推进考试招生制度改革

全面落实2018年普通高校考试招生专项改革方案和中考改革实施意见，加强中考、高考改革的系统性、协同性，积极稳妥推进普通高考综合改革，使广大考生和家长的获得感、幸福感得到明显提升。

一是确保2018年普通高校考试招生专项改革平稳推进。各普通高校，各地市、县（市、区）和高中学校要狠抓落实，确保2018年普通高校考试招生录取改革安全平稳顺利。根据14项具体改革任务的要求，各地、各高校要制订具体的施工图、时间表和分工方案，明确责任单位和工作要求。既要注重配套措施的完善，更要注重各个环节衔接和细节完善。特别是高职院校分类考试招生改革、高端技术技能人才协同培养，要进一步打通和拓宽职业教育人才选拔培养通道。中高职贯通和专本协同要更加注重学校协同、体制协同和工作机制建立。各高校要主动对接各地、各中学，加大招生宣传力度。各地要抓好全覆盖式培训，要利用各种媒体特别是新媒体做好改革政策和内容的解读宣传。

二是确保《中考改革实施意见》有效落实。根据《广东省教育厅关于进一步推进高中阶段学校考试招生制度改革实施意见》，2018年要全面实施初中学业水平考试和综合素质评价制度改革。各地市、县（市、区）和初中学校要按照要求，抓好宣传解读和贯彻落实。各地要适应中考改革新形势，全面推进中学教育教学改革，严格规范高中自主招生工作；要督促初中学校建立真实、可信、可用的学生综合素质评价档案，全过程呈现学生综合发展状况，促进学生全面发展。

三是确保高考综合改革积极稳妥推进。高考综合改革方案的制订要缜密，推进要稳妥；要加强调研，问计攻坚，力求制定一个既符合国家要求又适应人才选拔培养且具有广东特色的高考综合改革方案。高考综合改革，涉及"教、考、招、培"各个环节，只有把涉及高考改革的基础教育和高等教育的各个主体的主动性积极性都充分调动起来，改革涉及的各项政策措施都配套完善起来，才能确保改革方案顺利实施。要引导各方面对改革有合理预期。改革方案出台后，各地要加强教育系统全员、全方位培训，让广大师生了解和掌握改革方案与具体实施办法。

（十一）认真做好政府履行教育职责评价工作

2017年5月，国务院办公厅印发《对省级人民政府履行教育职责的评价办法》。文件规定，自2018年起，每年对省级政府履行教育职责的情况进行评价，并通报评价结果。同时，文件规定，省级人民政府应结合本行政区域实际，制定具体实施方案，开展对本行政区域内各级政府履行教育职责的评价工作。2017年12月省政府常务会议审议通过了《对市县级人民政府履行教育职责的评价办法》（以下简称《办法》），今年1月8日省政府办公厅正式印发。考虑到推进教育现代化工作实际情况，今年选择广州、深圳、佛山、惠州、东莞、肇庆6个市及所辖县（市、区）开展试点，通过试点进一步完善评价方法，为2019年开展全省性评价工作奠定基础。没有被选作试点的珠三角地区和粤东西北地区在完成推进教育现代化先进县（市、区）工作的同时，要积极筹备开展2019年评价工作。各地要根据《办法》的规定，结合本地实际制定具体实施方案，开展对乡镇政府和街道办事处履行教育职责的评价工作。

以上是2018年的重点工作任务。要完成好这些工作任务，我们还需要在四个方面下功夫。

一是加强学习，增强干事创业的真本领。要认真学习、深刻领会习近平新时代中国特色社会主义思想，牢牢掌握蕴含其中的世界观、方法论，在学思践悟中融会贯通，科学指导我们的工作实践。要主动适应新时代新目标新要求，不断掌握新知识、开阔新视野、熟悉新领域，增强教育改革创新发展的本领，提升现代教育综合治理能力和水平。

二是牢记使命，强化责任担当。党的十九大报告把"优先发展教育事业"摆在"提高保障和改善民生水平"的首位，充分体现了党中央对教育事业的高度重视。全省教育系统要提高政治站位，认清历史方位，在思想上、政治上、行动上同党中央保持高度一致，自觉增强"四个意识"，始终把教育优先发展作为崇高历史使命和责任担当，把中华民族伟大复兴的基础工程做强做优做扎实。各级教育部门和各高校要切实履行好主体责任，敢于担当、勇于负责，明确各地各校的具体目标和工作任务，列出时间表和路线图，细化工作举措和分工，全力以赴抓好落实。

三是转变作风，改进工作方式方法。作风建设永远在路上。各地各高校要结合当前全省正在开展的"大学习、深调研、真落实"活动，深入开展调查研究，摸清情况、找准问题、查明原因、提出对策，用新发展理念研究解决新问题。要坚持走群众路线，从群众中来、到群众中去，认真倾听群众的意见和呼声，最大限度地激发在基层群众中蕴藏的改革动力和创新智慧。要丰富教育供给方式，优化和创新教育服务模式，不断满足新时代人民群众对教育的优质化、多样化、个性化需求，办好人民满意的教育。

四是凝聚共识，营造教育优先发展的良好社会环境。办好教育，需要有一个好的社会生态。要加强舆论引导，弘扬和倡导新时代教育理念，合理引导社会预期。要加大教育正面宣传力度，及时总结教育改革发展成果，广泛宣传典型、推广成功经验，扩大社会影响力和公信力，让社会各界真正了解教育、理解教育、支持教育，努力营造有利于教育改革发展的社会环境和氛围。

教育是中华民族伟大复兴的基础工程。在新时代伟大征程中，优先发展教育、加快教育现代化，比以往任何时候显得更为迫切。让我们更加紧密地团结在以习近平同志为核心的党中央周围，在省委、省政府坚强领导下，解放思想，大胆探索，攻坚克难，全力以赴加快推进教育现代化，为实现"三个定位、两个率先""四个坚持、三个支撑、两个走在前列"目标做出新的更大贡献！

目录
Contents

各级各类教育研究

广东教育现代化 2030 的战略考量 ················· 3

基础教育管理体制改革：历史、困境与路径 ················· 10

广东省基础教育满意度调查报告 ················· 19

广东基础教育教学改革实践探索

　　——基于 2017 广东省基础教育教学成果奖获奖情况分析 ··· 32

互联网时代幼儿园信息化建设的实践探索 ················· 47

广东省乡村小学数学课程实施状况调研报告 ················· 58

用课程夯实每一所特色学校

　　——广东省中小学特色课程建设概述 ················· 66

广东省中学化学新课程优质教学实践与研究报告 ········· 79

提高中学生物教学质量的探索与实践 ················· 94

核心素养背景下中学地理课堂教学评价研究

　　——基于组件教学的地理课堂教学设计评价 ········· 106

广东中职教师教学能力提升研究

　　——基于首届广东省中职学校青年教师教学能力大赛的

　　　　分析视角 ················· 121

广东扩大中职学生接受高等教育规模的对策研究 ········· 130

职业教育专业教学标准建设机制的构建 ················· 145

高职院校办学定位的区域特点及实证分析 ················· 153

智能制造背景下高职院校制造类专业人才培养分析 ········· 163

建立职业教育学位制度的路径方法研究 …………………… 172

人口结构变革与广东高等教育发展策略研究 …………… 183

高等教育社会培训机构对高等院校的启示

　　——基于广州地区高等教育社会培训机构的调查 ………… 195

市域高等教育系统的崛起

　　——以深圳为例 ……………………………………… 210

分类管理背景下民办教育发展的新策略 ……………… 220

教育评估研究

广东省义务教育质量监测结果运用探索 ……………… 231

中小学生综合素质评价电子平台建设 ……………… 240

广东省依法治校示范校评估实践与探索 ……………… 252

第三方教育评估机构的资格认证标准研究 ……………… 269

教育宣传出版研究

调整教育供给侧结构背景下广东应用型本科高校课程教材

体系建设研究 ……………………………………… 285

基于"互联网＋"环境下教研个性化服务应用的研发策略

研究 ……………………………………………… 298

广东省优质数字教育资源建设策略研究 ……………… 313

广东省中小学课堂教学数字化资源建设与应用创新研究 ……… 320

教育改革个案研究

以课堂教学改革推动教育内涵式发展

　　——始兴县课堂教学改革的做法与经验 ……………… 327

全面开展中小学课堂改革，促进现代化学校实验区建设

　　——中山市南头镇推进课堂教学改革的实践探索 ………… 338

后　　记 …………………………………………… 349

广东教育蓝皮书
BLUE BOOK OF GUANGDONG EDUCATION

广东教育改革发展
研究报告

2018

各级各类教育研究

广东教育现代化 2030 的战略考量

○广东省教育研究院

摘　要： 广东要实现"四个坚持、三个支撑、两个走在前列"的目标，关键在人才，根本靠教育。教育要在经济社会发展中更好发挥其基础性、先导性、全局性战略作用，必须加快推进现代化。着眼 2030 谋划广东教育改革发展，应当清晰当下广东教育发展整体水平，明确面临的机遇与挑战，树立正确的指导思想，坚持办好人民满意教育的宗旨，奠定教育基础性工程战略地位，激发教育发展的动力与活力，打造教育治理共同体，把握未来教育发展新要求。

关键词： 教育　现代化　2030

2015 年 5 月，联合国教科文组织在韩国仁川主办世界教育论坛，充分讨论"教育 2030 行动框架"，并通过《仁川宣言》。同年 11 月 4 日，在联合国教科文组织第 38 次大会正式发布"教育 2030 行动框架"。在此行动框架统领下，全球各国、各地区也纷纷结合自身实际，谋划面向 2030 年的教育改革发展蓝图。2016 年 2 月起，中国教育部启动《中国教育现代化2030》编制工作，从两个百年目标和国家现代化全局出发，着力描绘我国教育现代化发展的战略愿景，明确现代化建设的目标、路径和重大任务。广东作为全国改革开放先行地、"一带一路"倡议重要节点，被党中央、国务院寄予殷切期望，要为全国推进供给侧结构性改革、实施创新驱动发展战略、构建开放型经济新体制提供支撑，努力在全面建成小康社会、加快建设社会主义现代化新征程上走在前列，这些宏伟目标的实现，关键在人才，根本靠教育。着眼 2030，推进教育战略升级，已是广东当务之急。

一、广东教育当前所处的历史方位

千里之行，始于足下。广东要前瞻 2030 谋划教育改革发展，必先清楚地盘点自己当下的整体发展情况，通过与国内、国际相关参照对象的对比，找到恰当的坐标和方位，这是面向未来出发的逻辑起点。

（一）广东教育整体水平稳居全国第一

应该肯定的是，广东历届党委、政府高度重视优先发展教育，从第九届省委提出加快发展高等教育、建设教育强省，到第十届省委提出推进教育"五大工程"、提高教育现代化水平，到第十一届省委提出创建教育强省、争当教育现代化先进区、打造南方教育高地，率先基本实现教育现代化，再到第十二届省委提出全面推进教育现代化，形成了一整套思路清晰、目标明确、衔接有序的科学决策与工作抓手。从 1996 年普及九年义务教育，到 2002 年实现高等教育大众化，到 2010 年基本普及高中阶段教育，再到 2016 年整体实现县域义务教育均衡发展，记录了广东教育在不同历史发展阶段重点突出、特色鲜明、循序递进的科学发展轨迹。从 2015 年国家和有关省教育统计数据来看，广东学前教育入园人数排全国第 2 位，在园规模排全国第 1 位，学前教育毛入园率为 100.97%，比全国平均水平高 25.97 个百分点，比江苏省、浙江省分别高 3.37 和 3.97 个百分点；高中阶段教育招生和在校生规模在全国均排第 1 位，每万人口高中阶段在校生数按常住人口计算在全国排第 7 位，按户籍人口计算在全国排第 1 位，高中阶段教育毛入学率达到 95.66%，比全国平均水平高 7.66 个百分点；普通高校数和普通本专科在校生规模在全国均排第 2 位，研究生教育在校生规模在全国排第 7 位，成人教育在校生规模排第 1 位，高等教育进入大众化中后期阶段，高校对企业技术转让实际收入达到 1.08 亿元，占全国 4.62%，排全国第 5 位；境外来粤留学生 2.3 万人，排全国第 6 位，广东成为海外留学生来华学习的主要目的地之一。广东教育整体水平居于全国前列，这是不争的事实。

（二）广东教育整体水平与发达国家仍存在较大差距

世界经济合作与发展组织（Organization for Economic Cooperation and Development，以下简称 OECD）成员国是世界公认的发达国家，通过相关教育发展指数的比较，不难看出，广东教育整体水平与其还存在较大差距。

有关资料显示，OECD 成员国在 1999 年主要劳动力人口（25～64 岁）人均受教育年限为 11.67 年，美国、加拿大都超过 13 年，英国、德国、日本也接近 13 年。2007 年，OECD 成员国劳动力人口受过高中阶段教育人口占 44%，受过高等教育的占 27%，在 1995—2007 年间，其成员国平均大学入学率增长了近 20 个百分点，许多成员国已进入高等教育普及化阶段，韩国甚至高达 95%。而据广东省统计局发布的《"十二五"时期广东人口发展状况分析》和广东省教育厅发布的有关教育数据统计显示，截至 2015 年底，广东省 15 周岁及以上人口平均受教育年限达到 10.57 年，相当于现行国内学制设置的高中低年级教育水平，全省 6 周岁及以上常住人口中，受过高中阶段教育的占 21.40%，受过高等教育的占 11.87%，全省高等教育毛入学率为 33.02%。仅从这些人力资源开发数据对比来看，广东与发达国家差距十分明显，必须通过加快教育发展，提升人力资源开发能力和效益。

二、广东教育改革发展面临的形势

（一）国际形势深刻变化和新一轮科技产业革命要求教育有新发展

放眼国际，当今世界正进入大发展大变革大调整时期，世界多极化、经济全球化、文化多样化、社会信息化深入发展，各国相互联系和依存日益加深，打造人类命运共同体已成为时代使命。新一轮科技革命和产业变革蓄势待发，"互联网＋"、云计算、大数据、智能机器人、3D（三维）打印等现代技术迅猛发展，深刻改变着人类的思维、生产、生活和学习方式，正在创造新产业、新业态。加快推进各级各类教育内涵发展，着力提高教育质量，构建现代国民教育体系和终身教育体系，培养大批创新人才，已成为人类共同面临的重大课题和应对诸多复杂挑战、实现可持续发展的关键。

（二）贯彻落实国家重大战略要求教育有新担当

我国已处于决胜全面建成小康社会，开启全面建设社会主义现代化国家新征程的关键节点，统筹推动"五位一体"总体布局和协调推进"四个全面"战略布局，落实"两个百年"奋斗目标，贯彻落实创新、协调、绿色、开放、共享的新发展理念，深化供给侧结构性改革，建设现代化经济体系，深入实施创新驱动发展战略，加快建设创新型国家，实施"中国制造 2025"，推进"一带一路"建设，这些都有赖于把教育作为基础工程，加快建设教育强国，加快推进教育科学发展，提升教育整体水平和综合实力，培养规模宏大、结构合理、素质优良的创新型人才。

（三）广东经济社会科学发展对教育提出新期盼

广东正处于经济发展向形态更高级、分工更优化、结构更合理的阶段演化，社会结构深刻变动，人口结构、消费需求和利益格局呈现一系列新特征。为实现"四个坚持、三个支撑、两个走在前列"目标，广东省正大力实施创新驱动发展战略、振兴粤东西北地区战略，着力打造"一带一路"重要枢纽、经贸合作中心、自贸试验区、国家科技产业创新中心、国家自主创新示范区、珠三角金融改革创新试验区、珠三角国家自主创新示范区、国际一流粤港澳大湾区和世界级城市群，贯彻落实省委省政府的重大战略部署，关键在人才，基础在教育。美国国家经济开发署研究结果显示：劳动年龄人均受教育年限每增加一年，由此对应的经济总量至少可以增加两个百分点。有了一流的教育，才有一流的人才。有了现代化的教育，才能为经济社会现代化提供坚强的保障。必须加快推进教育优质发展，充分发挥教育人才培养、科技创新、社会服务、文化传承创新功能，以教育功能发挥促进经济社会发展战略实现，以发展教育争取主动、赢得未来。

三、广东教育现代化 2030 的总体思考

（一）树立正确的指导思想

推进教育现代化 2030 是个宏大的系统工程，使命光荣，任务艰巨，必须要高举中国特色社会主义伟大旗帜，以邓小平理论、"三个代表"重要思想、科学发展观、习近平新时代中国特色社会主义思想为指导，按照"五位一体"总体布局和"四个全面"战略布局，全面贯彻党的教育方针，牢固树立并自觉践行新发展理念，遵循经济社会发展规律、教育教学规律和人的成长成才规律，扎根广东大地，瞄准世界前沿，推动各级各类教育内涵发展水平新跨越，大力推进教育理念、体系、制度、内容、方法、治理现代化，不断夯实教育公平的厚度，提升教育质量的高度，扩大教育惠民的广度，增强教育育人的温度，提高教育服务的精度，加强教育保障的力度，保证教育治理的效度，加快发展广东特色、国内一流、世界水平的现代教育，建成以人的现代化为核心、涵盖全民、充满生机与活力的现代教育体系；培养具有家国情怀、世界眼光、能够参与国际事务及国际竞争

的人才；打造教育共同体，实现教育攸关方和谐联动、同向发力，形成全社会共同参与的教育治理新格局；服务国家战略和广东经济社会向高端发展，建成具有重要国际影响力的中国南方教育高地，教育综合实力、整体质量达到发达国家平均水平，为广东实现"四个坚持、三个支撑、两个走在前列"提供强大支撑，为实现"两个一百年"奋斗目标和中华民族伟大复兴的中国梦做出应有贡献。

（二）坚持办好人民满意教育的宗旨

教育不是虚无缥缈的东西，也不是主观想象的东西，而是实实在在的，具有可操作性的事业。其内容、标准是客观的，这个内容、这个标准不是别的，就是人民的根本利益、人民的根本意志、人民的根本需求。教育不能仅为某一阶层、某一集团服务，而应为最广大的人民群众服务；不能成为某一阶层、某一集团谋利之工具，而应成为最广大人民群众获得幸福、快乐之源泉。办好人民满意的教育是教育发展的根本任务、根本要求。因此，必须坚持促进教育公平发展，教育公平具有起点公平的意义，是社会公平的重要基础，可以使人们通过自身努力，提升参与平等竞争的能力。因此，要更加突出教育公益性和普惠性，进一步推进基本公共教育服务均等化，保障人民群众接受良好教育的机会，必须坚持促进教育均衡优质发展，通过政策制定及资源调配提供相对均等的教育机会和条件，以客观公正的态度和科学有效的方法实现教育效果和成功机会的相对均衡，努力促进城乡、区域、校际教育均衡发展；必须坚持促进教育协调发展，注重统筹教育与经济社会发展相协调，统筹各级各类教育规模、结构、质量、效益发展相协调，统筹城乡、区域教育发展相协调。

（三）奠定教育基础性工程战略地位

把发展教育作为最根本的国计和最大的民生，通过教育发展破解经济社会全局性的困难和问题。切实将教育放在优先发展的战略地位并融入公共政策制定实施全过程，将人才资源作为第一资源，将教育作为开发人力资源第一途径，将教育投入作为第一投入，推进教育率先实现现代化。一方面，各级党委、政府必须把推动教育事业优先发展作为关系全局的重要职责，将教育纳入现代化建设的整体布局中，切实保证经济社会发展规划优先安排教育、财政资金优先保障教育投入、公共资源优先满足教育和人力资源开发需要。各级领导要饱含真情抓教育、遵循规律办教育、扑下身子干教育，加强对教育工作的调研和专题研究，切实解决教育热点难点问题，真正把办好人民满意的教育从领导干部的口号变为人民群众的口碑。另一方面，各部门要牢固树立全局意识，强化责任意识，摒弃本位主义，从国家命运、民族前途、群众利益的高度看待教育、理解教育、支持教育，形成推动教育科学发展强大合力。

（四）激发教育发展的动力与活力

教育要发展，关键靠改革。必须以改革为抓手、为先导、为动力，推进教育事业科学发展，实现教育现代化。深化教育领域综合改革，强化改革的系统性、整体性、协同性，既综观现代教育体系的各领域各环节全过程，又把握教育与经济社会发展关系和教育内部各主体关系，调动各方面积极性、创造性，激发教育发展活力，为推进教育现代化提供强大动力。充分认识改革的紧迫性和艰巨性，在分歧中找共识、在不同利益中求平衡、在前进中保稳定；切实增强改革的科学性，加快建立起一套支撑教育现代化的体制机制，科学设计实现路径，把握科学方法，确保改革积极稳妥有序推进；全面把握改革的系统性，以素质教育为核心，加强顶层设计，整体谋划、系统推进教育各重点领域和关键环节的综合改革；务求改革的突破性，从人民群众关心的问题着手，在人才培养、办学体制、管理体制、保障机制等方面，重点带动，难点着力，实现改革的整体推进。要将创新驱动摆在推动事业发展全局的核心位置，聚焦制约全省教育科学发展的体制机制性障碍与基础条件约束，以创新思维、举措和办法推动问题系统解决，从供给侧寻找教育增长的动力源，培育各类创新主体，推进各类要素高效参与教育活动，形成教育发展新格局和新境界。

（五）打造教育治理共同体

教育治理体系和治理能力现代化是教育现代化的关键。坚持依法治教，将法治思维和法治方式作为推动教育改革发展及人才培养的基础，大力推行依法行政、依法办学、依法执教，更加注重地方教育法律法规体系和行政执法体制机制以及执法队伍建设，更加注重保障教育相关方的合法权利，以推进管办评分离为基本要求，以转变政府职能为突破口，建立系统完备、科学规范、运行高效的制度体系，构建政府、学校、社会新型关系，形成政府宏观管理、学校自主办学、社会广泛参与的格局，有效激发学校的活力，充分发挥社会的作用，打造权责明晰、和谐联动的教育治理共同体，依法推进教育治理体系和治理能力现代化，为实现教育现代化提供坚强保障。

（六）把握未来教育发展新要求

一是更加注重全民终身学习。保障公民接受教育的基本权利，通过制度设计、资源配置优化和现代信息技术运用，打造体系完备、开放融通的现代国民教育和终身教育体系，建设学习型社会，为全体公民在人生不同时期的学习提供优质开放的学习资源、公平丰富的学习机会、灵活便捷的学习方式、绿色友好的学习环境，确保有教无类，让学习成为一种自觉的生活方式。二是更加关照个性多元培养。以人为本是教育的根本出发点和落脚点，要面向个性化、多样化的学习和发展需求，完善人才选拔培养和评价机制，实行因材施教、因才评价，葆有学习者的好奇心、想象力和创造力，激发学习者的学习兴趣和潜能，让每个学习者都热爱学习，让教育为每个孩子的成长奠基、为每个学生的成才筑梯、为每个公民的成功助力，让每个人都有人生出彩机会。三是更加强调发展核心素养。核心素养连接宏观教育理念、培养目标与具体教育教学实践。要面向人的全面发展和终身发展，全程育人、全员育人、全面育人，切实加强人文底蕴、科学精神、学会学习、健康生活、责任担当、实践创新等核心能力培养，实现知识、能力、智慧、情感和价值培养有机统一，促使每一名学生获得成功生活、适应个人终身发展、满足社会发展需求。四是更加倡导智慧智能支撑。科技变革催化教育变革，利用现代信息技术支撑教育系统革新，能实现教学理念、教学模式、教育管理方式和工作推进机制创新。要创建智能化的教育信息生态环境，提升教师善用技术、善用资源、善于教学、善于评价的信息化能力，培养具有较高思维品质和较强实践能力的人才，实现以学习者为主体，个性化、多样化、智能化的泛在学习和终身学习。五是更加突出开放融合发展。开放融合是现代化教育的基本要求。要创建衔接、开放、合作、融通的办学体制和教育教学机制，使课堂内外、学校内外和产学研之间，产业与教育之间和学校教育、家庭教育、社会教育之间的目标保持协同一致，推动优质教育资源联通共享，使教育与经济社会发展关联更加密切，与人民群众关切更加呼应，与国际教育改革潮流更加相融。

（执笔：张伟民；审稿：汤贞敏）

基础教育管理体制改革：
历史、困境与路径

○广东省教育研究院基础教育研究室

摘 要： 中华人民共和国成立后，基础教育管理体制历经多次变革。历次教育管理体制的变革重点基本围绕权力、义务、责任在各级政府及中小学之间进行调整、分配。"以县为主"的管理体制正式确立后对基础教育改革发展起到了关键、积极的作用，但在实践过程中同样面临诸多困境。可以预见，在未来相当长的时期内，"以县为主"仍将会是包括义务教育在内基础教育管理体制的基本模式，但同时将会处于一个不断发展、完善的过程之中。当前，需要依照基础教育价值取向、教育发展规律、国家行政管理体制以及时代发展特征等，根据教育实践变化而不断完善。

关键词： 基础教育　管理体制　政府

体制是指各种组织机构的结构和制度。体制有效组织才能高效合理运转。中华人民共和国成立以来，基础教育管理体制历经多次变革。这些变革无不杂糅时代社会变迁、管理体制改革、教育发展变化等多种因素。究竟为何变革，变革的价值取向是什么，变革趋向何方，围绕这些问题，观察公共教育政策就是绝好的视角。

一、基础教育管理体制的历史演进

教育管理体制变革总是与政治制度和经济社会发展紧密联系。基础教育管理体制历经多次变革。

（一）"分级管理、分工负责"阶段

在中华人民共和国成立后二三十年时间里，基础教育管理体制基本处

在一个构建的混沌期。基础教育管理体制在"集权—放权"之间探索、摇摆。真正意义上的改革始于 1985 年中共中央颁发的《关于教育体制改革的决定》。其中提出的"分级管理、分工负责"成为基础教育体制改革重要的里程碑及转折点，其教育管理体制基本理念及路径沿用至今。"分级管理、分工负责"的核心是"放权"，改变权力过于集中于中央，将基础教育办学管理权交给地方政府。在实践中，城市义务教育的经费投入由县区级政府承担；农村义务教育实践中实际上采用了以乡镇一级政府为主的经费投入模式。这其中，中央政府主要负责教育宏观的统筹、指导和规划，力求通过放权调动地方各级政府办教育的积极性及主动性。1986 年，全国人大第四次会议通过的《中华人民共和国义务教育法》（以下简称《义务教育法》）将此制度上升到法律层面，明确我国的义务教育事业是在国务院的领导下实行"地方负责、分级管理"的管理体制。

（二）"以县为主"阶段

实施"分级管理、分工负责"管理体制后，各级政府办学活力得到释放，基础教育特别是义务教育整体得到较快发展。在"分级管理、分工负责"管理体制下，除强调政府的"管理"职责，另外重要的一方面是财政投入责任。由于镇、村一级财力有限，部分镇办、村办中小学出现教育投入受限、拖欠教师工资等教育事业发展得不到有效保障情况。为加强义务教育财政投入保障力度，国务院于 2001 年颁布《国务院关于基础教育改革与发展的决定》，提出实行在国务院领导下，由地方政府负责、分级管理、以县为主的体制，将义务教育经费投入及管理的责任主体从乡镇甚至村一级统一上移到县级政府，强化县级政府在基础教育特别是义务教育改革发展中的管理责任和投入责任。2006 年，新《义务教育法》规定"义务教育实行国务院领导，省、自治区、直辖市人民政府统筹规划实施，县级人民政府为主管理的体制"，进一步以法律形式确定了义务教育"以县为主"的管理体制。自此，义务教育"以县为主"的管理体制正式确立。

（三）"强化省级统筹"阶段

在"以县为主"的基础管理教育体制实践中，基础教育办学经费得到有效保障，基础教育特别是义务教育改革发展迅速。2001 年，九年义务教育基本普及；2011 年，九年义务教育全面完成普及，所有适龄儿童享受免费义务教育。各级政府加大对义务教育的投入力度，教育民生、教育公平得到切实保障。取得巨大成绩的同时，"以县为主"的义务教育管理体制并不能完全适应城乡教育改革发展新形势。实行分税制改革后，中央财权大幅度提高，地方财权大幅度下降。但原中央与地方所承担的事权变化却较小。分税制改革带来最直接的变化是财权上移，财权和事权不匹配。给地方政府带来最直观的变化是"钱少了，事照做"。我国城乡经济社会发展差距大，由于义务教育发展所需经费依赖于县级财政。以县级财政投入为主要经费来源的义务教育改革发展出现了城乡教育发展差距加大的问题，教育均衡发展受到严重影响，教育公平发展带来新挑战。为切实解决我国城乡教育发展不均衡问题，保障发展欠发达地区县级财政教育投入，在"以县为主"的基础上"强化省级统筹"成为近年基础教育管理体制改革的重大变化。2010年，《国家中长期教育改革和发展规划纲要（2010—2020年)》提出"加强省级政府教育统筹"。2012年，教育部正式同全国31个省级政府签署义务教育均衡发展备忘录。2014年，国家教育体制改革领导小组办公室正式出台《关于进一步扩大省级政府教育统筹权的意见》（以下简称《意见》），《意见》的重点是通过发挥省级政府的优势、强化省级政府的教育责任，以此来统筹城乡区域教育协调发展以及义务教育发展规划。其中，重要内容是强化省级政府在发展义务教育方面的支出责任和对省以下财政的转移支付能力。在此基础上，2017年，国务院出台《对省级人民政府履行教育职责的评价办法》，启动对省级政府履行教育职责情况考核评价。自此，义务教育管理在"以县为主"的基础上"强化省级统筹"，实质上是对"以县为主"的义务教育管理体制的又一次发展与完善。

从分级管理、分工负责，到以县为主，再到"强化省级统筹"，教育管理体制每一次改革都关系到基础教育事业发展全局及未来。历次教育管理体制的改革重点都是围绕权力、义务、责任在各级政府间的调整及分配。每一次教育管理体制改革都必然存在一定的发展规律并有时代需求。从经济发展及时代背景看，"分级管理、分工负责"是为调动各级政府办学积极性，重在解决管理权力过于集中的问题；"以县为主"主要是为了解决办学层次过低，特别是提高对义务教育的经费保障能力；"强化省级统筹"是为解决经济欠发达地区县级财政教育投入不足以及城乡之间教育发展不均衡的问题。从教育自身规律看，基础教育特别是义务教育有其自身的发展规律及价值取向。同时，从多个发达国家教育改革发展看，无论权力高度集中还是地方分权的政治体制的国家，基础教育管理改革都趋向均权化发展。因此，我国基础教育管理体制改革不能简单线性模仿经济体

制改革，也不能简单模仿发达国家基础教育管理体制改革的做法，而应依照基础教育价值取向、教育发展规律、国家政治制度以及时代特征等，根据我国教育实践变化而不断完善。

二、当前基础教育改革发展存在的管理体制问题

"以县为主"的管理体制在基础教育改革发展过程中发挥了巨大作用，但在实践过程中同样面临诸多困境。

（一）教育优先发展地位难以凸显

教育是公共服务，需要政府大量财政经费投入，但教育公共服务很难短期内见成效，基础教育更是凸显此特性。地方政府作为利益主体有逐利冲动并对教育有功利性需求取向，在资源相对有限的情况下，存在不愿将工作的重点以及资源投入的重点放在教育事业发展中，而多将教育事业看作一项民生工程，重点放在提供学位，保障社会基本需求，普遍存在缺乏战略眼光，没有将基础教育上升到对国家的重大战略意义；普遍缺乏对人的关怀，没有意识到基础教育对人一生成长的重大意义，因而地方政府在履行教育职责方面往往存在"惰性"。一般认为，政府教育职责主要有经费投入及管理职责。一方面，地方政府不愿将有效的公共资源特别是财政经费更多地投入到教育事业发展中。另一方面，在社会治理过程中，并没有将教育事业发展列入政府优先解决的工作中去。

（二）各级政府教育职责仍不明晰

经过多年的改革探索，不同层级政府共同发展教育事业的路径已基本清晰。各级政府都设置有相应的教育行政部门来统一负责教育事业，中央政府设有教育部，省级政府设有教育委员会或教育厅，地级市、县区级政府设有教育局等。但当各个层级政府都有发展教育、管理教育的职责时，就会产生不同层级政府发展教育、管理教育的职责边界并不清晰，具体表现在事权不清，事权、财权不匹配等问题，常导致出现多级政府共同管理却又解决不好矛盾的问题。1985年出台的《中共中央关于教育体制改革的决定》中提出了省、市（地）、县、乡四级政府教育管理职责的划分，由省级政府决定。但实际无论是"分级管理、分工负责"，还是"以县为主"或是"强化省级统筹"都没有从根本上解决各级政府教育职责不清的问题。

（三）同级政府不同部门教育责权利不协调

《中华人民共和国教育法》（以下简称《教育法》）明确规定，由各级

政府负责区域内教育事业发展工作。政府由各个部门组成，由政府负责本区域教育事业发展工作就常常演变成由教育行政部门负责区域的教育事业发展工作。我国教育改革发展面临的现实困境是，教育的人事权、财政权、事务权高度分割。学校的办学自主权受到干扰、制约太多；教师的准入、聘任、交流、考核、退出机制僵化缺乏活力。这些问题的产生除了社会因素外，与政府不同部门责权不协调不无关系。而当前教育改革面临的许多深层次的结构性矛盾，往往涉及多个政府部门，牵涉多方利益，单依靠教育行政部门而没有自上而下的顶层设计往往难以推行。

三、基础教育管理体制改革的政策建议

无论是"分级管理、分工负责"，还是"以县为主"，或是在"以县为主"基础上"强化省级统筹"，其重点是教育管理权与经费投入责任在中央政府与地方各级政府之间的调整与分配。可以预见，在未来相当长的时期内，"以县为主"仍将会是包括义务教育在内基础教育管理体制的基本模式，"以县为主"的教育管理体制同时将会处于一个不断发展、完善的过程之中。当前，需要根据时代发展需要，在"以县为主"基础上进一步完善基础教育管理体制。

（一）明晰各级地方政府教育职责

在很多时候，我们在讨论相关话题时，并没有将政府职责与政府职能区分开来，常混淆在一起使用。政府职责与政府职能其实是两个相近但又不同的概念。职能是"事物、机构应有的作用或功能"，职责是"公职系统内一定职务所要履行的责任"。① 政府职能是政府"能够做什么""可以做什么"，政府职责是政府"须做什么""不能做什么"；政府职能是法定权力，而政府职责是法定义务，即政府应当做什么。即职责是义务，是"必须做"，不做就失职，而职能是"可以做"，不是义务。比较而言，政府职能范围更为广义、宏观，而政府职责则更为明确、具体。不同国家的政府职能相对相近，包括提供国家安全、外交、公共事务等。不同层级政府职能同样相近，除国家安全、外交等职能属于中央政府外，其他各级政府都肩负相近的社会管理、公共事务等职能。但不同国家政府、不同层级政府的职责在不同经济社会发展环境下并不相同。以教育事业为例，中央

---

① 北京大学法学百科全书编委会. 北京大学法学百科全书：宪法学 行政法学［M］. 北京：北京大学出版社，1999：707.

政府及各级地方政府都有发展教育职责，但不同层级政府发展教育的职责却并不相同，甚至差别较大，在不同的历史发展阶段，不同层级政府的教育职责根据需要也不断进行调整优化。我国不同层级政府间存在典型"职责同构"特征。"职责同构"，是指在政府间关系中，不同层级的政府在纵向间职能、职责和机构设置上的高度一致。通俗地讲，就是在这种政府管理模式下，中国每一级政府都管理大体相同的事情，相应地在机构设置上表现为"上下对口，左右对齐"①。因此，明晰省、地级以上市、县区三级政府各自教育职责权限以及教育事权和财政支出责任成为必然。实现"从'每一级政府都要管所有的事情'向'只负责特定事情'的转变"②。

1. 明确省级政府教育职责，强化对全省基础教育统筹领导责任。作为地方行政建制的最高层次，省级政府在立法、财税自主、资源调配等多方面拥有较大自主权。《中共中央关于教育体制改革的决定》明确地方各级政府教育管理职责的划分是由省级政府决定；《教育法》也明确规定"中等及中等以下教育在国务院领导下，由地方人民政府管理"。省级政府在统筹区域基础教育改革发展中可以发挥更为重要的作用，重点是要明确省级政府在基础教育改革中的基本职责，包括统筹落实推进各级各类教育协调发展职责，统筹落实城乡教育协调发展职责，统筹落实办学条件、编制、招生规模等基本标准；制定地方教育法律法规；统筹城乡区域基础教育协调发展等。其中，强化对教育财政资金的投入、分配与管理是强化省级政府统筹城乡教育发展的重要内容及方式。由于包括广东在内的我国大部分区域都存在明显的城乡经济社会发展差异，各地基础教育投入差异较大。比较而言，省级财力远高于县级政府。因此，省级政府在统筹城乡教育协调发展中应承担更多的责任特别是财政投入。通过加大转移支付力度，在"公平""效率"原则上优化支付结构，建立县级政府教育事业发展财政奖补资金长效机制，特别是要保障经济欠发达地区县级教育事业发展基本财力。在此基础上，强化转移支付财政教育经费的监督力度。

2. 明确地级以上市政府教育职责，发挥对区域基础教育统筹管理和发展教育职责。在我国，地市级行政区划较为复杂，广东同样如此。有在

---

① 朱光磊，张志红. "职责同构"批判［J］. 北京大学学报（哲学社会科学版），2005（1）：102.

② 周振超. 打破职责同构：条块关系变革的路径选择［J］. 中国行政管理，2005（9）：103－106.

省级与地市级之间的副省级城市比如深圳，此类城市从严格意义上并不是地级市，但同样接受省级政府领导。与此同时，此类城市经济社会发展规划相对独立，拥有立法权且经济实力及资源调配能力较强，有相对独立、完整的教育体系，无疑在基础教育统筹方面能发挥较大作用。实践中，除义务教育"以县为主"外，很多地方按照基础教育"以县为主"的模式进行管理，包括学前教育，以及由县级举办的高中阶段教育实际上也是实行"以县为主"的管理体制。对于此类地级市，"以县为主"的教育管理体制使地级市政府并没有直接管理义务教育、学前教育以及部分非地级市举办的高中阶段教育职责，因而此类地级市政府统筹教育发展职责存在有所弱化甚至虚化的现象。但作为一个相对独立的社会经济发展行政区划单位，地级市政府完全可以并有必要结合本地经济社会发展需求及教育改革需要统筹基础教育改革发展。有地级市积极探索与县级政府明确对不同学段教育的管理分工的做法，如市级统筹管理高中阶段教育管理，同时负有统筹、协调、指导、监督县级政府履行发展学前及义务教育阶段教育职责；义务教育及学前教育阶段以县级为主。

3. 明确县级政府教育职责，落实义务教育管理主体责任。在"以县为主"的管理体制下，大多数县级政府建立了除高等教育之外的较为完整的教育体系，基本上起到了基础教育"以县为主"的管理体制。因此，明晰县级政府教育职责成为基础教育改革发展的关键，包括落实县级政府直接管理教育事业特别是义务教育和学前教育的主体责任，贯彻落实中央、省、市有关教育发展的方针、法律法规、政策、规划及各项规章制度，制定县域内教育发展规划并统筹管理辖区义务教育。为落实县级政府教育管理主体责任，2003 年，教育部颁发了《关于建立对县级人民政府教育工作进行督导评估制度的意见》，力求推动县级政府履行发展教育职责。但目前仍存在诸多需要改进地方，包括督政的力度不够，督导政府教育职责演化为督导教育行政部门，没有达到督政制度的初衷；督政评估多是目标达成性评价，忽视了经济社会发展不同地区的实际差异，评价难以体现"增值"，不能反映不同县级政府的努力程度等。因此，建立县级政府教育履职绩效评价机制，探索政府教育绩效评价不失为一种更好的路径。

4. 因地制宜，探索部分县级教育管理权限下放至经济发达镇街。由于我国各地经济发展差距较大，镇一级政府在各地教育事业发展中所履行的职责政府存在一定特殊性。以县为主管理体制实行后，我国大部分地区的镇级政府并不直接承担办学及管理中小学责任。随着近年新型城镇化的

快速发展，沿海发达地区出现一些"特大镇"，人口数量和经济规模快速增长。根据《国务院关于深入推进新型城镇化建设的若干意见》，这些镇街被赋予部分县级行政管理权限。以我省珠江三角洲地区为代表，其中，东莞、中山两市实行的是"市辖镇"的行政管理体制，只有市级及镇级行政机构，并没有县一级编制。此外，还包括佛山市顺德区、南海区等地的镇街。此类经济大镇在坚持"以县为主"的管理体制的同时，行使了部分县级政府的教育管理权限。对于此类镇街，需要相应地明确权限下放后的教育事权，重点强化提供教育公共服务。同时，由于这些经济大镇外来人口群体数量大，按照"以流入地政府为主、以公办学校为主"的政策，许多镇街公办学校入读的大部分属非户籍人员子女，因此要对相关教育支出责任给予相应财力支持，明确教育公共服务均等化分担机制，做到权责相称，构建符合适应新型城镇化发展需求的教育管理体制。

（二）强化教育部门对教育改革发展的主导和统筹协调作用

随着教育改革不断向深水区前行，教育改革的复杂性、系统性不断加大。一般而言，自上而下的改革强调政府的顶层设计。因此，除需要社会相关方面积极参与教育改革外，政府内部不同部门协同参与教育改革至关重要。如民办的教育改革发展就牵涉到国土、工商、财政、税务不同部门协同参与，此外还有诸多教育改革涉及户籍制度改革、就业制度改革、社会保障制度改革等。因此，教育改革必须"跳出教育改教育"。我国行政管理体制呈现典型的"条""块"分割模式，经济社会发展的各个方面都有相应的政府部门分头管理。分工管理带来主体责任意识的同时也造成本位主义，形成内耗。

1. 发挥好政府发展教育事业的统筹机制。教育事业是社会发展事业。2010 年，我国成立高规格的国家教育体制改革领导小组来统筹协调教育改革中的重大问题。其中，20 多个成员单位涉及多个国家部委及部门。2012年，成立由国务院主管领导任主任的国家教育督导委员会。相对于以往的教育督政，实际上演变成了督导教育行政部门，国家教育督导委员会组织的成立，真正实现了将地方政府作为督政对象。此后，国内多地成立教育体制改革领导小组或综合改革领导小组类似机构来推行教育综合改革，将教育行政部门难以单兵破解的难题上升到政府层面统筹解决。

2. 强化教育行政部门对教育改革发展的主导和统筹协调作用。教育行政部门往往缺乏相应权力来破解改革中深层次的多方利益矛盾。以教师制度为例，县级教育行政部门及学校往往在教师编制配置、调配等方面缺少相应权限。因此，厘清政府在教育人事、财政、科技、住建等相关职能部门教育权力边界并制定教育职责清单，并突出教育行政部门对教育的主导和统筹协调作用尤为关键。特别要改革教师队伍人事制度及财政经费使用制度，激发教师队伍活力，实现自主办学。在教师队伍人事制度方面，需要改革学校人事机构制度，探索学校自主设置内设机构，增设弹性教师编制，探索中小学校长职级制向社会公开招聘制度。同时，要加快转变教育管理职能。

3. 明确并真正保障中小学办学自主权。只有有效激发学校办学活力，教育才能真正成功。要明确政府教育管理的决策、服务、监督职能，减少对学校具体办学行为的干预。一是逐步向中小学下放人事管理权，包括中小学中层干部聘任权、教师选聘及职称评聘权、绩效工资、优秀教师激励方面分配权，以及编制及岗位管理、聘人用人、教师职称评审、薪酬分配等方面放权。在财政经费使用方面，要下放财务管理权及经费使用权，公用经费按生均标准下达学校，由学校自主编制预算。同时，制定权力下放后的监管和保障措施。二是制定教育行政部门对学校的权力清单和责任清单制度，严格控制对学校的项目评审、教育评估、人才评价和检查事项。三是要坚持放权与监管同步，加强党对中小学办学的领导、加强制度建设与自我监管、加强事中事后监管、强化审计监督、强化信息公开与社会监督等。四是要落实教育管办评分离要求。改变过去的政府既当"管理员"，又当"裁判员"的管评一体化的做法，将评价权交给社会。培育独立第三方评价组织机构，支持、委托专业机构和有资质的社会组织对学校进行评价。改变传统教育评价过于强调"甄别"功能，加强对评估结果的运用，突出评价对中小学办学的"改进"。

（执笔：余奇；审稿：谢绍熺）

广东省基础教育满意度调查报告

○广东省教育研究院基础教育研究室

摘　要：人民群众对基础教育的满意度，关系到教育事业的发展和走向。通过对广东省15个县区教育服务对象和教育工作对象这两大类调查对象的问卷调查显示，人民群众对基础教育都比较满意，满意度最高的是家长，最低的是校（园）长；学生对基础教育满意度随着学段的升高而降低；幼儿园家长对本地幼儿园差距大满意度不高；各学段教师对工作压力大、待遇低、社会尊重不够满意度低；各学段校（园）长对政府提供的发展和机会满意度高，对学校间差距大、政府保障方面满意度较低。建议深入实施素质教育，促进学生全面发展；完善教师激励保障制度，提升教师队伍建设水平；加快缩小学校发展差距，促进基础教育公平；转变学校管理方式，提升学校特色办学的品质和效果；加快推进教育治理能力现代化，构建政府学校社会新型关系。

关键词：基础教育　满意度调查　结果分析　对策建议

习近平总书记强调，我们要牢记人民对美好生活的向往就是我们的奋斗目标，坚持以人民为中心的发展思想，努力抓好保障和改善民生各项工作，不断增强人民的获得感、幸福感、安全感，不断推进全体人民共同富裕。加快教育现代化，办好人民满意的教育，是各级政府履职的目标；人民群众对教育的满意度，关乎对各级政府履职的评价，也关乎教育事业的发展和走向。

一、引言

满意度属于一个人对某一事物、事情的主观体验与判断。教育满意度实质上是社会公众教育利益的诉求。2003 年，教育部明确提出"办让人民满意的教育"。此后，各级政府和教育部门都把"办让人民满意的教育"作为工作职责和工作目标。党的十八大报告提出"要努力办好让人民满意的教育"。2015 年，为了深入贯彻党的十八大精神，切实办好人民满意的教育，深入了解人民群众对教育的真实期盼，准确把握基础教育取得的成效及存在的问题，落实管办评分离推进现代教育治理体系建设，全国教育调查联盟开展了首次全国基础教育满意度调查，旨在通过科学的方法，了解人民群众对教育的满意程度，及时把握社情民意，积极引导社会舆论，以继续为相关部门改进教育工作，为提高教育水平提供有价值的借鉴。继2015 年首次全国基础教育满意度调查之后，国家于 2017 年 9 月开展了第二次全国基础教育满意度调查。广东省作为全国教育满意度调查的样本省，分别参加了这两次调查。此调查报告是广东省于 2017 年 9 月第二次参与全国基础教育满意度调查的情况。

二、调查的基本情况

2017 年全国基础教育满意度调查涉及对政府教育工作和学校工作两个方面，覆盖全国 31 个省（自治区、直辖市）。样本的选择兼顾科学性和可行性，按照抽样人群的类别和所在区域，根据各省人口和经济社会综合情况共抽取 310 个县（市、区）。广东省按照国家要求共完成 15 个县区的数据收集，分别是广州市越秀区、广州市增城区、深圳市南山区、珠海市香洲区、佛山市南海区、惠州市博罗县、江门市恩平区、汕头市澄海区、潮州市潮安区、茂名市高州市、韶关市乳源瑶族自治县、清远市连山壮族瑶族自治县、云浮市郁南县、茂名市茂南区和湛江市廉江市。本次调查抽取样本学校时兼顾城市学校和农村学校、不同教学质量的学校、不同规模的学校及公办、民办学校，特别是在样本幼儿园中必须包含民办幼儿园。广东省认真遵循按照当地特点进行因地制宜的抽样数量分配原则。同时，采用等距抽样法抽取参与满意度调查的学生、家长和教师。各样本学校的正职校（园）长均参与教育满意度调查。

（一）调查对象和内容

1. 调查对象。2017 年 9 月 30 日，广东省承担了全国 2017 年基础教

育满意度调查工作，基本按时按质顺利圆满完成（大埔县除外），整个调查工作按照中国教育科学研究院的相关工作要求，使调查工作有序规范完成。调查对象分两类，一是基础教育服务对象，即幼儿园、小学、初中和高中的受教育者，其中幼儿园阶段问卷由家长作答，小学阶段问卷由六年级学生作答，初中阶段问卷由初三学生作答，高中阶段问卷由高三学生作答；二是教育工作者，即幼儿园教师和园长以及中小学教师和校长。调查样本量共 4 692 人，其中含幼儿园教师 330 人，幼儿园家长 796 人，幼儿园园长 82 人；小学教师 328 人，小学六年级学生 1 079 人，小学校长 93 人；初中教师 285 人，初三学生 850 人，初中校长 71 人；高中教师 275 人，高三学生 453 人，高中校长 50 人。

2. 调查内容。本次基础教育满意度调查主要是为了了解教育服务对象和教育工作者这两个群体对政府和学校的基础教育工作是否满意。每个群体的教育满意度调查内容都包含了全体满意度和教育期望两个一级指标，家长和学生教育服务满意度调查还包括对教育公平的感知和对教育质量的感知两个一级指标；其中教师教育工作满意度调查还包括学校管理、政府保障这两个一级指标，校（园）长教育工作满意度调查还包括发展与机会、保障与环境这两个一级指标。① 在不同对象的问卷中分别设计不同的题项指向这四个一级指标。学生与家长的问卷涉及入学前的感受、校园环境及培养方式、同学关系及师生关系、自我学习评价与学习兴趣、学校周边环境、教学公平、生活教育等方面的问题。教师问卷涉及入职前感受、学校条件、职业发展、领导管理、人际关系、考核评价、社会地位、全体满意情况、教师待遇及流动性、教学安全及法律常识等方面的问题。校长问卷涉及校长职业发展、政策影响、家长影响、财政收入、教学设备、师资队伍、校园安全、政府服务、社会支持、发展现状等方面的问题。

（二）调查方式

本次基础教育满意度调查采用网络填报的方式完成问卷调查。共设计了 10 套问卷，调查问卷分为满意度调查和基本信息两部分，主要由客观选择题和开放题组成，题目设计采用李克特式七点量表（Likert scale），采用

---

① 中国教育科学研究院. 全国基础教育满意度调查报告显示：教育满意度"东高西低"［N/OL］. 中国教育报，2015 – 11 – 24 ［2018 – 01 – 15］. http：//www. jyb. cn/basc/xn/2015/1/t2015/1124_644135. html.

的李克特七点量表衡量满意度的程度从 1 分到 7 分依次递增，分别对应的选项是：1．非常不满意；2．不满意；3．比较不满意；4．一般；5．比较满意；6．满意；7．非常满意。数据分析软件采用 SPSS 21.0 和 Excel，数据结果采用均值呈现。

三、调查结果与分析

（一）学生对基础教育工作全体感到满意

1．在全体满意度方面，中小学生都认为对当前教育工作感到比较满意，小学生全体满意度均值分最高，高中最低。由表 1 可知，中小学生都认为对当前教育工作感到比较满意，均值为 5.80 分。其中小学生全体满意度均值为 6.4 分，介于满意与非常满意之间；初中生和高中生全体满意度分别为 5.82 分和 5.17 分，介于比较满意与满意之间。反映出中小学生对当前教育工作比较满意，但是不同学段略有差异，小学生的全体满意度要高于初中生，初中生高于高中生。

表 1　学生对基础教育工作全体满意度方面的均值统计表

对象	全体	小学生	初中生	高中生
分值/分	5.80	6.4	5.82	5.17

中小学生对当前教育工作感到比较满意，具体体现在以下几个方面：一是校园育人环境优美，校风良好。二是学校的硬件基础设施能够满足教学所需。如音乐、美术、实验课等硬件设施能满足需要，学校提供的图书基本能够满足学生的阅读需要。三是师生关系融洽、家校沟通顺畅。生生之间，师生之间相处较好，教师经常与家长沟通。四是师资队伍建设良好。教师课堂授课效果良好；教师能够鼓励学生发表不同意见；教师能够熟练使用计算机和多媒体等信息化工具，教学效果较好，能够熟练采用多种方式开展教学活动。五是学校不仅重视学生学习兴趣和良好习惯的培养，而且重视学生动手能力和创新意识的培养。学生能够按课表上体育、艺术（音乐和美术）、信息技术课及选修课等课程。

2．在教育公平感知方面，中小学生都认为当前教育工作是比较公平的，小学生均值分最高，高中最低。教育公平是教育满意度的一个重要指标，这已成为教育的焦点问题，关系着群众切身利益，关系着地区的经济社会发展，关系着人心向背。由表 2 可知，中小学生都认为当前教育工

是比较公平的，均值为 5.56 分。其中小学生教育公平感知均值为 5.98 分，对教育公平的感知为公平；初中生和高中生教育公平感知均值为 5.48 分和 5.23 分，介于比较公平与公平之间。反映出中小学生基本上都认为当前教育工作是比较公平的，但是随着学段升高，学生的公平感在降低，在一定程度上反映高中生对教育公平有更深的认识和更高的诉求，如对"县内学校之间的差距大小"问题的认识，小学生、初中生和高中生分别认为小、比较小和比较大（均值分别是 5.73 分、5.06 分和 3.56 分）。又如对"学校对学生的评奖评优能否做到公平公开"问题的认识，小学生、初中生和高中生分别认为能、基本能和一般（均值分别是 6.37 分、5.90 分和 5.56 分）。

表 2　学生对教育公平感知方面的均值统计表

对象	全体	小学生	初中生	高中生
分值/分	5.56	5.98	5.48	5.23

　　中小学生对当前教育公平感到比较满意，具体体现在以下几个方面：一是县内学校之间的差距比较小。二是能够根据招生简章规定，公平入学。如县区通过考试、各类竞赛成绩、奖励证书等才能上好学校的情况不多。三是教师基本能够平等对待每一个学生。四是学校对学生的评奖评优能做到公平公开。

　　3. 在教育质量感知方面，小学生和初中生对教育质量感到比较满意，高中生对教育质量感到一般满意。由表 3 可知，中小学生都对当前教育质量感到比较满意，均值为 5.29 分。其中小学生教育质量感知介于比较满意和满意之间，均值为 5.81 分，初中生和高中生介于一般满意和比较满意之间，均值分别是 5.25 分和 4.80 分。在学业负担、课外活动、体育锻炼、睡眠、学习成绩这些题项上面，各学段的学生满意度均低于其他题项。而且随着学段的升高，满意度降低，尤其高中生的满意度在很多题项上均低于 5 分，表现为一般满意，反映出高学段学生对教育质量的感知有更深的认识和诉求。具体体现在以下几个方面：一是小学生对课外活动、校内一小时体育锻炼、睡眠、学习成绩感到比较满意。二是初中生对课外活动、校内一小时体育锻炼感到比较满意，对睡眠、学习成绩感到一般满意。三是高中生对学业负担、课外活动、校内一小时体育锻炼、学习成绩、社会实践活动、选修课等感到一般满意。其中高中生认为学业负担重，均值为 4.96 分；学校的课外活动一般多，均值为 4.49 分；学校每天一般能安排一小时的体育锻炼，均值为4.77分。高中生对学习成绩感到一般满意，均值为4.95分。

表3 学生对教育质量感知方面的均值统计表

对象	全体	小学生	初中生	高中生
分值/分	5.29	5.81	5.25	4.80

4. 在教育期望方面，高中生期望的分别是学校增加社会实践活动、增加选修课选择性和多样性以及丰富多样的评价方式。由表4可知，在教育期望方面，全体学生的教育期望值为5.47分，其中小学生5.12分，初中生5.40分，高中生5.89分。可见，随着学段的上升，对教育期望越高，尤其是高中生。他们认为，学校组织的社会实践不多；学校开设的选修课不能较好满足需求；学校不太重视除学业考试外的其他评价方式；学校特色不太明显。因此，学校在深入落实素质教育，促进高中生个性而全面发展还需做更大的努力。

表4 学生在教育期望方面的均值统计表

对象	全体	小学生	初中生	高中生
分值/分	5.47	5.12	5.40	5.89

（二）幼儿园家长对幼儿园全体感到满意

1. 在全体满意度方面，幼儿园家长对幼儿园园风和教师工作态度感到最满意。幼儿园家长对幼儿园全体满意度均值为6.26分，介于满意与非常满意之间。一是幼儿园家长对幼儿园园风的满意度最高。在单题满分为7分的情况下，题项"您对幼儿园园风的满意度怎么样？"均值为6.5分。二是家长认为幼儿园老师认真负责。具体体现在：幼儿园老师经常与家长交流孩子的情况、老师重视发展孩子的好奇心和兴趣、老师对孩子的生活照料细心、老师重视发展孩子的生活自理能力、老师重视孩子的身心健康和谐发展。此外，幼儿园的晨检、消毒等卫生保健工作做得好，孩子生活习惯比入园前进步大，孩子喜欢老师，这几项的均值都在6.40分以上。对全体满意度的其他题项进行分析，趋同性的题项得分均在6.00~6.40分之间。

2. 在教育公平感知方面，幼儿园家长对本地园区间差距较大，入园难感到最不满意。幼儿园家长对教育公平感到比较公平，均值为5.57分。

如幼儿园家长认为教师能照顾到班上所有孩子；幼儿园收费规范、孩子上幼儿园比较近、教师能够公平对待孩子等。但他们对本地园区满意度差距比较大，均值为 3. 79 分，入园难问题，均值为 4. 61 分，感到最不满意。说明依然存在园区之间发展不均衡的现象，入园难，尤其入好园的问题依然存在，因此广东省大部分地区幼儿园依然面临进一步均衡发展、优质发展的问题。

3. 在教育质量感知方面，幼儿园家长对幼儿园办学条件、教师关爱幼儿、保教工作和幼儿在园生活体验等方面感到满意。幼儿园家长对教育质量感到满意，均值为 6. 28 分。具体体现在以下几个方面：一是幼儿园的办学条件良好。其硬件设施较好，适合孩子的玩具、教具、图书比较充分，伙食较好。二是教师工作认真负责，关爱幼儿。三是幼儿园的保教工作做得较好。其安全保护措施到位，幼儿园能保证每天一般不少于 2 小时的户外活动，幼儿园的各项教学活动适合孩子，幼儿园的游戏活动丰富。四是幼儿在幼儿园的生活体验良好。孩子在幼儿园好朋友多，家长认为这所幼儿园适合自己的孩子。

（三）教师对教育工作基本满意

1. 在全体满意度方面，教师对工作氛围、师生关系、家校关系以及学校办学条件等方面感到比较满意。由表 5 可知，教师对教育工作的全体满意度为比较满意，不同学段教师没有明显差异。他们工作愉快，对工作氛围、师生关系、家校关系以及学校办学条件等方面感到比较满意。具体体现在：一方面，教师对自己所在幼儿园、学校的发展比较满意。学校办学条件能够满足自己的工作需求。另一方面，教师工作愉快。教师和同事、学生相处融洽，和家长沟通顺畅。

表 5　教师在全体满意度方面的均值统计表

对象	全体	幼儿园教师	义务教育教师	普通高中教师
分值/分	5. 13	5. 04	5. 26	5. 08

2. 在政府保障方面，幼儿园教师满意度最低，义务教育教师最高。由表 6 可知，教师对政府保障满意度感到比较满意，均值为 4. 98 分，其中幼儿园教师 4. 25 分，义务教育教师 5. 50 分，普通高中教师 5. 21 分。不同学段满意度不同，幼儿园教师最低，义务教育教师最高。不同学段教师对政府保障方面的满意度具体体现在：一是三个学段教师对待遇低，政府制

定教育政策法规时教师发表意见的机会不多满意度最低。在题项"与中小学教师相比你们的待遇怎么样?""与本地公务员相比你们的待遇怎么样"和"政府制定相关教育政策法规时你们发表意见的机会多吗?"中,教师的满意度均是介于比较不满意和一般,均值分别是 3.54 分和 3.47 分。二是幼儿园教师对学前教育三年行动计划实施后的作用感到满意,但对当地政府对学前教育的投入以及当地幼儿园入园难问题的解决感到一般满意。在题项"您觉得学前教育三年行动计划的实施,对促进你们地区的学前教育发展作用大吗?""您认为从 2012 年开始的学前教育宣传月的效果怎么样?"中均值分别是 5.27 分、5.34 分。题项"您觉得你们当地政府对学前教育的投入怎样?""您觉得近年来你们当地幼儿园入园难的问题得到解决了吗?"均值分别是 4.64 分、4.94 分。三是义务教育阶段教师对本地乡村教师生活补助得到落实感到满意。在题项"您认为本地乡村教师生活补助落实情况怎么样?"中均值为 5.6 分,这说明政府提高乡村教师待遇的政策得到了有效落实,山区和农村边远地区教师生活补助制度进一步完善。

表 6　教师在政府保障方面的满意度均值统计表

对象	全体	幼儿园教师	义务教育教师	普通高中教师
分值/分	4.98	4.25	5.50	5.21

3. 在学校管理方面,教师对考评评价、职称评审感到比较满意,对外出学习和交流机会感到一般满意。由表 7 可知,教师对学校管理感到比较满意,均值为 5.13 分。幼儿园教师和义务教育教师的满意度分别为 5.34 分、5.24 分,普通高中教师稍微低一点,均值为 4.80 分。但总的来说,三个学段教师的满意度没有明显的差异性。三个学段教师对考评评价、职称评审感到比较满意,对外出学习和交流机会感到一般满意。反映出教师希望增加外出学习和交流的机会,进一步提升自己,学校的管理人员应该更加重视教师培训的需求,适度增加培训经费,加大培训力度。

表 7　教师对学校管理满意度方面的均值统计表

对象	全体	幼儿园教师	义务教育教师	普通高中教师
分值/分	5.13	5.34	5.24	4.80

4. 在教育期望方面,教师最期望的是提高社会尊重和减轻工作压力。由表 8 可知,三个学段教师的教育期望基本相同,具体体现在期望提高社

会尊重和减轻工作压力。反映出政府在营造尊师重教良好社会氛围，以及制定相关政策制度，缓解教师工作压力方面还有待进一步努力。

表8　教师对教育期望方面的相关题项均值统计表

题项	幼儿园教师/分	义务教育教师/分	普通高中教师/分
入职前您认为教师地位怎么样？	4.05	4.48	4.67
您感到教师受社会尊重吗？	4.6	4.57	4.40
您的工作压力大吗？	3.07	3.33	3.03
均值	3.91	4.13	4.03

（四）校（园）长对教育工作基本满意

1. 全体满意度方面，校（园）长对所在地区中小学、学前教育普及水平满意度高；对学校差距大、政府简政放权效果不明显满意度低。由表9可知，校（园）长全体满意度为比较满意。幼儿园园长的满意度较高，普通高中校长满意度较低。在对全体满意度题项进行分析时发现，大部分校（园）长的态度趋向中性评价，学段越高，趋势越明显。通过题项分析，对校（园）长的满意度进行总结如下：一是幼儿园园长和高中校长满意度最高的是近年来的教育普及水平。在单题满分7分的情况下，题项"您对近年来的教育普及水平的满意度如何？"幼儿园园长和高中校长的均值分别为6.18分和6.59分。二是幼儿园园长和义务教育校长对本地幼儿园、学校发展差距满意度一般。题项均值分别为4.10分和3.96分，这说明学校间差距大，依然面临优质均衡发展的问题。三是普通高中校长对本地教育行政部门在推进简政放权方面效果不太明显，满意度一般，题项均值为4.36分。

表9　校（园）长对全体满意度方面的均值统计表

对象	全体	幼儿园园长	义务教育校长	普通高中校长
分值/分	5.13	5.34	5.24	4.80

2. 在保障与环境方面，校（园）长对政府对学校周边环境的治理到位感到比较满意；幼儿园园长对待遇满意度最低，义务教育校长对有关部

门对学校比较多的检查评估满意度最低，普通高中校长对办学自主权得不到落实满意度最低。由表 10 可知，校（园）长全体满意度为比较满意，均值为 5.25 分。通过题项分析，对校（园）长在政府保障与环境方面的满意度进行总结如下：一是校（园）长对政府对学校周边环境的治理到位感到比较满意。二是幼儿园园长对待遇满意度最低。题项"与小学校长比，您觉得园长的工资待遇怎么样？""全体来说，本地区幼儿园教师的工资待遇情况怎样？"幼儿园园长的满意度为一般，均值分别为 3.88 分、4.26 分。三是义务教育校长对有关部门对学校比较多的检查评估满意度最低。题项"有关部门对学校的检查评估多吗？"义务教育校长的满意度为不满意，均值为 2.54 分。四是普通高中校长对办学自主权得不到落实满意度最低。题项"您认为学校办学自主权大吗？"普通高中校长的满意度为一般，均值分 4.17 分。

表 10　校（园）长在保障与环境方面的满意度均值统计表

对象	全体	幼儿园园长	义务教育校长	普通高中校长
分值/分	5.25	5.53	5.25	4.98

3. 在发展与机会方面，校（园）长都对培训的作用、政府为其提供的发展机会感到满意，他们认为校长职级制能促进校长职业发展。由表 11 可知，校（园）长全体满意度为满意，均值为 6.00 分。不同学段校（园）长的满意度没有明显差异。通过题项分析，可总结如下：校（园）长认为校长培训对自己的帮助作用较大，均值为 5.97 分；本地政府为自己的发展提供的机会较多，均值为 5.59 分；高中校长认为校长职级制能促进校长职业发展，均值为 5.68 分。

表 11　校（园）长在发展与机会方面的满意度均值统计表

对象	全体	幼儿园园长	义务教育校长	普通高中校长
分值/分	6.00	5.90	6.20	5.86

4. 在教育期望方面，校长最期望的是提升教师队伍水平、切实消除大班额现象以及进一步促进教育治理现代化。由表 12 可知，校长的教育期望值较高，均值为 6.20 分。不同学段校（园）长的期望值没有明显差异。通过题项分析，可总结如下：一是校长期望切实消除大班额现象。对题项进行分析，发现本地中小学大班额现象依然存在，尤其是城区学校问题表

现得更为严重。二是校长期望及时补充教师数量，提升教师队伍水平。尤其是中小学紧缺学科的教师数量依然不能满足教学所需。三是校长期望能够进一步促进教育治理现代化。对题项进行分析，发现学校办学自主权还得不到真正落实；大部分校长依然缺乏处理与学生、家长或者学校间纠纷时所需的法律知识与沟通技巧。

表12 校（园）长教育期望均值统计表

对象	全体	幼儿园园长	义务教育校长	普通高中校长
分值/分	6.20	6.30	5.86	6.52

四、对策建议

针对本次调查结果，就如何提高教育服务对象和教育工作对象的满意度，本文提出如下对策建议。

（一）加快缩小学校发展差距，促进基础教育公平

教育满意度水平的区域差距和城乡差距，折射出教育办学水平的区域差距和城乡差距。① 同理，此次基础教育满意度调查中学生、家长、教师和校长这四类不同群体对学校差距大的满意度都较低，这反映出人民群众的一个共识问题，即迫切需要进一步缩小学校发展差距，保障各群体平等享受优质教育的机会。因此，政府需要进一步加大教育投入，扩大优质教育资源覆盖面，尤其是加强农村学校、薄弱学校建设，加快教师交流机制，增加弱势群体接受优质教育的机会。

（二）加快推进教育治理能力现代化，构建政府学校社会新型关系

校长对"有关部门对学校的检查评估多""学校办学自主权得不到真正落实""政府简政放权的效果一般""有效处理与学生、家长或者学校间纠纷所需的法律知识与沟通技巧"等方面的满意度一般。因此，有必要加快推进教育治理能力现代化建设。一是加大政府简政放权力度，落实和扩大学校办学自主权。事实上，个别地区依然存在政府简政放权的力度依然不够，"不愿放""不敢放"的情况仍不同程度地广泛存在。因此，有必要

---

① 中国教育科学研究院．全国中等职业教育满意度调查报告［N/OL］．中国教育报，2017 - 05 - 16［2018 - 01 - 15］．http://cssn.cn/jyx/jyx＿zdtj/201705/t20170516＿3519937.shtml.

切实加大政府放权力度，系统梳理和清理相关职能部门权利清单，在守住底线基础上确保政府该放、该转的都能放、转到位，以进一步落实和扩大学校办学自主权。二是大力推进依法治教。推动建立学校法律顾问制度，健全校内涉法纠纷与调解机制，运用法治思维和法治方式化解校园矛盾，依法保护师生身心健康。三是进一步推进教育管办评分离。一方面，着力完善体制机制，厘清政府、学校和社会的职能职责边界，使三者在清晰的边界内各司其职、各尽其责，使教育治理体系和治理能力现代化建设在确权、分权、放权和监权的过程中有序推进。另一方面，建立教育督导部门归口管理的评估监测制度，充分发挥社会组织的作用，鼓励和支持第三方机构开展教育评估监测。

（三）转变学校管理方式，提升学校特色办学的品质和效果

学生对学校提供的选修课不足以满足学习需求、社会实践活动丰富与否满意度一般；教师和校长也认为学校办学特色不够明显。这在一定程度上反映了学校的特色化发展还有待提高。可以从以下两个方面做出努力：一是提高对学校特色办学重要性的认识，没有特色就没有吸引力和竞争力。办出特色，是时代变革的呼唤，是办学规律的体现，是学校突显个性，持续向上的需要。二是转变学校管理方式。推进学校特色发展，学校要健全特色管理制度，调动家长、校友和社区各界有效参与，汇集各方资源，形成政府、学校、家庭、社区等多方协同共治、开放共享的学校特色管理体系，建设现代学校制度。

（四）深入实施素质教育，促进学生全面发展

一是进一步落实中学生课业减负。学校为学生提供适度的课业负担，面向所有中学生建立学生课业负担监测制度，同时实行"学生减负"工作责任制，建立有利于学生个性化、多样化发展的评价标准和引导机制，严厉禁止各种唯升学率、唯重点率的片面行为和评价指标，标本兼治，减轻学生过重的课业负担。二是强化中学生体育课和课外锻炼。建立健全中学生体质健康监测评价制度，培养青少年良好体育锻炼习惯和健康的生活方式。三是深入推进高中课程改革。提高课程的多样性、选择性，加强社会实践，丰富社会活动和其他课外活动，从而促进每个学生个性而全面地发展。

（五）完善教师激励保障制度，提升教师队伍建设水平

一是进一步落实提高教师待遇政策。教师对工作压力大、待遇低满意

度最低，尤其是幼儿园教师。因此，相关教育管理部门应该进一步深入贯彻落实第二期学前教育三年行动计划，加强对学前教育的经费投入，着重提高幼儿园教师的工资待遇，足额配备教职工数量，适当减轻教师的工作压力。二是营造尊师重教的良好社会氛围，提升教师社会地位。教师的社会尊重感和荣誉感关系到教师工作的积极性和幸福感。因此，相关教育管理部门需要着力保障教师权益，在全社会大力弘扬教育工作者的先进事迹和高尚品德，着力营造尊师重教的浓厚氛围，不断提高教师的社会地位、职业地位，让广大教师在岗位上有幸福感、事业上有成就感、社会上有荣誉感。三是加快教师培养培训。一方面，加快学前教育教师培养。尤其是全面放开二孩政策之后，要进一步科学预测新生人口数量，合理做好幼儿园扩充数量规划，加快学前教育教师培养，提升学前教育教学质量。另一方面，扩大中小学紧缺学科培养规模。中小学的教师均反映依然存在缺乏音乐、体育、美术等紧缺学科教师的问题，各相关教育管理部门应该建立健全教师补充机制，如继续实施"高校毕业生到乡村从教上岗"和"乡村教师从教补助"等政策，及时补充紧缺学科教师。同时，还可以鼓励地方政府与师范院校合作，定向培养乡村学校"一专多能型"教师，建立优秀人才到乡村学校任教的"绿色通道"。

参考文献

[1] 计琳. 理性看待"满意度"市教科院普教所所长傅禄建解读"基础教育满意度调查"[J]. 上海教育，2010（11）：6－8.

[2] 徐志伟. 区域公众教育满意度的调查研究：以浙江省绍兴市区为例 [J]. 教育测量与评价，2013（5）：13－17.

[3] 孙焱. 满意度调查：基于教育视角的问卷分析与改善建议——江苏省 L 市基础教育满意度调查报告 [J]. 江苏教育研究，2015（Z4）：40－44.

（执笔：姚轶洁、詹春青；审稿：谢绍熺）

广东基础教育教学改革实践探索

——基于 2017 广东省基础教育教学成果奖获奖情况分析①

○广东省教育研究院办公室

摘　要： 基于 2017 年广东省教育教学成果奖基础教育类获奖情况，着重分析近年来广东省基础教育教学一线关注的改革方向，同时针对成果奖反映出的基础教育改革发展和教学改革创新中存在的问题，提出基础教育教学成果奖有关工作建议，以更好地提炼教育教学改革经验、打造影响广泛的高质量成果，形成更多有价值的"广东模式""广东样本"。

关键词： 基础教育　改革实践　教学成果奖

1994 年 3 月，国务院令第 151 号发布了《教学成果奖励条例》，旨在奖励取得反映教育教学规律，具有独创性、新颖性、实用性教学成果的集体和个人，鼓励教育工作者从事教育教学研究，提高教学水平和教育质量。1995 年 7 月，广东省人民政府颁布《广东省教学成果奖励办法》（粤府〔1995〕64 号），自 1997 年评选首届广东省普通教育教学成果奖以来共进行了 8 届，累计评选出 433 项获奖成果。评选基础教学成果奖是对中小学人才培养工作和教育教学改革成果的检阅和展示，是党和国家重视教育教学工作的重要体现。基础教育教学成果奖因其评选的科学性、广泛性和权威性，在基础教育领域享有崇高声誉，成为衡量和评价一个地区和学校基础教育教学质量和水平的重要指标。

---

①　本文系广东省教育科学"十三五"规划 2017 年重点课题"省级基础教育（含中职）教学成果提炼、培育和推广策略研究"（课题编号：2017ZQJK042）研究成果。

一、2017 年广东教育教学成果奖基础教育类获奖情况概述

自 2017 年起，广东省基础教育类、职业教育类、高等教育类教育教学成果奖首次合并为广东省教育教学成果奖并进行分类评选。本届基础教育类成果奖共评选出特等奖 3 项、一等奖 95 项、二等奖 120 项，共 218 项。①

本届成果奖面向广东省基础教育的各级各类学校（含幼儿园、中小学校、特殊教育学校、幼儿师范学校、教师进修学校、成人文化技术学校，中等职业学校除外）、学术团体和其他社会组织、教师及其他个人。参照 2014 年基础教育国家级教学成果奖的做法，从本届起广东省高等学校中研究中小学教育的机构和个人也可参加申报，但其成果必须符合省基础教育教学成果奖的要求。

二、2017 年广东省教育教学成果奖基础教育类获奖成果分析②

（一）总体情况

2017 年广东省基础教育类教学成果奖各地级以上市、省直单位和有关高等学校获奖情况如表 1 所示。

表 1　广东省基础教育类教学成果奖各地市（单位）获奖情况

地市（单位）	特等奖/项	一等奖/项	二等奖/项	总项数/项	获奖比例/%
广州市	1	22	20	43	19.72
深圳市	0	16	15	31	14.22
珠海市	0	6	4	10	4.59
汕头市	0	1	2	3	1.38
佛山市	0	6	8	14	6.42
顺德区	0	3	4	7	3.21

① 2017 年广东省教育教学成果基础教育类评审结果于 2017 年 11 月 8—28 日公示，因评审工作流程，截至本文成文时暂未正式公布。公示文件来源：《广东省教育厅关于 2017 年广东省教育教学成果奖（基础教育）拟获奖成果公示》，网址：www.gdhed.edu.cn/publicfiles/business/htmlfiles/gdjyt/tzgg/201711/514314.html。

② 本部分数据来源为成果奖公示文件和各有关成果的申报材料。

续上表

地市（单位）	特等奖/项	一等奖/项	二等奖/项	总项数/项	获奖比例/%
韶关市	0	1	1	2	0.92
河源市	0	0	2	2	0.92
梅州市	0	3	4	7	3.21
惠州市	0	2	3	5	2.29
汕尾市	0	0	1	1	0.46
东莞市	0	5	16	21	9.63
中山市	0	1	6	7	3.21
江门市	0	4	2	6	2.75
阳江市	0	1	3	4	1.83
湛江市	1	1	3	5	2.29
茂名市	0	5	4	9	4.13
肇庆市	0	0	5	5	2.29
清远市	0	0	5	5	2.29
潮州市	0	3	2	5	2.29
揭阳市	0	0	1	1	0.46
云浮市	0	0	1	1	0.46
省直单位（含省学会）	0	10	4	14	6.42
高等学校	1	5	4	10	4.59
合计	3	95	120	218	100.00

各地市（单位）获奖总数排在前列的分别是广州市 43 项、深圳市 31 项、佛山市（含顺德区）21 项、东莞市 21 项、省直单位（含省学会）14 项、高等学校 10 项（其中省直单位和高校多分布在珠江三角洲地区），从获奖成果区域分布来看，珠江三角洲地区优于粤东西北地区。获得特等奖和一等奖数量排在前列的有广州市 23 项、深圳市 16 项、省直单位（含省

学会）10 项，除了珠江三角洲地区成果的高水平成果优势明显之外，湛江市在特等奖方面有重大突破，江门市、茂名市和潮州市也有较突出的表现。

虽然本届成果奖各地级以上市在申报时因本地市专任教师总数、本地市历届省级普通教育教学成果奖获奖数量等因素申报限额存在些许差异，但在申报过程中，一些欠发达地区即使名额相对较多也未能满额申报，侧面反映出其教学教研实力和师资水平与珠江三角洲地区差距依然明显。

（二）成果类别分布

本届教学成果奖获奖成果涵盖基础教育所包括的幼儿园、小学、初中、高中、特殊教育等各学段、类别，各学段、类别的获奖成果项数和比例，如表 2 所示。从统计数据看，结合办学规模和专任教师总数，学前教育的获奖比例与小学、中学相比偏低，广东省学前教育改革创新和教师队伍建设的力度有待进一步加强。

表 2　各学段、类别的获奖成果项数和比例

学段	学前教育	小学	中学	特殊教育	综合
项数/项	16	62	83	5	52
占比/%	7.34	28.44	38.07	2.29	23.85

注：因部分成果内容包含初中、高中，故统一按"中学"归类；综合类指成果未针对某一学段或为教师教研等综合性主题。

（三）成果主持人情况

本届评奖活动共评选出的 218 项获奖成果中，以单位名义申报 22 项，以个人名义申报 196 项，个人名义申报的成果约占总数的 90%。以下将重点针对以个人名义申报的成果主持人进行分析。

1. 成果主持人学历学位情况。196 项以个人名义申报的成果主持人当中 4 人具有专科学历、160 人具有本科学历（其中 18 人具有硕士学位）、21 人具有硕士研究生学历、11 人具有博士研究生学历。本科以上学历的主持人占比约 98%，侧面反映出广东省基础教育教师队伍的整体素质在逐步上升。

2. 成果主持人教龄情况。196 项成果的申报人中，教龄在 10 年以内的有 4 位，在 11~20 年的有 41 位，在 21~30 年的有 96 位，在 30 年以上的有 55 位（如表 3 所示）。由数据可知，21 年教龄以上的成果主持人占比

达 77%，可见一个好的教学成果也源自于基础教育工作者长期的思考探索和实践积累。

表 3　以个人名义申报的成果主持人教龄情况

教龄	特等奖/人	一等奖/人	二等奖/人	合计/人
10 年内	0	3	1	4
11～20 年	1	13	27	41
21～30 年	2	46	48	96
30 年以上	0	30	25	55
合计	3	92	101	196

3．成果主持人职称情况。196 项成果的主持人中，正高级职称的有 22 人，其中 1 人获特等奖、9 人获一等奖、12 人获二等奖；副高级职称的主持人有 137 人，其中 2 人获特等奖、65 人获一等奖、70 人获二等奖；中级以下职称的主持人有 37 人，其中 18 人获一等奖、19 人获二等奖（如表 4 所示）。副高以上职称主持人占比约 81%，侧面说明优秀的教学成果与教师的教学水平和研究能力是分不开的。

表 4　以个人名义申报的成果主持人职称情况

职称等级	特等奖/人	一等奖/人	二等奖/人	合计/人
正高级职称	1	9	12	22
副高级职称	2	65	70	137
中级以下职称	0	18	19	37
合计	3	92	101	196

（四）获奖成果领域

从成果主题分布的领域看，有宏观的课程建构、教学管理、质量评价、教师专业发展等方面的成果，也有中观的构建学生知识与能力、过程与方法、情感态度与价值观方面的成果。从涉及课堂教学方面看，有大量关于教学方法和教学模式的成果；从涉及课程方面看，既有国家课程的成果，也有自主开发的地方课程、学校校本课程的成果。

三、基于教学成果内容的广东基础教育教学改革实践分析①

基础教育类教学成果奖的申报主体大部分为一线教师，成果主题在很大程度上也反映出备受教师关注的教育改革发展方向和卓有成效的教学实践探索。通过整理分析 2017 年广东省教育教学成果奖基础教育类 218 个拟获奖成果的主题，笔者认为除了常规的学科教学方法创新、教育教学教研模式改革外，以下几个成果较为集中反映的主题也是近年来广东省基础教育教学一线关注的改革方向，其呈现的成果形式和实践经验为我国的教育事业发展也提供了丰富的样本参考。

（一）聚焦信息技术与教育教学深度融合

当前，以互联网及在其上衍生出来的物联网、云计算、大数据等为代表的现代信息技术不断融入社会生活的各行各业，深刻影响和改变着当代人的生活方式，"信息技术与教育教学深度融合"也成为近年来教育领域改革发展的热点话题。在 2017 年广东省教育教学成果奖基础教育类获奖项目中，有 13 个成果与该主题直接相关。这些成果在如何将互联网与学生学习、课堂教学、学校管理和教师教研培训等相结合做出了较好的尝试。

学生在学习方面，"网络环境下个性化学习模式与策略构建与实践"通过网络前测确定学生学习起点差异，根据学生个体情况制定学习任务目标，并通过开发"课程超市"提供学习资源，以满足学生个性化学习需求。"课堂的变革——习本课堂理论建构与实践探索"开发了"习本云课堂"平台系统推动群体化教学和个性化学习相融合、学校教育和家庭教育协调一体。

课堂教学方面，"交互技术促进小学课堂教学变革的研究与实践"利用课堂录像和学习数据分析技术研制"I5E（Interactive 与 Engage、Elicit、Explore、Explain、Elaborate）"互动高效课堂教学模式。"智慧教室规模化应用促课堂教学创新的探索与实践"提出了"云服务、云互动、云协同"三种类型的智慧课堂，并在珠海市所有义务教育阶段学校建设与之相适应的智慧教室，探索信息技术与课堂教学的规模化融合模式。

学校管理方面，"创建智慧校园，促进中小学校教与学模式创新的研究与实践"为学校搭建了"四四八"式智慧校园，包括"云平台标准体系、云平台安全体系、云平台监控体系和教育云服务体系"四个服务体

---

① 本部分资料来源为各有关成果的申报材料。

系，"云基础设施支撑平台、云系统支撑平台、智慧校园云服务总线和云应用支撑平台"四个支撑平台，以及"教学资源库、数字图书馆、智能教学、移动学习、数字化实验、智能管理、智慧校园文化和家校通"八个系统，探索出学校信息化管理的有益经验。

教师教研培训方面，"网络环境下的区域教研变革实践"从小区域层面进行网络教研和传统教研的有机融合，将博客技术应用于教研平台建设，创建了全国知名教研平台——天河部落。"利用移动学习技术服务基础教育改革的模式研究与实践探索"从较大范围内将手机、平板电脑等小型移动终端应用于教师教研培训，通过将"手机教师网""手机和 iPad 移动录课系统""教师工作坊""乡村教师课堂教学远程诊断平台"在广州与粤东西北及广西壮族自治区、贵州省、新疆维吾尔自治区等地区进行大规模应用，实现技术与教学、东部与西部、大学与中小学、城镇与乡村学校教育的深度融合。

（二）创新自主合作探究学习方式

自主、合作、探究的学习方式是新课程积极倡导的基本理念之一，也是培养学生思维能力、创新能力和团队精神的重要手段。相较传统的知识灌输式教学，自主合作探究学习的教学模式对教师的教学设计和课堂组织提出了更高的要求，如何将这一先进的教学理念落实到真实的课堂中，广东基础教育教师也进行了较多的尝试和探索。

学前教育阶段，"幼儿科学探究中的技能培养与学习方式的研究"把项目学习、探究学习、STEM（Science、Technology、Engineering、Mathematics）教育、瑞吉欧方案活动、主题活动、信息技术、思维导图、头脑风暴等理念和方法应用到幼儿园科学教育活动中，形成了"发现和诱发幼儿兴趣点—构建探索议题—设置探索环境—引导探索活动—组织表现与表达—再次探索"的探究活动模式，引导和鼓励幼儿进行适合其年龄特点的科学探究活动。

小学和中学阶段，"小学数学'问题解决'教学模式的构建与实践""小学信息技术课的协作学习活动设计与实施""初中物理'自主合作式概念教学'的策略研究""中学数学研究性学习教学模式的研究""初中数学课堂信息化小组合作学习教改的探索与实践研究""初中化学研究性学习与环境教育整合研究"分别从学科教学的角度探索了自主合作探究学习的具体做法，同时也反映出自主合作探究式教学在理科教学中的运用优势。"小组合作学习在中学历史教学中有效运用的实践研究"开发了三种历史小组合作学习模式并采用学习小组制作思维导图的方式开展合作学

习。"议题探究教学模式在初中地理教学中的应用研究"通过搜集大量生活化素材构建地理教学议题库供学生开展探究，两项成果为文科类学科如何运用自主合作探究式教学提供了参考经验。

此外，"理科探究教学的研究与实践：教学范式的视角"从核心素养、教学范式、支持系统方面构建了理科探究教学的范式框架，并开发了配套的"研训教一体师资培训课程"，全面系统地总结了探究教学的实践路径。

（三）开展科学教育提升科学素养

随着世界范围内科学技术发展的突飞猛进，培养人的科学素养和创新能力已成为现代教育体系的重要目标，很多国家都在积极探索多元化高质量的科学教育模式。如何将现代前沿科技引入基础教育课堂，如何在基础教育阶段开展适合学生发展的科学教育，这些问题也是广东一线教育工作者正在思考和实践的时代命题。

区域实践层面，"基于智能机器人的'做学创'教育模式研究与实践"以人工智能技术为切入点，以智能机器人项目为教学载体，构建了智创空间、ZC Space 创客教育模型、机器人教育推进策略和"微课导学"教学模式，编著4部智能机器人教材，成为学校智能机器人创新教育的"广州样板"。"聚合资源，协同育人——创新信息学特长生协同培养模式的研究与实践"协同区域师资力量研发了 C＋＋编程快速入门软件 GoC 及配套教材，建立基地、网点校依托核心教师团队对学生开展共同体、夏令营、集训队的线上线下、跨时空的多元化教学，在佛山市南海区形成跨校跨学段的区域教学模式。"区域科学教育资源整合100例"以珠海市本土科学教育资源为核心，搜集、筛选、整合教学中广泛应用的区域素材，为科学教育教学资源开发提供了一个可参考的视角。

学校实践层面，"指向拔尖科技人才培养的示范性高中 STEM 校本课程研发——以广东实验中学'格致课程'为例"开发了10余门具有较强引领性和示范性的 STEM 精品校本课程，构建了科技创新、环境教育、工程技术、生物工程、理科拓展、科技讲座六类大学段和科技实践、科技研究、科技考察三类小学程的校本课程体系。"青少年创新人才培养的'元培计划'特色课程开发与实践"以"师资—课题—实验室—社团—比赛"五位一体的科技创新教育框架为组织方式，与中山大学、华南师范大学等高校、科研院所深入合作，让学生在"导师＋研究生＋本科生＋高中生"的学研共同体中以课题研究的方式进行学习。"开展机器人活动提高学生科学素养的实践研究"开发了机器人校本教材《玩转机器人》，并通过开展科技图书阅读活动、建立学校网络科技资源、使用"翻转课堂"微课模式等方式促进学生科学素养良性发展。这些成果从不同角度不同路径探索了校本科学教育的可行方案和课程模式。

（四）探索地方、校本特色课程建设

地方课程、校本课程是国家课程的重要补充与发展，能够满足地方学校、教师、学生的发展需要，体现了区域和学校办学的价值追求。在2017年广东省教育教学成果奖基础教育类拟获奖成果中，约12项成果体现地方、校本课程建设主题，从不同侧面探索了地方、校本课程的开发与实施。

在地方课程方面，"基于综合素养的中小学课程形态变革探究"基于中小学生品德、身心、学习、创新、国际、审美、信息、生活等"八大素养"，构建了学科形态课程、活动形态课程、探究形态课程、职业形态课程，并结合各类课程配套开展系列活动和试点项目，如结合探究课程开展创客教育和中小学生小课题研究，打造中小学课程改革的"深圳模式"。"中学国际理解教育课程开发与实施"选择具有中国特色、地方特色又反映全球化、现代化的素材研制国际理解教育的地方教材、开发课件资源、培养师资队伍，通过专门课程、学科渗透、社会实践、社团活动、国际交流等形式推进课程实施，形成"东莞特色"的国际理解教育。

在校本课程方面，不少学校将广东本土文化特色融入校本课程开发，探索出不少有代表性的校本课程，在丰富学生文化体验的同时也提升学生的科学文化素养。例如，"以戏剧活动促进学前儿童健康发展的研究与实践"以粤剧作为切入点，通过唱响粤语童谣，以系列小型音乐剧，形成园本特色课程。"'粤彩'广府特色学校课程建设的实践研究"融合通草画、广彩、粤语、庙会等具有广府文化元素构建特色校本课程。"潮汕地区'非物质文化遗产'校本课程开发的途径与方法研究"选取潮剧、澄海灯谜、大吴泥塑等一批潮汕地区非物质文化遗产开发校本课程。"提升全员科学素养 打造航空科技特色——珠海市一中科技创新校本课程体系探索"结合珠海市航空教育资源和航空文化积淀，联合航空航天专家、高校、高新企业，开发了以航空课程为主导，以机器人课程、创客课程、科学英才培养联合课程等为依托的特色课程。"普通高中天文学课程开发与实践"将天文学引入高中课堂，通过开发系列校本教材并针对学校学生建立了《普通高中天文学课程标准（学科竞赛版）》，并以学生课题研究的方式开展教学。

（五）构建新型心理健康教育模式

积极开展心理健康教育，促进学生身心健康发展是学校教育的工作重点。如何丰富教育教学形式，使心理健康教育贴近学生学习生活实际，广东中小学（幼儿园）的教学一线也在不断探索。

学校教育模式方面，"以心理话剧为主体的高中学校心理健康教育创新模式研究"把心理话剧引入心理健康教育课堂，通过开设心理话剧课程和开展心理话剧比赛活动，使学生在话剧参演中感悟正确的人生观、价值观，学习人际交往方法，促进身心健康发展。"基于高素质现代人培养的普通高中学生发展指导模式研究"将心理健康教育融入学校学生发展指导课程，构建包括必修课、选修课、活动课和班会团会课四大课程，并运用大数据技术将学生信息管理系统、心理测试系统和"成长的足迹"过程性记录平台组合构成学生发展指导评估系统，形成从课程到评价的完整体系。此外，针对特殊教育学生，"促进视障小学生建立良好人际关系的团体辅导研究"针对4~6年级视障小学生社交焦虑的问题，从交往适应、交往礼仪、交往技巧和交往合作四个层面设计开发了团队辅导训练校本课程，为视障小学生建立交往自信，促进其身心健康发展。

在区域探索方面，"'双系统三平台'中小学心理健康教育模式的创建与实施"构建了以培养积极品质为目标的发展性和以解决心理问题为导向的补救性两类心理健康教育相结合的"双系统"教育体系，建立了行政推动、高校指导、基层执行的"三结合"协同联动平台，并通过检查督导、科研引领、典型示范的"三途径"全面促进平台建设。此外，该成果首创心理健康教育教师"三级提升"专业发展平台，解决心理健康教育师资发展问题。该模式在广东省21个地市全面推广和检验取得良好效果，被誉为中小学心理健康教育的"广东模式"。

（六）提升农村地区教育教学质量

提升农村和贫困地区教育教学质量是促进教育公平的重要举措，2017年中共中央办公厅、国务院办公厅印发的《关于深化教育体制机制改革的意见》要求，切实改变农村和贫困地区教育薄弱面貌，着力提升乡村教育质量。近年来，广东在推进农村地区基础教育发展方面也形成了一些较有亮点的教学成果。

在学科教学方面，"农村小学英语词汇有效教学策略研究"针对农村学生英语接触渠道窄、教学方法陈旧等问题，通过语音操练、趣味操练

（猜谜、看图猜词、句意猜词、故事猜词等）、思维操练（单词串串烧、思维导图、小组作品创作等）等教学手段把教材内容加以补充、拓展，同时探索出提高农村学生单词拼读能力的字母组合法、直接拼读法、日历操练法、同音归类法等一系列有效方法。"农村初中数学教学研究与实践"通过对农村初中学生特点进行分析，按照"基础水平""发展水平""卓越水平"对学生进行分类，并从"基于新课程的农村分层教学实践与探索""农村初中学生数学能力培养的研究与实践""农村中学数学教师专业成长支持体系""农村初中数学数字化校本课程开发与应用"四个维度开展教学实践。"农村初中创建科技教育特色的实践"针对农村科技教育资源短缺的问题，通过科技大道、科技广场、科技长廊和科技作品展览室等建设营造"尊重创新、崇尚科学"的校园文化，并通过开发科技校本课程、建立以项目为纽带的科技教育协会、科技工作室等打造科技教育特色模式。

在农村教师专业发展方面，针对农村中小学教师信息技术应用能力较弱的问题，"'互联网＋培训'ECSEB（Evaluate、Collaborative team、Scene Course、Environment、Blended Learning）模式促进农村教师教学创新的研究与实践"开发了一套融合培训评价、团队协同、情境课程、互联环境、混合学习的教师信息能力提升课程，形成了一本适合于碎片化学习、基于情境案例的工具书《用技术解决问题——教师信息素养 88 个情境实例》。"'高基融合、知行合一'的乡村小学全科教师培育模式研究"针对农村小学优秀教师不足、教师素质不高的问题，依托省级中小学教师发展中心、教师教育改革试验区以及乡村卓越教师"U－G－S（大学－政府－小学）"协同育人平台，实施"实践＋""巡陪团""六教协同教研"教师培养、培训和教研模式，实现地方高等师范院校和基础教育的有效融合，促进乡村小学教师专业发展。

（七）改进特殊教育育人方式

特殊教育一直以来都受到党和国家的高度重视和社会大众的广泛关注，如何为这些孩子提供符合其身心发展特点的高质量的基础教育，广东的特殊教育学校、幼儿园在实践中也积累了一些有特色的做法和经验。

针对不同生理缺陷学生的学习生活需求，"先天盲和后天盲学生信息表征方式的实验及应用研究"基于盲童信息表征方式特点的研究结果，将心理学、教育学、运动学和康复医学等学科与传统的语文、数学等学科教学进行交叉，并应用独立研发的《盲童触摸图书》，有效缩短了盲童学习盲文的时间。"盲校定向行走校本教材与教学策略的研究"形成了教育与

康复、集体教学与个别化教学、定向行走与体育教学相结合的教学模式，编写了《定向行走校本教材》和《定向行走能力评估手册》，满足了学生学习和教师教学的需求。"听障教育'沟通与交往'课程教学模式研究"结合岭南地区习俗文化开发了《聋校语言训练主题序列》，采用班级、组别、个别授课相结合、以书面语为归依的教学模式，全面促进听障学生听能发展、语言发展、综合沟通技巧和心理建设。"智障学生性教育校本课程开发的实践研究"针对智障学生性教育缺失的问题，从"生长过程""男女性特有健康问题的处理""性别概念和性别角色""与家人的交往和对亲情的指导""与其他人的交往和对友情的指导""性信息的应对""性侵害的预防"七个领域开展主题教学，提高智障学生的自我认知和自我保护能力。

此外，在幼儿教育阶段，"全纳教育背景下特殊需要幼儿随班就读的实践研究"积累了 11 个有效促进特殊幼儿和普通幼儿共同进步的典型案例，形成了一套成熟的关于特殊需要幼儿的观察、发现与评估策略，随班就读管理与教学策略和后期追踪服务策略。"美术治疗"以美术是幼儿表达丰富心理意义的第二语言为理念，将美术运用于特殊儿童的治疗，借助艺术创作的过程为幼儿营造一个有利于自我释放和修复的温暖、安全、积极的心灵港湾，为特殊儿童的健康发展建立早期干预机制。

（八）深化情境教学、体验式教学方式方法创新

聚焦具体的教学方法层面，情境教学、体验式教学等方式让学生对于需要学习的知识有直观感受和情感体验，解决知识学习与现实生活脱节的问题，真正做到学以致用。广东基础教育教学一线在情境教学、体验式教学的方式方法上也有一些创新与突破。

"幼儿园'快乐小镇'微社会体验教育模式"将幼儿园所有功能场室建设为小镇化的物质设施，让幼儿体验自然、真实的微社会环境，并创建家园联盟、社区协同的小镇化教育共同体。"小学体验式作文教学模式的研究"针对农村学生课外阅读量较少、语言表达能力较差的问题，通过看图写话、游戏、事件小品等小型课堂活动引导学生在观察和感受中发现写作细节、积累语言素材。"小学音乐情境教学的探究"以创设音乐情境主题为切入点开展音乐活动，用生活语言描述音乐形象、以生活实物再现音乐形象、借生活游戏走进音乐形象，让学生在相应的情境中感受音乐的表达。"中学'情思历史'教学的构建与实践"通过"主题确立—情境创设—情思交融—情智共生"，融合"情境体验教学""自主活动教学""问题探究教学"等几种教学方式，以情境唤起学生的历史体验，又以问题激

发学生的课堂思维，引导学生的深度学习。"高中思想政治学科培养学生社会参与能力的策略研究与实践"通过组织社会热点调查、模拟政协、模拟人大、模拟联合国等政治模拟活动，经济社、校园创业、模拟炒股、学生公司等财经模拟活动提高学生社会参与能力。"基于中小学校园电视台的德育生活化的研究"以学校电视台为德育平台，让学生参与到德育应是作品制播评等各环节，以学生的视角反映现实问题，以生活化的方式提高学生的德育认知能力。

四、反映的主要问题

2017 年广东省基础教育类教育教学成果奖涌现出很多有独创性、新颖性、实用性的高水平成果，对于实现培养目标、提高教学水平和教育质量效果显著，在全省乃至全国产生了广泛而积极的影响，在教育教学中发挥了示范引领作用。但同时也反映出广东省基础教育改革发展和教学改革创新还存在以下几个方面的问题。

（一）基础教育改革发展不均衡

广东省 21 个地级市教育发展水平仍呈现不均衡，珠江三角洲地区教育改革发展优势突出，但粤东西北欠发达地区对基础教育教学研究和改革创新重视不够。一些欠发达地区的教育行政部门和学校仍然存在重考试轻教学、重分数轻发展、重常规轻创新、重形式轻内涵的陈旧观念，缺乏教育教学理论、教学管理、教学内容、教学方法、教学手段的改革创新动力。此外，各地市对学前教育和特殊教育改革发展的重视程度有待进一步加强。

（二）基础教育教学成果培育不足

教学成果的形成并非一蹴而就，它需要教师不断反思、深入研究、反复检验，也需要教育行政部门、学校形成有效机制进行培育和认定。经初步统计，广东省目前有 17 个地级以上市设立了市级教育教学成果奖，其中个别地市因种种原因仅能设立市级基础教育成果奖培育项目，尚未形成完整的省、市全覆盖的成果奖培育和评选的配套体系。此外，一些地市在推荐省级成果奖的过程中并未充分重视，相关工作缺乏组织经验，对当地成果的培育和申报造成了一定影响。

（三）基础教育教学指导力量不足

教学成果的培育和打造不仅需要教育行政部门的参与，也需要教育教学专家的指导和帮助。在基础教育方面，各地市教研员在教学指导方面应

当充分发挥专家作用。但广东省中小学专职教研员占全省中小学专人教师的比例仅为0.33%，教研员配比低于全国1%的比例①，教研队伍难以为高水平教育教学成果的培养提供有力的智力和人才支撑。此外，师范院校高层次教研力量对基础教育教学的支持在本届教学成果奖中也有一定体现，但引领作用有待进一步有效发挥。

（四）基础教育教学成果宣传推广不够

教学成果的意义在于推广运用，让先进的教学理念和方法发挥示范引领。但本届教学成果奖申报的材料中反映出广东省普遍存在成果申报者在成果形成过程中宣传、交流、推广的意识和积累不够，使申报成果缺乏相应的影响力；此外，各级教育行政部门和学校对获奖成果的宣传力度不够，尚未形成有效的工作机制，使一些高水平高质量成果的引领示范作用难以彰显。

五、广东省基础教育教学成果奖有关工作建议

2017年广东省教育教学成果奖是对广东省近年来基础教育教学工作的总结，也是新一轮教育教学改革创新的起点。为更好地提炼教育教学改革经验、打造影响广泛的高质量成果，形成更多有价值的"广东模式""广东样本"，笔者认为在以下几个方面应着重改进和完善。

（一）突出时代精神，增强实践性和创新性

开展教育教学活动、培育教学成果必须立足于落实立德树人的根本任务，坚持以习近平新时代中国特色社会主义思想为指导，牢牢把握教育教学改革和人才培养的正确方向。必须扎根广东大地，体现时代精神和素质教育的核心理念，遵循学生身心发展和教育教学规律。必须围绕解决基础教育教学过程中的实际问题，创造性地提出科学的思路、方法和措施，努力在教育教学理论上获得建树，在教学改革实践中取得突破。

（二）打造教师队伍，提高教育教学水平

一支业务精湛、结构合理、充满活力的教师队伍是创造更多、更高水平教学成果的基础。广东省基础教育发展水平不均衡也体现在各地师资队伍水平的差异。各级教育行政部门应加强对教师队伍建设的投入，从人员编制、经费支持、资源保障等方面解决教师发展面临的问题，尤其加大对

---

① 姚跃涌，胡军苟，吴有昌.广东省基础教育教研机构状况调研报告［J］.广东教育（综合版），2013（12）：35－39.

欠发达地区的扶持；学校要充分重视教师专业发展需求，加强校本教研和培训，给予教师更多的学习机会，营造有利于青年教师和优秀教师进行教学理论和实践创新的良好氛围；各地市教研部门也需要重视教研员队伍建设，提高教研员教育理论水平和实践指导能力，使各地中小学教研队伍能均衡发展、特色发展，以更好地发挥引领和指导作用。

（三）重视成果培育，形成各方联动机制

教学成果的培育需要各级教育行政部门、教研部门、学校和教师的共同参与，构建以学校和教师为主体，教育行政部门主导，教研机构、高校专家和社会组织共同参与的教育教学成果研究、培育、推广共同体，协同创新，形成广东教育教学改革创新的强大合力。教育行政部门应加大相关人力、财力和政策扶持力度，教研部门、高校专家和社会组织加强教学研究培训和指导，学校提供相应工作支持和条件保障，形成长效培育机制，以充分激励和引导一线广大教师及教研人员积极投身教育教学创新理论与实践活动。而作为成果的"生成者"，广大基础教育教师和教研人员应重视和反思日常教学中遇到的问题，学会用科学的方法研究和解决问题，并在此基础上总结提炼有创新性的经验方法，形成有价值、有特色、可推广的成果。此外，教研部门、学校和教师要加强对省外优秀教学成果的学习，指导改进本区域或本学校的教育教学改革。

（四）创新推广方式，拓展宣传展示渠道

成果的宣传推广不仅有益于成果影响力的提升，外界对成果的认同更是对成果的价值和意义进行充分验证。成果主持人（单位）除了传统的报告会、学术交流会、现场观摩会等成果示范推广方式外，还应积极探索以互联网为载体的更大传播力度的交流推广渠道，如网络直播课、网络教研等方式，搭建有操作性、针对性、实践性的成果宣传应用推广平台。同时，省级、各地级市教育媒体也应重视对基础教育教学成果的宣传报道，以文字或图像的直观方式展示成果内容，以媒体的广泛辐射面带动社会对成果的关注。此外，对于有重大理论创新和实践价值的成果，教育行政部门、教研部门也应积极参与成果宣传推广，切实提高广东省教育教学成果的辐射力、影响力，为全国基础教育的改革发展介绍更多先进的"广东模式""广东经验"。

（执笔：耿丹青、刘慧婵、杨俊杰、邵博、蔡炜；审稿：曾令鹏）

互联网时代幼儿园信息化
建设的实践探索

○广东省教育研究院教育评估室

摘　要： "互联网＋"时代全面来临，幼儿园信息化建设成为时势所趋；但现实是幼儿园信息化建设相对滞后，存在经费短缺、幼教工作者信息化素养不高而缺乏接受信息化技术的主动性、已有信息化建设项目因割裂而导致使用困难等问题。笔者的实践证明，互联互通的幼儿园信息化建设是极为重要的，也是可行的；幼儿园基于网络的信息化服务需求主要体现在内部管理与家园合作上；互联互通的信息化建设依赖于技术全面、产品丰富的服务市场。

关键词： 互联　互通　幼儿园　信息化建设

我国政府在 2015 年提出"互联网＋"行动计划，正式将"互联网＋"纳入国家顶层设计，提升至国家战略层面。2016 年 6 月 1 日开始正式施行的新《中华人民共和国教育法》明文规定：国家推进教育信息化，加快教育信息基础设施建设，利用信息技术促进优质教育资源普及共享，提高教育教学水平和教育管理水平。

当今社会，互联网正在深刻影响甚至是改变人类思维、生产、生活和学习方式，信息化势必成为教育领域改革的新趋势。一方面，学前教育是各级各类教育中的薄弱环节，幼儿园信息化建设与中小学校、高中职业学校和高等院校相比，明显滞后；另一方面，年轻教师和家长们对各种互联网应用甘之如饴，迫切希望幼儿园在管理、家园沟通和教学等方面提高信息化服务水平。因此加强幼儿园信息化建设是时势所趋。

一、幼儿园信息化建设分类

幼儿园信息化建设是指在幼儿园工作中，广泛应用信息设备和技术，以提高工作效率和保教质量、加强家园合作、普及学前教育知识、提高幼儿园知名度的过程。其基本功能是创设游戏活动情境、提供安全保障、增强家园联系、优化家庭教育、促进教师专业发展、提高科学保育和管理水平。根据信息化功能，可以将幼儿园信息化建设划分为四大类：教学类、内部管理类、家园合作类和社会宣传类。

教学类主要是指在幼儿园教学活动中所用到的多媒体和网络技术。多媒体技术集声音、图像于一体，生动形象，具有丰富的表现力和交互性，是幼儿喜欢的一种教学手段。多媒体技术既可以体现在传统视频录像中，也体现在交互性更强的学习类软件中。网络技术在幼儿教学中主要用来实现交互式软件的访问、教学资源库的共享。

内部管理类包括视频监控系统、办公系统、考勤与接送管理系统、资产管理系统、财务管理系统、幼儿膳食营养与卫生保健管理系统、档案管理系统等。这类系统主要在幼儿园内部使用，方便各种资料的收集、统计、归档，降低劳动力成本，提高工作的准确度和效率，促进幼儿园管理与办公的现代化。

家园合作类主要指校讯通、网络版幼儿成长档案等系统。这类系统能加强家园沟通，使家长了解幼儿在园状况，以便家园协同，有针对性地开展合作性教育。

社会宣传类主要指幼儿园站点、微信公众号和论坛等系统。这类系统为幼儿园提供了展示园所风采、普及推广科学育儿知识的途径，起到社会宣传的作用，能提升幼儿园的知名度、美誉度。

幼儿园信息化建设重点不在教学信息化，而是内部管理信息化、家园合作与社会宣传信息化，其服务对象主要是教师和家长，而非幼儿。这是因为"幼儿的学习是以直接经验为基础，在游戏和日常生活中进行的"，成人要"创设丰富的教育环境，合理安排一日生活，最大限度地支持和满足幼儿通过直接感知、实际操作和亲身体验获取经验的需要。"而教学软件、多媒体的使用，往往是让幼儿以间接方式获取知识，这与《幼儿园教育指导纲要》和《3－6岁儿童学习与发展指南》（以下简称《指南》）的基本要求不太吻合。因此，幼儿园教育教学的信息化应遵循适宜性原则，而不作为信息化建设的主要任务。

二、幼儿园信息化建设存在的问题

（一）幼儿园经费不足，难以支持信息化建设所需要的持续投入

信息化建设无论是硬件、软件的购买还是带宽租赁，以及维护成本，都需要有持续、稳定的经费来源。特别是通过互联网实现的信息化服务，其经费投入一般都不是一次性的，而是以年为单位延续不断的。这让办学经费普遍紧张的学前教育机构，对信息化建设望而却步。

（二）幼教从业者信息化素养不高，信息化意识与使用能力不足以支持信息化建设

学前教育师资培养体系中，往往会忽视信息化意识和技术应用能力的培养，这致使幼儿教师的信息化知识与技能整体水平不高，信息化处理能力偏低；幼儿园整体信息化水平低于其他各级各类教育的现状，又进一步减少幼儿教师在工作中提高信息素养的机会，形成了一种恶性循环。

此外，信息技术发展与广泛应用是在近几年突飞猛进的，其高科技含量使年长者在接受信息化服务产品的过程中应接不暇。与年轻教师相比，幼儿园管理者的信息化意识整体偏低，园长们对信息化建设的价值与效益认识不到位，这直接导致多数幼儿园还没有把信息化建设提上工作议程，认为信息化建设是可有可无的。

（三）信息化孤岛普遍存在，缺乏互联互通，造成使用困难

不可否认的是，也有部分幼儿园在积极进行信息化建设投入了大量资金，建立了幼儿接送系统、晨午检系统、视频监控系统、财务系统、办公系统、家园联系系统及幼儿园站点等，这些系统覆盖了幼儿园大部分日常工作。有了这些系统，似乎幼儿园信息化建设已经达到很高水平了。

现实情况是这些系统一般都是由不同的信息科技公司用不同技术在不同时期开发的，幼儿园在引进或建设这些系统时，没有或很少考虑系统的互联互通问题，结果是软件系统各自为政，形成信息孤岛①现象。幼儿园管理者最直接的感受是花了钱，但没有看到效果；甚至认为这些系统的运行，不但没有给员工减负，反而增加了工作量。

----

① 信息孤岛是指相互之间在功能上不关联互助、信息不共享互换以及信息与业务流程和应用相互脱节的计算机应用系统。信息孤岛导致的直接后果就是各个系统之间相关数据不一致，很难维护，不能发挥信息化建设应有的功效。

三、互联互通的幼儿园信息化建设

多个不兼容的系统在幼儿园软件运行中产生相互影响、牵制的问题，使幼儿园工作人员对信息化建设产生困惑与质疑。针对这一现象，笔者与技术团队提出了互联互通的信息化建设理念，并在试点幼儿园进行实践验证。

互联互通的幼儿园信息化建设包含网络互联和系统互通两方面内容，是一项系统工程。网络互联指的是建成的各个信息系统之间要有网络连接，能相互访问，最好是所有系统都能与互联网连接。系统互通是指建成的各个信息系统能共享基础数据，为完成各自的业务功能，相互之间可以进行数据交换。网络互联是必要条件，系统互通是建设目标。如果各个系统不能互联互通，幼儿园信息化建设就不能发挥最大效益，甚至会降低幼儿园的工作效率。因此，构建互联互通的系统是幼儿园信息化建设的基础。

系统之间要互联，必须借助网络技术才能实现。当下，互联网和物联网技术发展方兴未艾，都要依赖各种各样的网络通信技术。幼儿园信息化系统之间的互联，要采用成熟的通信技术，不要追求研究中或发展中的前沿技术，如电源通信、可见光通信等。因为这些新技术还未成熟，支持这些技术的软硬件设备不多，且价格昂贵。一般说来，可建设 Wi－Fi 无线网络覆盖整个园区，租用通信公司提供的通信链路进行互联网连接。这样既可省去布线成本，又方便员工在园区任何地方接入互联网。

实现了网络互联，还要实现系统互通，才能发挥整体效益。在开展系统建设之前，幼儿园管理人员应该集思广益，尤其要重视来自一线使用者的意见和建议，提出建设性的高质量需求。在整理需求时，要把系统互通作为基本要求，不但要考虑新系统与原有各系统之间的数据交换，更要提前考虑将来能与其他系统对接的数据接口。当然，这种要求对幼教管理人员而言有些过高，需要承担系统建设工作的信息技术团队进行细致的需求调研和分析，协助完善园方需求。

四、互联网背景下的幼儿园信息化建设实践

在幼儿园信息化建设四大类别中，各个类别的多个应用不是孤立的，相互之间必须互联互通，共享幼儿、家长和员工等基础数据，才能最大限度发挥信息化建设的功效，达成数字化幼儿园、智慧幼儿园的建设目标。

如何进行互联互通的幼儿园信息化建设呢？

对于已投入大量人力物力建成各类应用系统的幼儿园来说，关键在于让现有系统能够互联互通，消除信息孤岛。首先，幼儿园发动员工、家长结合各自的使用体会，提出各个系统互联互通的具体需求，据此梳理出全园各个系统互联互通的整体需求。然后，由专业的信息技术团队根据需求，设计各个系统互联互通的实现方案，这个环节最重要的就是定义各个系统的接口形式及数据交换内容和格式。最后，信息技术团队进行各个系统的接口开发和网络互联，实现现有系统的互联互通。

对于大部分幼儿园来讲，信息化基础薄弱，值得互通的系统软件不多甚至没有。这种情况下，进行互联互通的信息化建设可以从整体出发，设计并实施完整的信息化建设方案，利用成熟的云计算技术，搭建开发幼儿园云平台。适合放到互联网上的应用系统，除去需要搭建在其他平台的应用外，都部署在这个云平台上。云平台上的应用共享基础数据库，与其他平台上的应用通过接口进行通信。同时，在云平台上开发 Web 服务接口，方便与内部管理类的应用系统之间进行实时数据交换。

笔者结合在幼儿园多年的管理工作经验，在三所幼儿园的支持下，进行了全套信息化建设的试点。试点幼儿园建设了无线 Wi－Fi 网络，信号覆盖全部园区，租用电信网络连接到互联网上。三所幼儿园的信息化建设在整体思路上基本一致，但在具体的需求上有所不同，因此最终呈现的是大同小异的信息化系统。

（一）教学类信息化建设实践

教学类信息资源主要包括幼儿园购买的各种视听教材、游戏软件和教师编写的各种课件。我们在幼儿园搭建了视频服务器和文件服务器，把各种视听教材放在视频服务器上，游戏软件放到文件服务器上。三所试点幼儿园每间课室都配备了智能电视和电脑，教师可以通过智能电视选择视频服务器上的视听教材进行播放，也可以通过电脑运行从文件服务器上下载的游戏软件。

课件资源主要是供教师备课参考的，我们在幼儿园办公系统里增加了教学资源库。教师可以建立和积累自己的课件资源，也可分享出来，与同事共享。

（二）内部管理类信息化建设实践

试点园此前已有视频监控系统、财务管理系统、幼儿膳食营养与卫生保健管理系统。这三套系统都是上级业务主管部门统一要求配置使用的。其中视频监控系统与公安局的网络连接，属封闭系统；财务管理软件、幼儿膳食营养与卫生保健管理软件是单机版运行，都无须与其他系统对接。

我们在试点园重点建设了幼儿园办公系统、微信移动办公平台、考勤与接送管理系统和配餐系统。

1. 幼儿园办公系统。幼儿园办公系统提供了消息中心、用户中心、班级管理、规章制度、保教管理、后勤管理、审批管理、幼儿出勤统计及文档中心等模块。所有模块均可按需定制，满足各个幼儿园个性化办公需求。

幼儿园可向员工、家长发布通知，教师可在消息中心互发消息、也可向所在班的家长发通知。教师和家长可通过手机端阅读和回复。园长和管理员可查看员工和家长的阅读、回复等情况。带班教师可制定和发布教学周计划，园医可发布每周食谱，仓库管理员可在线管理教玩具、物品等，员工可共享同事的文档资源，管理人员根据权限可进行各种审批。

办公自动化系统能极大地提高园所内部的办公实效，并为留存电子版资料、档案提供便利条件。

2. 微信移动办公平台。试点幼儿园开通微信企业号后，建设了幼儿园微信移动办公平台，微信移动办公平台具有丰富的日常办公功能，如：消息、通知的发送，班级管理、保教管理（工作计划、总结、教案在线浏览等）、后勤管理（外出公干申请、调班申请、请假登记、功能室活动登记、维修申请等）、每周食谱浏览等功能。微信移动办公平台还能促进家园互动与联系，如：园内动态推送、幼儿图片分享、家长联系与通知等。

该移动办公平台与幼儿园自动化办公系统一起配套使用，使幼儿园管理者与教师可以在任何时间、任何地点办公。

3. 考勤与接送管理系统。在试点幼儿园建立的考勤与接送系统同幼儿园办公系统共享幼儿、家长和员工基础数据。在幼儿园办公系统中，家长可以增加或修改幼儿的接送人信息，生成二维码或条码，打印或存储在接送人手机中。幼儿回园时，接送人只需在接送一体机上扫描自己的条码，园医使用红外体温枪测量幼儿体温，记录交代幼儿在园事项，接送一体机会把条码、体温信息和在园事项发送到考勤与接送系统服务器上，服务器即时记录上述信息。接送人来接幼儿时，扫描自己的条码，接送一体机上传到考勤与接送系统服务器，服务器检索接送人信息，发回并显示在接送一体机上，同时在课室电脑屏幕上弹出提示信息和语音提示。教师把

幼儿带到门卫处，门卫核对接送人信息和幼儿信息，再决定是否放行。

考勤与接送管理系统拥有最新最全的幼儿出勤及健康数据，可以及时准确生成幼儿出勤、健康等信息统计表。

4. 配餐系统。配餐系统和考勤与接送管理系统实现了互通，员工、幼儿在园人数及饮食注意事项均会从考勤与接送管理系统实时发送给配餐系统。食堂师傅准备配餐前，点击配餐系统查询按钮，配餐系统就会显示当天各班幼儿报到人数、注意事项等，实现精准配餐。

（三）家园合作类信息化建设实践

在试点园中，我们重点设计、开发了网络版幼儿成长档案袋系统。该档案袋系统整合了教师一学年内的多项专业工作，如填写家园联系手册、评价表、观察记录、学年评价、收集幼儿作品、上传活动照片给家长等，是一套以档案袋为名的家园合作的网络办公系统。

档案袋系统以图片、文字、视频、音频等形式收录幼儿在园、在家的典型性表现和重大活动以及代表性作品。在学年末，家长和幼儿园可全套下载、留存，还可以打印装帧成纸质档案。

档案袋系统按照托班、小班、中班、大班的年龄特点分别设置了 16～20 个栏目。其中 8 个栏目为多页面设计，页数不设上限。同一栏目在不同年龄段的档案袋中拥有不同的命名，内容上也进行了相应调整。这种设计使整套档案袋既具有系统性、完整性，又突出了不同年龄段的不同要求。

大、中、小班档案袋中的"幼儿成长报告"栏目，是根据《指南》的目标和典型性表现设计的，各有 11 页。家长和教师均要填写对幼儿的模糊等级评价数据。该栏目的使用可促进教师和家长深刻领会、贯彻落实《指南》精神，帮助家长树立正确的育儿观念、掌握科学的家庭教育方法，进而达到家园共育，实现家庭与幼儿园的深度合作。

档案袋丰富的内容来自于幼儿在园和在家的活动记录，因此，档案袋的素材由家长和教师共同提供，但编辑工作主要由家长承担。幼教网为家长和幼儿园提供了详细的栏目操作指引，解说了每个栏目资料收集与编辑的方法。这一方面减轻了教师的工作负担，另一方面也表达出家长才是幼儿成长过程中最重要的人，是幼儿成长的主要见证者、记录者。

该系统同时开发了配套的手机 App，教师和家长可随时利用手机端拍照上传幼儿活动情况，进行点评、互动；还可收发幼儿园和班级通知，查看通知阅读及回复情况，涵盖了传统的校讯通功能。

（四）社会宣传类信息化建设实践

在试点园中，我们主要建设了幼儿园网站和幼儿园微信公众平台。

1. 幼儿园网站。幼儿园网站设有不同版块和各种栏目，具有留言、在线调查、在线招生与招聘等功能。幼儿园管理员登录后，可以进行员工、家长和幼儿信息管理，可设置或修改网站栏目、版块，发布各种信息。设置或发布的信息都会在幼儿园网站上实时展示。每间幼儿园可根据本园实际情况，设置、修改不同栏目和版块，避免了网站千篇一律、千园一面的问题，实现幼儿园品牌建设与个性化需求。

网站的美术版面有多种，幼儿园可根据需求自己进行版面更换。网站除了有适于电脑屏幕浏览的传统版面设计外，还有适于手机浏览的响应式版面设计，幼儿园可自由选择。

网站是信息时代园所对外的窗口，它使园所的面貌与信息呈现在全世界，是教育面向世界的第一步，也是家园联系的信息化平台。有了网站，传统的宣传橱窗、班级家园联系栏就可以从幼儿园撤出。

2. 幼儿园微信公众平台。试点幼儿园开通公众号后，构建了幼儿园微信公众平台，主要功能是向外界发布各类资讯，多角度链接家、园和社会，该平台栏目与美术风格能做到依据幼儿园所需进行定制，具有幼儿园网站的基本功能。

幼儿园微信公众平台不仅能更好展现幼儿园风采，传递幼儿教育正能量，还能面向家长和社会主动推送科学育儿知识，使学前教育正确的理念和有效的教育方法得到广泛传播，促进家、园、社会合作与协同发展。

（五）互联互通信息化建设体系实践

毫无疑问，家园合作类和社会宣传类应用都要放到互联网上。内部管理类中的办公系统和教学类中的教学资源库也应放到互联网上，方便教师随时随地访问，提高工作效率。内部管理类中的许多应用系统，如考勤与接送管理系统、配餐系统等都要与互联网上的系统进行通信，一是与其他系统共享幼儿、家长和员工信息；二是要实时将幼儿到园离园情况及晨午检信息等发送给家园合作类应用系统，便于家长和老师及时准确掌握这些信息。目前，微信公众平台和微信移动办公平台都是搭建在腾讯的微信平台上，这些平台开放有对外调用接口，便于与互联网上的其他应用系统通信。我们探索的互联互通的幼儿园信息化建设体系如图 1 所示。

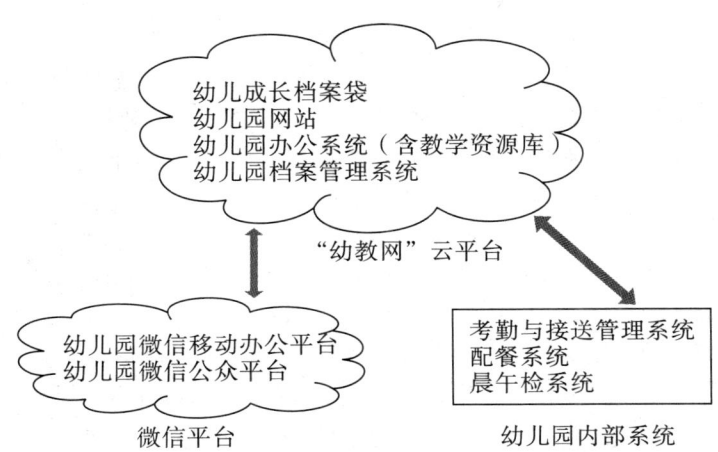

图1　互联互通的幼儿园信息化建设体系

我们设计了名为"幼教网"的云平台，将幼儿成长档案袋系统、幼儿园办公系统和幼儿园网站部署在这个云平台上。幼教网上的这三个系统共享基础数据库，确保了数据的一致性。在幼儿园办公系统里增加或修改了班级、员工或幼儿信息，幼儿成长档案袋系统都能同步更新。网站管理员在幼儿园办公系统里修改网站栏目信息、发布新闻、通知等，幼儿园网站能实时显示。

幼儿园微信公众平台和微信移动办公平台搭建在腾讯公司提供的微信平台上，利用微信平台提供的接口，我们实现了幼儿园办公系统、幼儿成长档案袋系统与微信移动办公平台的互通。家长登录微信移动办公平台，也可查看幼儿园、班级通知和孩子档案袋、出勤、健康等信息。员工登录微信移动办公平台后，可以完成日常办公，个人办公信息在微信移动办公平台和幼儿园办公系统同步更新。

考勤与接送管理系统通过接口与配餐系统、幼教网上的系统进行数据交换，幼儿出勤信息、健康信息及饮食注意事项实时发送给配餐系统和幼教网上。家长、老师在办公系统中更改了接送人等信息后，幼教网能实时将这些信息推送给考勤与接送系统，减轻了教师和管理者的工作量，提高了工作效率。

五、结论

（一）互联互通的幼儿园信息化建设是必需的，也是可行的

我们在三所幼儿园的试点效果显示，已有的具有互联互通特性的信息化服务产品的应用，能提高幼儿园的管理实效和不同岗位人员的工作效率。多项互联互通的产品投入使用后，与传统方式和孤立的多个软件系统应用相较，幼儿园工作效果突飞猛进，比如网络档案袋明显优于纸质档案袋、扫码技术应用在接送环节比刷卡技术安全便捷、微信公众平台或幼儿园网站的投入使用突破了传统宣传橱窗和宣传栏的局限等。因此，相关人员在熟练掌握使用方法后，都表示对信息化建设的喜爱与依赖。

（二）幼儿园基于网络的信息化服务主要体现在内部管理与家园合作上

幼儿园的信息化建设和学校的信息化建设在内部管理、社会宣传等基础性功能方面是一致的，不同之处在于学校的信息化建设已经大致完成了基础性系统的建设，正在实现提高课堂教学实效、以远程教育方式解决教育公平问题等更高阶的目标；而幼儿园的信息化建设依然处于初始化时期，在完善内部管理体系和社会宣传信息化的同时，家园合作系统的构建将会成为学前阶段具有专业特色的信息化建设项目，这是与其他教育阶段截然不同的内容，也是信息化建设在幼儿园大有可为的研究与开发方向。

（三）互联互通的信息化建设依赖于技术全面、产品丰富的服务市场

信息化建设是专业化程度很高的工作，幼儿园不可能自行解决，必须依赖信息化服务市场。商业竞争的胜出很大程度上取决于产品的独特性，信息化服务提供者也会出于自我保护而采用不易兼容的技术，使幼儿园信息化建设难以互通。解决这一问题的方法一是为幼儿园信息化服务提供的产品足够丰富，幼儿园能自主选择可兼容的产品；二是提供信息化建设服务的科技公司产品齐全、专业，能为一所幼儿园提供完整的、互通的信息化产品，并能及时更新换代，为幼儿园信息化建设提供整体的持续的服务。

参考文献

［1］常亮，曾彬. 学前教育信息化研究综述［J］. 陕西学前师范学院学报，2015（1）：97－100.

［2］张永芳，王振生. 信息技术在幼儿园中应用现状研究［J］. 中国校外教育，2015（4）：149.

［3］郭琼. 网络环境下幼儿园的全面信息化管理［J］. 中国信息技术教育，2013
（5）：103－105.

［4］赵晓声，卢燕，袁新瑞. 中小学和幼儿园教育信息化评价：教育视野与需求导向
［J］. 电化教育研究，2014（6）：51－57.

［5］［6］教育部关于印发《3－6岁儿童学习与发展指南》的通知：教基二〔2012〕4
号［A/OL］.（2012－10－09）［2017－10－10］. http：www. moe. gov. cn/srcsite/
A061s3327/201210/t20191009_ 143254. html.

［7］刘珍芳. 以"互联网＋"促进学前教育信息化建设［J］. 金华职业技术学院学
报，2016（2）：20－23.

（执笔：刘景容；审稿：张伟民）

广东省乡村小学数学课程
实施状况调研报告

○广东省教育研究院教学教材研究室乡村小学数学课程实施状况调研小组

摘　要：课程实施是把课程改革方案付诸实践的过程，实施的焦点是实践中发生变革的程度及其影响因素。据"广东省乡村小学数学课程实施状况"调研结果表明，我省乡村小学数学课程实施取得了良好成效，积累了有效经验，具体表现为：借助教育"创强"之力，积极改善课程实施条件；践行新课程理念，深入开展课堂教学改革探索；重视开展教研活动，共同解决教育教学问题；学生积极参与学习，具有较强的数学学习兴趣。同时，课程实施中也存在着一些困难与问题，具体表现为：部分教师的教学理念与实践存在着落差，对教材创造性使用尚显不足，对教材重难点突破的方法策略比较单调，对信息技术的应用能力有待提升；小学数学"综合与实践"活动实施未得到应有重视；学生数学学习状况有待进一步改善；课程实施的保障条件需要继续加强。为了提高乡村小学数学课程实施的有效性，建议加强对课程实施的指导、构建城乡教研共同体和有效使用信息技术手段缩小城乡差距。

关键词：小学数学　课程实施　乡村教育　广东省

为了解我省乡村小学数学课程实施状况，摸清课程实施中遇到的困难和问题，总结经验与成效，发现特色与亮点，努力缩小城乡教育发展差距，全面提升小学数学教学质量，广东省教育研究院教学教材研究室于2017年4—6月组织全省各地45名小学数学教研员和骨干教师分赴梅州、潮州、惠州、云浮、茂名、清远和韶关开展了关于"广东省乡村小学数学

课程实施状况"的调研活动。本次调研主要从教学层次①考察乡村小学数学课程实施状况及其影响因素，采用三种方式收集资料：一是课例研讨，在每个样本学校听 2 节小学数学课，然后研讨交流；二是个别访谈和座谈，对样本学校的分管教学领导、数学科组长进行个别访谈，对教师代表、学生代表和家长代表各 6 人分别进行座谈；三是问卷调查，分别对每个样本学校的 100 位左右的 4～6 年级学生、数学科组的所有教师和 6 位家长代表进行问卷调查。本次调研活动中，14 间样本学校共 28 位教师执教了研讨课，400 多人参与了研讨交流活动。以下从成效与经验、困难与问题、对策与建议三个方面对我省乡村小学数学课程实施状况进行描述与分析。

一、成效与经验

课程实施是把课程改革方案付诸实践的过程，对课程实施的考察一般有三个方面：一是课程实施的情况，二是学生的学习结果，三是影响课程实施的因素。本次调研发现，自"十二五"以来，广东省大力推进教育"创强"工作，很好地改善了乡村小学数学课程实施条件，为教学质量提升提供了保障。乡村学校和一线教师努力践行新课程理念，积极开展课堂教学改革探索，既激发和促进学生参与学习，又提高小学数学教学质量，而且取得了良好成效，积累了有效经验。

（一）借助教育"创强"之力，积极改善课程实施条件

随着《乡村教师支持计划（2015—2020 年）》等国家政策的落实，特别是在广东省教育"创强争先"工作的强力推动下，政府加大了对学校现代信息技术硬件设备的资金投入，乡村小学数学课程实施条件得到了很大的改善。主要表现在以下方面：第一，教学的硬件条件得到了更新与配置。教学场地得到了修缮和扩充，配备了功能室，教室配置了多媒体信息化平台、交互式电子白板等教学装备，连接了互联网，不少学校实现了"班班通"，教学设备和技术手段得到了很好的改进。第二，乡村教师生活补贴制度的实行，对稳定乡村教师队伍、留住乡村优秀人才起到了重要作用。第三，"国培计划""强师工程"等的实施，较大地提升了乡村小学数学教师专业素质，为小学数学课程实施提供了师资保障。

---

① 美国课程论专家古德莱德将课程区分了五个层次，分别为：观念层次的课程、社会层次的课程、学校层次的课程、教学层次的课程和体验层次的课程，处于不同层次的课程，其含义是不一样的。参见：张华. 课程与教学论［M］. 上海：上海教育出版社，2000：332 – 333。

（二）践行新课程理念，深入开展课堂教学改革探索

教学活动是师生积极参与、交往互动、共同发展的过程。在课堂教学中，乡村小学数学教师普遍使用多媒体辅助教学，大多数教师能够采取灵活多样的教学组织形式，使用激励性评价，激发学生学习参与。具体来说，体现出以下几个特点。

1. 注重传统的"双基"教学。就调研中观摩的课例来看，乡村小学数学教师在课堂教学中普遍重视学生对基础知识与基本技能的学习与掌握，成为一大亮点。例如罗定市素龙街中心小学张美杏老师执教的"运算定律和简便运算"、梅州市平远县东石中心小学林小芳老师执教的"字母表示数"等课例，较好地体现了对"双基"教学的重视。

2. 重视对信息技术的使用。28 位执教研讨课的老师，均使用了多媒体辅助教学，力图使教学内容直观化、形象化，旨在更能吸引学生，让学生更容易理解教学内容。

3. 积极探索数学教学模式。部分学校开展了教学模式探索，并且在小学数学教学中得到较好体现，例如梅州市梅县区程江镇中心小学尝试教学模式创新，形成了由"导—试学，研—展学，固—拓学"三个环节组成的教学模式。惠州市惠阳区平潭镇中心小学开展"三六教学模式"研究。

4. 注重激发学生的学习参与。教师能够根据不同的教学内容，组织开展丰富多样的教学活动，让学生在活动中感受数学知识，在游戏中体验学习数学的乐趣；能够结合学生已有的知识基础和生活经验处理教学内容，在课堂上激励学生大胆质疑，并及时给予鼓励，调动学生学习的积极性；在对学生的评价方面重视激励性评价，评价方式呈现出多样化。

（三）重视开展教研活动，共同解决教育教学问题

14 间样本学校均重视小学数学教研活动，大多数学校有固定的教研时间，部分学校已经形成主题教研的传统。具体表现为以下三种类型。

1. 无固定教研时间。例如清远市连南瑶族自治县大麦山镇上洞小学和阳山县江英大桥小学、韶关市仁化县董塘镇五一（2）小学、云浮市云安区石城镇茶洞小学等，这些学校都重视教研活动，但因条件所限，都是不定期开展。

2. 有固定教研时间。例如潮州市湘桥区城西中心小学每学年开展一次学科大组教研活动，分低、中、高年级开展活动，每周三有 1~2 节集体备课时间。茂名市滨海新区电城镇第三小学的教研形式有两个层次：一是年级组的集体备课，一般提前一周按单元备课；二是以校为单位的教研，每周三上午为数学教研，主要是探讨如何把课上好。

3．有明确的教研主题。例如韶关市始兴县高峰小学、潮州市枫溪区枫溪小学、茂名市茂南区袂花中心小学等校均有明确的教研主题。以袂花中心小学为例，学校每周四上午为小学数学教研时间，一般每学期围绕1个主题进行教研，近年研讨的教研主题有："数学课堂上的教具及其使用""数学练习题的设计与运用""小学生计算能力的培养""小学低年级学生数学学习习惯的培养"等。

（四）学生积极参与学习，具有较强的数学学习兴趣

调研中发现，大部分学生对数学学习感兴趣，具体表现为：学生能够主动完成数学作业，课堂上积极回答问题，喜欢自己的数学老师，回家愿意和家长谈论数学课上发生的事情，喜欢看数学课外书等。从孩子的角度来看，大部分学生喜欢动手操作多的数学课，喜欢平易近人、幽默风趣的老师，觉得用数学知识能够帮助家长解决生活中的实际问题，很有成就感，认为学习数学知识需要动脑筋，具有挑战性等。

二、困难与问题

调研表明，我省乡村小学数学课程实施取得了长足的进步，同时也存在着一些困难与问题，部分教师的教学理念与实践之间存在着较大的落差，教学能力有待进一步提升，小学生的数学学习状况有待进一步改善，课程实施的保障条件也有待进一步加强。

（一）教学理念与实践存在着落差

乡村小学数学教师具有较强的新课程理念，但在教学实践层面的表现与新课程理念之间还存在着落差。具体表现为以下方面：一是对课程理念的深度理解不够，依然存在着教师讲得多、导得细，不舍得花时间让学生经历知识形成过程，对课堂生成关注不够，学生主体地位不够凸显等问题；二是教师有组织学生进行自主、合作与探究学习的意识与行为，但在有效的方法策略方面需要进一步加强；三是对学生的学习特点与学习困难的研究力度不够，从而弱化了教学的针对性和有效性；四是注重基础知识和基本技能的训练，但对数学思想方法和活动经验的重视不够。

（二）对教材的创造性使用尚显不足

课程是实现教育目的的重要保障，而教材是课程的重要载体。新课程提倡教学要立足于教材，又要超越教材，就是"用教材教，而不是教教材"。在调研中我们发现，乡村小学数学教师对教材的创造性使用尚显不足，主要体现在以下几个方面：第一，对教材的认识有所偏颇。有些教师

把教科书以及配套的教师教学用书当成主要的甚至唯一的课程资源，并且不敢有所怀疑、不敢有自己的主张。在小学阶段，教材是重要的课程资源，但并不是唯一的课程资源。除教材外，教师还应该为学生提供丰富多样的学习材料，让学生在掌握学科知识形成技能的同时，又能够在学习的过程中领会数学的思想、积累丰富的数学活动经验。第二，教师对教材的研读深度不足。调研中执教研讨课的教师偏重于数学知识与技能的教学，对数学思想与方法的深度挖掘不够。第三，教师对教材内容的创造性处理不足。教师未能对学生熟悉的周围环境、文化背景和社会现实进行有效的开发和利用，削弱了课堂教学中应有的生成性和灵动性。

（三）对教材重难点突破的方法策略比较单调

教学过程对重难点的突破关系到教学效果的优劣。在调研过程中，我们通过课堂观察发现，教师对教学重难点的把握较为准确，并且能够合理分配时间，引导学生开展学习活动，但是我们从课堂练习的环节可以看出，仍有一部分学生虽然能正确解答相关的练习，但是对于"为什么"这样解答的思路却无法正确表述，部分学生在解答变式练习时会遇到困难，这说明教师在课堂教学的重难点上虽然花了时间，但是并未取得预设的效果。从调研中的课堂教学情况来看，教师突破重难点的方法和策略略显单调，究其背后的原因主要有以下两点：一是教师对学情的分析和把握不够。教学的难点应该是学生学习过程中的难点，学习的难点因人而异，教师只有充分研究学情，根据学生实际的认知水平，考虑到不同学生认知结构的差异，课前的精心准备、准确定位，才能把握好教学重点和难点，才能为教学突出重点和突破难点提供有利条件。二是教师对学生进行重难点学习的有效策略进行引导和总结得不够。在数学学习活动中，教师能引导学生经历解决问题的过程，但是缺乏把解决问题中的经验加以整理，对获得的数学经验进行反思，未能引导学生对自己认知的过程进行再认知，学生只是学会了解决这一个问题，而无法形成对解决这一类问题策略的认识，这也导致重难点的突破效果未能达到预期目标。

（四）对信息技术的应用能力有待提升

现代信息技术丰富了教学内容，扩大了教学规模，提高了教学效果，促进了教学现代化发展；从教学系统上看，多媒体技术在教学中的应用引起了教学内容、教学方法、教学组织形式等一系列的变化，导致教学思想、教学观念，甚至教学体制在一定程度上的变化。我们通过本次调研发现，乡村小学数学教师对现代信息技术在教学中的应用效果还不尽如人意。教师在教学中虽然均能运用信息技术辅助教学，但对信息技术的使用

还处于较低端的层面，部分教师还只是停留在使用课件演示等基本功能上，还需要进一步探索如何实现信息技术与学科教学的深度融合。

（五）"综合与实践"内容板块实施缺位

小学数学"综合与实践"是一类以问题为载体，以学生自主参与为主的学习活动，是教师组织和指导学生综合运用"数与代数""图形与几何""统计与概率"等知识和方法去解决问题的实践活动，它对学生发展具有重要价值。"综合与实践"有别于学习具体知识的探索活动，更有别于课堂上教师的直接讲授，因而对教师的课程实施能力提出了挑战。本次调研发现，乡村学校和一线教师对"综合与实践"活动实施有了一定程度的重视，但总体来说还是比较薄弱。有的学校"综合与实践"活动处于缺位状态，变成悬空课程（null curriculum）；有的教师把"综合与实践"活动上成了知识传授课；有的教师不知怎样开展活动，仅下载视频让学生观摩模仿；等等。乡村小学数学教师在"综合与实践"活动实施中遇到一些亟待解决的问题：一是课程开发能力有限，内容选择无从下手、活动组织力不从心；二是将"综合与实践"看成了数学"兴趣活动"，导致了教学方向的偏离；三是由于考虑到学生人身安全等因素，不敢带学生到外面进行社会调查，搜集获取相关数据；四是有些教师认为"综合与实践"没有纳入考试范围，没有认真对待。

（六）学生学习状况有待进一步改善

从调研情况来看，乡村小学生在数学课堂学习中的行为参与、认知参与和情感参与都有较好的体现，但在参与深度和广度方面还有待进一步加强。让老师们苦恼的是，部分小学生到中高年级阶段，数学学习兴趣开始弱化，成绩开始下降。随着年级的升高，小学生的数学学习成绩不断分化，中高年级学生两极分化程度加大。对于学习兴趣弱化的原因，教师认为：孩子的基础差；教材内容难度过高；练习内容枯燥乏味；教学方法和手段单一；学生自信心不足，有畏难心理等。学生则表示：不喜欢老师从头到尾讲授；不想死记硬背知识点，希望多点实践作业；减少重复练习，减轻作业负担；希望多合作学习，多小组讨论；听不懂老师讲授的内容，不敢问。从家长角度来说，则希望教师多开发课程资源，多开展数学类兴趣活动，多加强数学实践活动，加强数学知识与现实生活的联系，多给孩子提供数学类课外读物，开阔孩子的视野，培养孩子用数学眼光看待生活，在生活中发现数学。以上三个方面的归因值得我们进一步思考和研究。

（七） 课程实施的保障条件需要加强

调研中发现，乡村小学数学课程实施的保障条件需要进一步加强。首先，教师能够获得的优质教学资源不足，所需要的教具和学具也比较缺乏。其次，客观条件给学校管理和课程实施带来困难，影响教研工作的开展。例如素龙街中心小学的高年级28个班，集中了全镇的六年级学生，采用住宿制，六年级的孩子离开家到学校住宿，一是生活不习惯，二是第一学期为新生，第二学期就是毕业生，学生也不适应，这为学校管理带来很大困境。江英大桥小学实行语文数学包班制，教师工作任务繁重，工作压力大。这些都对课程实施产生了不利影响。再次，教师的专业素养不适应。乡村小学存在着教师队伍年龄偏大、获得的优质学习机会较少、教学研究氛围不浓等问题，限制了教师专业素养的提升。比如说，部分教师对学科知识体系掌握得不够扎实，课程改革10多年，有的教师还没有看过课程标准。最后，家庭的支持条件不足。乡村小学的学生家庭中留守家庭和外来务工家庭所占比重较大，家长为生计奔波，部分学校的学生流动性较大，对课程实施能够提供的支持条件十分有限。

三、对策与建议

乡村教育是中国教育改革发展中的"阿喀琉斯之踵"，发展乡村教育，让每个乡村孩子都能接受公平、有质量的教育，阻止贫困现象代际传递，是功在当代、利在千秋的大事。为了提高乡村小学数学课程实施的有效性，需要建立课程实施指导机制、构建教研共同体、有效使用信息技术手段缩小城乡差距。

（一） 加强对课程实施的指导，提升实施水平

一是建立对课程实施状况进行指导的长效机制，实现小学数学课程实施指导的制度化、常规化，切实提升课程实施水平。二是加强对课程实施状况进行及时的调查与分析，明确存在的问题，提出有针对性的指导策略。三是对影响课程实施的因素进行监控，转化和限制消极因素的影响，促进积极因素的影响。

（二） 构建城乡教研共同体，开展协同研究

构建城乡教研共同体，开展小学数学课程与教学研究，解决课程实施中迫切需要解决的问题，实现共同发展。在共同体类型上，可以在省级、市级、区县级层面上构建跨地区和区域内的教研共同体；在教研定位上，

增强研究功能，弱化管理功能，凸显教研的专业特性。在研究内容上，关注现实中遇到的典型的和普遍的问题，例如，如何创造性地使用教材？如何使教学内容与儿童的文化前景和经验系统发生联系？如何在小学数学教学中促进学生参与？如何提高小学数学教师课程资源开发与利用的能力？等等。在研究形式上，总结和汲取有效经验，采用形式多样、个性化和富有弹性的教研形式。

（三）有效利用信息技术手段，缩小城乡差距

当前，我省乡村教育的基础建设有了很大改善，但在现有条件下，还需要借助信息技术手段，发挥信息技术在与学科教学融合以及在资源共享方面的独特优势，缩小城乡小学数学教育的差距。一是以信息化为手段扩大优质教育资源覆盖面。积极利用远程教学、数字化课程等信息技术手段，破解乡村优质教学资源不足的难题。基于信息技术手段，将"双师"课堂落到实处，让乡村教师分享小学数学优质教育资源。二是全面提升乡村小学数学教师的信息技术应用能力。各级教育管理部门要加强对乡村教师的支持，在如何进行信息技术与学科教学有效融合方面提供专业指导和技术扶持。三是建立健全激励机制。激发和支持一线教师使用信息技术设备，并提供必要的经费保障。

调研小组成员（排名不分先后）：

鲍银霞	曾令鹏	韦　欣	张莉娜	刘占双	谭春兰
邱志珊	陈建新	蔡锦民	林贵生	胡秀兰	廖琨兰
梁嫣锋	罗妍琼	高惠琴	黄惠娟	郭小娟	陈远刚
黄辉琳	李紫婷	林焕好	黄翠琳	王成邦	于　芳
张立超	肖相桥	丁玉华	张志娟	黄梁海	刘雪花
张金丽	陈康沛	李日炎	冯汉青	李伟聪	覃锦彪
赵志美	林　琛	梁北招	黄桂红	余广武	罗益平
张英芝	张兴荣	张志伟	王宏伟	远勋平	

项目组研究成员名单

主要执笔人：鲍银霞　曾令鹏　丁玉华　谭春兰　李日炎　林　琛
　　　　　　李伟聪　高惠琴　远勋平　韦　欣　余广武　李紫婷
审稿人：曾令鹏

用课程夯实每一所特色学校

——广东省中小学特色课程建设概述①

○广东省教育研究院基础教育研究室

摘 要： 特色学校的生命力在于有高质量的特色课程，特色课程建设彰显学校办学特色，既是个性化教育实施的重要载体，也是促进教师专业成长、关心每位学生的个性成长的有效路径，更是深化新课程改革的必然趋势。本文通过统计此次广东省中小学特色课程建设优秀成果的获奖情况，分析当前全省中小学特色课程建设的发展现状、存在的问题，并提出发展建议，为广东省未来中小学特色课程建设提供一定的有益借鉴和参考价值。

关键词： 中小学 特色课程 育人目标 共建共享

特色课程建设在促进学校课程结构的完善，丰富学校教育的内容的同时，对学校的多样化和特色化发展，无疑是行之有效的策略与路径。2001年，国家教育部印发了《基础教育课程改革纲要（试行）》（教基〔2001〕17 号），指出"学校在执行国家课程和地方课程的同时，应视当地社会、经济发展的具体情况，结合本校的传统和优势、学生的兴趣和需要，开发或选用适合本校的课程"，从国家层面为学校建设适合自身发展需要的特色课程指明了方向。随着课程改革的不断推进，学校更注重对课程进行整体优化和设计，并在完善国家课程校本化实施过程的基础上，建立学校的特色课程体系。现今，开发各具特色的校本课程已成为众多学校提升学生创新精神和

---

① 本文系广东省哲学社会科学"十二五"规划 2014 年度项目"特色课程视域下普通高中特色发展的理论与个案研究"（项目批准号 GD14CJY03）的成果之一。

实践能力的重要渠道，也成为各校特色发展的重要载体。

为了总结我省基础教育课程改革经验，展示并交流我省课程建设成果，打造中小学特色课程建设品牌，提升中小学特色课程建设总体水平，广东省教育研究院2017年开展了"广东省中小学特色课程建设"优秀成果征集活动，本次特色课程建设成果含三类，分别为特色课程方案类、特色教材成果类、特色读物成果类①。该活动共收到742份申报材料，本文通过分析其中的416份获奖成果材料，概述当前全省中小学特色课程发展的现状，发现存在的问题，提出发展建议，以期对加强中小学特色课程创建有所启示。

一、特色课程参评和获奖情况分析

本次"广东省中小学特色课程建设"优秀成果征集活动共有16个地市报送成果，占全省地市的3/4。而在这些报送的成果中，一等奖、二等奖和三等奖的获奖率分别为9.97%、19.00%和27.09%，总体获奖率为56.06%。各地市特色课程（含特色课程建设方案、特色教材和特色读物）参评和获奖基本情况如表1所示。

表1　广东省各地市中小学特色课程参评和获奖基本情况汇总表

序号	地市	参评总数/篇	获奖总数/篇	一等奖/篇	二等奖/篇	三等奖/篇	一等奖获奖率/%	二等奖获奖率/%	三等奖获奖率/%	总体获奖率/%
1	广州市	60	35	14	11	10	23.33	18.33	16.67	58.33
2	深圳市	107	66	11	21	34	10.28	19.63	31.78	61.68
3	佛山市（含顺德区）	198	117	25	42	50	12.63	21.21	25.25	59.09
4	东莞市	58	31	5	12	14	8.62	20.69	24.14	53.45
5	惠州市	1	0	0	0	0	0.00	0.00	0.00	0.00
6	中山市	41	24	4	8	12	9.76	19.51	29.27	58.54
7	湛江市	20	7	0	2	5	0.00	10.00	25.00	35.00

① 特色读物成果类是指由学校开发用于扩充学生视野、增加学生阅读、拓展专项领域知识的专用学生特色读物。

续上表

序号	地市	参评总数/篇	获奖总数/篇	一等奖/篇	二等奖/篇	三等奖/篇	一等奖获奖率/%	二等奖获奖率/%	三等奖获奖率/%	总体获奖率/%
8	茂名市	15	7	1	2	4	6.67	13.33	26.67	46.67
9	江门市	67	35	3	13	19	4.48	19.40	28.36	52.24
10	珠海市	3	3	2	1	0	66.67	33.33	0.00	100.00
11	肇庆市	15	8	0	5	3	0.00	33.33	20.00	53.33
12	汕头市	65	40	7	13	20	10.77	20.00	30.77	61.54
13	清远市	15	4	0	1	3	0.00	6.67	20.00	26.67
14	韶关市	31	18	2	5	11	6.45	16.13	35.48	58.06
15	梅州市	23	11	0	4	7	0.00	17.39	30.43	47.83
16	云浮市	23	10	0	1	9	0.00	4.35	39.13	43.48
	小计	742	416	74	141	201	9.97	19.00	27.09	56.06

（一）特色课程参评数量基本情况

全省特色课程整体参评数量排名前三名分别是佛山市（含顺德区）198篇、深圳市 107 篇、江门市 61 篇。其中全省特色课程单类参评数量排名前两名的地市分别是佛山市（含顺德区）和深圳市。各地市单类参评数量基本情况如图 1 所示。

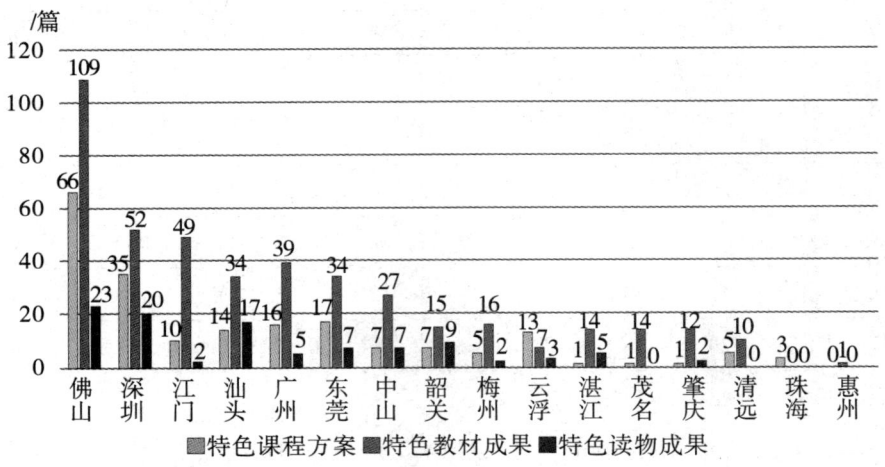

图 1　各地市单类参评数量基本情况

（二）特色课程参评和获奖数量整体情况

全省特色课程评选中，整体获奖数量（含一等奖、二等奖和三等奖）从多到少排前三位的地市分别是佛山市（含顺德区）117 篇，深圳市 66 篇，汕头市 40 篇。各地市参评和获奖数量整体情况如图 2 所示。

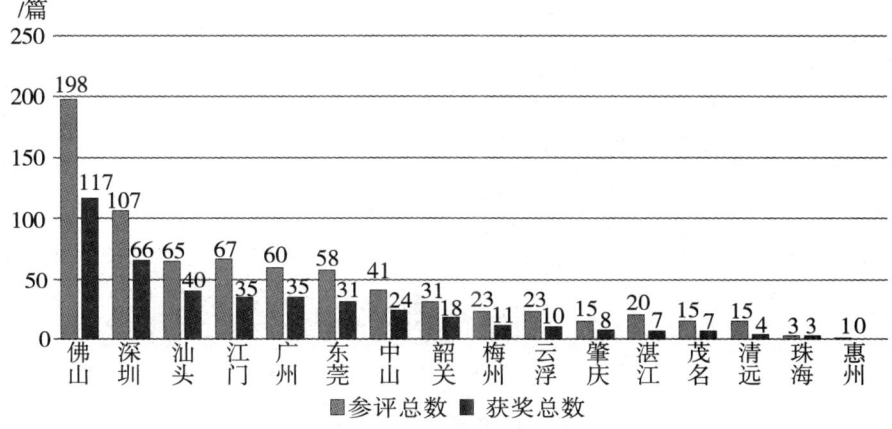

图 2　各地市参评和获奖数量整体情况

（三）特色课程获一等奖数量基本情况

全省特色课程一等奖的获奖地市主要集中在珠江三角洲地区，整体排名前三名分别是佛山市（含顺德区）25 篇、广州市 14 篇、深圳市 11 篇。各地市单项获一等奖数量基本情况如图 3 所示。

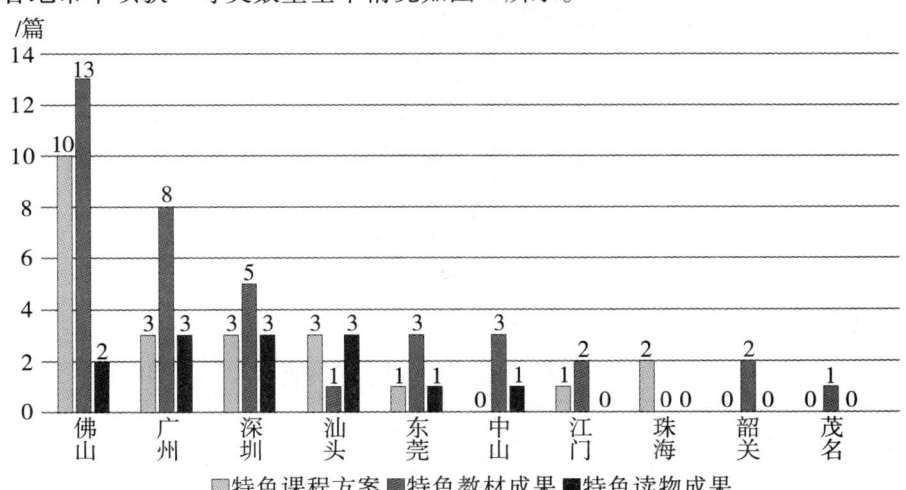

图 3　各地市单项获一等奖数量基本情况

（四）特色课程不同学段学校获奖基本情况

此次特色课程成果申报中，小学占 52.43%，初中占 24.12%，而高中占 19.68%，还有小部分来自其他学校，如幼儿园、九年一贯制学校、十二年一贯制学校和完全中学。不同学段学校单类参评数量基本情况如图 4 所示。

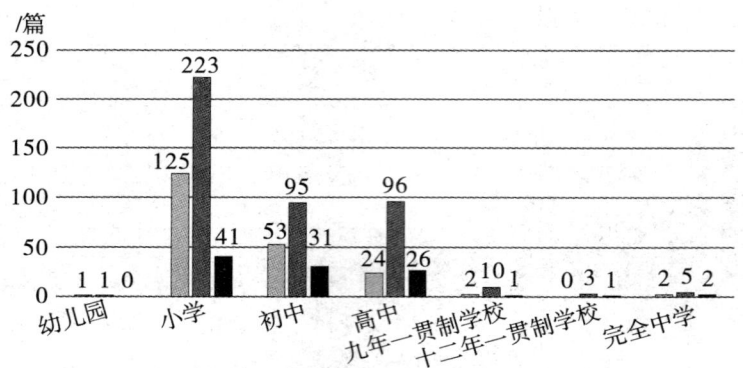

图 4　不同学段学校单类参评数量基本情况

本次特色课程优秀成果评选是按小学、初中、高中三个学段综合进行的，分别评选出一等奖、二等奖、三等奖成果各若干项。不同学段学校获奖整体情况如图 5 所示。

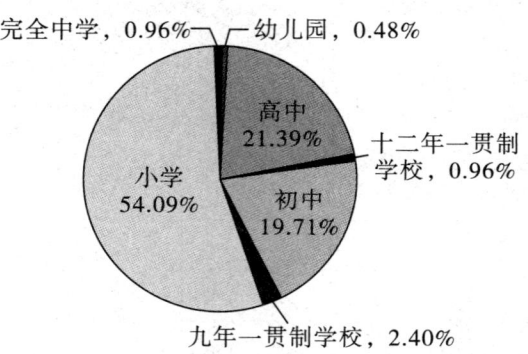

图 5　不同学段学校获奖整体情况

二、中小学特色课程创建的基本现状

（一）形成特色校本课程，增强课程内容的选择性与适切性

自 2001 年全国启动三级课程管理改革以来，我省中小学在积极开发学校特色校本课程的过程中，较好地普及了课程理念，在理论和实践层面更是取得丰硕成果，增强了学校课程的选择性和适切性。本次特色课程优秀成果包含三类，其中特色课程建设方案是从校本课程开发的角度反映校本课程的规划与实施，而特色教材成果与特色读物成果则是从教材读物的编写角度反映学校特色课程建设的成效。纵观申报方案（特色课程建设方案），学校特色课程大致分为综合类课程和特色类课程。综合类课程指学校从整体办学的高度，对特色学校的创建理念、发展思路、发展模式等方面做好顶层设计，在办学理念、办学传统、学校文化、课程建设、教学管理、德育模式、师资建设等方面全面规划、协同发展而开发的综合课程。在此次申报方案中，综合类占 53.14%，可以看出超过一半的特色课程方案是从促进学生全面发展的目标出发建构学校课程体系。这反映出我省各地市学校为培养全面型人才，将多个领域有机结合从而精心设计综合类特色课程。如深圳市龙华区高峰学校着力学生素养探索九年一贯课程体系建设，在体育、音乐、美术等领域开设了 21 门校本课程，培养学生在品德、身心、审美、创新、生活、信息、国际等方面的综合素养。特色类课程，指学校根据本校某方面优势或充分挖掘地方和学校文化资源，在学科教学拓展、体艺特长、科技文化等方面找准单一类别加以建设，因势利导，深入挖掘，不断升华，形成自己的特色课程。从申报材料来看，可分为学科教学拓展类（含语文、数学、物理等学科教学）、体育类（含足球、武术、象棋等）、艺术类（含美术、声乐、传媒等）、人文类（含德育、名人故事、社团活动等）、科技类（含航模、天文、创客、互联网等）、传统文化类（含书法、绘画、陶瓷等）、本土文化类及其他。学校特色课程建设方案项目类别如图 6 所示。

在特色类占比中，除综合类以外，学科教学拓展类居多，占总体的 10.14%，一定程度上反映了学校在校本课程开发中对学科课程教学内容和方式的不断探究与深化。如东莞松山湖中心小学通过课程的整体优化，从"学科基础课程"到"学科拓展课程"和"主题活动课程"，建立了一个洋溢着生命活力的课程体系，完成了将外在"给定的课程"改造为"内生的课程"的深度变革，使课程从国家一统走向学校为本，学生为本。

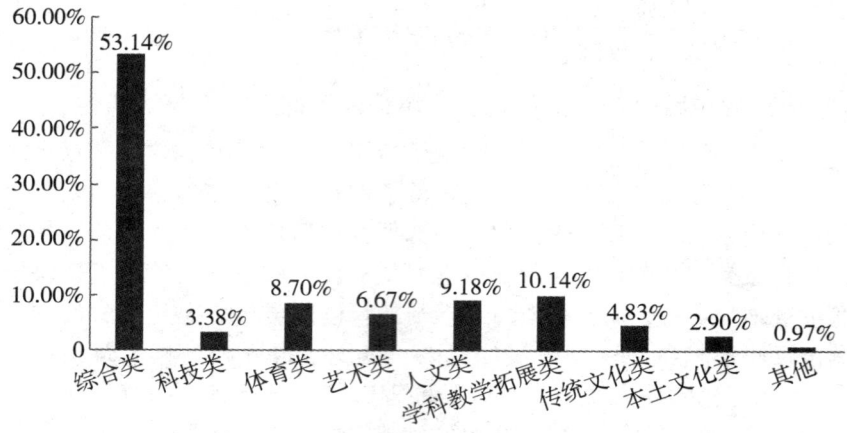

图6 特色课程建设方案项目类别

在此次特色课程参评中，除各具特色的课程方案以外，还有各地市学校在特色课程建设中编写的课程教材和读物。从课程方案到成果展现，无不彰显活动内容的丰富多彩，以及我省特色课程建设的精彩纷呈。如特色教材《读〈老子〉学成语》，以通俗易懂的语言多角度解读《道德经》，增强学生对中华传统国学经典的热爱之情，感悟做人的深刻道理；又如特色读物《探究电池的奥秘》，通过探究性学习的过程，提高学生的实践能力和科学素养，培养学生爱科学、学科学、用科学的兴趣，并增强学生的环保意识。特色校本课程的开发为学生提供了多样化的选择，适应不同学生的特点和需要，为学生全面而有个性地发展奠定了基础。

（二）满足学生健康成长需求，实现学生全面而有个性的发展

学校的内涵发展离不开学校特色的打造，特色课程作为学校特色的核心要件，是学校育人的重要载体。传统课程观往往把文本知识、科学技术、社会制度等凌驾于人之上，忽视教育的人文价值和内涵，体现了强烈的功利主义和科学主义倾向。20世纪70年代，人本主义思潮兴起，对科学主义教育进行了批判，提出学校以人为本的课程观，强调无论是课程目标还是课程实施，都应该把人作为课程的出发点和归宿。我国新一轮基础教育课程改革，克服了长期以来"国家一统"的课程管理制度，各学校以培养全面而有个性的人为根本目标，积极开发特色校本课程，满足学生健康成长需求，促进学生个性和谐发展。纵观此次全省的申报材料，大部分学校的特色课程建设明确课程开发的整体育人目标，面向全体学生，全面

提升学生的综合素质。如深圳行知小学在"1＋1综合素养课程"体系下，开设了演讲、理财、校园舞、毽球等12门学校课程，涵盖了深圳在全国率先出台的《关于进一步提升中小学生综合素养的指导意见》提出的品德、身心、生活、学习、创新、国际、审美、信息等八大素养，是建立在教育的可接受性上，立足学生的身心发展规律，满足学生的个性发展，充分体现了其"全人教育"的办学理念。

（三）提升教师课程开发的意识和能力，促进教师专业成长和内在发展

校本课程是国家课程和地方课程的重要补充与发展，强调学校在实施好国家课程和地方课程的前提下，自行开发适合本校实际的、具有学校自身特点的课程。传统意义上的教师扮演更多的是"传道、授业、解惑"的角色，而校本课程改革要求教师成为课程与教学的领导者，需要在充分了解学生发展特点和现实需要的基础上参与课程改革。教师不仅是课程的实施者，更是课程的研究者、设计者和评价者，因而校本课程建设对促进教师专业发展具有重要意义。教师在参与学校特色课程建设的过程中，增强了课程意识，提升了课程开发的能力。在特色课程的实施中，教师的创造性劳动得到了充分的体现，他们的教育智慧并非简单地是为了创新，而是为了解决实际教育中的问题，是真正把学生作为主体后的理念转变和行动转变。无论是课程的开发创新，还是学校特色的创建发展，都需要教师们在教育实践中智慧的闪光。因而，校本课程建设需要将课程开发和实施过程与教师的专业成长和内在发展有效地整合起来，进而提升教师课程开发的意识和能力，促进校本课程的特色化发展。

（四）借助学校自身文化优势，深化校本课程的特色化发展

每一所学校的办学时间、成长环境都不尽相同。正是基于学校文化的多元性和独特性，特色校本课程的开发和实施才显得形态各异，精彩纷呈。因而，"文化是学校办学的核心竞争力"。校本课程的特色化发展首先应立足于学校文化建设。广东省在推动学校特色化发展的实践探索中，大力提倡学校内涵发展，注重学校文化建设。大部分学校都善于挖掘当地课程资源，并借助学校自身文化优势或特有师资力量开发校本课程。纵观获奖的申报材料，大部分学校具有浓郁的民风民情和人文地理特征，他们积极结合自身定位、师资力量、条件资源，紧密结合本土文化，深入挖掘悠久的人文历史，并基于校情、师情、生情，全面分析学校的历史和优势，充分利用自身特有资源开发特色课程。如广州市培正中学的"善正教育"

课程，以积淀 128 年历史的学校文化精髓"至善至正"的深刻内涵和追求为指导思想，旨在通过"悠悠培正史话""管乐基础入门""培正商标之争""机器人技术秀"等十几项具体课程内容，建构目标明确、内容丰富的综合性课程体系，目的是培养学生敢于担当的大善品格和谦谦君子的雅致修行，提升学生塑造美好的人文涵养，陶冶学生追求真理的高尚情操以及强化学生崇尚科学的时代意识，形成基于学校文化基础和办学特色的个性化人才培养模式。

三、中小学特色课程建设存在的主要问题

尽管全省大部分地区、学校能够结合自身实际，找准定位，努力建设特色课程，但是也有部分地区、学校存在一些突出问题。

（一）内涵理解存在认识误区，课程目标缺乏整体性

当前，在特色课程建设的实践中，部分学校对其内涵的理解存在三个方面的认识误区。一是将特色课程异化为学科拓展课程、选修课程、专项活动或特色项目，容易造成特色课程的知识取向与能力取向之间的价值冲突。如"以演促学"英语课本剧，将作为学科教学延伸，拓展作为特色课程，难以达到整体育人的目标；又如陶艺特色课程、羽毛球特色课程、3D 创客等，将专项活动或特色项目作为特色课程，缺乏特色课程的整体性与综合性。二是将特色课程仅仅看作是校本课程。校本课程和地方课程都是相对于国教课程而言的，校本课程的开发可以是基于某方面的需求而设置课程，而校本特色课程更强调整体的育人目标，强调课程与文化的交融。三是将特色课程局限于地方特色课程。如瑶族刺绣、客家文化教育等，以地方特色课程替代学校特色课程，一方面，容易局限特色课程内容；另一方面，可能存在与学校的教育目标不相切合的问题。在本次特色课程建设优秀成果参评中，部分学校仅依托某一门学科和某一类特色课程领域来加强校本课程的特色发展。如"你身边的化学与生活""小导游""儿童剪纸教程"等。

纵观已有的特色课程实践，许多学校将校本课程建设视为学习内容的选择，将特色课程的内涵浅显地理解为内容独特的课程。因此，许多必修课程以外的学习内容容易被纳入学校的课程体系，成为另一种形式的必修课。国家给予地方与学校的课程权力不是为了站在地方与学校的立场增加规定性的学习内容，而是让地方与学校在充分了解学生的基础上，满足学生的兴趣与需要，从学生的立场改善学生的学习状态，让学生有可能超越限定性学习的束缚，呈现更有创造力的学习生态。在特色课程建设的价值

取向上，首先要满足学生多元化发展的选择，促进学生德智体美劳全面发展；其次要关注学生长远意义的发展，促进学生的可持续发展；最后，意识到学校特色课程的真正价值并不仅仅是学习内容的补充，而是学习方式的补充，以促进学生学习方式的转变。

（二）课程内容欠缺整合性和系统性，教学方式有待进一步激发活力与提高创新性

在校本课程开发上，许多学校常常以多取胜，有些学校的校本课程数量甚至高达上百门。在校本课程实施的过程中，常有教师、家长和学生抱怨丰富多彩的第二课堂不但没有激发学生的学习兴趣，反而成为学生的繁重学业外的另一种负担。从申报材料来看，部分地市或区域如广州市、深圳市、珠海市、佛山市南海区等较早开展校本课程的开发，能够结合学校实际和已有资源，建构符合校情的系列特色校本课程，并将特色课程建设融入学校整体的课程体系之中，形成学校的办学特色。但从全省总体来看，更多的学校的特色课程建设缺乏科学课程理念的指导，特色项目的建设独立于学校课程体系之外，为特色而特色，存在短期化和功利化的倾向。

影响学校特色课程建设成效的另一个关键因素是课程实施的方式。学校特色课程区别于基础课程的一大特点就是教学方式的创新。学校基础课程的实施过程中，必须考虑整个年级和班级的学习进度、学生的整体水平、考试的范围和内容等，以至于课堂教学的方式缺乏活力和创新，授课式的教学方式成为教师无奈的选择。然而，从我省特色课程建设的实践中来看，部分学校虽然把丰富多彩的校本课程纳入了学校课表，却仍然采用传统的教学方式开展特色课程，枯燥无趣的第二课堂不仅没有激发学生的学习兴趣，促进学生的发展，反而影响了学校基础课程教学的开展。

（三）课程开发过程缺乏资源共建共享意识，特色课程建设水平悬殊

特色因差异化而起，特色课程的建设难免就有高低落差。在当今信息化时代，社会资源共建共享已成新常态，然而，对特色课程的共享却存在较大的分歧。不少反对者坦言，特色课程不具备可重复性和模仿性，无法共享，如果被共享，那么特色课程就不再独特了。事实上，大部分学校在校本课程的建设中都是缺乏资源共建共享意识，从开发到实施，再到评价都是学校独立开展，各自为战。

从申报材料的分布及质量来看，可以发现，全省中小学特色课程建设呈现明显的不均衡现象。一是区域分布不均衡。全省申报方案或成果的地级以上市共16个，有5个地级市没有申报，申报方案的地级市主要集中在珠江三角洲地区，佛山市（含顺德区）、广州市、深圳市居前三。二是学校类别和学段分布不均衡。申报学校首先大部分集中在小学阶段，其次是初中，再次是高中。三是申报方案的质量参差不齐。大部分申报方案都能做到整齐、规范，尤其是获得一等奖的申报方案逻辑梳理清晰，成果呈现丰富，亮点突出，创新点明显。然而没有获奖的申报方案则质量一般。获一等奖的学校大部分来自珠江三角洲地区，而粤东西北地区则相对少。

四、推进中小学特色课程创建的建议

（一）正确认识特色课程的深刻内涵，发挥特色课程独特的育人价值取向

关于特色课程的定义，众说纷纭。石欧（2012）认为，特色课程是"学校在先进的教育思想指导下，根据本校的办学理念，以学生的需求与发展为核心，以地域、社区与学校资源为依托，经过比较长期的课程实践，逐步形成和发展起来的、具有独特性的整体风格和出色育人成效的课程、课程实施或课程方案"。朱华伟，李伟成（2015）认为，特色课程是"根据学校的办学理念，围绕学校个性化的育人目标，整合相关领域学习与活动内容，用以培育认同自身文化而具有某种特质"的课程，它是"一门反映学校办学特色、培养特色学子的课程"。根据学者的定义，我们认为特色课程具有三个表征，分别是特需、特有和特质。

特需，强调的是该课程要真正符合学生发展的"需要"，最终实现独特的育人价值取向。学校课程改革的根本趋势是打破传统课程的计划性，让学生不再游离于课程，而是成为课程的真正主体。学校特色课程建设应从知识文本转到以人文本的轨道上来，从学生的真实生活和发展需要出发，让学生自主选择课程的内容，体验自主学习的过程，立足培养学生主动学习、主动探索、主动创新精神和终身可持续发展的能力，增强科学素养、人文素养和国际化视野。特色课程的创建是要在师生、生生之间的互动中促进人的全面可持续发展，最终是要实现整体育人目标。

特有，强调的是与众不同、人无我有，即该课程是一所学校开设的不同于其他同类学校的具有独特性的课程。在中小学特色课程创建过程中，我们首先要明确的是校本课程不能等同于特色课程。特色课程应该能够发展为本校的精品课程。学校在实施好国家课程和地方课程的前提下，自行

开发适合本校实际的、具有学校自身特点的校本课程。继而在校本课程建设的不断深化和探索中，不断凸显学校特色办学理念与办学行为，逐渐形成学校的特色课程。因而，校本课程建设在学校办学中占有重要地位，是学校特色发展的必经之路，同时，特色课程更是学校教育走向特色的重要体现及保障。

特质，强调的是人有我优，即该课程与同类型其他学校的课程相比，表现出课程品质的卓越性，即通过该课程的渗透能够体现一所学校的不同风格、不同气质的精神面貌。其最重要的是体现在出色的育人成效上，正是有了课程品质的优越性，特色课程才会得到公众的认可，才会显示出强大的生命力，因此真正的特色课程是以优质的育人质量和卓越的育人成效作为支撑的。

（二）建构协调而有序的课程体系，激发活力而有效的学习方式

在校本课程开发过程中，随着学校课程类型和数量的不断丰富，出现课程内容大量重复和交叉，学生课业负担加重，特色课程实施形式化等现象。为了做好校本课程与国家课程、地方课程的衔接，实现国家课程、地方课程、校本课程在学校层面形成一个有机的学校课程整体，学校应从实际出发，对学校现有课程加以整理，制定适合自身的课程整体规划方案，同时应注意不同课程之间的良性互动。从单个活动的校本课程到"科目"，再到"科目群"，建构协调有序的课程体系。适应社会需求的多样化和学生全面而有个性的发展，构建重基础、多样化、有层次、综合性的课程结构。

从教育者的角度来看，"校本课程开发活动的结束，只不过是校本课程建设的'万里长征'走完了第一步。从'校本课程开发'迈向'校本课程教学'，是促进校本课程建设的必然选择。"特色课程建设不仅要体现课程领域的多样性和课程内容的丰富性，更要创新课程实施的方式，让学生在各项学习活动中更为主动和更有创新活力。因而，在特色课程建设中，学校应倡导新的学习方式，鼓励每位学生"自主探索"，并在与他人的交往中互相激发，并将这一追求体现在课程体系之中。

（三）优化课程实施支持性的环境，促进特色课程资源共建共享

社会、家庭、学校三位一体，是保障教育和谐发展的完备体系。"学校校本课程建设方面，'三位一体'可以产生的能量更为巨大，能够发挥的空间更为广阔，能够产生的效益更为深远。"从学校层面来看，校本课程建设需要学校系统考虑、整体规划，包括建立学校层面的校本课程开发委员会，引入校外专业力量，制定有关校本课程开发、管理、实施、评价的相关制度等。从社会层面看，区域科研机构对校本课程建设的专业参与和支持可从多方面展开，包括传播校本课程建设的理论、方法、技术，提供校本课程建设案例、资料、信息，提供专家指导，建立专家资源库等。从家庭层面看，拥有丰富社会资源的家长群体可以在校本课程开发中发挥重要作用，包括提供丰富的社会资源，协助教师开展第二课堂活动，提供行之有效的建议等。

从多方面、多角度为校本课程建设提供专业技术支持，有利于整合和开发利用校本课程建设资源，有利于推动形成区域校本课程共建共享优良环境，也有利于推动所有中小学更好更快提高教育质量和办学水平。在课程改革的时代背景下，"建立特色课程共享机制将整体抬高区域教育质量，不同教师可以相互共享特色课程开发、实施与评价的成功经验，共享特色课程的内容与方法，共享特色课程的课程思想及哲学思考"。

参考文献

［1］李红恩. 特色课程建构的迷思、意蕴与理路［J］. 教学与管理，2017（7）：1－3.

［2］江东. 以文化为根推进广州市普通高中特色课程建设［J］. 教育导刊，2012（4）：18－20.

［3］石鸥. 普通高中特色课程开发研究［J］. 中国教育学刊，2012（12）：1－5.

［4］朱华伟，李伟成. 特色课程建设推动学校特色化发展：以广州市普通高中特色课程建设实践为例［J］. 中国教育学刊，2015（9）：42－46.

［5］何永红. 学校"特色课程"浅谈［J］. 现代教学，2011（12）：54.

［6］巴战龙. 从"校本课程开发"迈向"校本课程教学"［J］. 中国民族教育，2016（9）：22.

［7］李赠华. 刍议校本课程建设之"四化"趋势［J］. 未来教育家，2016（Z1）：79－81.

（执笔：黄志红、詹春青、魏婉婷；审稿：谢绍熺）

广东省中学化学新课程优质
教学实践与研究报告

○广东省教育研究院中学化学新课程优质教学研究项目组①

摘　要：中学化学新课程优质教学实践与研究历经 15 年，形成了"三优化一提高"中学化学优质教学成果。成果包括基于项目展示的"三环节三循环"广东特色中学化学教师育人能力培养模式；基于发展核心素养的广东特色的中学化学综合实践活动课程；促进学生化学核心素养优质生成的中学化学优质教学模式体系和化学适合学习路径；促进师生发展的中学化学教学评价体系等内容。成果在全面深化课改阶段对于快速推进全省中学化学教学的优质化进程，高质量促进学生化学学科核心素养发展，将起到很好的引领和示范作用。

关键词：中学化学　优质教学　实践　研究　报告

一、问题的提出

2001 年教育部印发《基础教育课程改革纲要（试行）》开始新课程实验，此后《国家中长期教育改革和发展规划纲要（2010—2020 年）》《教育信息化十年发展规划（2011—2020 年）》出台，国家对教育发展与改革提出了一系列新要求，推动教育教学改革的不断深化，教育事业蓬勃发展。广东省 1996 年基本普及九年义务教育（以下简称"普九"），2002 年义务教育进入新课程，2004 年普通高中进入新课程，2010 年基本普及高中阶段教育（以下简称"普高"），2013 年提出义务教育均衡优质标准化发

---

①　研究项目组主要成员：王益群、陈岳庭、刘永红、黄晗晖、俞远光、潘北宏

展，广东省基础教育成绩显著。广东快速"普九""普高"与新课程实施推进过程中，中学化学学科面临着如何有效落实三维目标，提高学科教学质量，促进各地学校化学教学均衡发展，如何为学生自主发展提供优质资源和优质教学供给等一系列问题，为此，我们提出中学化学新课程优质教学实践与研究的课题。

二、解决问题的过程与方法

中学化学新课程优质教学的实践与研究，我们提出实施"三优化一提高"的实践研究模型，方法如下。

1. 根据系统科学系统要素功能的优化，有利于系统整体功能的优化的原理。我们设想通过课程整合优化、教学活动优化、教学评价优化和教师育人能力提高（即"三优化一提高"），扩大要素的功能以实现教学系统的整体功能最优化。

2. 通过构建化学综合实践活动课程，优化课程结构和内容，满足学生的多元化发展需求，促进教学的优质化；通过构建教学方式优化理论模型，引导教师优化教学方式和教学模式，达成教学活动优化，促进教学的优质化；构建多元教学评价体系，发挥评价的发展性功能，实现教学评价的优化，促进教学的优质化；实施基于项目展示的中学化学教师育人能力提升工程，提高育人能力培养的实效性，实现中学化学教师育人能力提升，促进教学的优质化。

实施过程分两个阶段。

第一阶段（2002—2010 年）：构建实践模型，探索优质教学，指导引领教学实践。结合中国教育学会化学教学专业委员会的"十五"规划课题"中学化学最优教学研究与实验"、全国教育科学"十五"教育部规划课题"中小幼 STS 课程构建与实施的研究"和广东省中小学教学研究"十一五"规划课题"分类开展化学新课程优质教学研究"的课题研究实验，解决新课程背景下课程内容、教学方法方式、教学评价等适合不同学生发展需求，以及中学化学教师育人能力培养的问题，形成了"三优化一提高"中学化学优质教学的实践模型（如图 1 所示）。

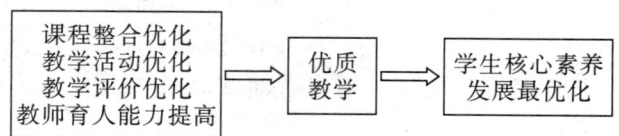

图 1　"三优化一提高"中学化学优质教学的实践模型

第二阶段（2011—2017 年）：成果创新应用，放大成果育人功能。"三优化一提高"中学化学优质教学成果在全面深化课改阶段的全省中学化学教学中进行检验和推广应用，同时把成果应用到广东省中小学教学研究"十二五"规划课题"中学化学实施适合教育的研究"的研究与实验中，形成了体现立德树人要求、适合学生核心素养发展的中学化学教学模式和教学评价方式；优化了化学课程内容，满足不同学生的化学个性化学习需求；强化了化学教师对学生核心素养培育能力的历练。

三、主要成果内容

15 年来，我们坚持"以人为本""育人为本"的基本理念，站在马克思关于"人的自由全面发展"的高度，运用系统科学原理，通过新课程中学化学分层教学、分类优质教学和适合教育等项目的实验与研究，探索了与化学教学密切相关的教师育人能力培养、课程内容优化、教学活动优化和教学评价优化的一系列问题，构建了促进学生核心素养发展的中学化学优质教学实践模型，形成了"三优化一提高"中学化学优质教学成果。成果包括基于项目展示的"三环节三循环"广东特色中学化学教师育人能力培养模式；基于发展核心素养的广东特色的中学化学综合实践活动课程；促进学生化学核心素养优质生成的中学化学优质教学模式体系和化学适合学习路径；促进师生发展的中学化学教学评价体系等内容。成果在全面深化课改阶段，对于快速推进全省中学化学教学的优质化进程，高质量促进学生化学学科核心素养发展，将起到很好的引领和示范作用。

（一）育人能力提高，提升教师育人水平，促进教学优质化

在实施中学化学教师育人能力提升工程中，我们以马克思主义关于人的社会性等本质属性的观点为指导，运用系统论、学习型组织理论的相关原理，进行系统设计、科学实施，充分发挥个人与团队集体的作用，最大限度地提高工程实施的针对性和实效性，促进中学化学教师育人能力的提高。创造了基于项目展示的"三环节三循环"广东特色中学化学教师育人能力培养模式（如图 2 所示）。

1. 实施策略。以新课程实施能力、实验创新能力和化学伴我成长的项目为中心，教师自主选择参加展评的项目并确定具体研究的课题项目，采用"三环节三循环"行动研究方式，在两年时间内经历"实践→反思→提升"三环节实践循环体验，实现由学校、县市到省的 3 次进阶式循环，提升化学教师育人能力。

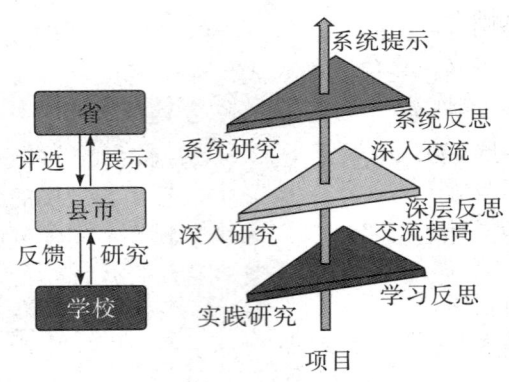

**图2　基于项目展示的"三环节三循环"广东特色
中学化学教师育人能力培养模式**

2. 目标与作用。通过基于项目展示为化学教师搭建了一个实践研究、学习反思、交流提高的成长平台，促进教师专业发展，发展教师的课程教材开发能力、课程执行能力、教学创新能力、跨学科教学能力和教学反思能力，提升中学化学教师育人能力；教师的课题项目在全省展示的同时，省组织专家进行项目点评并给予评奖，构建省级化学优质教学课例和优秀课程资源。通过"三环节三循环"行动研究，构建校、县市及省通力合作的教研共同体，提高学校、县市及全省化学教师的育人能力，实现育人能力的共同提升。基于项目展示的"三环节三循环"广东特色中学化学教师育人能力培养模式，应用于全面深化课改阶段的中学化学教师育人能力培养，对于提升育人水平，转变育人方式，促进学生化学核心素养的发展必将发挥重大的作用。

（二）课程整合优化，满足多元学习需求，促进教学优质化

从立德树人的教育目标来看，课程既要具有基础性给学生提供发展核心素养的基本教育，还要具有多样性、选择性，为每个学生不同的发展需要提供个性化教育。我们在巩固和提高化学学科国家课程教学质量的基础上，主动探索和拓展化学学科教学领域，开设化学综合实践活动课程，优化中学化学课程结构，整合多元的化学活动课程内容，有效地从多样化的化学学习内容中培养学生的关键能力，以满足不同学生核心素养生长的需要。

我们的中学化学综合实践活动课程的构建经历了一个不断发展的过程。在1995—2000年构建和实施初中化学活动课程、高中化学在社会生活

中的 STS 课程的基础上，2002 年构建和实施了"中学生化学伴我成长"综合实践活动课程，形成了具有广东特色的中学化学综合实践活动课程。

1. 课程目标。发挥化学综合实践活动课程的独特功能，与化学学科国家课程相配合，优化化学学科的育人功能，协同发挥促进学生核心素养发展的作用。学生通过学习化学综合实践活动课程，体验科学探究和科学实践过程，增强化学科学知识的综合应用、在新情境中应用和在新技术环境下应用的能力，学习跨学科解决实际问题和科学研究的方法，增强学生参与科技活动的热情、参与社会决策的意识，养成严谨求实、乐于实践、善于合作、勇于创新等科学品质，培养学生的社会责任感，发展支持学生终身发展、适应时代要求的关键能力，达成学生核心素养的提升。

2. 课程内容与功能。我们构建的中学化学综合实践活动课程具有内容多元、层次多样的特点，为不同学生自主选择适合自己个性发展需求的化学学习提供支持。

（1）促进化学学科的深度学习和拓展延伸的课程。课程内容包括化学国家课程内容学习的深化与拓展提升，有讲述化学伴我成长的故事（写成叙事文章）、写应用所学化学知识分析解决问题（教材中的问题）的小论文、写化学读书笔记、绘制化学思维导图、研究化学综合问题的优解策略、化学科技前沿专题等课题。学生通过学习、实践、体验和探究活动，增进化学基础知识的深度学习和综合运用，提高运用化学基础知识基本技能、探究方法和信息技术手段获取信息的能力和解决问题的能力。

（2）在日常生活中遇到的相关化学问题的课程。课程内容是学生从化学的视角在日常生活中观察到、接触到的问题，有写应用所学化学知识分析解决问题（生活中的问题）的小论文和学生开展与生活有关问题的化学研究性学习小课题或专题研究等。通过研究、实验、探究等活动，帮助学生关心身边的科学现象、化学问题，关注化学知识在日常生活中的应用和对生活质量提升的作用，体验、探究化学科学在日常生活中应用的一些实践活动，增强学生参与化学科技实践活动的热情和主动运用科学知识解决生活问题的意识。

（3）开展与化学相关的 STS 课程。课程内容是化学知识原理应用于工、农业生产，促进社会进步方面的综合性问题，包括撰写应用所学化学知识分析解决问题（生产、社会中的问题）小论文，开展结合地方特色的传统科技或现代科技的与化学相关的 STS 研究性学习小课题或专题研究等。学生通过应用化学知识解决生产与社会实际问题，帮助学生进一步理解科学、技术和社会三者的关系，重视科学、技术在社会生产、人们生活中的应用；重视科学的价值取向，理解科学技术的发展给人类社会带来的进步和影响，培养学生的社会责任感，发展学生的科学素质。

（4）发展与化学相关的 STEM（科学、技术、工程、数学）素养课程。课程内容是涉及跨学科知识以及具有技术要求的综合性问题，有的学生制作化学微课、制作创客作品、出版化学科学手抄报和电子报、进行化学实验改进创新项目等。让学生将化学知识与其他学科知识进行融合并综合应用。并在解决一些日常生活、生产、科技、社会实际问题的过程中，学习和实践作品（成果）的设计、制作、改造与创新，提升工程素养，发展 STEM 科学、技术、工程和教学素养，培养学生创新精神与实践能力。

（三）教学活动优化，革新教学方式模式，促进教学优质化

我们运用协同学理论，以及进阶学习和深度学习的思想指导中学化学的优质教学活动，着力协同教师、学生、教学内容、教学方式、学习方式、现代教学技术等要素之间的关系与结构，努力促进教学活动协同增效。

1. 构建基于发展核心素养的教学方式优化理论模型，引领优质课剖析和优秀教学模式提炼。教学方式影响学习方式。我们以教学方式的优化为核心，促进学习方式的优化。从学习探究性、社会性和信息化三个维度思考如何进行教学方式的合理构建，提出教学方式优化理论模型（如图3所示）。学习探究性维度研究学习的探究程度、主动接受程度及其与化学

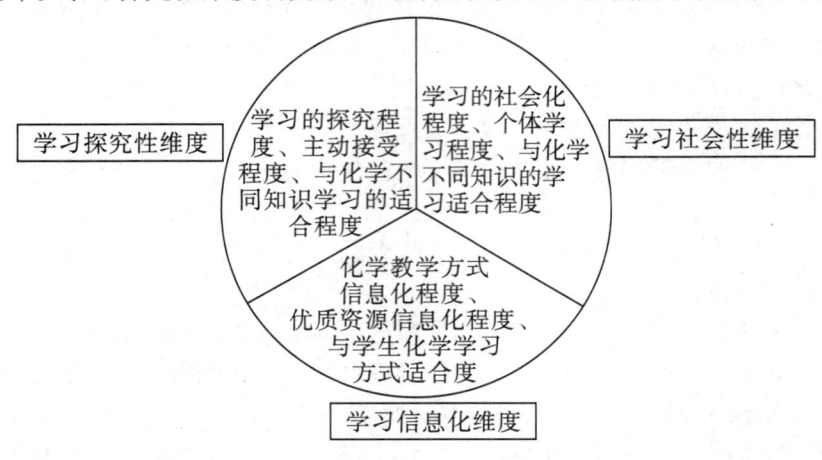

图3　教学方式优化理论模型

不同知识学习的适合程度的关系；学习社会性维度研究学习的社会化程度、个体学习程度及其与化学不同知识学习的适合程度的关系；学习信息化维度研究各种化学教学方式信息化程度、优质资源信息化程度及其与学生化学学习方式适合度的关系。从三个维度出发，根据不同类型的化学知识学习其特点和教学目标，在整体上统筹设计化学教学方式，达成教学方式系统的优化，促进学习方式的优化，实现教学活动的优化，以达到满足不同学生运用多种学习方式进行优质化学学习的需要。

2. 构建广东省中学化学优质教学模式，促进学生化学核心素养优质生成。我们运用"教学方式优化理论模型"，借鉴人工智能的思想方法，对实验学校的 500 多节典型课例和全省"展评"的近 600 节优质课例进行剖析，提炼了典型课、优质课中的优教和优学的关键性行为要素，分析其特征，研究教学方式与学习方式的关系，打造具有代表性、基础性、时代性的，促进学生化学核心素养优质生成的广东省中学化学优质教学模式。

（1）促进学生化学核心素养优质生成的中学化学优质教学模式的体系（如图 4 所示）。该体系由五类优质教学模式构成：一是促进化学科学知识学习与意义构建的教学模式，如导学—精讲教学模式；二是以发展学生探究学习品质为主要目标的教学模式，如合作—探究教学模式、基于解决问题的自主探究教学模式；三是以发展学生社会学习品质为主要目标的教学模式，如分层—互助教学模式、基于问题解决的合作探究教学模式；四是以发展学生实践创新素养为主要目标的教学模式，如化学活动—创客教学模式；五是以发展学生信息素养为主要目标的教学模式，如基于微课和互联网络平台的个性化学习模式。

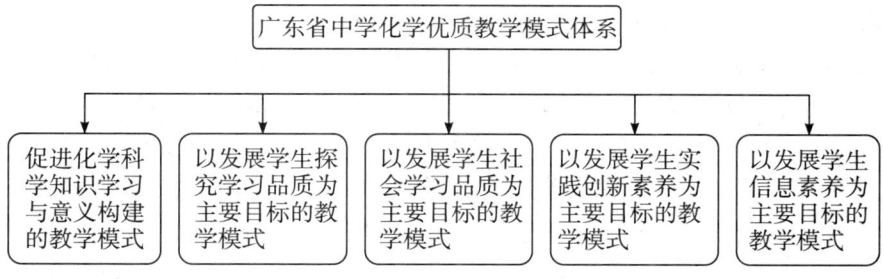

图 4　促进学生化学核心素养优质生成的中学化学优质教学模式体系

（2）促进学生化学核心素养优质生成的中学化学优质教学模式的特点。第一，充分体现发展化学学科核心素养，培养实践能力和创新精神的时代要求，有利于课程三维目标的整合落实；第二，充分体现教学方式优化，促进学习方式优化，实现教学过程优化，充分反映组织理论和社会构建等理论在教学过程中的运用，有效地促进学生学习品质和社会性品质的发展；第三，充分体现优质课程资源、信息技术的应用与化学教学内容、学生实际（学习基础、学习风格、优势潜能等）相融合，满足学生学习化学的不同需求，促进学生全面有个性地发展；第四，每种教学模式结构完整，包括名称理念、特点、模式框架、主要环节（要素）含义、实施操作要点5个方面，便于实践操作和推广应用。以"化学活动—创客教学模式"为例进行模式解读。①教学模式名称。化学活动—创客教学模式。②理念。为梦想而努力，融于多学科综合教育环境，打破学科教育边界，开展人人实践，个个创新，将创意转化为现实，对接开展"大众创业、万众创新"，促进社会发展理念。③特点。基于实践、创造的学习方式，以主题（项目）为活动载体，培育创新念头，开展创念教学，实现创念成果。具有鲜明的STEAM（科学、技术、工程、艺术、教学）教育和创客教育的特点。适合于主题（专题）教学、化学实验项目教学、研究性学习和创客项目学习等。④模式框架（如图5所示）。⑤主要环节（要素）含义。模式由产生创意、实现创意、成果评展构成，每个环节包括若干学习活动环节，表征具体的教学活动；实现创意环节中的"方案修正，实践检验，作品最优"学习活动充分体现、发展学生技术素养的教育思想；模式的三大环节进阶发展，实现增长基本知识、培养创新能力、形成优良品质。⑥实施操作要点如下。A．师生共创问题情境，学生感悟问题情境、生发创新念头、构想创意主题，这里面蕴含了引导自主教学双边活动；产生创新主题，对学生来说，可大可小，哪怕是一个小小的念头，都应该得到保护、尽情表达和付诸行动。这是创造人人有梦想的条件。B．将创意转化为现实是这种教学模式的中心环节。学生的主体活动是探究性学习、研究性学习、基于项目的学习；学生的教室要拓展为创客的空间，当然就不能局限在有限的教室里，应该在实验室、图书室，乃至进入大自然，融入社会领域。教师在其中的作用是STEAM综合教育情境的创造者和维护者、行为的示范者、方向的引导者、方法的指导者、活动的润滑剂、变换的调节者和学习的促进者。成果展评经过同伴交流、老师点评指导后要修正方案，进行二次提升。C．最终的成果展评交流以逐级展示和评价方式，逐步推向高潮，产生成就感，分享成果和成功的喜悦。⑦教学反思。这种教学模式的实施关键在于如何引出生成创新主题，激发学生创造兴趣，并在不断

实践创新过程中树立创新意识，发展合作能力、创新能力和职业能力，为把学生转变为创客奠定基础；如何建设创客空间促进学生的项目活动，维护创客创新的良好综合环境，不只需要化学教师，更需要科组和学校的大力支持。

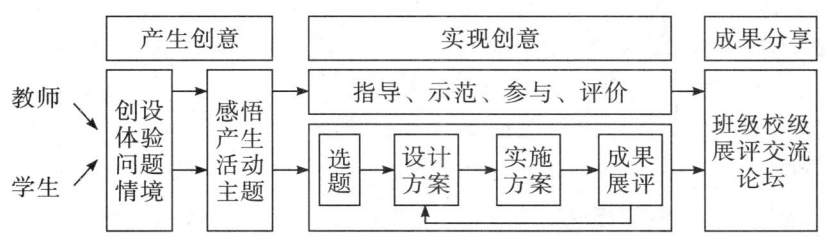

图 5　化学活动—创客教学模式

3. 开创适合的教育理念下的化学适合学习路径，帮助学生建立化学思维方式和化学思想，提高适应终身发展的关键能力。《国家中长期教育改革和发展规划纲要（2010—2020 年）》提出："要以教师为主导，以学生为主体，尊重教育规律和学生身心发展规律，充分发挥学生的主动性，为每个学生提供适合的教育。"在全面深化课改阶段，我们为落实立德树人根本任务，发展学生的适应终身发展和社会发展需要的必备品格和关键能力，在中学化学优质教学实践中，开辟了一系列化学适合学习路径，发展解决实际问题的化学视角，促进学生核心素养的发展。第一，指导策略，打破制约化学适合学习的瓶颈。我们研究、分析导致化学学习困难、影响化学认知、理解的关键和问题，有针对性地给予学生化学学习策略与指导，帮助学生走出困境。第二，优化教学组织和学习资源，促进学生个性化学习。不同学习风格的学生，学习中呈现出的特点是不同的。我们在教学组织时，根据班级学生不同的学习风格，提供多样化的教学组织形式，采用搭配建立学习小组形式进行小组合作学习，或者提供个性化学习自主学习等方式，让不同的学生有机会选择适合于自己的优势的学习方式，促进学生优势发挥。第三，应用微课和平台，促进学生选择性学习。我们构建中学化学"1 点 3 课"（一个核心知识点，构建供课前、课中和课后学习的三种微课）的优质微课视频供教学选择使用，并创建了化学学习微信公众号、化学学习微信交流群、化学学习微信聊天室等交流平台，让学生自主选择多渠道交流、自主学习与合作探究。第四，构建适合学生的优质课堂，让学生主动成功地学习。教学实践中，我们依据群体心理与个体心理相互影响、相互制约的关系和教学最适度原则，建立班级、小组多种学习共同体，营造积极健康的课堂心理气氛，把激励策略带进课堂，充分发挥学生的主体作用，实现让成功激励成功，促进学生之间协同发展。第五，教师创客示范，发展学生创客素养。团队中俞远光老师，曾发明过国家专利两项，在化学教学中经常引导学生观察、思考与化学知识相关的社会生活问题，尤其关注化学实验操作、装置改进和实验创新等问题，努力为学生搭建起实践平台，并以身示范地介绍自己发明的过程和实践创新的方法及路径，"用创新催生创新"，起到极好的教育效果，产生极大的社会影响。

（四）教学评价优化，实施多元教学评价，促进教学优质化

我们根据立德树人发展学生核心素养的时代要求、化学学科实施新课程的需要和我省中学化学教学改革的实际，构建了包括学科教学质量评价、模块学分评价、化学实验操作技能评价、促进学习的课堂教学评价、成果报告展示评价、增值学习评价等内容的促进师生发展的中学化学教学评价体系（如图6所示），充分发挥各种评价功能，协同促进师生发展。

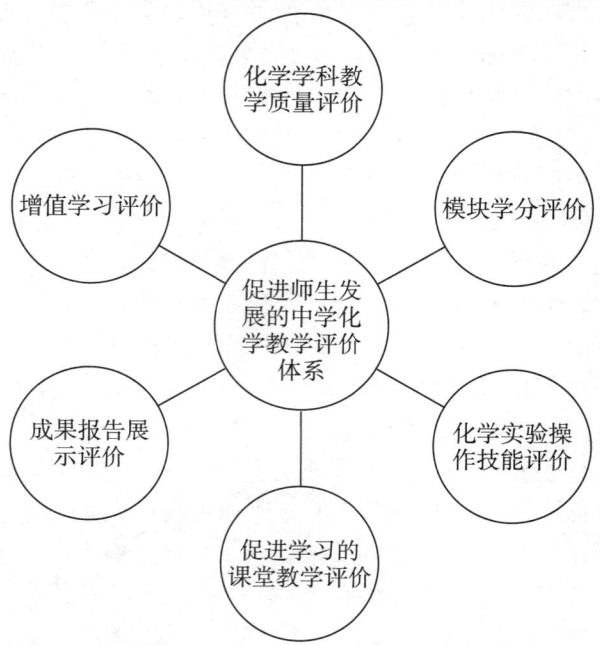

图6　促进师生发展的中学化学教学评价体系

1. 促进新课程优质实施的中学化学教学评价。下列三种评价，功能在于促进全省中学化学新课程在高水平的层面上实施，实现化学教学的优质化，提高全省中学化学教学质量。

（1）模块学分评价。高中化学新课程实行模块学分管理的教学要求，如何科学地进行模块学习认定，关系到新课程能否有效顺利进行。我们根据模块课程的特点和教学评价的多元功能，构建了"化学模块学习学生发展记录评价方法"。"化学模块学习学生发展记录评价方法"构成要素包括学习过程表现性评价、单元纸笔测验与质性评价和模块纸笔测验三个方面的内容。根据学生在相应课程模块学习中的过程表现性评价、单元纸笔测验与质性评价和模块纸笔测验进行学生自评和教师综合评定，以此决定学生是否获得相应课程模块的学分。该评价方法对学生学习过程与结果进行质与量相结合的发展性评价，促进学分评价科学化。

（2）化学学科教学质量评价。我们建立"广东省普通高中化学教学水平评估指标体系"，对高中化学新课程化学学科教学质量进行评价。该评估指标体系被广东省教育厅采纳引用到《广东省普通高中教学水平评估方案（试行）》（粤教督〔2006〕29号）教育管理文件，用于全省高中学校教学水平评估的化学学科教学水平评价，引领和指导全省普通高中化学学科建设和学科教学工作，促进普通高中教学水平的提高。该成果迁移应用到全省初中化学学科教学水平评价，效果显著。

（3）化学实验操作技能评价。我们研制开发《中学化学实验操作考查要求及评价量表》，从实验操作技能、实验原理理解和实验习惯养成三个方面对学生的化学实验操作技能进行考查。《广东省普通高中化学实验操作考查要求及评价量表》被广东省教育厅采纳引用到《广东省普通高中学生综合素质评价方案（试行）》（粤教研〔2006〕10号）中，在全省高中学校实施，引导和指导全省高中化学实验操作技能评价，促进全省高中的化学实验教学，提高学生的实践能力和科学素养。《广东省普通高中化学实验操作考查要求及评价量表》迁移应用到全省初中化学实验操作考查评价，效果显著。

2. 促进学生适合学习、核心素养发展的中学化学教学评价。我们创造的基于促进学习的中学化学课堂教学评价、成果报告展示评价和增值学习评价等新方法方式，国内领先，既丰富了教学评价理论，又为评价实践提供了新工具和新方法。功能在于充分促进化学适合教育发展学生个性，提升学生核心素养。

（1）促进学习的中学化学课堂教学评价。这是基于评价促进学生学习、促进师生协同发展的理念而构建的课堂教学评价方式，该评价的核心要点有：第一，使用研制的《基于促进学习的中学化学课堂教学评价量表》（量表由教师教学行为量表和学生学习行为量表两部分构成），运用课堂观察的原理方法，观察教师教和学生学的行为关键信息，收集重要证据；第二，分析处理所获取关键信息证据，诊断教师教学行为和学生学习行为，获得相关教学和学习的结果；第三，对证据和结果做进一步的质性分析，寻找因果关系，提出教学和学习的改善意见。这种评价有两大创新：第一，评价与教学是紧密联系在一起的，评价充分发挥了改善教师的教和促进学生的学的发展性功能，有效地促进学生优质学习。第二，采用观察教和学的行为关键信息，这些关键信息用于诊断课堂教学针对性强、含金量高，同时由于观察直接指向核心关键点，解决了课堂观察评价团队对于大量细节观察记录的低效劳动，使评价变得可行、易行。

（2）成果报告展示评价。我们基于促进学生的化学科学知识综合应用、在新情境中应用和在新技术环境下应用的能力，培养学生的实践意识和解决问题的兴趣，提升学生对自身实践创新活动的认识和反思，发展学生社会责任感和团队精神，构建了"化学活动表现评价——成果报告展示评价"，制订了评价工具《广东省中学化学活动表现评价量表》。该评价的核心要点如下：①评价方式。学生完成实践性学习任务后，以成果报告的方式进行展示和评价。②评价过程。评价过程分为以下三步：第一步，学生依据评价量表报告展示成果并进行自评；第二步，各成果小组间交流、答辩并进行互评；第三步，教师点评、建议，课题小组反思性发言。这种评价有两大创新：第一，充分体现过程与结果的统一，充分呈现成果形成的过程及证据。学生进行成果报告展示时，解读活动方案设计、过程实施及证据获取、数据分析及结果获得、结果分析等方面的内容。解决了活动性评价这种评价方式一直以来活动过程难于评价，难于互相借鉴的重大难题，把活动性评价的核心部分——过程评价变得可视，使评价易操作、有信度，提高了评价的实践性；第二，培育学习共同体。成果报告展示给予学生团队充分表现的机会，激发表现欲望、团队协作和成果的张扬，促进了成果小组学习共同体的发展，提高学生自信心和成就感，同时也激励其他学生投身实践活动和成果创作中去，以达到"用成功激励成功"的最高育人境界。

（3）增值学习评价。为了落实化学适合教育，促进不同学生都能在原

有基础上得到最充分的发展，我们在尊重差异、尊重主体的原则下，建立了不同层次的评价体系，创造了"分层目标—分层测试—总体评价"的增值评价方式。采取"班内分层，组间同质，组内异质"的分层教学实践；坚持个人与小组相结合，从口头分层评价、书面分层评价和教师课堂观察等多角度对学生进行综合评价；在分层测试、分层打分和综合评价的基础上，采用小组集体总评的评价方式。增值表现为以下两个方面：第一，激励每个层次的学生按照自己的学习目标不断努力，不断实现自己的目标，不断获得成功，不断地激发自信心，形成"有进步就是成功"的评价思想；第二，激励每个小组的学生互助协作，不断发展团队合作力，不断培育学习共同体，促进学生核心素养的提升。

（五）形成了"练就育人本领，提供优质服务，满足学生需求；师生协同发展，用成功激励成功，用创新催生创新"的优质教学思想

15 年中学化学优质教学的实践沉积，让我们对优质教学有了新的认识。在教育发展的多维坐标系中，我们运用马克思主义实践真理观，从教学实践视角给优质教学下定义，认为优质教学是教学在某一时段节点上的一种优良状态，这种状态的坐标位置是：师生民主平等、主体性充分发挥，优质课程资源丰富、最大限度利用，教学活动过程各环节融合优化、焕发出生命活力，师生协同互动、教师专业发展学生生命成长。

形成优质教学的新观点，认为教学的优质化程度将直接关系到学生核心素养培育的高度，提升教师的育人能力是实现教学优质化的关键前提；建立民主平等、师生协同发展的优秀课堂文化和满足学生不同学习需求的丰富优质课程资源是实现优质教学的关键条件；让"成功激励成功"，用"创新催生创新"，是达成优质教学的两条重要路径；让全体学生"因材""因需"自主、充分地获得核心素养发展，是优质教学的宗旨。由此，形成了"练就育人本领，提供优质服务，满足学生需求；师生协同发展，用成功激励成功，用创新催生创新"的优质教学思想。

这种新观点、新思想，引领了教师教学观念和教学行为的变化与创新，对于指导学科教学领域的深层改革，推进发展核心素养的优质教学有着重大的理论和实践意义。

四、效果与反思

15 年的探索，经过多次"实践—总结—升华"的循环，形成了具有首创性的、国内领先的、系统的中学化学优质教学理论和实践体系，以及系列的实践成果。

培养出大批化学骨干教师，构建了大批化学精品优秀课例。参与优质教学实践的教师在全国教学能力和优秀成果展评中，有 80 多人的优质课、说课和录像课等获奖，有 30 多个项目的化学实验创新作品、50 多篇优秀论文获奖，有 60 名教研员、教师在评先中得到表彰，有 10 个教研组被评为先进教研组。构建的省化学精品优秀课例有 600 多个、优秀教学资源（课件、微课等） 2 000 多个，"化学伴我成长"学生优秀作品 5 000 多项，教学设计、学案、能力训练素材等一大批。

成果通过教育厅文件，在全省推广应用。化学优质教学成果有 5 项分别被广东省教育厅采纳引用到《普通高中化学教学指导意见（2012 年版）》（粤教教研函〔2012〕13 号）、《广东省普通高中化学模块教学与考核要求》（粤教研〔2006〕16 号）、《广东省普通高中化学教学水平评估指标》（粤教研〔2008〕7 号）、《广东省普通高中化学选修课开设指导意见》（粤教研〔2005〕7 号），指导全省普通高中化学学科建设、学科教学和教学评价，推进全省中学化学新课程的优质实施，得到普遍的好评。

成果通过全省教研活动和现代媒体推广应用。自 2003 年起至今，每年举办全省中学化学教研教改学术年会、优质教学现场观摩活动，展示交流中学化学优质教学的优秀论文、优秀课例、优质课等优秀成果 100 多项，参加观摩交流活动教师过千人，代表们共享大会优秀成果资源。从 2002 年起，每年参加"四展示二评选"省级展示的教师达 150 人，参加省级观摩交流活动的教师近 2 000 人，共享优秀成果；省级展示的优质资源通过"广东中学化学教研网""粤化学教研 QQ 群""广东中学化学教研微信公众号"等交流平台交流，每年点击、下载次数超过 3 万人次，成果应用推广成效显著，影响大、效果好，对我省中学化学教学质量的全面提高发挥了重大的作用。

成果通过出版物、学术活动推广应用。出版著作 6 本，公开刊物发表论文 47 篇，其中有 4 项成果选入 2013、2014、2015 年《广东教育蓝皮书》，全国获奖论文、优质课、案例和创新成果等 27 项，成果推向全国。

我们的中学化学优质教学成果，虽然历经 15 年的实践探索，已形成较为完整的体系，但在新背景下，还需要结合立德树人的要求，进一步探索中国学生核心素养的化学学科培育方式、教学策略、教学模式和评价方式。我们有信心再做努力，在未来的教学实践研究中，继续探索，把现阶段的中学化学优质教学提升为高品质的发展化学核心素养的新型化学优质教学。

参考文献

[1] 王益群. 化学素质教育探索与实践［M］. 广州：广东高等教育出版社，2000.

[2] 王益群. 中学化学分层教学实验报告［M］//中国教育学会教育实验研究2000年学术年会论文集：第五卷，乌鲁木齐：新疆人民出版社，2001.

[3] 王益群. 广东省普通高中化学课程教材教学改革发展研究报告［M］. 广州：广东高等教育出版社，2013.

[4] 王益群. 广东省普通高中新课程化学实验发展报告（上）［N］. 广东教学，2008（8）.

[5] 王益群. 广东省普通高中新课程化学实验发展报告（下）［N］. 广东教学，2008（9）.

[6] 王益群. 中国大陆和港台地区中学化学课程比较研究报告［N］. 广东教学，2015（6）.

[7] 王益群. 由美国基础教育经验引发的课程构建思考［N］. 广东教学，2013（7）.

[8] 王益群. 深化我省普通高中化学课程实施的若干建议［N］. 广东教学，2010（10）.

[9] 王益群. 提升我省普通高中化学教学水平的思考［N］. 广东教学，2012（5）.

[10] 王益群. 基于促进学习的高中化学教学评价［N］. 广东教学，2017（1）.

[11] 王益群. 广东省普通高中化学教学评价发展报告［M］. 广州：广东高等教育出版社，2015.

[12] 王益群. 分类开展化学新课程优质教学研究结题报告［N］. 广东教学，2011（7）.

[13] 王益群. 广东省中学化学课堂教学改革研究报告［M］. 广州：广东高等教育出版社，2014.

[14] 王益群. 中学化学实施适合教育的思考［N］. 广东教学，2013（1）.

[15] 王益群. 中学化学优质教学30年探索［M］. 长春：吉林大学出版社，2017.

[16] 马郑豫，张家军. 中小学学生学习策略的调查研究［J］. 教育研究，2015（6）：85-95.

[17] 杨春. 课堂教学：自我调节学习策略生成的关键［J］. 东北师大学报（哲学社会科学版），2011（6）：150-153.

[18] 佐藤学. "分层教学"有效吗？［J］. 钟启泉，译. 全球教育展望，2010，39（5）：3-7.

[19] 蒋波，谭顶良. 论有效合作学习的内在机制［J］. 中国教育学刊，2011（6）：33-36.

[20] 张媛. 基于学生化学学习风格的教学策略研究［D］. 哈尔滨师范大学，2013.

[21] 傅维利. 课堂教学效益评价改革的基本方向［J］. 中国教育学刊，2013（11）：46-49.

[22] 郑彩华，刘懿. 教育让每个儿童准备好迎接21世纪的挑战：英国白皮书《儿童、学校和我们的未来》解读及其启示［J］. 外国中小学教育，2010（9）：1-6.

（执笔：王益群；审稿：曾令鹏）

提高中学生物教学质量的
探索与实践

○广东省教育研究院教学教材研究室

　　摘　要： 创新提高中学生物教学质量的过程与方法，我们进行了 13 年的探索与实践，首创了提高中学生物教学质量的"521 模式"，建设了广东省中学生物教学高层次人才资源库，建设了广东省中学生物教学优质教学资源库，实践检验成效显著，形成了 5 项创新成果（创建了群众性学会；创设了学术性标准；创制了指导性文件；创造了多样性途径；创作了示范性成果），达到了促进教师专业发展和促进生物课堂教学的效果，出版了"广东省中学生物教学成果精品"系列成果和广东省中小学教学研究"十二五"规划课题"问题导学法"研究成果，实证研究表明：促进教师专业发展和促进生物课堂教学是提高中学生物教学质量的根本保证。

　　关键词： 提高质量　生物教学　探索实践　"521 模式"　方法

一、问题的提出

　　《国家中长期教育改革和发展规划纲要（2010—2020 年)》指出："把提高质量作为教育改革发展的核心任务。树立科学的质量观，把促进人的全面发展、适应社会需要作为衡量教育质量的根本标准。树立以提高质量为核心的教育发展观，注重教育内涵发展，鼓励学校办出特色、办出水平，出名师，育英才。建立以提高教育质量为导向的管理制度和工作机制，把教育资源配置和学校工作重点集中到强化教学环节、提高教育质量上来。加强教师队伍建设，提高教师整体素质。"

　　在中学生物教学方面，克服以中考和高考成绩排名评价初中和高中生物教学质量弊端，如何创新提高中学生物教学质量的过程与方法？

二、解决问题的过程与方法

经过 13 年探索与实践，形成了提高中学生物教学质量的"521 广东模式"。

（一）召开广东省中学生物教学研讨会（2004—2011 年）

2004 年广东省成为首批国家普通高中新课程实验的四个省区之一，原广东省教育厅教研室每年召开一次大型中学生物教学研讨会。

1.《关于召开普通高中生物新课程探究性学习教学研讨会的通知》（粤教研室〔2005〕48 号）：2005 年 11 月 16—18 日在广东省韶关市召开。

2.《关于召开中学生物新课程教学研讨会的通知》（粤教研室〔2006〕28 号）：2006 年 11 月 22—24 日在广东省云浮市召开。

3.《关于召开广东省中学生物教育科研交流会的通知》（粤教研室〔2007〕29 号）：2007 年 11 月 7—9 日在广东省东莞市召开。

4.《关于召开 2008 年广东省中学生物实验教学研讨会的通知》（粤教研室〔2008〕50 号）：2008 年 12 月 3—5 日在广东省惠州市召开。

5.《关于举办 2009 年广东省中学生物教师实验能力展示交流活动的通知》（粤教研室〔2009〕17 号）：2009 年 12 月 16—18 日在广东省佛山市召开。

6.《关于组织 2010 年广东省中学生物课堂教学有效性展示交流活动的通知》（粤教研室〔2010〕5 号）：2010 年 10 月 13—16 日在广东省中山市召开。

7.《关于召开广东省中学生物学教学研讨会的通知》（粤教研室〔2011〕20 号）：2011 年 10 月 12—14 日在广东省深圳市召开。

研讨会的核心内容：中学生物教学论文评选与交流，中学生物优质课例评选与展示等。

研讨会的主要目标：探索与实践提高中学生物教学质量的过程与方法。

（二）召开广东教育学会中学生物教学专业委员会学术年会 (2012—2017 年)

2011 年，广东省教育研究院成立；2012—2014 年筹备和 2014 年创建了广东教育学会中学生物教学专业委员会，秘书处设在广东省教育研究院教研室；2015 年起，在广东省教育研究院教研室的业务指导下，广东教育学会中学生物教学专业委员会（以下简称"粤中生会"）每年召开一次大型中学生物教学学术年会：

1.《关于召开 2012 年广东省中学生物学教学研讨会的通知》（粤教研

院教〔2012〕15号）：2012年11月7—9日在广东省珠海市召开。

2.《关于召开广东教育学会中学生物教学专业委员会学术年会（2015年）的通知》（粤中生会〔2015〕4号）：2015年11月4—6日在广东省深圳市召开。

3.《关于召开广东教育学会中学生物教学专业委员会学术年会（2016年）的通知》（粤中生会〔2016〕4号）：2016年11月2—4日在广东省清远市召开。

4.《关于召开广东教育学会中学生物教学专业委员会学术年会（2017年）的通知》（粤中生会〔2017〕7号）：2017年11月8—10日在广东省东莞市召开。

学术年会的核心内容：中学生物教学设计与教学论文评选与宣读，中学生物教学质量奖评选与展示，中学生物教学优秀科组评选与展示，中学生物优质课例评选与展示等。

学术年会的主要目标：探索与实践提高中学生物教学质量的过程与方法。

（三）建设广东省中学生物教学高层次人才资源库（2004—2017年）

建设广东省中学生物教学高层次人才资源库，如中学生物课程、教材、教学、评价专家人才资源库等，促进教师专业发展以提高中学生物教学质量。

高层次人才资源库的主要功能：探索与实践提高中学生物教学质量。

（四）建设广东省中学生物教学优质教学资源库（2004—2017年）

建设广东省中学生物教学优质教学资源库，如中学生物教学优质课例资源库等，促进生物课堂教学以提高中学生物教学质量。

优质教学资源库的主要功能：探索与实践提高中学生物教学质量。

三、成果的主要内容

2004—2012年共8年，形成成果的方案设计、论证和研究。

（一）创建了旨在提高中学生物教学质量的群众性学会

广东省教育研究院在职能上指导广东教育学会等省一级学会开展活动。

十年课改路，孕育中生会！经过2004—2014年十年的探索，2014年7月7日，粤中生会第一次会员代表大会在广州隆重召开，宣告粤中生会成立。

打造粤中生会学术品牌，提高中学生物教学质量，自然就成了广东省中学生物教学史上浓墨重彩的盛事华章。

开展学术活动以提高中学生物教学质量为中心。

采取"省中生会—市中生会—县中生会—校中生会"和"省教研室—市教研室—县教研室—校教研室"两线结合四级联动开展活动。粤中生会理事会理事人员注重代表性和覆盖面，省市县各级教研室在编在岗生物教研员原则上是理事会理事，以便更好地组织开展学术活动。

教坛英雄聚，形成聚集效应，促进教师专业发展。

聚首中生会，聚焦课堂教学，促进生物课堂教学。

（二）创设了引领提高中学生物教学质量的学术性标准

1.《广东省中学生物教学论文评审标准（试行）》。

2.《广东省中学生物教学质量奖评审标准（试行）》。

3.《广东省中学生物教学优秀科组评审标准（试行）》。

4.《广东省中学生物教学设计与课例评审标准（试行）》。

5.《广东省中学生物教学研究规划课题成果鉴定评审标准（试行)》。

（三）创制了广东提高中学生物教学质量的指导性文件

1. 创新性研制了《义务教育生物学教学指导意见（2012 年版）》（粤教教研函〔2012〕9 号）。

2. 创新性研制了《普通高中生物教学指导意见（2012 年版）》（粤教教研函〔2012〕13 号）。

3. 创新性研制了《广东省普通高中生物教学水平评估指标》（粤教研〔2008〕7 号）。

4. 创新性研制了《广东省初中生物学科学业考试大纲（2006—2017年)》。

（四）创造了探索提高中学生物教学质量的多样性途径

依据学术性标准（试行）每年开展六大学术活动。

1. 开展广东省中学生物教学设计与教学论文评选活动（3 月 20 日）。

2. 开展广东省中学生物教学研究"十三五"规划课题申报活动（3 月 20 日）。

3. 召开广东省中学生物教学研讨会（7 月上旬）。

4. 开展广东省中学生物教学质量奖评选活动（9 月 20 日）。

5. 开展广东省中学生物教学优秀科组评选活动（9 月 20 日）。

6. 召开粤中生会学术年会（11 月上旬）。

（五）创作了实践提高中学生物教学质量的示范性成果

引领学术活动，搭建学术平台，采撷教学精华，创作成果精品。

1. 出版了实践提高中学生物教学质量的成果著作。

［1］杨计明．广东省中学生物教学成果精品（2015）［M］．广州：广东音像教材出版社，2016.

［2］杨计明．广东省中学生物教学成果精品（2016）［M］．广州：广东音像教材出版社，2017.

［3］杨计明．广东省中学生物教学成果精品（2017）（专题）［M］．广州：广东音像教材出版社，2017.

［4］杨计明．中美基础教育生物课程教材比较研究［M］．广州：广东科技出版社，2009.

［5］杨计明．问题导学法［M］．广州：广东高等教育出版社，2017.

2. 发表了实践提高中学生物教学质量的学术论文。

［1］杨计明．生物学教师专业发展与教学质量的相关性研究：SPSS 统计分析广东省中学生物学教学［J］．生物学通报，2012，47（2）：36－40.

［2］杨计明．"粤中生会"：提高中学生物教学质量的探索与实践［J］．广东教育（综合版），2016（5）：34－35.

［3］杨计明．提高中学生物教学质量的"521 广东实践模式"［J］．广东教育（综合版），2017（5）：47.

［4］杨计明．广东省初中生物课程教材教学改革发展研究报告［M］//广东教育改革发展研究报告 2013：基础教育课程教材教学研究卷：下册．广州：广东高等教育出版社，2013：872－889.

［5］杨计明．广东省普通高中生物课程教材教学改革发展研究报告［M］//广东教育改革发展研究报告 2013：基础教育课程教材教学研究卷：下册．广州：广东高等教育出版社，2013：1 225－1 242.

［6］杨计明．跨太平洋绿色行动：校本课程结构的构建、教材资源开发及学习方式变革的初步探索［J］．中学生物教学，2006（12）：5－8.

［7］杨计明．"现代生物进化理论"教材分析及教学建议［J］．中学生物教学，2009（6）：9－11.

［8］杨计明．广东省中学生物课堂教学改革研究报告［M］//广东教育改革发展研究报告 2014：基础教育课程教材教学研究卷．广州：广东高等教育出版社，2014：96－113.

［9］杨计明．普通高中新课程生物学教学评价的研究［J］．生物学通报，2007，42（2）：46－48.

3. 编著了实践提高中学生物教学质量的优质课例。

杨计明主编的《广东省中学生物教学成果精品（2015）》《广东省中学

生物教学成果精品（2016）》《广东省中学生物教学成果精品2017》均由广东音像教材出版社出版，其中精选广东省中学生物教学优质课例（2005—2017年教学成果精粹）实录。

（1）广东省中学生物教学优质课例（2005年"探究性教学"说课省一等奖）。

（2）广东省中学生物教学优质课例（2006年"问题导学法"说课省一等奖）。

（3）广东省中学生物教学优质课例（2008年"生物实验教学"录像省一等奖）。

（4）广东省中学生物教学优质课例（2009年"教师实验能力"展示省一等奖）。

（5）广东省中学生物教学优质课例（2010年"课堂教学有效性"录像省一等奖）。

（6）广东省中学生物教学优质课例（2015年"问题导学　高效课堂"现场课例）。

（7）广东省中学生物教学优质课例（2016年"特级教师　特色课堂"现场课例）。

（8）广东省中学生物教学优质课例（2017年"问题导学　高效课堂"现场课例）。

（六）促进了教师专业发展

创新形成5项成果（创建了群众性学会；创设了学术性标准；创制了指导性文件；创造了多样性途径；创作了示范性成果）达到了促进教师专业发展的效果。

高层次人才资源库建设已见成效，如研讨会和学术年会促进了教师专业发展。

1．突出个案。

（1）教师学历专业发展。研讨会开展"博士论坛"促进了生物教师专业发展，创新性开设中学生物学博士论坛，突出的有：生物学博士教师（2015，纪艳，广东实验中学）、生物学博士教师（2015，商勇，深圳市华侨城中学）等。

（2）教师职称专业发展。学术年会开展多样性学术活动促进了生物教师的专业发展，助推了生物教师踏上高级教师、正高级教师等专业高阶。突出的有：正高级教师（2016，尹丽杰，深圳市翠园中学初中部）等。

（3）教师荣誉专业发展。学术年会开展"教学质量奖"评选活动促进了生物教师专业发展，助推了生物教师迈进特级教师、南粤优秀教师等名师殿堂。突出的有：特级教师（2015，陆晖，深圳市北师大南山附中）、南粤优秀教师（2015，黄少旭，东莞市石龙中学）等。

学术年会开展"优秀科组"评选活动促进了生物教师专业发展，助推了生物科组建设优秀科组、十优科组等团体标杆。突出的有：十优科组（2015，华南师大附中、深圳市宝安中学；2016，广州市铁一中学、深圳大学师范学院附属中学）等。

广东省中学生物教学质量奖评选活动，广东省中学生物教学优秀科组评选活动，通过"互联网＋"评选、学习和交流，创意非凡，成效显著！

2．杰出群体。广东省中学生物教学学术活动获奖生物教师（2004—2016 年）几乎都分别获得不同程度学历、职称、荣誉方面的晋升（如表 1 所示）。作为促进教师专业发展的阶段性成果，"生物学教师专业发展与教学质量的相关性研究"2012 年在核心期刊《生物学通报》发表。实证研究表明，学术年会促进了教师专业发展以提高中学生物教学质量。

表 1　广东省中学生物教学学术活动评选项目获奖情况表（2004—2016 年）

项目	一等奖/项	二等奖/项	三等奖/项	合计/项
教学设计	68	225	514	807
教学论文	152	521	1 040	1 713
教学质量奖	87	299	587	973
教学优秀科组	15（十优科组）	59（优秀科组）	只评优秀无评等级	74
教学优质课例	95	172	151	418

注：1．数据来源于原广东省教育厅教研室（2004—2011 年）、广东省教育研究院教研室业务指导下粤中生会（2012—2016 年）开展学术活动的评选项目，以公布评选结果的通知文件数据来统计。

2．数据单位统一为项，因绝大部分为个人项目，个别 2 人及以上均按 1 项统计。

3．优质课例（含现场课例、录像课例）包括教学设计 Word、教学课件 PPT、教学课例录像三大内容只按 1 项统计，表中教学设计不含教学优质课例。

（七）促进了生物课堂教学

创新形成 5 项成果（创建了群众性学会；创设了学术性标准；创制了指导性文件；创造了多样性途径；创作了示范性成果）达到了促进生物课堂教学的效果。

优质教学资源库建设已见成效，如优质课例引领了生物课堂教学。

1. 突出个案。

（1）影响广东。深圳市刘雪姣的优质课例在韶关市中学生物教师培训中反响很好，深圳市陈乃权的优质课例在江门市中学生物教师培训中反响很好，佛山市刘闻的优质课例在韶关市中学生物教师培训中反响很好，清远市朱秀霞的现场课例在云浮市中学生物教师培训中反响很好。

（2）辐射全国。深圳市刘雪姣、陈乃权，东莞市的吴丰优质课例在全国第 16 届学术年会上荣获一等奖，东莞市吴丰的优质课例在全国第 16 届学术年会的展示中获得好评，深圳市曾芫、清远市朱秀霞的现场课例在近年来中南六省研讨会中表现优异，佛山市夏先登、文后生的优质课例在四川省宜宾市骨干教师培训中获得好评，珠海市杨敏旭、清远市汪娜的优质课例在海南省中学生物教师培训中获得好评。

2. 杰出群体（如表 2 所示）。

表 2　广东省中学生物教学教材培训专家培训选用优质课例情况表（2004—2016 年）

教材培训专家	聘任出版社	教材培训全国各省（自治区、直辖市）	选用优质课例
杨计明	人教社、北师大社	辽宁、吉林、黑龙江、新疆、生产建设兵团、陕西、四川、海南、广东等	教材培训时选用广东省曹英姿、王旭、蔡伟强、王楸梦、贺建、曾芫、汪娜、朱秀霞等共数十节优质课例
颜培辉	人教社	湖南、黑龙江等	
张芸	人教社	湖南、湖北、新疆、辽宁、陕西、青海、山西、江苏、河南等	
黄增寿	人教社	湖南、湖北等	
梁志荣	北师大社	四川、海南等	

注：1. 人教社在广东省聘任 15 名教研员、教师为人教版高中生物教材培训专家；北师大出版社在广东省聘任 2 名教研员为北师大版初中生物学教材培训专家。

2. 人教版和北师大版所聘任生物学教材培训专家（广东省）培训足迹遍及全国各省（区、市）共 16 个（不完全统计）。

3. 人教版和北师大版所聘任生物学教材培训专家（广东省）培训时选用广东省优质课例共数十节（不完全统计）。

东莞市曹英姿、揭阳市蔡伟强等的优质课例在全国许多省（区、市）人教版教材培训中获得好评。

（1）单年优质课例（2015 深圳模式）。优质课例以"问题导学　高效课堂"为中心。

（2）双年优质课例（2016 清远模式）。优质课例以"特级教师　特色课堂"为中心。

粤中生会学术年会现场课例展示涵盖了各年级各大主题：七年级"实验教学"；八年级"概念教学"；高一级"实验教学"；高二级"探究教学"；高三级"复习教学"。学术年会优质课例全覆盖中学各阶段各课型，凸显生物课堂教学特征。

广东取得了中南六省 2005—2017 年最近 6 届各年级现场课例共 30 节均荣获一等奖的优异成绩。

广东省中学生物教学学术活动评选项目获奖情况表（2004—2016 年）（如表 1 所示）中的优质课例一、二等奖中有 109 项精选入《广东省中学生物教学成果精品（2015）》《广东省中学生物教学成果精品（2016）》电子出版物，影响广东和辐射全国！

作为促进生物课堂教学的阶段性成果，杨计明主持的《广东省中学生物新课程实施中优化课堂教学活动的研究与实践》2014 年荣获国家级教学成果奖二等奖！该成果侧重在微观课堂教学。在此基础上深化、拓展、创新，该成果重在宏观微观相结合的"521 模式"，核心成果论文、著作2014 年后发表、出版。

实证研究表明，优质课例引领了生物课堂教学以提高中学生物教学质量。

（八）提高了中学生物教学质量

达到两大效果：促进了教师专业发展，促进了生物课堂教学；达成 1 个目标：提高了教学质量。

1. 理论创新解析。

"521 广东模式"理论创新解式：

①形成"5 创"成果。创建了群众性学会；创设了学术性标准；创制了指导性文件；创造了多样性途径；创作了示范性成果。

②达到"2 促"效果。促进了教师专业发展；促进了生物课堂教学。

③达成"1 提"目标。提高了教学质量。

提高中学生物教学质量的"5 创—2 促—1 提"："5 创"是"2 促"的基础，"2 促"是"1 提"的关键，"1 提"是教学的核心。

2. 理论创新图式。综上所述，通过实证研究，创新形成了提高中学生物教学质量的探索与实践"521 广东模式"理论创新图式（如图 1 所示）。

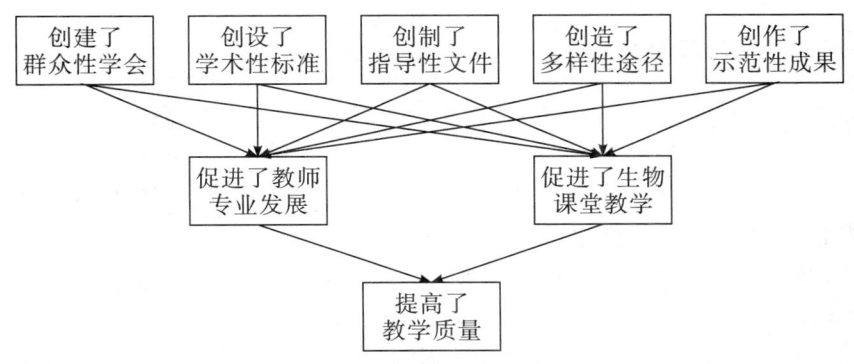

图1 "5创—2促—1提"图解

3．实践引领阐释。

（1）省级实践成效。2004—2017年提高中学生物教学质量的探索与实践，广东省教研室建设了中学生物教学高层次人才资源库，如表3所示：

表3 广东省中学生物教学高层次人才资源库情况表（2004—2017年）

领域	省级实践引领	高层次人才资源库/人
课程	广东省中学生物课程教材改革与发展研究人员	15
教材	广东省地方教材和国家配套教材编写人员（生物）	61
教学	广东省基础教育教学指导委员会专家（生物）	18
	广东教育学会中学生物教学专业委员会理事	138
评价	广东省普通高中教学水平评估专家（生物）	45

2004—2017年提高中学生物教学质量的探索与实践，广东省教研室建设了中学生物教学优质教学资源库，如《广东省中学生物教学成果精品（2015）》《广东省中学生物教学成果精品（2016）》《广东省中学生物教学成果精品2017》都由广东音像教材出版社出版。

（2）市区实践成效。2004—2017年提高中学生物教学质量的探索与实践，广东省"创强争先建高地"，早在2011年1月20日，广东省人民政府教育督导室拟授予广州市越秀区为"广东省推进教育现代化先进区"称号公示；截至2014年6月6日，深圳市、佛山市、中山市是最早授予"广东省推进教育现代化先进市"称号的三个市。

实证研究表明，促进教师专业发展和引领生物课堂教学是提高中学生物教学质量的根本保证。

四、效果与反思

成果的实施和总结自 2012—2017 年共 5 年，实践检验成果应用及效果。

（一）创建"521 广东实践模式"教学成果对提高中学生物教学质量在广东省乃至全国产生较大影响

"提高中学生物教学质量的'521 广东实践模式'"在广东省优秀期刊《广东教育（综合）》2017 年第 5 期上发表。

一是影响广东。教学成果被广东省教育厅采纳引用到《义务教育生物学教学指导意见（2012 年版）》《普通高中生物教学指导意见（2012 年版）》《广东省普通高中生物教学水平评估指标》（粤教研〔2008〕7 号）等指导文件，起到服务决策、创新理论、指导实践的重大作用。教学成果被广东省教育厅采纳引用到《广东教育改革发展研究报告》（广东高等教育出版社，2013 年、2014 年）中，影响全省乃至全国。

二是辐射全国。教学成果主持人和主要合作者受聘为教育部人教版和北师大版生物教材培训专家。据不完全统计，他们到全国 16 个省（区、市）课改培训时推广应用广东省教学成果；而全国许多省（区、市）教研员在人教社组织下到广东学习生物课改经验，教学成果影响力大。

广东省普通高中共 1 012 所，截至 2014 年 3 月，广东省人民政府督导室抽查评估学校 370 所，普通高中生物教学水平评估全部为优秀，优秀率 100%。

（二）出版"广东省中学生物教学成果精品"系列成果对广东省中学生物教学改革实践有重大示范作用

《广东省中学生物教学成果精品（2015）》《广东省中学生物教学成果精品（2016）》《广东省中学生物教学成果精品（2017）》等系列成果由广东音像教材出版社出版。

优秀科组、优质课例等对广东省中学生物教学改革实践具有重大示范作用，"广东省中学生物教学成果精品"系列成果推广应用时获广东省中学生物教师充分肯定。

"521 广东实践模式"教学成果在理论上有重大创新，"广东省中学生物教学成果精品"系列成果在实践上取得了显著成效。

（三）出版广东省中小学教学研究"十二五"规划课题"问题导学法"研究成果对提高广东省中学生物教学质量产生了重大成效

广东省中小学教学研究"十二五"规划课题研究成果"问题导学法"由广东高等教育出版社出版。旨在提高中学生物教学质量的"521广东实践模式"理论创新图式和"问题导学模型"理论实践模型等系列性方案，客观反映了中学生物教学规律，具有独创性、新颖性、实用性。围绕提高教学质量这个核心，重点为提高教师专业素质，强化课堂教学环节。加强生物课程、教材、教学、评价综合研究，深化生物教育研究综合改革。"提高中学生物教学质量的探索与实践"教学成果在广东省大面积的试验中得到充分验证和普遍肯定，对促进中学生物教学质量的提高有重大作用，推广价值高，在广东省乃至全国中学生物教学领域产生了一定影响。

（执笔：杨计明；审稿：曾令鹏）

核心素养背景下中学地理
课堂教学评价研究

——基于组件教学的地理课堂教学设计评价①

○广东省教育研究院教学教材研究室

摘　要：本文通过问卷调查、案例分析、实践研究，基于学生核心素养培育背景下，在分别对"100 节中学地理课堂教学"课例进行观察和100 节课教学设计进行分析的基础上，提出了基于地理学科素养的组件教学及课堂教育设计评价框架。

关键词：核心素养　中学地理课堂　教学评价

　　教师要上一堂好课，首先要有一个好的课堂教学设计，科学的课堂教学设计是有效进行课堂教学的保障。教育部《普通高中地理课程标准（实验)》（以下简称《课标》）中关于"教学与评价建议"的要求是"地理教学的设计一定要以学生的学习为中心，以地理课程标准为依据，以地理核心素养为导向，通过整合教学目标、内容和教学方法，为学生设计更为高效的地理学习模式……"② 如何落实课标的要求，合理建构地理课堂教学设计评价框架，发挥评价的导向、诊断、发展的功能，已成为未来基础教育地理课程改革关注的焦点之一。基于此，历经 5 年的时间，笔者与团队在分别对"100 节中学地理课堂教学"课例进行观察和 100 节课堂教学设

　　① 本文系广东基础教育课程改革重点专项课题（课题编号：2015JYZJJ04）"基于智慧课堂的中学地理组件教学与设计"和广州市第二批创新学术团队"基于组件教学设计的地理课堂有效教学研究"项目（项目编号：13C23）成果之一；广东省教育科研"十二五"规划课题广东省中学地理新课程改革实施与评价监测研究（2012YQJK031）成果之一

　　② 普通高中地理课标研制组. 普通高中地理课程标准（实验）[Z].

计进行分析的基础上，提出了基于地理学科素养的组件教学及课堂教学设计评价框架。

一、对中学地理课堂教学设计评价的反思

（一）对当前主流课堂教学设计评价指标的分析

课题组采用频数的方式，对目前我国中小学普遍使用的 100 份教学设计评价量规进行了统计分析。其中，涉及"学习者分析"指标的占 80%，涉及"教材分析"指标的占 60%，涉及"教学目标"指标的占 100%，涉及"教学理念"指标的占 70%，涉及"教学重难点"指标的占 50%，涉及"教学方法"指标的占 100%，涉及"教学媒体"指标的占 80%，涉及"教学评价"指标的占 80%，涉及"教学板书"指标的占 100%。这些指标要素是我国中小学教师长期教学实践经验的总结与概括，它在一定程度上反映了课堂教学的本质，并在规范课堂教学行为、保证课堂教学质量方面发挥了重要作用。

随着国家基础教育新课程改革的深入开展和 2014 年教育部发布的《教育部关于全面深化课程改革落实立德树人根本任务的意见》，这一教学设计评价指标也越来越暴露出其不足的方面，主要表现在：第一，追求全面的形式化倾向，评价企图涉及影响教学过程的诸要素，忽略了课堂教学中教师、学生的差异性与发展性，使课堂教学不能与教师的教学特长、学生的学习特点与需要相匹配。第二，追求短期的功利化倾向，使评价被狭隘地认为是知识传播与检测的工具，忽略了课程的育人价值，影响了学科核心素养的落实。第三，追求单一的主体化倾向，评价聚焦在"教师的教"或"学生的学"，忽略了课堂教学中教师与学生的关系问题，不能充分焕发师生的生命价值。第四，追求脱节的设计化倾向，评价关注学科知识和学科教学知识，忽略了课堂教学中设计与研究的关系。第五，追求统一的标准化倾向，评价指标是各学科通用的，导致指标描述过于笼统、评价标准取向和可操作性不清。

（二）对 100 份"地理课堂教学设计"案例的分析

课题组对近五年来获奖的 100 份"广东省中学地理课堂教学设计"案例进行了分析，发现有 100% 的老师在教学设计中都涉及"教学目标""教学媒体""教学方法""教学过程"等要素。但有 90% 的老师没有涉及"学生学习能力起点"要素，这将影响"教学目标"与学生学习的匹配度，不利于将《课标》转化为满足学生学习需要与发展的"课堂教学目标"；

有90％的老师"教学目标"行为动词使用混乱与表述不清晰，影响了"教学目标"功能的发挥；有100％的老师没有将教学策略与不同的教学内容相匹配，影响其效果发挥；有100％的老师没有对课堂教学过程中各种媒体与内容的关系及媒体功效、时机点进行表述，影响了媒体的准确使用；有60％的老师在"教材分析"时，没有从系统性与相关性的角度，对教材中所呈现的教学内容在课程中的地位与作用、知识结构与各知识点的关联、学生生活中所涉及的课程资源等方面进行表述，使课堂教学内容易于碎片化，不利于学生系统知识体系的建构；有80％的老师进行活动设计表述时，没有从系统与相关性的角度考虑，呈现的每个活动之间关联度不大，使课堂教学呈现出碎片化或为活动而活动的现象。

基于以上问题，我们在思考：用什么方式能够将教学设计与实施融为一体，解决一线课堂教学的问题，真正落实学科素养的培养，实现地理课程的育人功能，使课堂教学有"效果"、有"效率"、有"参与"？我们从系统论、传播论、工程论和"3E"经济性（Economy）、效率性（Efficiency）、效果性（Effecti）学术思想中寻找到了解决问题的方法，它就是组件教学。

二、组件教学的内涵、特点与功能

（一）组件教学的内涵

教学系统由社会、教学和产品三个层次构成。其中社会层次是目标系统，它解决培养什么样的人的问题；教学层次则是教学过程，它解决用什么方式培养人的问题，它涉及教学目标、内容、媒体、策略与评价等要素；产品层次则是教学产品，它解决用什么方法设计的问题。如何将这3个层次融合在课堂教学中，使课堂教学成为一个师生交互的集合体，实现课程的育人目标？基于此，课题组提出了"组件教学"。

组件教学是根据课程目标和人的发展需要，运用设计方法，对教学过程诸要素进行分析、编码与匹配，以组件的形式，将知识、能力、观点三要素有序、优化地组合并实施与修正，使课堂教学成为一个愉悦体验、情思交互、问题解决的师生智慧活动过程，以满足学生学习与发展的需要，落实学科核心素养的培养，实现学科课程的育人目标，为学生撑起一片成长的天空，为学生未来追求幸福生活奠定智慧基础。

组件教学的理念要在课堂教学中应用，就要以课堂教学这个载体体现，我们将其课堂教学的载体体现为组件教学模型，该模型由目标、材料、媒体、策略、活动与检测6个组件构成，各组件又由不同的元件构成，

教师可以通过对组件的匹配性设计与实施，使研究、传播与建构融为一体（如图 1 所示）。

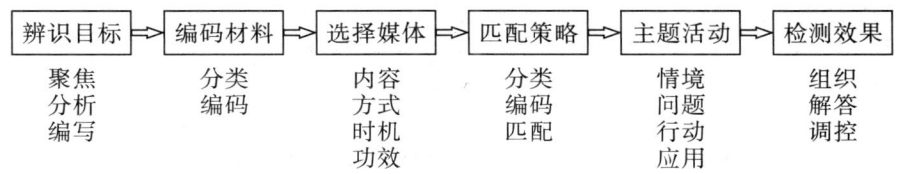

图1　组件教学模型的阶段与要素

（二）组件教学的特点

根据组件教学的内涵，其有如下特点：

1. 融合性。组件教学过程涉及要素、材料、过程、方式、手段等问题，而这些问题的解决要综合运用系统、传播、设计和教学等理论。

2. 技术性。模型是运用方法对教学进行科学与创意的设计。

3. 问题性。模型在目标导向下，运用方法解决"我们要到哪里去""我们怎样到达那里""我们是否到达了那里"三个课堂教学问题。

4. 研究性。模型运用方法，引导教师对教学过程的诸要素进行研究，使教学更适合学生学习、更体现学科培养目标。

5. 创造性。教师在对目标、方式、过程等要素进行设计的过程中，体现了教师对教学的创造性。

6. 应用性。模型需要在具体的主题教学情境中实施与应用，以达到预设的教学目标。

（三）组件教学的功能

根据组件教学的内涵，组件教学具有分析、编码、解码、封装、呈现与检测的功能，具体如下：在分析方面，其包括需求、内容、过程和结果四种分析形式，且每种分析形式又由不同的部件构成，每一部件也有不同的分析方式，其目的是体现课堂教学的匹配性。

在编码方面，组件教学采用（分类、选择、策略线索）图文编码法，对文字、图表、数据等地理学习材料进行编码，其目的是建立知识间的联系，保证知识传播的质量。

在解码方面，组件教学将地理学习内容分为事实性知识、概念性知识、原理规则性知识、策略性知识和实践性知识五种，并针对每一种知识的特性构建不同的学习策略，其目的是构建系统的知识体系，释放知识的生产力与创新力，体现课堂教学的智慧性。

在封装方面，组件教学将学习过程中涉及的目标、内容、媒体、策略、活动、检测等教学组件相结合，形成一个有机的整体，以达到提升教学的有效性和简化设计的目的。

在呈现方面，组件教学将以情境主题活动为依托、以问题为切入点、以媒体为手段、以组件图为形式，呈现教学组件，其目的是体现课堂教学的愉悦性。

在检测方面，组件教学主要围绕实际情境应用来展开，其包括意图、策略、工具、解答、调控等部件，各部件间相互联系，其目的是通过综合性案例或题目，实现学生知识、智慧、观点的迁移，完善学生系统化的知识、智慧与观点体系，提高学生解决问题的能力，及时发现学生学习过程中存在的问题，并修正学生学习过程中的不足。

三、师生发展观是组件教学设计评价的立论依据

师生发展观决定了地理课堂教学设计评价观，评价观则体现课堂教学过程中的师生发展观，全面认识课堂教学过程中师生发展的本质特征是构建基于组件教学的地理课堂教学设计评价框架的基本前提。

（一）实践—问题性

史密斯（Patricis L. Smith）认为，教学是有目的地促进学习以达成既定学习目标的活动[①]。教师为了有目的地促进学生学习达到既定的学习目标，就需要运用教育教学理论、学科知识、学科教学知识等对课堂教学中涉及的要素进行设计，而教师的教学设计水平则影响着课堂教学的质量和学生的发展。为了提高课堂教学质量，奠定学生发展的基础，自20世纪80年代以来，世界各国将教师专业发展提到了一个重要高度，其焦点之一是以什么方式促进职后的教师专业发展。学术界的一种理论取向是"实践—反思"观，其观点主要是通过教师的教学实践与反思，将课程与教师融为一体。[②] 实践中，与课程紧密联系的教师专业发展方式主要是教学设计。西尔斯（Seels B. B.）在1998年的《教学设计决策》中认为："教学设计是通过系统化分析学习的各项条件来解决教学问题的过程。"[③] 也可以

① 史密斯，雷根. 教学设计 [M]. 庞维国，等译. 上海：华东师范大学出版社，2013（3）.

② 教育部师范司. 教师专业化的理论与实践 [M]. 北京：人民教育出版社，2006（2）.

③ 李龙. 教学设计 [M]. 北京：高等教育出版社，2010：23.

说，教学设计是课堂教学实践中解决具体教与学问题的过程。为了解决问题，实现学生的发展，教师就要思考"我要将学生带到哪里去？""我怎样引导学生到达那里？""学生是否到达了那里？"这三个问题。由此可见，教师专业发展与学生学习、个性发展是基于课堂教学实践的，而课堂教学实践在本质上是问题式的，基于问题的课堂教学设计是教师专业发展与学生学习、个性发展的立足点。

（二）过程—方法性

课堂教学不仅是一个过程，也是学生生存与发展的重要方式。教师通过对课堂教学的行为分析，探讨学生是如何学会学习、学会发展的。帕顿（Patten）在《什么是教学设计》一文中指出："教学设计是对学生学业业绩问题的解决措施进行策划的过程。"梅里尔（Merrill）在《教学设计新宣言》一文中指出："教学设计可以被认为是科学型的技术。"[①] 可见，教学设计是对教学过程研究的一种方法，是教师运用教学原理，对教学过程中涉及的目标、对象、内容、媒体、评价等要素进行分析、编码、呈现、匹配、检测的一种技术方法。学生在基于方法的课堂教学设计实施过程中，学会了针对不同学习内容的学科思维方法，掌握了学科能力和学科观点，并将学会的思维方法、能力与观点运用到不同的情境中，解决现实生活中的不同问题，从而快乐与幸福地生活。

（三）文化—价值性

将课堂教学视为一种建构性与生成性的文化，认为教学活动应承担起培养学生的生成与建构意识、能力及文化主体身份的使命。[②] 从课堂教学的目的看，其在传播人类历史文化与价值体系的过程中，促进了人与社会的持续发展；从课堂教学的存在环境看，其总是在一定的社会文化环境中进行，并传承与发展着文化，社会文化在某种程度上决定了其进行的方式和价值导向[③]；从课堂教学的教师行为看，由于教师的教学文化观念与文化素养的差异，不同的教师对相同的教材和教学对象，他们在教学呈现方式、手段等方面的表现都是不同的；从课堂学习的学生行为看，学生的学习经验、学习需求、学习方式、思维方式等无不受到其所处文化环境与文

① 李龙. 教学设计［M］. 北京：高等教育出版社，2010：23

② 裴娣娜. 论我国课堂教学质量评价观的重要转换［J］. 教育研究，2008（1）：17-22.

③ 郝志军. 中小学课堂教学评价的反思与建构［J］. 教育研究，2015（2）：110-116.

化观念的影响；从学科课程的育人价值看，课程目标蕴含了国家对人才培养的要求与程度，影响着学科教学活动和人才培养的质量，课程的特点决定了学科课程的社会价值与育人价值。可见，教学设计是教师教学文化观念、文化素养和课程育人价值的物化。

四、发展关系是组件教学设计评价的基本维度

课堂教学的主体是教师与学生，课堂教学的媒介是以教材为基本载体的课程和以观念为基本载体的文化价值。课堂教学通过课程、文化价值的媒介与教学主体发生关系，促进学生学习、个性的发展和教师教学水平的发展。

（一）教师与课程的研究发展关系

为了有目的地引导学生学习与发展，教师要运用方法分析《课标》，准确地确定《课标》中关于"内容标准"的行为动词及要求达到的学习水平；为了更好地传播学科知识，教师根据学科特点，运用方法分析具体的教学内容及其在课程中的地位与作用；为了使课堂教学更适合所教学生的学习能力，教师要运用方法分析学生的学习特点与能力起点。在此基础上，教师用方法编写既满足《课标》要求又适合学生学习能力起点的具体课堂教学目标，厘清自己的课堂教学思路，为有效地开展课堂教学奠定基础。这些都是教师运用设计方法对学科课程进行研究，并在研究中不断反思与改进自己对课程与学生的理解，不断提升自己对学科课程的研究水平与能力。

（二）学生与课程的学业发展关系

学科课程的功能是促进学生的个性化与社会化发展。学生通过学科课程的学习，在获得适应社会发展所需要的知识与能力的基础上，发展自己的个性，并将社会期望的价值观与行为规范进行内化，为自己未来快乐与幸福的生活做好准备。学生通过对地理课程的学习，不仅可以认识地球表层地理事物与现象及它们之间的相互关系和空间差异，也可以运用地理概念、原理规则了解与解释其发生发展的原因与过程，更可以通过认识与了解来预测其未来的变化与发展。在此过程中，学生喜爱上了生活的环境，掌握了地理的时空思维视角和综合思维方法，形成了解决生活中问题的地理实践能力，达到了完成地理学业的要求。

（三）教师与课堂的能力发展关系

课堂是教师传播知识的主要场所。为了激发学生的学习兴趣，教师需要运用方法，营造适合学生的课堂学习氛围；为了合理地利用教学材料，教师需要运用方法，对事实、概念、原理规则、策略、实践等不同学习内

容中的图文材料进行编码；为了合理地利用教学媒体，需要根据现代、传统媒体的特点和不同的学习内容，运用方法，编码媒体选择的时机点和使用的功效点；为了设计适合学生的学习过程，教师需要运用方法，对教学过程中的活动进行编码；为了设计适合不同学习内容的学习策略，教师需要根据不同学习内容与学习策略的特点，运用方法，将不同的学习内容与学习策略相匹配；为了引导学生独立思考、主动探究，培养学生的创新能力，教师需要呈现轻松愉悦、思情交互、问题解决、知识系统、智慧生成的主题情境活动；为了了解学生的学习状况，教师需要运用练习、游戏、实践等方式检验学生的学习结果。教师通过这些设计过程，提升自己对学科教学的理解与把握，并通过理解与把握促进自身专业能力的发展。

（四）学生与课堂的成长发展关系

课堂引领学生的生命成长，并奠定学生未来发展的基础。课堂中，学生在教师的活动引导下，体验不同的主题学习情境，探究不同的学习内容，思考不同的学习问题，掌握分析、比较、综合、推理、空间想象等地理综合思维方法和调查、观测、考察、实验等地理实践能力，获得愉悦的情感体验、积极的学习态度、正确的人地协调观，并在行动中将其应用，解决生活中的地理问题。

（五）教师与课堂文化价值的引导发展关系

课堂是传播人类历史文化与价值体系的重要场所，课堂的主体是教师与学生，教师在传播人类历史文化与价值体系中扮演着引导与促进的角色。课堂教学中，为了激发学生的学习兴趣，教师需要根据学生的学习习惯和心理特点，营造适合的积极向上的情境，引导学生在情境中获得愉悦的情感体验；为了能及时了解学生在学习过程中的情感与思维状况，教师需要用自己正向的文化素养与价值观，与学生进行情感与思维的交互，引导学生在现实文化与价值冲突中构建既适合社会需要，又满足个性化发展的正向文化价值观与学科思维方式、实践方式，并对其进行及时调整，为学生解决人地关系问题奠定情感与方法基础；为了培养学生的人地协调价值观，教师需要在课堂教学中以人地协调观为统领，将整体、差异、因地制宜等地理学科思想，通过知识载体传播给学生，为学生解决人地关系问题奠定思想基础。

（六）学生与课程育人价值的素养发展关系

地理学是研究地球表层自然、人文现象和它们相互关系及区域分异的学科，具有综合性、区域性等特点和分析资源、环境、发展等复杂问题的独特视角，并在解释过去、服务现在、预测未来中具有重要的学科价值。①地理学科价值以人地观念、区域认知、综合思维和地理实践力4大核心素养体现在中学地理课程中。② 课堂教学中，学生通过对地理课程的学习，获得系统的地理知识，掌握综合思维方式和实践方式，形成以人地观念为核心的整体、差异、因地制宜等地理学科思想，为学生成为未来社会的公民奠定素养基础。

五、基于师生发展的组件教学设计评价框架

基于以上对课堂教学设计评价反思、师生发展本质特征和发展关系的分析，我们尝试性建构了由3个本质特征、6个关系维度、21个指标要素组成的中学地理课堂教学设计评价框架。同时，选取教研员和教师进行预咨询，主要咨询评价框架中指标项和表现描述的科学性和咨询表的可行性，并采用亲自发放问卷的形式，进行抽样调查。抽样调查数是288份，回收数260份，回收率92.3%；抽样人群主要由广东省21个地级市的教研员、省市级学校的科组长和一线教师构成。具体如表1所示。

表1　中学地理课堂教学设计评价框架

本质特征	关系维度	指标要素	表现描述	指标需要表示/%		
				非常需要	需要	不需要
实践—问题性	教师·课程	分析课程标准	行为动词、学习水平	51.54	45.77	2.69
		分析教学内容	类别、范围	46.15	51.92	1.92
		分析学生学习能力	特征、风格、起点	57.69	41.54	0.77
		确定课堂教学目标	适合的行为动词、适合的学习水平	63.85	35.38	0.77
		厘清课堂教学思路	教学思想、知识脉络、教学策略	36.15	59.23	0.77
	学生·课程	发展学习状态	热情、兴趣、合作、交流、自主	68.06	28.86	3.08
		掌握学习策略	现象探究、图表阅读、思维方式、实践方式	54.23	43.44	2.32
		达到学习目标	预设、生成	73.46	13.08	13.46

①② 普通高中地理课标研制组. 普通高中地理课程标准［Z］. 2015.

续上表

本质特征	关系维度	指标要素	表现描述	指标需要表示/%		
				非常需要	需要	不需要
过程—方法性	教师·课堂	编码图文材料	分类材料、选择内容、呈现策略、读懂策略	28.85	61.54	9.62
		编码学习媒体	选择时机点、使用功效点	30.00	60.38	9.62
		编码学习过程	意图、要素、结构、矛盾、行动、操作	54.23	40.15	6.01
		匹配不同学习内容的学习策略	事实内容学习方法、概念内容学习方法、原理规则内容学习方法、策略内容学习方法、实践内容学习方法	44.23	54.23	1.54
		呈现主题情境活动	情境、问题、行动、应用	56.92	32.65	10.38
	学生·课堂	检测学习效果	方式、题目、解答、说出、调控	71.54	20.37	8.08
		体验主题情境活动	轻松愉悦、思情交互、问题解决、知识系统、智慧生成	57.31	31.07	11.61
		反思学习效果	思维、问题、修正	67.69	29.95	5.35
文化—价值性	教师·课堂文化价值	营造学习情境	轻松、愉悦、交互、和谐	61.92	31.76	7.02
		指导调控学习过程	合理、激励、清晰、方法、反馈	51.54	49.89	2.56
		文化价值观统领课堂教学	开放、包容、灵活、进取、正向、务实	35.12	38.09	26.78
	学生·课程育人价值	获得地理认知	自然地理、人文地理、区域地理	75.89	12.19	11.92
		掌握地理能力	现象探究、图表阅读、综合思维、地理实践	57.31	30.01	12.68
		形成人地思想	空间、历史、整体、差异、因地制宜	39.23	63.84	3.08

本评价框架具有以下特点：第一，全面贯彻和体现国家《教育部关于全面深化课程改革落实立德树人根本任务的意见》《中学教师专业标准（试行）》的要求，充分借鉴吸收了他人研究的最新成果，在行动研究的基础上总结与提炼了地理课堂教学设计评价的经验，体现了"一切为了学生与教师发展"的现代教育理念和系统、关系、发展的现代教学思维方式，呈现了教学过程的各组成要素及其运作的相关性、方法性和发展性。第二，提出了"文化价值—学科课程—课堂教学—主体发展"的评价构建思路。主体发展是其起点与终点，文化价值是促进主体发展的引擎，学科课程是促进主体发展的载体，课堂教学是促进主体发展的途径。同时，这里的主体发展，不仅是教师专业发展，更是学生学科核心素养的发展，它体现了课程的育人价值和立德树人的要求。第三，指标是在地理课堂教学设计行动研究的基础上提出的，指标项的考察主要是从发展的角度，体现课堂教学设计的研究性、方法性和创造性，落实学科素养，促进师生的发展。①

六、基于组件教学的课堂教学设计案例

下面就以广东人民教育出版社（粤人民版）初中地理"北方地区"和"南方地区"的学习为例，呈现经过 4 种分析形式和各种策略封装组合后的"北方与南方的自然差异"组件教学设计。

（一）课程标准

运用地图指出北方地区、南方地区、西北地区、青藏地区四大地理单元的范围，比较它们的自然地理差异。

（二）学习分析

1. 学习内容。运用序列法分析学习内容，即以问题的方式找到最简单的学习任务，再从简单学习任务出发，逐步找到复杂的学习任务。首先，以"教材是如何阐述的？""教材涵盖了哪些地理要素？"等问题分析教材的编排特点：第一，教材对区域内的自然地理特征并没有一一罗列，而是用比较的方法，对北方地区和南方地区的自然地理特征两个方面进行阐述。第二，内容涉及"总论"中的基础知识，主要包括中国地形的分布和特点、中国气候的主要特征、中国河流的主要特征等知识。其次，确定

---

① 周慧. 基于师生素养发展的中学地理课堂教学设计评价体系［J］. 教育导刊，2017（5）：74－78.

学习的问题是什么？基于对教材编写特点的分析，认为本节的学习问题是"知识和方法的综合运用"。从"知识和方法的综合运用"问题找到解决这个问题的载体是"北方与南方的自然差异"这一地理事实学习任务。再次，找出完成"北方与南方的自然差异"复杂学习任务的路径与方法。要完成本任务，不仅要整合"北方地区"和"南方地区"两节的学习内容，还要引导学生运用图表阅读法来分析自然地理事物、用比较与综合的地理思维来归纳区域特征，实现知识、智慧和观点的迁移。

2. 起点分析。运用分散法分析学习需要，即根据学习需求的结构，逐个分析影响学习需求的课程标准、发展愿望、学习特征、学习风格4个部件。在《义务教育地理课程标准（2011年版）》分析方面，运用现状、要求、差距、目标的分析法来分析《义务教育地理课程标准（2011年版）》中隐含的知识需求是"南北方自然地理差异"、能力需求是"图上找出南北方的范围"和"比较分析北方地区和南方地区的自然地理特征差异与主要影响因素"、观点需求是"人地协调观的整体观和差异观"。

在学习能力分析方面，学生在七年级和八年级上册已经学习了世界地理总论中的自然环境与自然资源、社会经济与文化两部分的内容，初步掌握了自然地理要素中的位置、地形、气候、河流、植被等内容的学习方法。同时，学生在七年级已经学习了世界地理分论中表现区域不同尺度的大洲、地区和国家的部分内容，初步掌握了区域地理中国家的学习方法。

在最近发展区分析方面，学生在本节的学习中主要是运用已掌握的区域地理最小表现尺度——区域的学习方法，加上广州许多学生已有到中国各地旅游的经历。因此，教师在引导学生学习"北方地区、南方地区的自然地理差异"的同时，可利用学生已有的知识经验学习本内容。

（三）学习目标

运用分组法，将适合学生学习与发展的学习目标按知识、智慧、观点三部分进行系列分组；运用精确法，根据系列分组目标的学习水平，选择与此相应的行为动词；运用"学习目标—水平表现矩阵表"来归类与呈现课堂学习目标。其结果如表2所示。

表 2 "北方地区、南方地区的自然地理差异"学习目标—水平表现矩阵表

学习目标		学习水平表现			
		1 级	2 级	3 级	4 级
知识目标	定位北方地区、南方地区的地理位置	识记			
	定位北方地区、南方地区的主要地形区	识记			
	分析与比较北方地区、南方地区的自然地理特征差异		理解		
	分析造成北方地区南方地区自然特征差异的主要因素			应用	
能力目标	定位北方地区南方地区的主要省区、河流流域、地形区的方法		独立操作		
	分析、比较北方地区南地区的自然地理特征差异与主要影响因素的方法			迁移	
观点目标	人地协调的整体观、差异观			价值化	

（四）设计思路

基于以上分析，本节教学可以将"北方地区"和"南方地区"两节教学内容进行整合，运用比较与综合的地理思维方法，以"人地协调"的地理思想为指导，以"人地关系"为主线，以区域的地理位置为切入点，以区域的自然环境为脉络，重点突出区域差异和造成区域差异的主导因素，以适合学生年龄特征的"南方地区与北方地区的自然差异"的辩论主题活动，落实《义务教育地理课程标准（2011 年版）》。

（五）编码与匹配

图文编码策略：采用分类、选择、策略、线索的 CSTC 图文编码法，对南方地区和北方地区的图文学习材料进行编码。

学习内容与学习方法匹配策略：由于本内容属于地理事实性知识，因此采用模型、图像、译码、储存、索因的 MLDSD 法，引导学生进行"南方地区和北方地区的自然地理差异"事实学习。

媒体编码与匹配策略：结合图文学习材料和媒体的使用功效点、呈现时机点，使用"学习内容—媒体功效矩阵表"来分析与使用媒体。其结果如表 3 所示。

表3 "北方地区和南方地区的自然地理差异"学习内容—媒体功效矩阵表

学习内容	媒体功效					
	创设情境	展示事实	提供示范	呈现过程	设疑思辨	总结归纳
南北方自然地理特征	√	√	√			√
差异的影响因素				√	√	√
人地协调观		√				
媒体形式与内容	故事、图片：晏子使楚	北方地区图、南方地区图、自然景观图四地气温和降水量图	北方地区图、南方地区图	北方地区图、南方地区图、四地气温和降水量图	中国水系流域图、北方和南方自然景观图	北方地区和南方地区自然地理特征比较；板图：知识体系结构图

（六）主题情境活动

主题情境活动："北方和南方的自然差异"辩论。

根据课堂学习目标和学习内容，运用主题、意图、情境、行动、操作的 TISGW 法，将"北方和南方的自然差异"设计一个由环环相扣的部件构成的系统主题辩论活动。

（七）学习检测

根据初中学生的学习特点，运用目标、方式、题目、解答、说出、调控的 TWTAUR 法，以游戏的方式检测学生对课堂学习目标的掌握程度。具体如下。

检测1："改错游戏"。下面是小张同学的一篇寒假游记作文，请根据上下文意思，把他的错处找出来并改正：春节的时候，我从家乡广州出发，坐火车沿京九线到达武汉，马上看到一幅冰天雪地的北方景象。我现在才知道，原来下雪是这么漂亮的。接着我们来到著名的南北方分界线——南岭，从南坡开始登山，上山时看到了很多橘子树和苹果树。翻过山那边，就是南方崎岖不平的云贵高原。我们继续沿着京广线到达北京，参观了著名的故宫和兵马俑，还看到了新建成的"鸟巢"。

检测 2：真假竞猜游戏。小明说他爬过一座很奇特的山，这座山的北坡到处生长着苹果树，一幅暖温带的景象；南坡却长着大量的柑橘树，一幅亚热带的景象。你认为小明说的是真的吗？如果是，请说出是哪一座山并解释原因。

综上所述，本框架旨在构建一个促进师生发展、落实学科核心素养的地理课堂教学设计评价标准。因此，在评价指标的描述与实施上，具有较鲜明的学科特点。我们期待本框架在课堂教学实践中得到补充、修正和完善，使它更好地为教师与学生的素养发展服务。

（执笔：施美彬、周慧；审稿：曾令鹏）

广东中职教师教学能力提升研究

——基于首届广东省中职学校青年教师教学能力大赛的分析视角

○广东省教育研究院职业教育研究室

摘　要： 以赛促教，教学能力大赛是有效推进中职教师教育教学水平的重要手段。该文在对首届广东省中职学校青年教师教学能力大赛整体分析的基础上，特别在对"教学绝活"——这一中职教师教学能力评价元素分析的基础上，分别对珠三角、粤东西北、省属中职学校教师的教学能力提升提出了针对性建议。

关键词： 中职教师　教学能力　教学绝活　大赛

习近平总书记在党的十九大报告中指出，加强师德师风建设，培养高素质教师队伍，倡导全社会尊师重教。教师是一个地方教育发展、人才培养的基础，教师的教育教学水平直接影响着区域教育发展水平及学生成长，而教学能力又是衡量教师教育教学水平的重要标尺，因而教学能力提升对于教师至关重要。中职教师是教师队伍的重要组成部分，受"重普教、轻职教"等错误观念影响，广东部分地方中职教师的成长被忽视了，中职教师教学能力得不到持续性提升。为提高中职教师教育教学水平，高质量地培养出更多的技术技能人才，2017 年 9 月至 12 月，广东省总工会、广东省教育厅联合组织了首届广东省中职学校青年教师教学能力大赛，全省参加初赛的中职学校青年教师有 1 500 多人，以大赛为平台，广东中职教师教学能力提升机制正逐步建立。

一、中职教师教学能力解析

关于教学能力，不同专家学者有不同的见解。唐玉光认为，"教学能力是指教师达到教学目标、取得教学成效所具有的潜在的可能性，它由许多具体的因素所组成，反映出个体顺利完成教学任务的直接有效的心理特征"。① 王宪平认为，"教学能力是教师在一定的教学情境中，基于一定的教学知识和教学技能，促进教学目标的顺利高效达成，促进学生生命发展所表现出来的个性心理特征"。② 申继亮和王凯荣认为，"教学能力是以认识能力为基础，在具体学科教学活动中表现出的一种特殊能力（专业能力）"。③ 教学能力虽然没有一个标准的定义，但综合上述定义可以发现，教学能力具有如下特征：一是教学能力是在教学活动中形成和发展起来的，并在活动中得到表现；二是教学能力的指向是教学目标的达成；三是教学能力具有内隐性，但可以借助某种形式体现出来。

中职教育是我国高中阶段教育的重要组成部分，担负着为社会培养初、中级技术人员及技术工人的重要任务。作为培养技术技能人才的中职教师，他们既是学生职业精神的培养者，又是学生职业技能的传授者，从这个角度看，中职教师教学能力既体现在其工匠精神及专业对应的职业技能上，又体现在将职业技能转化为教育教学方面的能力上，也即是说，中职教师既要能"做"，又要能"教"。

二、广东中职教师教学能力的整体分析——基于大赛的视角

广东省中职学校青年教师教学能力大赛的举行，在让社会近距离检视广东各地市职业教育教师成长环境的同时，也打造了一个中职教师教学能力提升的平台，围绕该平台，对构建广东中职教师教学能力提升机制具有重要的参考价值。

（一）对广东各地市中职教师教学能力情况的比较分析

1. 地市组织层面——对中职教师成长的关注度冷热不均。总体上看，广东大部分地市对本次大赛都很重视，对中职教师的成长十分关注，如珠江三角洲地区的佛山、东莞、中山、珠海、广州等地都精心设计了本地市的教师选拔方式，并对进入省赛、总决赛的优秀教师进行跟踪指导。粤东

---

① 唐玉光. 教师专业发展的研究 ［J］. 外国教育资料，1999（6）：39－43.

② 王宪平. 课程改革与教师教学能力发展研究 ［M］. 上海：学林出版社，2009.

③ 申继亮，王凯荣. 论教师的教学能力 ［J］. 北京师范大学学报（社会科学版），2000（1）：64－71.

西北地区的韶关、茂名等地也积极开展市级层面的教师选拔。但也有少部分地市对本次大赛的重视度不够，有的地市甚至未开展市级层面的教师选拔，仅委派某一所中职学校加以组织或指派几位教师参加省赛。事实证明，这种应付式的组织方式难以有效达到提升这些地市中职教师专业素质和教学能力的固有目标，这些地市在本次大赛的成绩也不理想。

2. 区域比较层面——珠江三角洲地区与粤东西北地区中职师资力量差距依然明显。以省赛为例，全省21个地市、顺德区及省属中职共推荐参赛选手199人，从获奖分布上看，顺德区、佛山市、中山市属于第一梯队，一等奖获奖率均达到或超过50%，一、二等奖获奖率达80%以上；东莞市、广州市、珠海市、省属中职属于第二梯队，一等奖获奖率分别达到40%、30%及20%，一、二等奖获奖率均达到或超过70%；深圳市、茂名市、梅州市属于第三梯队，一等奖获奖率均为20%，一、二等奖获奖率均为50%左右；其他地市属于第四梯队，一、二等奖获奖率均不超过50%，其中，阳江、云浮、汕尾、汕头、江门五地既没有一等奖，一、二等奖获奖率也均不超过15%（见下图）。可见，珠江三角洲地区与粤东西北地区中职师资力量差距依然明显。

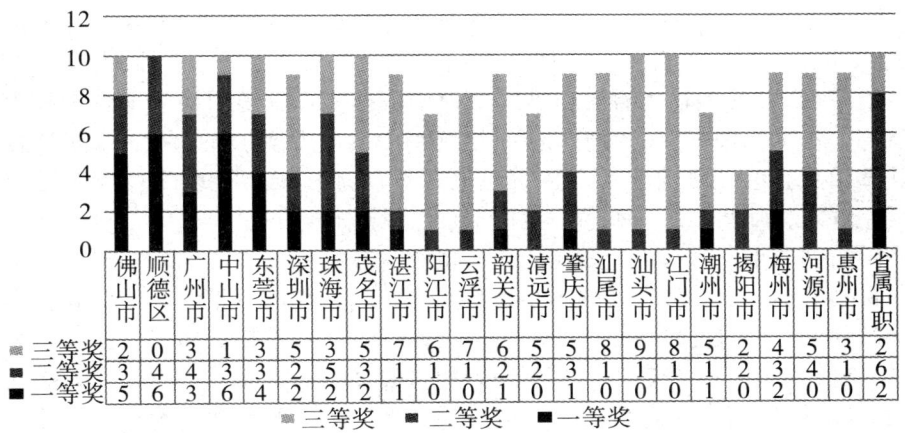

	佛山市	顺德区	广州市	中山市	东莞市	深圳市	珠海市	茂名市	湛江市	阳江市	云浮市	韶关市	清远市	肇庆市	汕尾市	汕头市	江门市	潮州市	揭阳市	梅州市	河源市	惠州市	省属中职
三等奖	2	0	3	1	3	3	5		7	6	5	5	8	9	8	5	2	4	5	3			2
二等奖	3	4	4	3	4	3	2	1	1	1	1	2	1	1	2	3	4	1	6
一等奖	5	6	3	6	4	2	2	2	2	1	0	0	1	0	1	0	0	0	1	2	0	0	2

■ 三等奖　■ 二等奖　■ 一等奖

职业教育是与所在区域产业发展密切相关的教育类型。分析认为，珠江三角洲六市一区（广州、深圳、珠海、佛山、中山、东莞、顺德）教师在此次大赛中的表现之所以强于粤东西北地区，与珠江三角洲、粤东西北之间经济及产业发展的巨大差距是分不开的。大赛数据还表明，在粤东西北地区，茂名、梅州两地教师在此次大赛中所表现出的能力水平又要强于其他地方（这可能与两地政府对此次大赛更为重视有关）。上述结果一方面表明，中职教师的发展的确有赖于当地经济及产业发展的支撑；另一方面也表明，当地政府对本地中职教师的关注度也是影响教师成长的重要因素。

此外，值得一提的是佛山市顺德区的表现。顺德区中职教师在此次大赛中的表现明显领先其他地市，颇有些"一枝独秀"的味道。事实上，长期以来顺德区（特别是区内工科类专业）都在职业教育教师及学生技能大赛方面处于领先地位，这一方面与顺德区历来重视职业教育有关，另一方面也归因于顺德区长期以来形成的一套成熟的教师培养与选拔机制。一枝独秀不是春，百花齐放春满园，如何变"一枝独秀"为"百花齐放"，以本次大赛为契机，促进其他地市迎头赶上也是一个重要的课题。

3. 省属中职发展困境——中职教师培养的统筹力度亟待加强。教师培养是一项系统工程，在教师自我学习、自我成长的基础上，建立一个强有力的机构对教师培养进行统筹至关重要。从本次大赛来看，顺德、佛山、东莞、中山等地中职青年教师的精彩表现，无一不与其背后成熟的教师培训及选拔机制有关，无一不与其背后强有力的地市指导团队及统筹能力有关。这种统筹能力，体现在对教师群体进行针对性培训内容设计，体现在根据大赛要求对教师开展量身定做的作品打磨等。

与市属中职学校统一归口于相关地市不同，省属中职学校由于主管部门不同（如有的归口省教育厅，有的归口省环保厅，有的归口省民政厅等），使得其青年教师的培养难以像地市那样实现统筹，处于各自为战的状态。在本次大赛中，由于缺少一个统筹力量，省属中职学校教师不论在比赛信息获取、赛前准备、赛后反思等方面都较市属中职学校教师要落后，许多教师甚至处于孤军奋战的局面。从地理位置上看，大部分省属中职学校都位于广州市内，所在的学校也具有较好的资源与条件，但正是由于机制的不顺及统筹力度的不足，教师得不到必要的、系统化的辅导，很多教师完全是通过自身的摸索一步步向前，这往往事倍而功半，这也是本次大赛省属中职学校教师成绩不理想的重要原因。事实上，只要全方位加强对省属中职学校青年教师培养的统筹力度，他们的教学能力完全可以上一个台阶。

（二）对不同竞赛组内中职教师教学能力情况的针对性分析

根据专业大类划分的不同，本次大赛分为语文德育、数学英语、体育艺术、信息技术、加工制造、财经商贸、交运土建、医药农林、教育旅游、其他综合共10个竞赛组，涵盖了中职教育的全部专业。通过对省赛结果的分析，可以发现，不同竞赛组内的竞争各有特点。

在加工制造、交运土建组的竞争中，东莞、中山、顺德体现出了极强的集团优势。上述三地在加工制造、交运土建领域的工科类专业所获得的一等奖占全部一等奖总数的75%。

在医药农林组的竞争中，医护类专业教师及其所在的卫生学校大出风头。该组别前三名都被医护类专业教师及其所在的医护类专门性学校所包揽，医药卫生类专业教师表现明显强于其他农学、轻纺食品类专业教师。同时，粤东西北地区医护类专业教师在该组别与珠江三角洲地区医护类教师的竞争中并不落下风，表明相比于区域差异，医护类专业教师的技能水平更依赖学校的专业性。

其他综合组的一等奖为2位特殊教育教师所包揽。这表明，特殊教育行业教师的教学更具有独到之处，更能体现技能之"绝"、教学之"绝"。

（三）对广东中职教师教学能力状况的整体分析——基于教学绝活的视角

教学绝活是本次大赛的重大创新，其设计的初始目的是希望激发广大中职学校青年教师的创造力和想象力，把身怀的绝技更简单、更有趣地传授给学生，从而让学生更喜欢学、更主动学，学得更好。事实上，教学绝活也是本届大赛的最大亮点，甚至有可能引领未来中职教师教学能力的评价走向。

对于教学绝活，并没有明确的定义，但是从教学绝活的评价标准可以发现，教学绝活要体现"教学＋专业"的结合，具有先进性。为此，教学绝活重在设计，如何将教师们身怀的绝技与专业结合、与教学结合、与课堂结合、与学生结合，考验的是教师的设计能力。

1. 教学绝活的特点。教学绝活，其一在"绝"，简言之就是"人无我有、人有我优"，并在本专业领域具有先进性。如顺德中专郭建英老师的"汽车听诊"，不用扳手，不用探测仪，仅靠一双耳朵，就准确判断出车的问题所在，就属于"人无我有"之绝；又如顺德中专徐慧老师的"动态抠像合成"，通过利用高级影视特效及720全景摄影等前沿技术，几分钟内就能完成摄影中的拍摄、合成、后期加工的全过程，制作出画中舞者的特效，属于"人有我优"之绝。且上述两位老师的绝活都在本专业领域中具有先进性，如郭建英老师根据"汽车听音辨障"绝活开发出的音频诊断辅助系统，成功申请了国家专利。教学绝活，其二在"活"，它既是老师们最拿手的本领或能力，又能借助一定的表现形式外显出来。如创新是佛山市南海区信息技术学校蔡闽老师最拿手的本领，其通过独立开发STP信息化教学平台，使创新能力得以外显，真正把老师之"绝"以"活"的形式呈现出来了。教学绝活，其三在于绝技与专业的结合。没有专业的依托，绝活之"绝"便成为哗众取宠之物。折纸是中山市南朗理工学校张贺珍老师的绝活，但张老师的目光并不只限于折纸，她通过折纸的方式，有趣地揭开了点、线、面的数学面纱，让学生在千叠百折中体会数学的趣味，领略数学的奥秘。她通过折纸的方式，让学生爱上数学，不再有畏难情绪。正是由于绝技与专业的结合，让绝技有了生命力。教学绝活，其四在于绝技与教学的结合。老师们的绝技，最终是要回到教学、回到课堂、回到学生身边的，这样的绝技才有意义和温度。东莞市机电工程学校熊小文老师的绝活"鸡蛋上钻孔"，让学生们切实感受到"精益求精"的工匠精神；佛山市启聪学校陆晓芸老师的"手工皂制作"，让那些特殊的孩子们学会了坚持，增强了他们走向社会的勇气和信心。

2. 教学绝活的表现形式。如前所述，教学绝活讲求专业绝活与教学技能的有机结合，因而重在设计。对于教学绝活，教师们应时刻问自己，我的绝活是什么？它究竟绝在哪里？在专业领域具有先进性吗？能指向课堂教学吗？能有效培养学生职业素质与技能吗？整体上看，教学绝活可以通过如下几种方式加以设计，或者说有如下几种表现形式。

（1）教学工具的创新。教学工具，简称教具，是使学生直观、形象地理解教学内容所使用的各类器具及教师授课时使用的用具总称。教具可提高学生的学习兴趣，丰富感性认识，进而提高学习效果。与普通高中学生相比，中职学生的理论基础较差，对知识的理解相对困难，且不喜欢枯燥的理论教学与知识传授，但他们强于实践操作，对新事物接纳快，因而创新教学工具，使枯燥的知识以生动活泼、通俗易懂的方式呈现出来，更能有效激发他们学习的兴趣。如前面所述的张贺珍老师的折纸、蔡闽老师的STP 信息化教学平台、郭建英老师的汽车音频诊断辅助系统，一经引入课堂后，便成为一种创新的教学工具。教学工具的创新，可以使学生增强专业学习的兴趣，更容易掌握相关知识。

（2）教学方式的革新。教学方式是在教学过程中，教师和学生为实现教学目的，完成教学任务而采取教与学相互作用的活动方式的总称。在传统教学方式的基础上，结合所教专业特点开展教学方式的革新，也可以成为教师教学绝活的方向。在本次大赛中，特效化妆、绘本课堂、茶艺解说词、音乐"疗"心等体现的就是一种教学方法的革新。

如特效化妆借助影视剧中的演员化妆技巧，将医学学生难以接触到的伤口处理以特效化妆的形式呈现出来，通过让学生们接触最真实的创伤情境，帮助学生克服恐惧，体现的是一种仿真式教学；又如绘本课堂是把绘

本搬到了学前教育课堂，并通过表演的形式呈现出来，绘本教学使学前教育课堂一下子有了生命力，体现的是一种互动式教学。

（3）工匠精神等的传递。2016年政府工作报告提出，要鼓励企业开展个性化定制、柔性化生产，培育精益求精的工匠精神。工匠精神，是工匠们对自己产品精益求精、精雕细琢、追求极致、追求完美的精神，是工匠们对自己热爱的事业无比执着的职业追求，是工匠们执着于产品和品牌，锲而不舍的品质。工匠精神的提出，对我国当前加快推进转型升级、提质增效具有重大的现实意义。培育和弘扬工匠精神，需要源头培育，要通过职业教育教师的言传身教，培养学生爱岗敬业、精益求精的精神。为此，工匠精神的传递也是中职教师自身教学能力的重要体现，也可以成为中职教师教学绝活的重要表现形式。如前所述，鸡蛋钻孔不仅呈现出教师高超的技能水平，更传递出一种精益求精、追求极致的工匠精神，使学生明白严谨细致对于加工制造业的重要意义。

（4）针对特殊受教育群体的特殊教学设计。在我国普通受教育群体之外，还存在一群特殊的受教育群体，他们由于自身（如聋哑、弱智或其他各种行动不便）或社会原因常处于不利地位。因而这群特殊受教育群体，需要老师们付出更多的努力，设计出适合他们身心特点的教学方式，而这种针对特殊受教育群体的特殊教学设计，体现出的也是教师们的教学能力，也可以通过教学绝活的形式展现出来。前文所述的"手工皂制作"，就是这种针对特殊受教育群体的教学设计，展示出来的就是一种教学绝活。

3. 对本次大赛教学绝活展示环节的反思。从决赛、总决赛结果看，教学绝活展示的水平一定程度上决定了此次大赛教师评价的走向。在决赛中，除体育艺术组外，其他9个竞赛组的第一名选手，教学绝活展示得分均为该竞赛组最高，财经商贸组、语文德育组、数学英语组第一名甚至凭借教学绝活的完美展现实现了总得分的反超。总决赛的第一名选手也是凭借最佳的教学绝活登顶。教学绝活展示体现了教师们将专业发展与钻研教学更好地融合在一起，更加符合职业教育产教融合的特点，但本次大赛的教学绝活环节也有一些问题值得反思。

一是错误地将教学绝活等同于专业绝活。总体上看，参赛教师们都对教学绝活有认真思考，也有较为正确的理解，但也有部分教师将教学绝活等同于专业绝活，侧重于自我技能展示而忽略了课堂教学，这在体育艺术组、医药农林组中表现得相对明显，部分教师将教学绝活演变为声乐和护理技能的展示。

二是部分绝活不"绝"。主要体现在部分教师的绝活在专业领域没有领先性，这需要教师们继续提升自身的专业技能水平。

三是对教学绝活的设计不充分。专业绝活到教学绝活的转化是个难点，特别需要教师们结合场地条件加以设计，必要时需要借助多媒体等多种手段，这在某些对场地条件和绝活展示器材要求较高的工科类专业特别明显。此次大赛部分教师对教学绝活的设计不够充分，未能充分利用场地条件展现自身的教学绝活，或教学绝活设计不充分导致现场展示效果不佳。为此，教师们有必要在展示前充分了解场地条件，并不时问问自己，我的绝活在现有的场地内能发挥最大效果吗？如果不能，该如何借助多媒体手段有效展示呢？

三、以"赛"促"教"——对未来广东中职教师培养的若干建议

（一）全方位加强对省属中职学校教师培养的统筹

针对当前广东省属中职学校教师培养缺乏统筹的现状，建议采用如下方式：一是开展顶层设计，从省级层面加强对省属中职教师的培训统筹。如建立省属中职的教师培养牵头机构，一方面把省属中职教师的培训统筹抓起来；另一方面定期在省属中职内部开展教师教学能力大赛或其他比赛，以赛促进。二是推动省属中职对本校教师培训的重视，鼓励省属中职成立教研科，围绕教学能力大赛定期开展说课、教学绝活展示、课件大赛等教研活动，让大赛的成果真正落到课堂、落到教师、落到学生。

（二）强化粤东西北地区对中职教师培养的重视度

相较珠江三角洲地区，粤东西北的部分地区对中职教师培养的关注度不够，这既有固有的体制问题（相当一部分欠发达地区没有固定的中职教研员，甚至没有固定的中职行政科员，即便有，也是疲于应付各种工作，无暇开展教师培训），也和部分地区教育主管部门"重普教轻职教"的落后思维有关。此外，长期以来与珠江三角洲地区职业教育发展的现实差距，也让部分欠发达地区教育行政部门、教师具有某种"弱者心态"，即对落后状态习以为常、对自身缺乏自信，乃至失去前进的动力。为此，要强化粤东西北地区对中职教师培养的重视度，一是建立并完善区域职业教育教研员制度，争取在每个地市的教研室至少有一名专职职业教育教研员。建立教研员定期进学校、下课堂的听课及教师培训机制，以此作为教研员的考核方式与内容；二是完善区域职业教育考核机制，通过建立职业教育省级督查制度，加强对地市各级政府履行职业教育法律责任的督查力

度，并将教师发展作为督查的重要指标；三是建立粤东西北地区教师教学能力定期比拼机制，在比拼中树立自信，提前为省赛发掘优秀教师；四是建立珠江三角洲地区与粤东西北地区教师的交流机制；五是以几个地市联合建立师资培训中心的方式开展教师培训。

（三）开创珠江三角洲地区教师教学能力"百花齐放"的格局

鼓励珠江三角洲地区各地市向顺德看齐，迎头赶上。一是鼓励珠江三角洲地区开展教师定期交流机制，通过教师互派学习、集中教研的方式，组团共同发展；二是鼓励珠江三角洲地区定期开展教师教学能力比拼，通过比拼，取长补短，实现共同进步。

（四）与总工会一起把大赛打造成重要品牌

品牌不仅是一种符号结构，更是一种象征，它意味着高质量、高信誉、高效益、低成本。把大赛办成品牌，通过品牌效应，促进各地市重视职业教育和教师培养，促进教师们努力提升专业素质和教学能力，将钻研教学与专业发展更好地融合在一起。为此，一是确立两年一次的大赛定期开展机制；二是加大对大赛的宣传力度。可以通过出版大赛的系列画册等方式，树立大赛的形象，让社会更加关注大赛。

（五）加强对大赛涌现出的优秀青年教师跟踪培养

本次大赛向全社会树立了中职学校青年教师爱岗敬业、业精技湛的良好形象，发现了一批优秀的中职教师，未来要对这些优秀青年教师予以重点培养，促进他们成为各专业领域的领军人物。一是通过课题立项的方式，引导青年教师进一步磨炼、完善自身的绝活，通过思考、总结、提炼，努力将教学绝活系统化，更好地转化为自身的教学能力，真正服务课堂、服务学生；二是通过建立青年教师工作室的方式，推动大赛涌现出来的优秀教师继续在教学一线实践、检验自身的教学能力。

（六）稳步开展教师的教学绝活推广及优秀教学资源的共建共享工作

一是对本次大赛展现出的成熟的教学绝活加以稳步推广。如张贺珍老师在此次大赛中展现的教学绝活"折纸数学"，已被珠海一职、中山一职、中山中专、惠州工程技术学校等部分学校借鉴，甚至已有老师决定在他们的学校开设折纸数学选修课；二是加快对优秀教学资源的共建共享。借此次大赛的东风，整理教师们优秀的教学资源、教学方法供全省中职教师分享，以实现共同进步。

（执笔：黄文伟；审稿：杜怡萍）

广东扩大中职学生接受高等教育规模的对策研究

○广东省教育研究院高等教育研究室

摘　要： 中高职衔接各种模式的实施，有力地推动了广东中职学生接受高等教育，打开了中职学生的成长空间。为了适应广东经济社会的发展，广东职业教育在技术技能人才供给结构上有待进一步完善，同时，高职生源中高中毕业生生源总量的下降将成为制约高职发展的一个重要因素。因此，有必要继续扩大中职学生接受高等教育规模。当前，中高职衔接中人才培养模式仍需不断创新，以增强广东高职教育的吸引力。本文从建立现代职业教育升学体系、扩大中职在校生规模、大力推进职业教育招生改革、探索实施开放高等教育（自学考试）和中职教育一体化、探索中职—应用本科升学制度等方面提出了扩大中职学生接受高等教育规模的对策。

关键词： 扩大　中职　高等教育　对策

改革开放以来，广东职业教育取得了快速发展。2006 年，广东在全国率先提出构建适应现代产业体系要求的现代职业教育体系，积极探索构建中等职业教育、高等职业教育、应用型本科教育、专业学位研究生教育相衔接的技术技能人才培养体系。同时，近年来，国家和广东省分别出台了一系列文件，有力地推动了广东职业教育的发展，如《教育部关于积极推进高等职业教育考试招生制度改革的指导意见》（教学〔2013〕3 号）、《国务院关于加快发展现代职业教育的决定》（国发〔2014〕19 号）、《国务院关于深化考试招生制度改革的实施意见》（国发〔2014〕35 号）、《广东省现代职业教育体系建设规划（2015—2020 年）》、《广东省人民政府关

于创建现代职业教育综合改革试点省的意见》（粤府〔2015〕12 号）等。这些文件明确了各级各类职业教育的定位、类型、层次等，确保了广东构建现代职业教育体系的科学性。在这些文件的指引下，广东积极推进构建现代职业教育体系改革：在技术技能人才的培养链上有"中职—高职—应用型本科—专业学位研究生"教育；在不同教育类别上有"普教—职业教育—继续教育"。据统计，"十二五"期间，中职教育（含技工学校）毕业生达 283.5 万人，高职教育毕业生达 111.2 万人，分别比"十一五"期间增加了 103.6 万人和 32.3 万人，中高职院校近 1 000 所，办学规模连续多年居全国首位，全省新增技术技能人才近 70% 由职业院校配置，企业在职员工接受中等以上职业教育比例达 72%，为打造广东经济升级版、促进就业创业提供了有力的人才支撑。[①]

一、广东中职学生接受高等教育的现状

（一）中等职业教育（含技工学校）的学校数与中等职业教育（含技工学校）的学生数

2000—2016 年，中等职业学校数稳步下降，而技工学校数相对变化不大。到 2016 年年底，广东中等职业教育（含技工学校）的学校共有 634 所，其中技工学校 166 所，中等职业教育学校 468 所，各占 25.82% 和 74.18%，见表 1。

表 1 广东省中等职业教育学校和技工学校数

项 目	2000 年	2005 年	2007 年	2010 年	2015 年	2016 年
中等职业教育学校/所	960	641	595	566	481	468
技工学校/所	186	191	217	246	163	166

数据来源：广东省 2016—2017 学年教育事业统计简报。

2000—2016 年，广东中等职业教育（含技工学校）的在校生数前几年呈缓慢增长趋势，自 2007 年开始，呈加速上升趋势，而到了 2010 年又开始逐步下降；招生数由 2000 年的 26.93 万人增至 2016 年的 53.82 万人；毕业生数

---

① 广东省教育研究院. 广东教育改革发展研究报告 2016：理论战略政策研究卷 [M]. 广州：广东高等教育出版社，2016：4.

则由 2000 年的 25.82 万人增至 2016 年 55.06 万人。2016 年，广东中等职业教育（含技工学校）的在校生数、招生数和毕业生数位居全国前列，见表2。

表2　广东省中等职业教育和技工学校学生数

项　　目	2000 年	2005 年	2007 年	2010 年	2015 年	2016 年
中等职业教育 在校生数/人	655 657	710 162	907 581	1 547 785	1 172 119	1 065 745
技工学校 在校生数/人	144 622	328 052	458 000	754 000	588 570	532 587
中等职业教育 招生数/人	210 961	279 265	365 660	741 320	395 377	351 909
技工学校 招生数/人	58 383	128 997	181 225	282 000	199 406	186 303
中等职业教育 毕业生数/人	215 408	189 083	221 502	331 741	417 278	389 163
技工学校 毕业生数/人	42 765	96 000	95 005	128 000	144 631	161 419

数据来源：广东省 2016—2017 学年教育事业统计简报。

根据国家《中等职业学校专业目录（2010 年）》，中等职业学校专业共划分为 19 大类。目前，广东中等职业教育专业涵盖门类齐全，开班的专业涵盖三次产业，涉及全部 19 个大类专业。

（二）高等职业教育的学校数与高等职业教育学生数

2000—2016 年，广东高职高专院校数呈现出逐步上升的趋势。同期，广东高职高专院校的在校生数和招生数呈现出迅速上升的发展态势。截至 2016 年年底，广东独立设置的高职院校全日制在校生规模为 81.61 万人，比 2015 年增加约 0.05 万人，增幅为 0.07%，高等职业教育规模全国第一；毕业生数为 255 805 人，比 2015 年增加约 0.3 万人，增幅为 1.2%，见表3。根据国家《普通高等学校高等职业教育（专科）专业目录（2015 年）》，2016 年广东高职院校共有 485 个专业，遍布 18 个专业大类。专业方向1 582 个，专业布点数 2 679 个，平均专业布点数 5.52 个。最大规模专业类别是财经大类，占 27.07%，最小规模专业类别是水利大类，占 0.06%。①

---

① 广东省教育研究院. 南方教育评论：2017 中国南方教育高峰年会思维盛宴 [M]. 广州：广东高等教育出版社，2017：326.

表3 广东省高等职业教育学校数和学生数

项 目	2000 年	2005 年	2007 年	2010 年	2015 年	2016 年
专科院校/所	21	65	72	76	81	85
普通专科在校生/人	149 159	446 107	532 229	648 029	815 571	816 125
普通专科招生数/人	70 675	170 429	189 341	223 119	286 057	269 389
普通专科毕业生数/人	25 640	96 023	143 753	181 294	252 756	255 805

数据来源：广东省 2016—2017 学年教育事业统计简报。

（三）广东中职学生接受高等教育的主要方式

近年来，广东以高职考试招生制度改革为突破口，积极构建适应职业教育要求的人才选拔机制。从 2009 年开始探索和实施高职多元化招生考试制度改革，其中一个重要的途径就是中高职衔接。中高职衔接是指初中毕业生先进入中职学校（含技校、中专）学习，掌握一定的文化知识和专业技能，经过高职院校组织的招生考试，再进入高职学校学习，获得高等职业教育证书。

目前，广东开展的中高职衔接的方式有：中高职衔接"三二分段"、高职院校对口自主招生（含面向普高和中职的自主招生、现代学徒制招生、技能大赛免试入学）、高职"五年一贯制"和"3＋专业课程技能证书"。其中，中高职衔接"三二分段"人才培养是指通过制定中职和高职院校相关对口专业一体化人才培养方案，分段开展教育教学活动，由试点高职院校进行招生，主要招收对接专业的中职学生，学生经过三年中职学段学习，通过转段考核进入高职继续两年高职学段的学习；"对口自主招生"是指由试点高职院校自主进行入学测试、自主确定入学标准、自主实施招生录取，招收的对象为高中应届和往届毕业生、中职应届和往届毕业生，考生参加院校自主招生测试合格后，直接被录取，不用再参加高考。另外，在中职学习期间获国家技能大赛一、二、三等奖或省赛一等奖的中职学生可以免试进入高职的对口专业进行学习；"五年一贯制"是指应届初中毕业生进入试点高职院校学习 5 年，参加由省教育考试院组织的统考，成绩合格，获得"五年一贯制"专科毕业证书；"3＋专业课程技能证书"是指已经完成三年学习的中职应届和往届毕业生和中专、技工学校应届和往届毕业生在具有相应的专业技能证书资格的前提下，参加高考统考，成绩达到录取要求后，进入试点高职院校进行学习 3 年。

中高职衔接模式的大力实施，极大地促进了广东中职学生接受高等教育。2016 年，全省高等职业院校中高职衔接"三二分段"试点规模由 2010 年的 10 所高等职业院校、49 所中等职业学校、10 个专业点，扩大到 2016 年的 49 所高等职业院校、179 所中等职业学校、585 个专业点，高等职业院校年招生计划也由不足 3 000 人发展到 2.6 万人；20 所高职院校在 60 个专业点开展"五年一贯制"试点，招生 6 680 人；全省高等职业院校面向中职学校"对口自主招生"范围扩大到 36 所高职院校，招生计划 6 565 人；"三二分段"专升本应用型人才培养试点范围扩大到高职院校 23 所和本科高校 26 所共 29 个专业，计划招生 2 250 人；11 所高职院校与 8 所本科高校开展四年制应用型人才培养改革试点，试点专业 15 个，招生计划 840 人。2016 年，广东省高职高专共招生 27.07 万人，其中中职生源（不含五年制转段）2.2 万人，约占招生数的 8.1%，五年制转段 1.29 万人。由此可见，中高职衔接方式入学的学生占到了高职生源的相当一部分比例。①② 2012—2016 年广东省"三二分段"中高职衔接培养规模见图 1。③

2017 年，广东中等职业学校毕业生总数 305 927 人，就业学生数 299 808 人，就业率为 98.00%；299 808 名就业学生中，升入高一级学校就读的有 48 998 人，占总就业学生数的 16.34%，占总毕业生人数的 16.02%，比 2016 年的升学人数（48 213 人）和升学比例（15.62%）均有提高。这充分说明了广东通过推进职业教育综合改革试点省建设，注重职业教育中高职衔接培养，着力打通中高职上升通道，为中职学生的升学深造提供了有利条件。2017 年，在升入高一级学校的学生中，对口单独招生考试升学的有 4 699 人，"五年一贯制"升学的有 876 人，"三二分段"升学的有 9 953 人，技能拔尖人才免试升学的有 713 人，通过普通高考录取升学的有 21 278 人，其他方式升学的有 11 479 人。④

---

① 罗伟其. 广东教育"创强争先建高地"纪实［M］. 广州：广东高等教育出版社，2017：173，178，182.

② 广东省教育研究院. 广东教育改革发展研究报告 2017［M］. 广州：广东高等教育出版社，2017：83.

③ 图表来自于广东省高等职业教育年度报告（2017）。

④ 数据来源于 2017 年广东省中等职业学校毕业生就业情况分析报告。

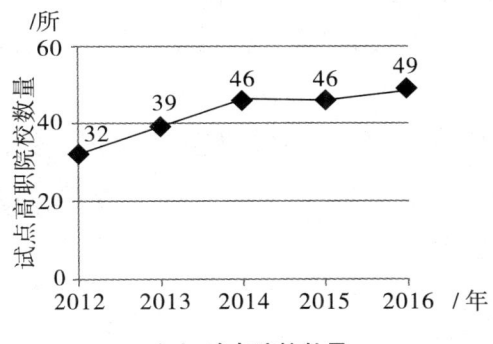

（a）试点院校数量

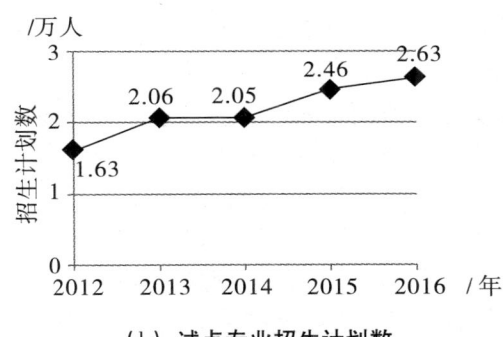

（b）试点专业招生计划数

图1 广东省"三二分段"中高职衔接培养规模

除了在政策上大力扶持之外，广东不断加大对职业教育的财政投入力度，省财政对省属公办高等职业院校和中等职业学校均实施生均拨款制度。2014年，省属公办高等职业院校全面实行生均拨款制度，2015年6月，省财政厅、省教育厅联合印发《关于建立完善广东省高等职业院校生均拨款制度的实施意见》，明确到2016年，广州等6市公办高等职业院校年生均财政拨款水平应当不低于12 000元。到2017年，全省各地包括经济欠发达地区14个地级市所属公办高等职业院校年生均财政拨款水平不低于12 000元。2017年11月，省财政厅、省教育厅联合印发《关于建立完善广东省中等职业院校生均拨款制度的实施意见》，明确各地所属中职学校生均拨款基本标准应不低于每生每年3 000元，其中发达地区（广州、珠海、佛山、中山、东莞、江门6市，不含深圳）和省属学校应不低于每生每年5 000元。

中高职衔接各种模式的深入实施，有力地推动了广东中等职业教育和高等职业教育在培养目标、专业设置、课程体系、教学过程等方面的紧密衔接，拓宽了中等职业学校毕业生接受高等教育的通道，打开了中职学生的成长空间。

二、广东中职学生接受高等教育过程中遇到的问题

广东在中高职衔接方面实施了一系列改革措施，部分地区甚至还建立了中高职集团化发展模式，为促进广东中职学生的流动建立了一套有效的机制，也为我国其他省份探索中高职一体化发展模式提供了很好的借鉴。但从目前反馈的情况来看，广东中职学生在接受高等教育过程中存在如下困境。

（一）中高职教育在技术技能人才供给结构上有待进一步改善

随着广东产业结构调整和供给侧改革的深入推进，技术技能人才已成为广东经济发展和转型升级的重要资源。尽管社会对技术技能人才的需求十分旺盛，但作为人才供给重要来源的高职毕业生却在供给结构上仍存在不足，这已成为当前影响广东转型升级的主要困境之一。劳动力市场数据显示①，普通劳动力短缺有所缓解，同季度求人倍率由 2005 年的 1.58 下降至 2016 年的 1.06；但技能人才短缺逐渐扩大，技能短缺比由 2005 年的 1.07 上升到 2016 年的 1.42，且技能等级（水平）越高，求人倍率越大。② 从职业院校（含技工学校）向市场供给的技术人才来看，仅 2015 年就达 77.7 万人③，基本满足广东经济社会转型的需求。但具有较高技能水平的技能人才依然供给不足，全省技师（二级）、高级技师（一级）求人倍率分别达到 1.64 和 1.94，而毕业生中获取高级（三级）及以上技能等级证书的毕业生不足 3 成，高端技能供给不足现象愈发突出。如图 2 所示④，2016 年广东高职院校获得双证书的应届毕业生占总数的比例为 83.86%，比 2015 年增加 13.86%，学生的双证获取率逐年提升；获得高级职业资格证书的应届毕业生占总数的比例为 24.47%，比 2015 年减少 0.45%。以上

① 数据来源于广东省人力资源和社会保障厅 2016 年第四季度统计数据。

② 广东省教育研究院. 南方教育评论：2017 中国南方教育高峰年会思维盛宴 [M]. 广州：广东高等教育出版社，2017：358.

③ 数据来源于 2016 广东统计年鉴。

④ 图表来自于广东省高等职业教育年度报告（2017），图表中上面的柱体代表 2016 年数据，下面的柱体代表 2015 年数据。

数据表明广东中高职院校在初中级技术技能人才供给上基本可以满足广东经济社会发展需要，而在具有高级技能水平的技术技能人才供给总量上有待进一步扩大。

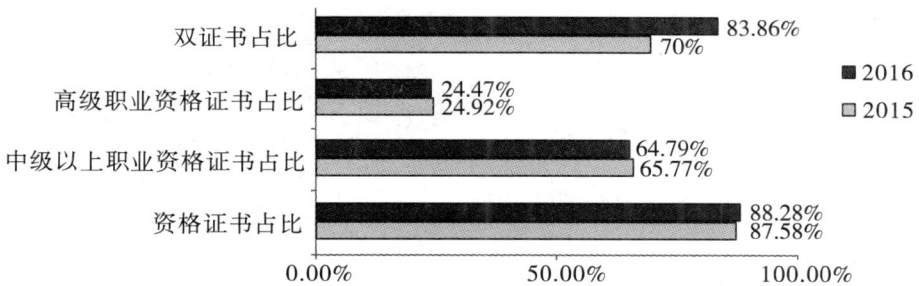

图2 2015年、2016年广东高职学生职业资格证书获取比例①

（二）中职毕业生升学招生考试制度有待进一步改革创新

目前，广东高职院校生源的主体仍是普通高中毕业生，而不是中职毕业生，导致高职缺乏录取中职毕业生的动力，对中职毕业生的升学愿望重视程度不够。如2016年，广东高职院校实际录取新生31.05万人，较2015年增加3%，见图3②。当年通过各种方式进入高职学校的中职生仅有4.79万人，占当年中职毕业生（含技工学校）55.06万人的8.7%，占全省高职招生26.94万人的17.78%。而在同时，2016年高职院校招生规模相比于2015年下降了5.83%，高职生源中高中毕业生生源的不足已逐渐明朗，而中职生源所占比例仍维持在较低水平。另外，部分采用注册制入学的招生对象需要通过相应的学业水平考试，而根据广东省教育考试院《关于做好2017年高职院校分类考试招生工作的通知》，确定试行省内所有高职院校以普通高中学业水平考试成绩为主要依据进行分类招生录取的改革试点，目前进行的学业水平考试仅仅限于普通高中学生，因而高职注册制入学的对象有待进一步扩大。

部分中职毕业生对考试存在畏难情绪，部分中职学校不合理的实习工作安排使部分有意报考的考生失去报考机会。

---

① 职业资格证书率系指获取职业资格证书的毕业生占毕业生总数的比例，双证书占比系指获取"职业资格证书＋毕业证书"的毕业生占毕业生总数的比例。

② 图表来自于广东省高等职业教育年度报告（2017）。

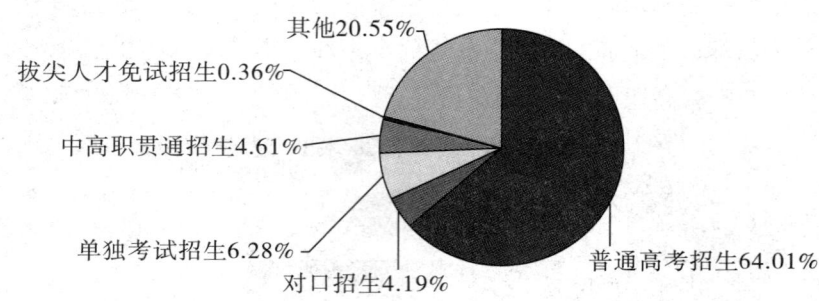

图3　2016年广东省高职招生模式构成情况图

（三）中高职衔接中人才培养模式仍需不断创新

中高职衔接的渠道有待拓宽。中职学生的升学愿望越来越强烈，这在经济发达地区尤为迫切。2016年，广东高职在校生规模达81.61万人，中职在校生规模达159.83万人，中职规模约为高职规模的2倍。而2016年高职院校的中职生源仅有4.79万人，当年中职毕业生（含技工学校）为55.06万人，能升入高职院校就读的中职生不到总数的10%。中高职衔接渠道狭窄，导致大量中职学生挤向成人大专、广播电视大学，中职应届和往届毕业生、大量企业普通员工向往成为高职教育学生的机会有待提高。

而已有的中高职衔接模式在人才培养方面也存在一些亟须改进的地方。如中高职衔接"三二分段"模式长期以来对中职学生的考核偏重理论知识，导致部分中职学校存在应试教育倾向，围绕学生升学而开设课程，对各类实训课、技能课缺乏应予的关注；对于中高职衔接"五年一贯制"模式，部分学校在专业设置、课程体系、教材、专业技能的培养等方面，仍然采取3年中职与2年高职简单相加的方式，没有形成一体化的设计与培养；对于中高职衔接"自主招生"模式，目前进行自主招生的高职院校大都是在同一层次学校中办得相对较好的，生源本来就不是大问题。而目前招生困难的恰恰是那些办学条件和师资水平较差的薄弱学校，这类学校迫切需要改善办学条件，加强内涵发展。同时，部分高职院校的人才培养方案还是基于高中学生基础编制，还没有建立一套适应中职学生学习基础的人才培养方案；部分高职院校甚至将录取的中专生、高中毕业生编入同一班级学习，中职学生进入高职院校后学习的内容与中职学校重复，易产生厌学心理。

综上所述，为了适应广东经济社会的发展，职业教育培养的毕业生中具有较高技能水平的技术技能人才总量有待进一步扩大；而在同时，高职

生源中高中毕业生生源总量的下降将成为制约高职发展的一个重要因素。为此，需要进一步扩大中职学生接受高等教育的规模，进一步拓宽中高职衔接的渠道，中高职衔接中人才培养模式仍需不断创新，以增强高职教育对于中职学生的吸引力。

三、国内外扩大中职学生接受高等教育规模的经验与启示

国内外在扩大中职学生接受高等教育规模的方面已经有了较多成功的案例，值得我们认真去分析借鉴。

（一）国内经验

江苏省通过大力实施"中职—高职"和"中职—普通本科"等一批试点项目来推动更多的中职学生接受高等教育。为此，江苏省于2012年确定了71个试点项目，设计了3个大类的衔接学制，中职与高职实行"3+2"或"3+3"分段培养学制，即在中等职业学校学习3年，进入高等职业教育学校学习2年或3年，总计学习5年或6年，该项目学生通过注册入学方式进入高职阶段学习；中职与普通本科实行"3+4"分段培养学制，即中等职业教育学校学习3年，进入普通本科院校学习4年，共学习7年，由对口试点的中职学校和本科院校统筹制定对口专业理论知识和技能训练课程衔接贯通教学体系，系统化培养本科层次高端技术技能型人才。该项目学生通过对口单招进入本科阶段学习，"3+4"方式考试内容以专业技能和中职教育学业水平测试为主，其标准由本科院校与对口中职学校共同制定，报省教育考试院审定；高职与普通本科"3+2"或"5+2"分段培养，由此建立起"中等职业教育—高等职业教育—应用型本科教育"相互衔接的学制体系。

浙江省通过扩大中职毕业生的招生比例来推动更多的中职生接受高等教育。《浙江省中长期教育改革和发展规划纲要（2010—2020年）》提出了"扩大高职面向中职毕业生的招生规模，到2015年中职毕业生升入高一级学校的比例达到30%左右"的要求。高职院校招收中职生主要途径是单考单招、自主招生、"3+2"或"五年一贯制"。同时还大力鼓励中职毕业生参加高职院校的招生考试，并通过适当减免学费和奖学金激励等政策，鼓励中职院校的学生加入到招生的队伍中来。

四川省通过将中职与自学考试紧密结合起来推动更多的中职学生接受高等教育。四川省自考委、省教育厅在2006年颁布的《四川省中等职业教育与自考专科衔接工作实施方案（试行）》中明确指出：为充分发挥自

学考试开放灵活、适应性强、费省效宏的优势，满足中等职业学校在校生参加自考专科专业学习的需求，实现本校在校学生主修专业与自考专科相应专业学习的相互衔接、统筹兼顾，发挥中等职业教育和自学考试两方面的优势，促进自学考试发展。

（二）国外经验

德国应用技术大学招生对象面向所有类型的中等教育机构，这样既保证了生源，又能让接受所有类型中等教育的学生都有机会进入应用技术大学深造。中等职业教育学生首先需要获得高中毕业文凭或同等学力的大学入学资格，然后才能进入高等教育继续学习，这对那些因不具有高中毕业文凭而无法申请大学的申请者而言无疑另外开辟了一条通往高等教育的路径。

瑞士中等职业学校毕业生可先参加工作，然后再根据实际工作需要进入应用科技大学深造。持有职业培训能力资格证书的毕业生不能直接申请大学，需要在完成 6 类基本学科的课程培训之后，通过瑞士联邦职业教育会考，获得职业教育会考证书方可申请应用科技大学。若想申请普通大学，还需要通过补充考试。

英国中职教育包含在中等教育之中，而高职教育多包含在继续教育之中，中高职教育实现了与普通教育同等的衔接机会。中高职衔接包括建立在教学单元和现代学徒制基础上的职业资格衔接模式及学分认证基础上的立交桥式衔接模式，实现了以提升学生职业能力为主的内在衔接。衔接模式包括以下几种①。一是以教学单元为基础的资格证书衔接模式。中高职教育课程与具体行业工种（岗位）和实际工作相结合，并统一划分为有序衔接的教学单元。各教学单元划分为 5 个基本阶段，中职教育占Ⅰ、Ⅱ、Ⅲ阶段，高职教育占Ⅲ、Ⅳ、Ⅴ阶段。其中，阶段Ⅲ有效衔接了中高职教育课程，实现了相邻教学单元的有机衔接和教育层级的自然过渡。学生按照教学单元顺序开始课程学习，学习结束时可申请相应的等级证书，获得证书后就可直接申请学习后续教学单元，从而实现中高职教育衔接。二是以现代学徒制为基础的职业资格衔接模式。现代学徒制培训项目主要针对已经受雇并且接受正式、结构化培训的人员，申请者在"国家学徒制服务培训中心"网站的"学徒岗位招聘匹配服务"系统中查阅到学徒岗位并提

①　汤书波. 中英中高职教育衔接模式的比较研究［J］. 教育与职业，2014（14）：21－24.

交申请（需要低一级证书作为证明材料），审核通过后即可获得高一级学徒（直至学位）学习机会，实现中高职教育在学徒基础上的职业资格衔接模式，为大批在职人员提供了接受高职教育的机会。三是以学分为基础的"立交桥"式衔接模式。通过建立一套学分换算体系，为不同证书赋予分值。学习者无论以何种方式获取的学习成果，都可以凭借学习证明材料，通过相应的环节后申请学分认证和累积。学分存入国家学分数据库后终身有效，并可不断累积和转化。学习者按某种资格的"组合规则"取出相应学分，即可兑换为相应的资格、证书或文凭，中职毕业生只要累积具有相应的资格或证书就可以申请接受高职教育。

德国、瑞士等国家在中高职衔接方面存在如下特点。在升学方式上都是先获得入学资格再申请大学入学，中职学生根据自己的需要，有选择性地参加另外的课程补习，经考试合格，获得相应的证书后申请大学；在升学要求上，中职学生在申请大学时，需要持有专业技能证书以及与高中毕业文凭相等值的资格证书；在考试内容方面，对文化课的考核十分重视，占有较大比例。他们并不认为各种中高职衔接是"低水准"的，因此并没有降低入学水准。而英国则采取了更全面的措施，其中高职衔接针对在校中职学生、在职人员、中职毕业生或具有不同教育类别证书的人员均有不同的模式可供选择，极大地拓宽了不同类别的中职学生接受高等教育的渠道。

四、广东扩大中职学生接受高等教育规模的对策

（一）建立现代职业教育升学体系

广东职业教育升学体系要体现终身教育理念，使学历教育与技能培训相贯通，推动广东职业教育从规模到内涵的发展。要建立以技能考核和知识考试相并重的职业教育考试制度，形成"中职教育—高职教育—应用本科教育—专业学位研究生教育"系列，畅通技术技能人才成长通道，培养更多具有高级职业资格的技术技能人才。

（二）扩大中职在校生规模

广东的中职教育既为国家和地方培养高素质劳动者，也为高等职业教育提供后备军，而只有不断扩大中职在校生规模才能充分体现中职教育的作用。因此，各中职学校要充分利用各种现代传播媒介，不断提升广东中职学校的影响力和吸引力，以扩大学校的知名度和社会认知度，出台相关

举措为边远贫困地区及经济困难家庭学生提供相应的助学金和生活补助，并为优质学生设立奖助学金，以此吸引更多中职教育的生源。通过实施综合素质评价，教给学生当下生存和就业的知识与技能，还要为他们今后的发展和职业转换打下良好的知识、能力等方面的基础。

（三）大力推进职业教育招生改革

有关部门应积极进行职业教育招生改革，逐步推广中高职衔接"三二分段"、高职院校对口自主招生（含面向普高和中职的自主招生、现代学徒制招生、技能大赛免试入学）、高职"五年一贯制"、"3＋专业课程技能证书"等4种比较成功的中高职衔接方式，探索注册入学制等衔接方式，逐步拓宽中高职衔接培养的通道。

积极推进中等职业考试招生制度改革，将初中学业水平考试和综合素质评价作为中等职业学校招生录取的重要依据。中等职业学校在春、秋两季招生，学生根据自身学业水平、兴趣爱好及发展意愿报读中等职业学校，探索实行中职学生注册入学制度。

进一步深化高等职业教育招生改革。扩大各中高职衔接通道的试点规模，完善"知识＋技能"的高职考核录取办法，探索应用本科面向中职学校的自主招生制度。拓宽高职生源范围，实现高职院校生源多样化；提高中职向高职的供给量，让中职学生成为高职生源的供应主体；扩大中职学生每年升入高职院校、应用型本科学校的比例，在招生名额中划出一定比例定向留给中职毕业生，并保持一定的增幅（高等职业院校招生增量主要用于招收中等职业学校毕业生及同等学力社会人员）；在职业技能竞赛方面取得突出成绩的，可保送到高职院校相关专业学习深造；打通教育系统与人社系统的行政壁垒，建立职业学校与技工学校相互衔接的"立交桥"，进一步拓宽职业教育渠道；充分发挥职教集团作用，使中高职院校形成统一的专业招生标准体系。

进一步拓宽中职与高职之间的通道，真正使二者相融互通。不断扩大试点招生的规模与专业数量，逐步让广东所有高职院校参与招生改革试点。此外，逐步、适度增加试点院校每年招收中职生源的比例，首次申请开展招生试点的高职院校和已经开展招生试点的高职院校在招生比例上应有所区别。在招生专业选择上，应适度扩大招生专业的数量，招生专业应该选取与广东主导产业紧密对接的紧缺专业或试点院校的重点、特色专业。

积极开展中高职衔接人才模式的改革创新。如中高职衔接"三二分

段"模式，改变应试教育倾向，加强对各类实训课、技能课的关注；对于中高职衔接"五年一贯制"模式，督促与指导各试点学校在专业设置、课程体系、教材、专业技能的培养等方面形成一体化的设计与培养；对于中高职衔接"自主招生"模式，要督促那些办学条件和师资水平较差的薄弱学校改善办学条件，加强内涵发展，尽早让他们加入到招生试点学校的行列中来。同时，高职院校的人才培养方案也要建立一套适应中职学生学习基础的人才培养方案，对已入学的中职学生实行单独编班、改革教学方法、转变考核方式，因材施教。

（四）探索实施开放高等教育（自学考试）和中职教育一体化

在省自学考试委员会的领导下，整合省自考办、主考院校、中职学校各方资源，科学组织实施广东自学考试与中职教育一体化的相关工作。大力支持广播电视大学和高等职业院校在中职学校开设高等职业教育自学考试助学班，鼓励学有余力的优秀中职学生在校参加本专业或相近专业自学考试助学活动。相关中职学校应科学编制教学计划，设计有效衔接课程，不能用高等教育自学考试专业考试计划简单代替中职学校的专业教学计划。专业课程设置尽可能与国家相关职业技能资格考试课程衔接，注重培养学生的实践和动手能力，突出实践教学办学特色。探索实施"中职教育＋开放教育"的混合培养模式，在中职教育阶段，可设置最低毕业学分及修业年限。同时还要设置若干门衔接大专阶段的课程，学生除获得毕业所需学分外，还必须通过这些衔接课程的考试，才能进入大专阶段学习。学生完成教学计划，既可以获得开放教育专科毕业文凭，又能获得国家相应的职业资格证书。

（五）探索中职—应用本科升学制度

在制度方面，对中职—高职、中职—应用本科的升学考试制度进行整体设计，要在内容和层次上体现差异，注重对中职学生进行正确的引导，帮助他们在升学中进行合理的选择。中职—应用本科要在考试内容的设置上增加可供选择的范围，在文化课的录取分数上也要有较高要求，对于专业技能及在技能证书的等级上也要有更高的要求。为保障中职学生向应用本科顺利过渡，可在中职学校、高等职业学校、普通高等学校等开设相应的查漏补缺课程，对中职学生进行培训，以帮助中职学生尽快地弥补不足之处，顺利完成各阶段的学业。在课程设计方面，要在中等职业学校开设多样化的课程模块，供学生自主选择，搭建多元化成才路径；明晰地划分各阶段学习目标，确定课程内容的先修后续，同时确保前一阶段课程学习在达到最低要求的前提下才能继续下一阶段课程的学习，以打通中职—应用本科的课程通道。

参考文献

［1］丁建洪. 高职院校自主招生：问题与策略——基于浙江省高职院校的现状调查［J］. 教育发展研究，2012（19）：8－12.

［2］柳会，朱蕾. 四川省中职与高教自考衔接教育模式及其路径［J］. 成都工业学院学报，2014（3）：102－104.

［3］孙露，王启龙. 如何设计中职—本科升学制度：基于德、奥、瑞、中四国的比较分析［J］. 职业技术教育，2015，36（27）：73－77.

［4］李阳华. 广东省高教自考与中职教育相衔接的路径探索［J］. 继续教育，2011，25（5）：16－20.

［5］李运庆. 生源减少背景下江苏高等职业教育的发展问题及对策研究［J］. 河南科技学院学报，2015（2）：12－16.

（执笔：田锋；审稿：孙丽昕）

职业教育专业教学标准
建设机制的构建

○广东省教育研究院职业教育研究室

摘　要：专业教学标准是职业教育标准体系的重要组成部分，对职业院校专业教学起着重要的规范和指导作用。专业教学标准的制定必须坚持服务发展、内外对接、协同合作、标准化的原则，统一标准建设思想、统一标准文本格式、统一标准建设路径，才能实现专业教学标准制定的标准化。标准的制定是为了实施。目前，重制定轻实施的问题严重，必须建立起标准建设的长效机制，抓宣传、抓培训、抓执行及动态调整，才能推动职业教育专业建设的科学化、规范化发展。

关键词：职业教育标准体系　专业教学标准　建设机制

孟子说过"不以规矩，不能成方圆"。标准就是规矩，是为了在一定的范围内获得最佳秩序，经协商一致制定并由公认机构批准，共同使用和重复使用的一种规范性文件。标准是统一的描述语言，为人们在需要互联互通时提供了保障和信心。标准是科学管理的重要标志。1911 年，著名管理学家弗雷德里克·泰勒开创了科学管理的新时代。拥有了标准就占领了发展的制高点，进入 21 世纪以后，发达国家纷纷制定各自的标准化发展战略，以应对因经济全球化对自身带来的影响，欧盟、美国、加拿大的标准化战略在 2000 年前后相继出台。10 月 14 日这一天被选定为世界标准日。我国对标准建设也高度重视，2016 年 9 月 9 日，习近平总书记给第 39 届国际标准化组织大会发去贺信；2017 年 9 月 5 日，中共中央国务院颁发的《关于开展质量提升行动的指导意见》明确指出要加快我国的标准提档升级，要"开展重点行业国内外标准比对，加快转化先进适用的国际标准，提升国内外标准一致性程度，推动我国优势、特色技术标准成为国际标准"。标准是质量的保证、发展的基石，各行各业必须重视标准建设，必须建立健全标准建设的机制，才能使之成为一项常态化的质量工程。职业教育专业教学标准是现代职业教育科学化、规范化、现代化发展的重要标志和重要保证。本文就如何构建职业教育专业教学标准从制定到实施的建设机制展开探讨。

一、我国职业教育标准体系概述

（一）职业教育标准分类

从内容结构来看，职业教育标准体系包括设置标准和教学标准。设置标准是明确职业院校办学条件的基本文件，是指导和管理职业院校的基本依据，包括学校设置标准、教师专业标准、校长专业标准等。教学标准是指导和管理职业院校教学工作的主要依据，是保证教育教学质量和人才培养规格的基本教学文件，包括专业目录、专业教学标准、课程标准、顶岗实习标准等。从层级结构来看，职业教育标准体系包括国际标准、国家标准、地方标准和院校标准。

（二）我国职业教育标准体系建设情况

党的十八大提出，要加快建设现代职业教育，要建立现代职业教育体系，职业教育得以作为并列于普通教育的一种教育类型发展，由此，职业教育标准体系建设正在积极而全面地进行中。从国家层面，教育部积极推进职业教育标准体系建设，先后发布了包括专业目录、专业教学标准、公共基础课程标准、顶岗实习标准、教学仪器设备装备规范等在内的职业教育国家教学标准，还有中等职业学校设置标准、教师专业标准、校长专业标准、高等职业学校设置标准，共同组成了较为完善的国家职业教育标准体系，涵盖学校设置、专业教学、教师队伍、学生实习等各个方面，为依法治教、规范办学奠定了基础。就地方层面而言，各省市在贯彻执行国家标准的基础上，根据区域经济社会及产业发展对职业教育要求的不同，纷纷制定地方性的职业教育标准。以广东省为例，为推动现代职业教育体系的纵向中高职有机衔接，自 2013 年以来，立项 74 个标准研制项目，截至 2017 年，共成功研制 80 个专业教学标准和 1 000 门课程标准。就职业学校而言，在执行国家标准、地方标准的基础上，制定学校的标准已成为职业院校教学工作诊断与改进的重要内容，制定的标准是诊断的依据和改进的

目标，标准是既稳定又不断提升的，可见学校标准是职业院校内部质量保证体系的重要组成部分。

（三）职业教育专业教学标准纷繁复杂

专业教学标准是开展专业教学的基本文件，是明确培养目标和规格、组织实施教学、规范教学管理、加强专业建设、构建课程体系、开发教材和学习资源的基本依据，是评估教育教学质量的主要标尺，同时也是社会用人单位选用职业院校毕业生的重要参考。我国 2010 年版的《中等职业学校专业目录》，共设 19 个专业类，321 个专业，2017 年教育部正在组织新一轮中职专业目录的修订工作。2015 年版的《普通高等学校高等职业教育（专科）专业目标》，共设 19 个专业大类，99 个专业类，748 个专业，2016 年增补了 13 个专业，目前共计 761 个专业。可见，仅中职教育和高职教育就要建立上千个专业教学标准，以此来规范、指导职业院校的专业教学。此外，在现代职业教育体系构建过程中，中高职衔接导致了高职教育学制的不同，如高职教育有两年、三年之分，还有产教深度融合的凸显双主体育人的现代学徒制，都需要建立相应的专业教学标准。可见，职业教育专业教学标准纷繁复杂，专业教学标准是职业教育教学标准体系的重要组成部分。

二、专业教学标准制定的基本原则

（一）服务发展原则

专业教学标准制定必须坚持服务经济社会发展和人的全面发展为工作的出发点和落脚点。据报道，教育部颁布的 230 个中等职业学校专业教学标准，主要集中在国家战略性和鼓励发展的新兴产业，占比达 81%。其中二产类专业为 73 个，三产类专业为 154 个，服务国家产业战略布局。在标准研制过程中，一是行业企业在专业教学标准中发挥了主体作用，共 44 个行业职业教育教学指导委员会（专业类教学指导委员会）牵头承担了标准制定工作；二是参与起草过程的行业企业专家不少于专家数的 40%，有 1 700 位来自行业企业的专家参与了教学标准制定工作；三是教学标准审定专家队伍中有 1/3 是来自行业企业的专家。可见只有充分了解行业企业的需要，才能达到服务发展的目的。

（二）内外对接原则

专业教学标准制定一是要实现外部对接产业，二是要实现内部中高职衔接贯通。从外部来看，必须紧紧围绕"中国制造 2025""一带一路"建设等，深刻分析战略性新兴产业、先进制造业、现代服务业和现代农业发展的新形势，关注新技术、新业态、新产业、新模式，充分体现服务产业转型升级对人才培养的新要求，对接产业发展中高端水平。在具体的工作中，要厘清专业所对应的职业能力标准，以职业能力标准作为专业教学标准制定的重要依据。从内部来看，通过分层分级的职业能力，实现中职、高职、应用本科既衔接又分层培养人才。例如，广东专业教学标准研制紧紧对接广东先进制造业、现代服务业和战略性新兴产业发展，确保培养的专业人才能够满足行业企业需要。74 个标准研制项目累计调查行业企业 4 000 多家，组织 1 500 多名行业企业专家直接参与职业能力分析会议 125 场，组织 1 000 多位中职、高职、本科院校专业骨干教师直接参与课程体系建构会议 71 场次。

（三）协同合作原则

专业教学标准研制的关联方包括教育行政部门、职业院校、行业企业、教科研机构等，其中教育行政部门是专业教学标准建设的主导方，中职学校、高职院校和本科院校必须共同参与标准建设，他们是研制和执行标准的主体和主阵地，是平等的主体。特别不能忽略的是行业企业，因为实施专业教学标准所培养的人才是为行业企业服务的，行业企业所需人才的能力要求是专业教学标准制定的依据。可见，行业企业是专业教学标准建设依据的提供方。此外，专业教学标准建设过程必须成为研究过程，则需要科学理论、方法的支撑，由此，教科研机构是对标准研制进行过程性跟踪管理，把握标准建设方向和规范，明确标准建设理念、路径、方法，保证建设质量的重要指导方。目前，广东已建立起"政研校企"协同研制专业教学标准的机制，"政"指广东省教育厅，负责专业教学标准研制立项、结题、实施、试点工作；"研"指广东省教育研究院，负责专业教学标准研制过程的组织管理与指导；采取竞标方式，由本科院校、高职院校、中职学校联合行业企业组成项目组，即"校企"，"政研校企"共同开展专业教学标准研制工作。共有 74 个标准研制项目组，成员单位涉及中职、高职、本科院校 137 所和企业 80 家、行业协会 20 家。

（四）标准化原则

毋庸置疑，专业教学标准制定要遵守标准化的基本原理。国际标准化组织即标准化原理研究常设委员会（STACO）发布了 8 项标准化原理，包

括一致同意原理、简化原理、最优化原理、实施价值原理、选择固定原理、定期更新原理、检验测试原理、法律强制原理。在职业教育标准体系建设中，除检验测试原理使用于技术领域外，必须遵循一致同意原理，这是最为根本的，也是实现难度最大的。此外还必须遵循简化、最优化、实施价值、选择固定、定期更新等原理。

三、专业教学标准制定的统一性要求

标准的本质是统一，它是对重复性事物和概念的统一规定。专业教学标准建设的使命是规范和指导同一专业在不同职业院校的教学行为，为此，专业教学标准建设需要统一思想、统一框架、统一路径。

（一）统一标准建设思想

思想上的统一才能保证行动上的一致。专业教学标准必须将行业企业对人才的要求融入其中，从根本上解决职业教育与产业要求不对接的问题。将能力培养有机地落实在课程中，从根本上解决职业能力标准不清晰，课程内容与职业能力标准不对接的问题。以广东专业教学标准制定为例，广东形成"能力核心　系统培养"标准建设思想。第一，专业教学标准建设必须以职业能力标准为逻辑起点和基本依据，这就是"能力核心"，是以职业能力为核心，构建工学结合、有机衔接、层次分明的课程体系；第二，要面向学生的职业生涯发展，中高职衔接培养不同能力层级的应用型人才，这就是"系统培养"。

（二）统一标准框架

同类标准在形式结构上必须是一致的，专业教学标准基本内容结构主要包括培养目标、职业范围、人才规格、典型工作任务及职业能力、课程结构、课程内容及要求、教学时间安排、教学基本条件、教学实施建议等内容。例如，广东中高职衔接专业教学标准建设制定了统一的、规范性的文本模板（如图1所示）及编写指南，保证专业教学标准在形式结构上的一致性。根据中高职的衔接方式不同，制定《"3＋2"中职—高职衔接专业教学标准开发指南》《"3＋2"高职—本科衔接专业教学标准开发指南》《"2＋2"高本协同培养专业教学标准开发指南》以及《课程标准开发指南》，从而保证标准编制文本的规范性。

·专业教学标准编写框架	（一）公共基础课
一、专业名称及代码	（二）专业核心课
二、招生对象	（三）专业方向课
三、基本学制与学历	十、教学时间安排
四、培养目标	十一、教学基本条件
五、职业范围	（一）师资条件
六、人才规格	（二）实训实习条件
（一）职业素养	十二、教学实施建议
（二）专业知识和技能	（一）教学要求
七、典型工作任务及职业能力	（二）教学评价
八、课程结构	（三）教学管理
九、课程内容及要求	十三、其他

图1　专业教学标准的基本内容结构

（三）统一标准建设路径

科学而扎实的标准建设过程是标准公信力的重要保证，同类标准建设过程应是基本一致的。对于专业教学标准，也应有其一致的建设路径。例如，广东将中高职衔接专业教学标准研制过程划分为供需调研、职业能力分析、课程体系构建、标准编制4个环节（如图2所示），这些环节环环紧扣，循环往复，形成了一个严密建设系统。第一环节：供需调研，开展供给方即职业院校和需求方即行业企业、学生的调查，厘清教学存在的问题和面临的挑战，确定各专业的岗位群及职业生涯发展路径，为后续工作打下扎实的基础。第二环节：职业能力分析，针对专业所对应的岗位群及其发展路径，依托行业企业专家开展职业能力分析，确定典型工作任务，形成专业所对应的职业能力标准。第三环节：课程体系建构，基于供需调研、职业能力分析，并结合学生的认知规律以及可持续发展要求，将工作领域的能力要求转化为学习领域的课程，使课程与职业能力有机对接，构建专业课程体系。第四环节：标准编制，即根据统一的模板撰写专业教学标准文本。

四、建立专业教学标准建设的长效机制

（一）重视标准执行，发挥规范和指导功能

目前，专业教学标准在指导和评价学校专业建设方面的作用未能得到充分发挥。重标准制定轻标准执行，不少标准制定后，未能得到积极推广应用。标准如果不实施就没有任何价值。专业教学标准的制定过程是严谨

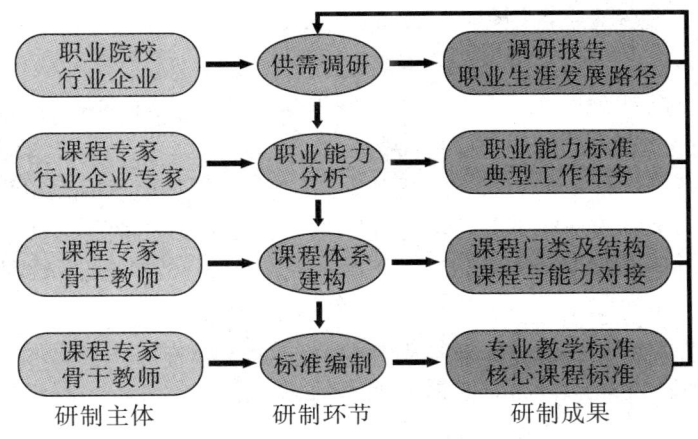

图2　专业教学标准建设的基本路径

的，标准的实施过程也应是严格的，专业教学标准制定的主导方是教育行政部门，也应是标准实施的主导方。教育行政部门可以通过标准的发布、宣传，和以其作为评估教育教学质量的主要标尺来推动标准的实施。只有这样才能保证职业教育专业教学水平的整体提升，才能促进职业教育科学发展。

（二）加强宣传推广，提高对标意识

目前，标准得不到充分实施的原因在于职业教育标准体系建设起步晚，建立健全标准体系耗费了大量的精力，标准的运用推广未得到重视，还未探索出一条有效路径。首先，必须加大宣传推广力度，采取多种形式、多种途径广而告之，使标准深入人心，从而转变职业教育的观念，提高对标意识，增强执行标准的自觉性。其次，要公布公开标准成果，包括其研制过程的成果，方便职业院校的相关部门及人员获得并使用。

（三）以培训为抓手，加快标准应用

专业教学标准是职业院校专业人才培养方案制定的重要依据，必须要让广大专业教师及专业负责人认识、了解、理解、认同专业教学标准，标准才能真正被执行。开展标准培训是重要的途径，通过系列培训，普及和提高专业教师对专业教学标准的认识，促进教师们从被动接受标准转变为自觉执行标准，并辐射带动相关专业建设。标准培训的主体应该是标准制定的项目组，他们承担有关专业教师的培训工作，才能系统阐述标准制定的依据、过程及成果内涵，才能切实推动标准的推广应用。

（四）动态调整标准，推动标准发展

根据标准的固定原理，标准是作为制度予以实施的，应该在某一时期固定不变，以利于实施。同时还要定期更新原理，要求标准在规定的时间内进行修订，修订的间隔期不能过短，也不宜过长。专业教学标准受技术进步、经济发展的影响，必须定期修订，因此，专业教学标准建设应该成为周期性的工作。那么，职业教育专业教学标准建设周期应为多长才合适呢？一般对于专业教学标准固定和更新的周期以 3 ~ 5 年为宜，知识和技术更新速度较快的专业，一般修订周期最好为 3 年。

综上所述，专业教学标准是职业教育标准体系的重要组成部分，服务经济社会发展和人的全面发展是其根本的出发点和落脚点。制定专业教学标准是为了实施，必须抓好标准的推广应用工作，充分发挥专业教学标准对专业教学的规范和指导作用。因此，必须建立起标准建设的长效机制，才能推动职业教育专业建设的科学化、规范化发展。

参考文献

［1］王敏华. 标准化教程［M］. 北京：中国计量出版社，2013.

［2］杜怡萍，李海东. 中高职衔接专业教学标准建设新视野：从能力到课程［M］. 广州：广东高等教育出版社，2015.

［3］王继平. 职业教育国家教学标准体系建设有关情况［J］. 中国职业技术教育，2017（25）：5 - 9.

［4］杜怡萍. 标准化原理在职业教育标准体系建设中的运用：以广东中高职衔接专业教学标准建设为例［J］. 广州职业教育论坛，2016，15（4）：1 - 5.

（执笔：杜怡萍；审稿：李海东）

高职院校办学定位的区域
特点及实证分析

○广东省教育研究院职业教育研究室

摘 要： 高职院校作为我国高等教育大众化举措的重要践行客体，其办学定位直接影响了高职院校办学规模与历史进展，然而在时空格局上缺乏客观指标评价，造成诸多高职院校教育管理者对办学定位的适用性及持续性认识模糊。为此，基于高等职业院校数据采集平台的历史数据，提出全国高职院校的在校生总数、专业设置总数与专业生均数比共三个客观量化指标，来分析四大行政区域与三大经济区内高职院校办学定位的区域特点。实证分析结果表明，四大行政区域内的东部高职院校办学定位的持续性整体更好，但其适应性在 2016 年表现欠佳。同时，三大经济区内高职院校整体办学定位的区域性差别并不显著，但京三角区需要做出重大变革。基于现有平台大数据，从而为国内高职院校办学定位的局部评价提供客观方法参考。

关键词： 高职 办学定位 区域特点

一、引言

高职教育作为我国高等教育的重要组成部分而备受高等教育界关注，促使高职院校建设也进入高速发展轨道，在办学规模与教学质量方面取得了重大突破。特别表现在 2006 年教育部与财政部联合启动的国家示范性高等职业院校建设计划，重点支持 100 所高水平示范院校的战略举措。历经近"十一五"规划与"十二五"规划阶段的飞速发展，全国高等职业教育改革和整体质量获得规模化提升。2014 年，国务院出台的《国务院关于加快发展现代职业教育的决定》（国发〔2014〕19 号）明确提出："建成一批世界一流的职业院校和骨干专业，形成具有国际竞争力的人才培养高地。"不论是国家示范性高职院校建设工程冲刺，还是世界一流职业院校建设工程开局，2014—2016 年全国高职院校建设水平与定位特点相对整个高职院校发展历程来讲都是具有鲜明的代表性和时效性的，广东省在 2017 年立项建设 18 所一流高职院校。

高职院校任何时期建设都离不开科学动态的办学定位的核心指导，由此许多专家学者对高职院校办学定位原则与对策产生了浓厚兴趣，并发表了大量的评述性研究文献。从案例文献分析来看，大多数从哲学角度或问题反馈法来科学理解和主观评价高职院校办学定位的适应性与持续性。例如，朱中华（2007）就处理高职院校办学自主定位和政府定位关系以及短期和中长期发展定位关系等基本问题进行了深度剖析与举措推荐。张博（2007）针对区域经济背景下高职院校发展困境提出了区域经济与院校协调发展的市场特色、定位权变、创新管理与社会服务机制等特色概念。叶鉴铭（2008）针对示范性高职院校办学定位问题，从示范性高职院校建设背景、定位概念思辨与特色形成等角度解释了高职教育定位与高职院校定位的异同。张建新（2015）基于 2014 年云南省 37 所高职院校向省教育厅高教处报送的《云南省 37 所高职院校办学定位一览表》中办学定位的文本表述提出了定性与定量分析方法。王伟（2017）则系统性阐述了一流高职院校建设办学定位的三大认知问题，并据此提出了四大实践依据与四大确定原则。

然而对高职院校领导团队以及各级教育监管部门缺乏量化指标，通常很难基于上述理论与对策来透彻把握高职院校办学定位的实际情况以及潜在变化趋势，特别是宏观局面上与微观格局上的量化表征。由此，本文基于高等职业院校数据采集平台的统计数据，重点分析了高职院校办学定位表现的区域特点，并以在校生总数、专业设置总数与专业生均数比共三个客观量化指标进行不同办学定位特征的实证分析，为当局理解高职院校办学定位评价提供客观的分析思路参考。

二、高职院校办学定位的区域特点

根据高等职业院校数据采集平台的统计数据，我国 2014 年登记了 1 285 所不同规模的高职院校，分布在全国 31 个省、直辖市、自治区（不含港澳台地区），平均每个有 40 多所高职院校。由于国内经济发展具有明

显的区域性，进而相应影响了高职院校分布与办学规模，更对办学定位内容与现状产生了极大影响。因此数据主要选择我国新的行政区域划分的东部、中部、西部与东北部来进行对比分析，同时选择珠三角、长三角与京三角等经济发达地区进行对照分析。在高职院校数据采集平台上调取了2014年、2015年与2016年共三年的高职院校办学定位与目标子数据，并筛选出各高职院校在校生总数、专业设置总数与专业生均数比值的数据进行量化评价。

（一）四大行政区域高职院校办学定位的区域特点

在国务院发展研究中心发表的《地区协调发展的战略与政策》报告中，采用东部、中部、西部、东北部四分法，区域划分标准见表1。为此根据各分部的省内高职院校进行院校总数统计，并分析每分部区域内国家级示范性高职院校建设数量、百强院校数量等体现2014—2016年办学定位发展的区域特点。

表1　新四大行政区域具体分布

东部	北京、天津、河北、上海、浙江、江苏、福建、山东、广东、海南
中部	湖南、湖北、河南、江西、安徽、山西
西部	西藏、新疆、甘肃、青海、宁夏、内蒙古、陕西、贵州、四川、重庆、云南、广西
东北部	黑龙江、吉林、辽宁

图1展示了四个分区内高职院校总数的变化，全国高职院校总数逐年有一定轻微的增加，其中东北部与东部表现先减后增趋势，中部表现先增后减，西部则持续增加。图2主要表示四个分区内高职院校进入2014年统计的百强院校榜单数量以及国家示范性院校建设院校数量，其中东部占据双榜首，这与其经济水平及区域内院校总量基数大正相关；对于中部与西部，整体院校总数建设在相同量级，而在百强院校名单方面中部保持优势，但在国家示范性院校建设数量上西部表现强劲。

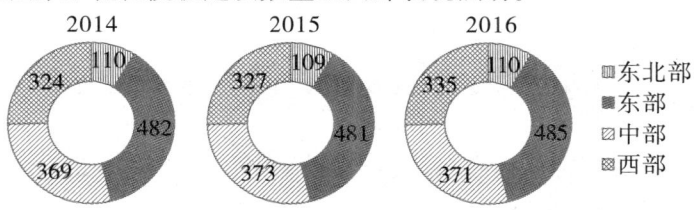

图1　四分区高职院校总数变化

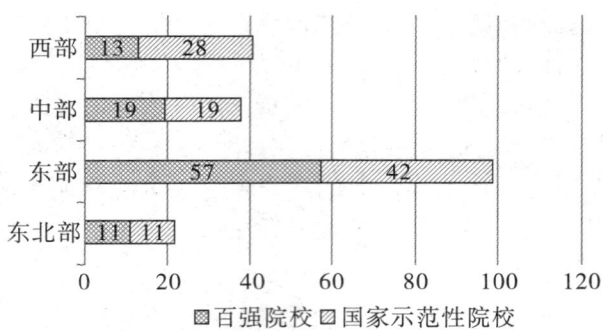

图 2　2014 年四分区高职院校百强及国家示范性院校分布

　　高职院校办学定位短期效应可以利用在校生总数、专业设置总数与专业生均数比等量化指标来直接体现。图 3 展示了四个分区内高职院校在校生总数变化，全国高职院校在校生总数在 2014 年、2015 年与 2016 年分别达到 814.18 万、842.96 万、846.62 万人。其中东部依旧占据绝大部分，中部相对西部院校来说尽管院校基数小但在在校生规模上每年都排列前头，而东北部却表现出在校生总数逐年下降趋势。在图 4 中，东部高职院校专业数依旧占主导并逐年保持 450 以上的增量扩张；中部稍微慢些，但其在 2016 年也达到了 350 的增长；西部由于基数优势，总数过万，相对东北部持续 100 增量而言还是有一定突破。图 5 给出了四个分区内高职院校专业生均数比值，以便教学管理者具体观察专业平均学生变化趋势，为办学定位的政策导向提供基础数据。各分区三年内基本稳定，其中中部表现出递减趋势，东部与东北部表现出轻微的先增后减趋势。

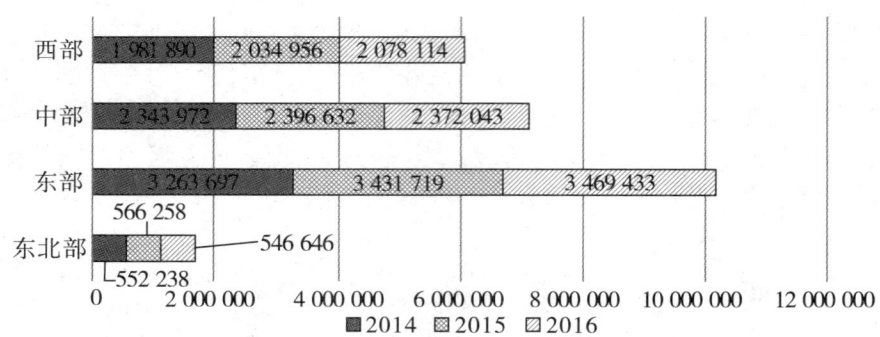

图 3　四分区在校生总数

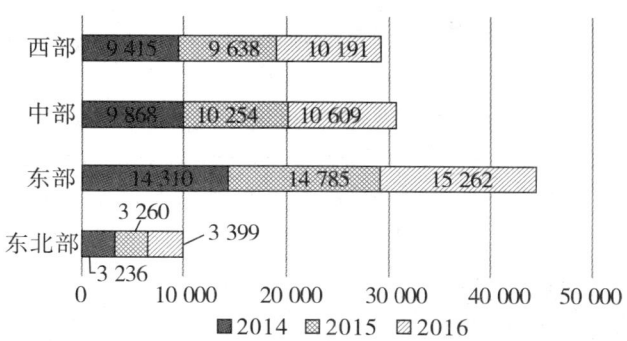

图4　四分区专业设置总数

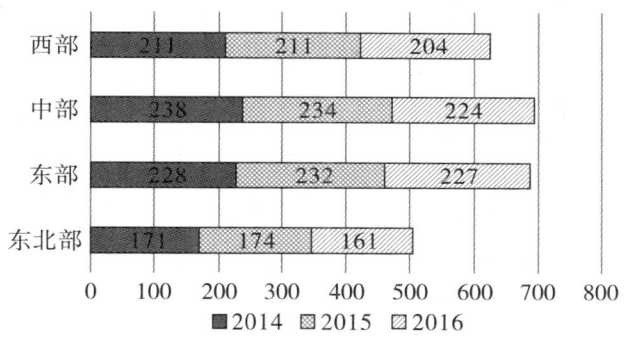

图5　四分区专业生均数比

（二）三大经济区高职院校办学定位的区域特点

鉴于四大行政区域的经济容量以及发展水平极度不平衡，对于高职院校办学定位的短期效应表现缺乏均一化对比，由此选用规格相当的三大经济区内高职院校办学定位下的发展特点来进行客观评价。国内通用三大经济区主要指京三角经济区、长三角经济区与珠三角经济区，具体的省市分布见表2，长三角经济区包含省份相对多些，对统计数据结果有规模优势。

表2　三大经济区域具体分布

京三角	北京、天津、河北
长三角	上海、江苏、浙江、安徽
珠三角	广东

图6展示了各三角经济区内高职院校总数的变化，珠三角与长三角区内高职院校数量都有轻微的增长，而京三角区呈现逐年下降趋势，但三大

经济区整体上院校数比较稳定。图7展示了三大经济区内高职院校进入2014年统计的百强院校榜单数量以及国家示范性院校建设院校数量，其中百强院校分布中三大经济区占据46所，长三角区遥遥领先，京三角区与珠三角区总量相当。而示范性院校总数中京三角区明显多于珠三角区，这与示范性院校建设分配额度有一定关联。

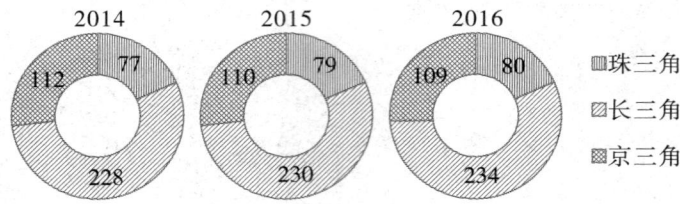

图6　三大经济区高职院校总数变化

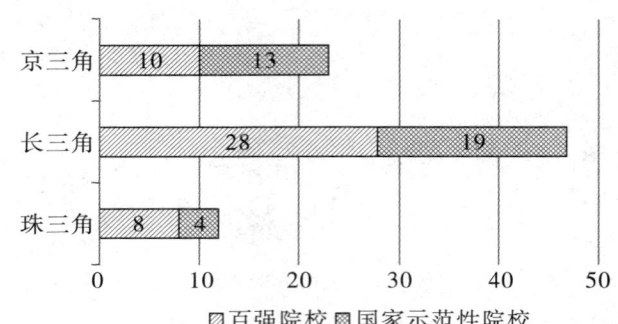

图7　2014年三大经济区高职院校百强及国家示范性院校分布

为此，同规模下的三大经济区内在校生总数、专业设置总数与专业生均数比值也是客观量化评价高职院校办学定位区域特点的有益数据参考。在图8中，三大经济区内高职院校在校生总数在2014年、2015年与2016年分别达到280.86万、294.11万、295.89万人。其中长三角区增长最快，其次是珠三角区，而京三角区表现出下降趋势。图9展示了三大经济区内高职院校专业设置总数逐年增加，长三角区内平均每省院校专业总数增量与珠三角区匹敌，但京三角区省均增量相对较小。图10给出了三大经济区区内高职院校专业生均数比值，其中长三角区与珠三角区都在2015年专业生均数比达到峰值，珠三角区生均数比值高达287人／专业，但京三角区却表现出逐年下降趋势。

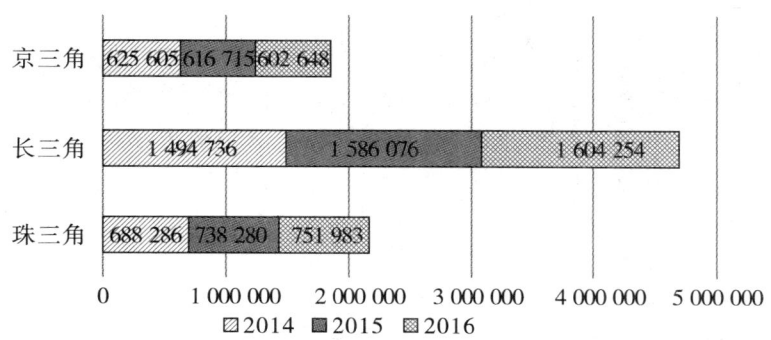

图 8　三大经济区在校生总数

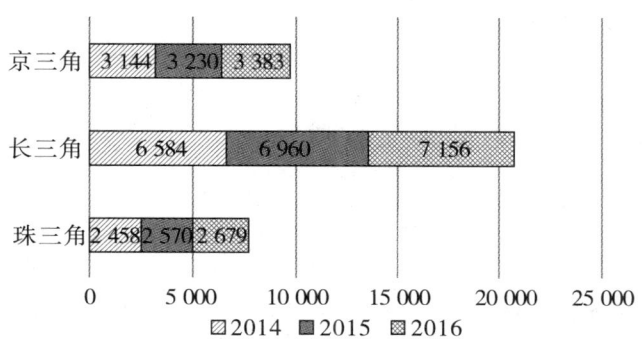

图 9　三大经济区专业设置总数

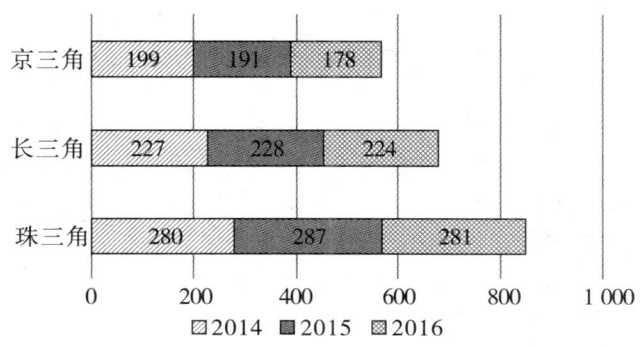

图 10　三大经济区专业生均数比

三、高职院校办学定位的实证分析

高职院校办学定位的区域特点描述就是局部高职院校的整体规模评

价，缺乏区域内单个高职院校的特性分析，进而对在校生总数、专业设置总数与专业生均数比等量化指标分别设定一个阈值进行统计分析。为此，四分区与三大经济区内高职院校办学定位的实证分析用数据分别选用单个院校在校生总数超过 7 000 人的院校比例、专业设置总数超过 30 个的院校比例、专业生均数比超 240 的院校比例。

对于四分区内高职院校，图 11 展示了其在校生数超过 7 000 人的院校比例在 2014—2016 年内变化稳定，东部区域内目标院校所占比例高达 46%，而中部与西部基本维持在 38% 左右，只有东北部徘徊在 23% 左右。在图 12 中，各分区内专业设置总数超过 30 个的院校比例 3 年来保持在一个稳定水平，但中部目标院校比例最低且大概维持在 40% 左右。图 13 展示了四分区内专业生均数比超过 240 人的目标院校比例分布，东部与中部表现出目标院校专业生均数比值较高，其次是西部，最后是东北部，这与东北部整体平均 170 而言还是较高的。

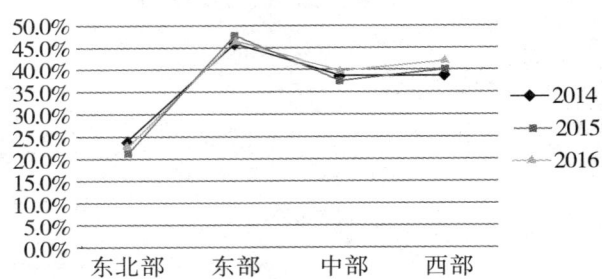

图 11　四分区在校生超 7 000 人院校比

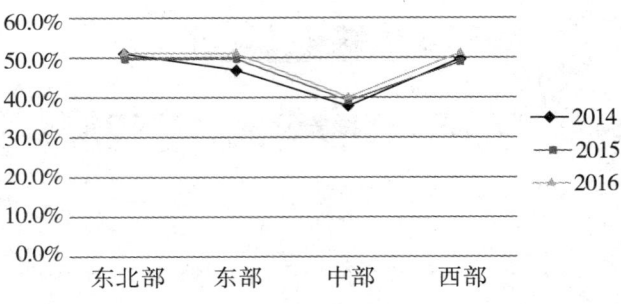

图 12　四分区专业数超过 30 个院校比

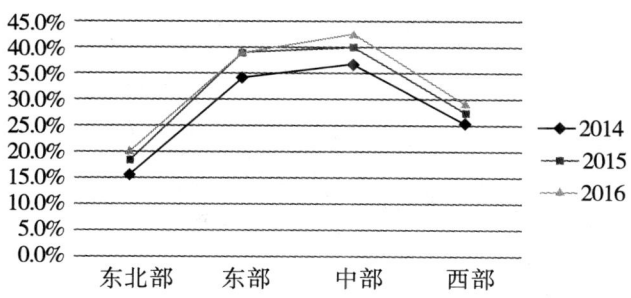

图 13 四分区专业生均数比超 240 人院校比

对于三大经济区内高职院校，图 14 展示了珠三角区高职院校在校生超过 7 000 人的比例在近三年内都非常高，也间接反映其办学定位的适应性与持续性好，而京三角区表现出较大波动以及相对较低的比例。在图 15 中，珠三角区高职院校专业设置总数超过 30 个的比例逐年上升，并于 2016 年达到 60%，而长三角区基本稳定在 47.5% 左右，同时京三角区有所上涨。图 16 展示了珠三角区在 2014—2016 年专业生均数比值超过 240 人的目标高职院校比例均维持在 60% 左右，长三角区依旧保持比较稳定的中间比例，而京三角区则表现其在 2015 年专业生均数比值达到高峰 28.2% 后出现轻微下降趋势。

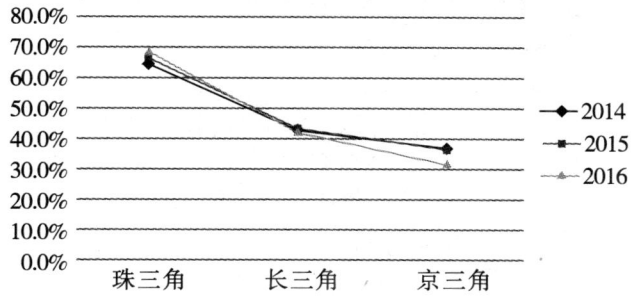

图 14 三大经济区在校生超过 7 000 人院校比

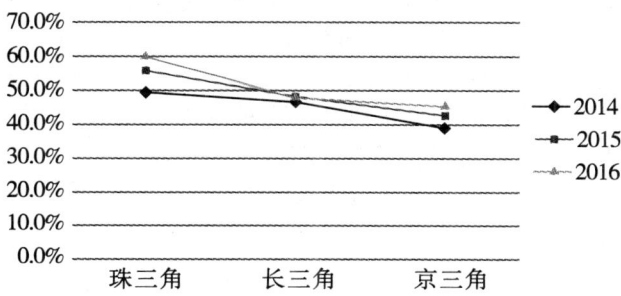

图 15 三大经济区专业数超过 30 个院校比

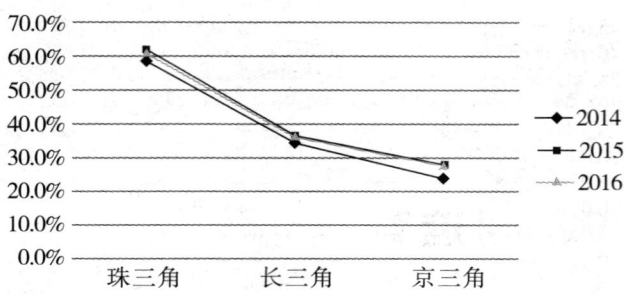

图 16 三大经济区专业生均数比超过 240 人院校比

截至 2017 年年底，广东共有独立设置的高等职业院校 88 所。院校分布和在校生分布不均衡，珠三角 9 市有学校 72 所，占全部学校数的 81.2%；在校生人数为 62.87 万，占全省高职在校生人数的 85.3%。

四、分析

高职院校办学定位的区域特点是高职教育界的重要研究点，也直接反映了院校办学水平的层次与深度，更需要实证分析等方法提供客观的定量评价。从四分区内高职院校总体数量及百强院校分布来看，国内高职院校总体规模已经近似饱和，百强院校分布还是集中在东部与中部；从国家示范性高职院校建设数量分布来看，西部与东北部由于政策倾斜获得较好发展。就在校生总数来看，国内高职院校在校生总体规模也近似稳定，其中东部略有轻微增加，但东北部下降趋势明显。在专业建设方面，国内专业设置总数保持一定的增长，东部依旧是增长主力。从统计数据来看，四分区内院校专业生均数比在 2015 年整体达到高峰后表现出下降趋势，这进一步表明各分区高职院校办学定位的适应性开始发生变化，需要当局新的政策导向与现有策略修改。

从发展水平高与生源相对充裕的三大经济区来看，国内高职院校总数与在校生总数整体都增长有限，百强院校总数与国家示范性院校建设总数主导地位不变。在专业设置总数方面，各三角区高职院校都保持增长趋势，但在专业生均数比值方面，除了珠三角区增长外，长三角区与京三角区都表现出下降趋势。从四分区与三大经济区内高职院校实证分析结果来看，东部的珠三角区内高职院校办学定位的持续性较好，而东北部院校办学定位需要加大变革力度，其他分区在 2016 年后办学定位同样需要新的措施来提升院校综合实力。

（执笔：万达；审稿：杜怡萍）

智能制造背景下高职院校制造类
专业人才培养分析

○广东省教育研究院职业教育研究室

摘　要： 本文对智能制造产业背景、人才需求、高职院校对应的专业的规模、结构、典型专业等进行了分析，指出了高职制造类人才培养存在的规模不足、结构不合理、缺乏与行业匹配的标准和规范等问题，并提出了相应的发展策略。

关键词： 智能制造　高职　制造类　人才培养

一、产业背景分析

（一）政策背景

2015 年 5 月，国务院印发了《中国制造 2025》，这是我国实施制造强国战略第一个十年行动纲领。2016 年 3 月，全国"两会"授权发布的《中华人民共和国国民经济和社会发展第十三个五年规划纲要》，明确要求深入实施《中国制造 2025》，以提高制造业创新能力和基础能力为重点，推进信息技术与制造技术深度融合，促进制造业朝高端、智能、绿色、服务方向发展，培育制造业竞争新优势。

《中国制造 2025》提出了五项重点工程，对我国制造产业变革将产生深远的影响，对企业人才的需求提出了新的要求。而智能制造是五项重点工程之一，是新一轮工业革命的核心。为贯彻落实《中华人民共和国国民经济和社会发展第十三个五年规划纲要》和《中国制造 2025》，2016 年 12 月，工业和信息化部、财政部编制出台了《智能制造发展规划（2016—2020 年）》，明确了"十三五"期间我国智能制造发展的指导思想。规划了 2025 年前推进智能制造实施"两步走"战略：第一步，到 2020 年，智能制造发展基础和支撑能力明显增强，传统制造业重点领域基本实现数字化制造，有条件、有基础的重点产业智能转型取得明显进展；第二步，到 2025 年，智能制造支撑体系基本建立，重点产业初步实现智能转型。提出了加快智能制造装备发展、加强关键共性技术创新、建设智能制造标准体系、打造智能制造人才队伍等 10 个重点任务。《智能制造发展规划（2016—2020 年）》将统筹国内智能制造发展，加快形成全面推进制造业智能转型的工作格局。

（二）产业发展状况

在智能制造发展的新阶段，我国制造行业呈现出多种水平共存局面。由于我国幅员辽阔，各地制造业发展水平严重不均衡，发展重点和规划差异巨大，导致我国制造业发展不平衡。《中国制造 2025》根据我国实际情况采取了并行发展的战略，即"2.0 补课、3.0 普及、4.0 示范"。

同时我国智能制造装备产业集聚特征已基本呈现，长江三角洲地区、环渤海地区和珠江三角洲地区的智能制造装备产业集群化分布格局初步显现。长江三角洲地区的智能制造装备产业主要以江苏、上海和浙江为核心区域，以转型升级为主线，最终将形成集智能设计、智能产品、智能装备和智能技术及服务于一体的全产业链。环渤海地区的智能制造装备产业主要以辽东半岛和山东半岛为核心区域。珠江三角洲地区是改革开放的前沿阵地，主要以外向型经济为主，分布在广州、深圳、佛山、珠海、东莞等市，已在人力资源、科技、资本等生产要素市场、产业配套能力和政策支撑等方面具备较为雄厚的基础，初步显现智能制造装备产业集聚发展特征。此外，东北、中部和西部地区依托政策扶持和资源优势，也成为我国智能制造业的重要补充。

二、对接智能制造的高职院校人才需求和培养

（一）人才需求分析

2016 年 12 月，教育部、人力资源和社会保障部、工业和信息化部发布的《制造业人才发展规划指南》，对制造业十大重点领域的人才需求和缺口进行了如表 1 所示的预测。

表1　制造业十大重点领域人才需求预测

单位：万人

序号	十大重点领域	2015 年	2020 年		2025 年	
		人才总量	人才总量预测	人才缺口预测	人才总量预测	人才缺口预测
1	新一代信息技术产业	1 050	1 800	750	2 000	950
2	高档数控机床和机器人	450	750	300	900	450
3	航空航天装备	49.1	68.9	19.8	96.6	47.5
4	海洋工程装备及高技术船舶	102.2	118.6	16.4	128.8	26.6
5	先进轨道交通装备	32.4	38.4	6	43	10.6
6	节能与新能源汽车	17	85	68	120	103
7	电力装备	822	1 233	411	1 731	909
8	农机装备	28.3	45.2	16.9	72.3	44
9	新材料	600	900	300	1 000	400
10	生物医药及高性能医疗器械	55	80	25	100	45

可见在制造业发展的重点领域均存在较大的人才缺口，且人才缺口有逐步扩大的趋势，加强重点领域的人才培养迫在眉睫。

（二）规模和结构分析

对全国高职院校装备制造大类2014—2016级在校生规模进行分析，结果如图1所示。可见装备制造大类2014—2016级在校生规模略有增加，但在高职院校在校生总量中所占比例则逐年下降（数据来源：高等职业院校人才培养工作状态数据采集平台，下同）。

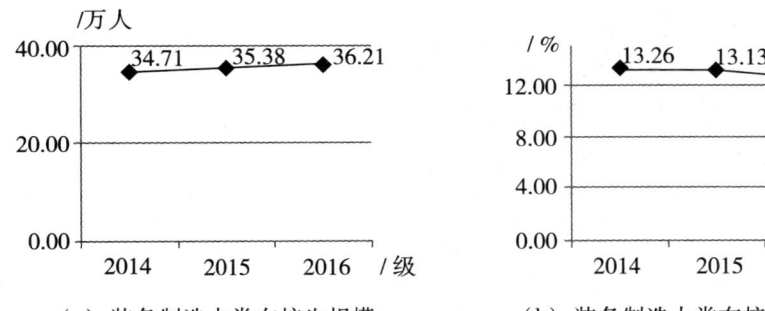

（a）装备制造大类在校生规模　　　　（b）装备制造大类在校生所占比例

图1　全国高职院校装备制造大类2014—2016级在校生规模

对全国高职院校装备制造大类的在校生结构进行分析，其结果如图 2 所示。

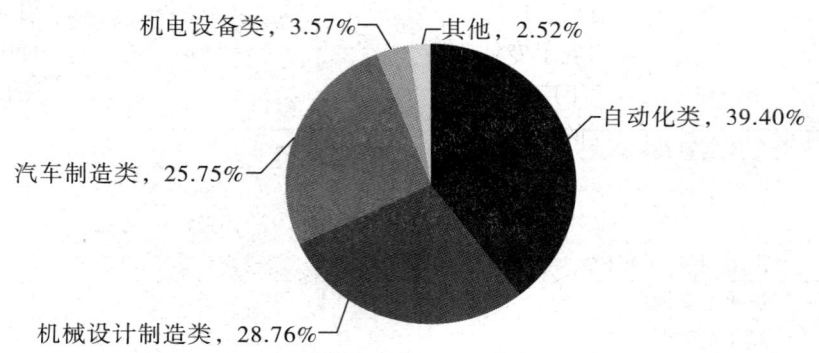

图 2　全国高职院校装备制造大类 2016 学年在校生结构

表 2　高职装备制造大类 2014—2016 级在校生结构

专业类	2014 级	2015 级	2016 级	合计	比例
自动化类/万人	13.28	13.73	14.87	41.88	39.39%
机械设计制造类/万人	10.38	10.30	9.89	30.57	28.75%
汽车制造类/万人	8.93	9.22	9.23	27.38	25.75%
机电设备类/万人	1.31	1.24	1.25	3.80	3.57%
船舶与海洋工程装备类/万人	0.50	0.49	0.42	1.41	1.33%
航空装备类/万人	0.28	0.38	0.53	1.19	1.12%
铁道装备类/万人	0.03	0.03	0.03	0.09	0.08%
合计/万人	34.71	35.39	36.22	106.32	100.00%

由以上分析可见，自动化类、机械设计制造类、汽车制造类在校生规模最大，这三类在校生所占比例达到 93.89%。2015 年专业目录新设的船舶与海洋工程装备、航空装备类、铁道装备类在校生规模明显偏低，其中铁道装备类比例仅为 0.08%。

在装备制造大类中，2014—2016 级自动化类、汽车制造类专业在校生逐年增加，机械设计制造类专业在校生则略有下降。

（三）在校生区域分布分析

对 2013—2015 学年分地域的制造大类在校生规模进行分析，江苏、山

东、广东、河南、安徽、湖北稳居制造大类在校生规模前六名，2015 学年上述六省制造大类在校生规模占全国的 46.58%，占据了约半壁江山。其中排前三名的江苏、山东、广东，分别位于智能制造业聚集的长三角、环渤海和珠三角地区，体现了专业设置与区域产业有较好的对接。同时由图 3 可见，2013—2015 学年广东、河南、安徽、湖北的高职制造大类在校生规模均出现了不同程度的下滑。

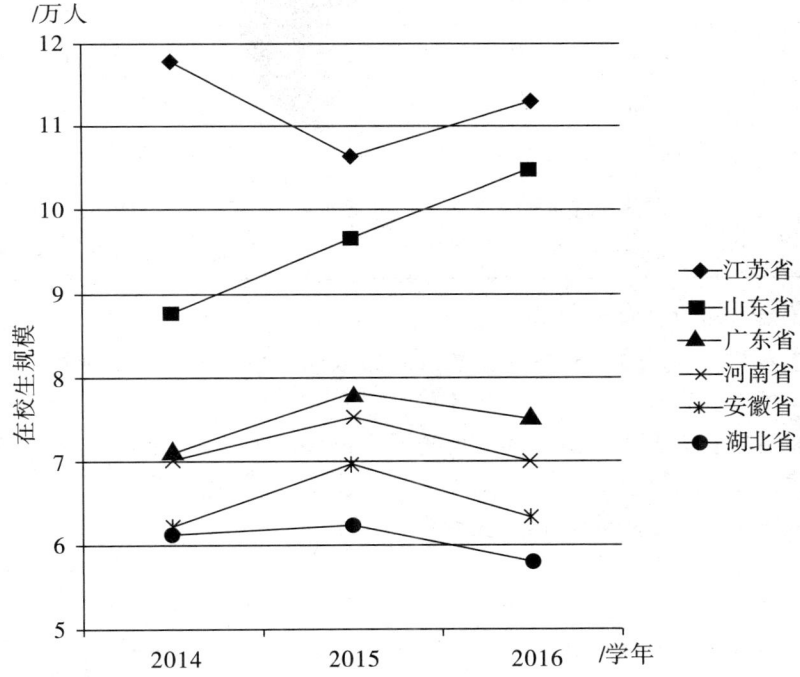

图 3 2013—2015 学年高职制造大类在校生规模变化（全国前六名省份）

（四）典型专业分析

对装备制造大类 59 个专业中在校生规模排前 10 位的专业进行分析，其结果如表 3 所示。

表 3 装备制造大类在校生规模前 10 位专业一览表

序号	专业名称	2014 级	2015 级	2016 级	合计
1	机电一体化技术/万人	8.82	8.74	9.19	26.75
2	汽车检测与维修技术/万人	6.66	6.80	6.61	20.07

续上表

序号	专业名称	2014 级	2015 级	2016 级	合计
3	电气自动化技术/万人	3.91	4.24	4.24	12.39
4	数控技术/万人	3.05	2.88	2.87	8.80
5	机械制造与自动化/万人	2.44	2.62	2.59	7.65
6	模具设计与制造/万人	2.00	1.85	1.64	5.49
7	机械设计与制造/万人	1.46	1.50	1.44	4.40
8	汽车电子技术/万人	1.18	1.19	1.12	3.49
9	汽车制造与装配技术/万人	0.96	0.97	0.94	2.87
10	机电设备维修与管理/万人	0.65	0.63	0.62	1.90
	合计	31.13	31.42	31.26	93.81

由表 3 可见，排名前 10 位的专业，在校生达到 93.81 万人，占装备制造大类在校生规模的 88.23%，2014—2016 级 10 个专业总体规模基本稳定。一方面，数控技术、模具设计与制造专业在校生规模有明显降低，与全国机械职业教育教学指导委员会的研究结果基本一致。另一方面，在校生规模前 10 名专业全部为冷加工专业，体现出制造类专业长期存在的"重冷轻热"的现象并未得到改善。

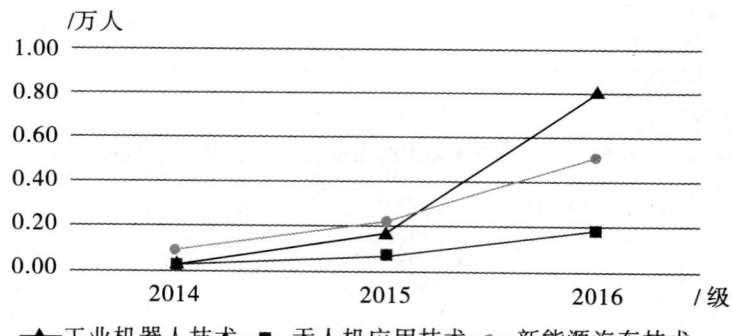

图 4　部分对接新兴行业的专业在校生规模

对工业机器人技术、无人机应用技术、新能源汽车技术等与新兴产业对接的专业进行分析，2014—2016 级在校生规模发生井喷，体现出高职院

校在人才培养方面对智能制造领域机器人等新业态的敏锐反应。但该类新兴行业如工业机器人应用等是典型的多学科交叉融合的行业，当务之急是大量培养掌握机器人系统知识并能与各行业具体要求相结合的技术技能人才，帮助用户解决机器人的应用的实际问题，取得实效。

三、问题分析

（一）高职院校人才培养规模与制造类人才需求仍有差距

根据《制造业人才发展规划指南》的预测，制造业的重点领域人才均有较大缺口，且缺口逐年扩大，迫切需要加快制造类人才，尤其是具有较高技术技能水平的创新性人才的培养。随着《中国制造2025》的推进，从国家到地方，均出台了有关先进制造业发展的规划和政策，对智能制造相关专业的人才培养起到有力的支持作用，但高职装备制造大类的在校生规模总体平稳，在高职在校生中所占比例则逐年下降，难以满足产业人才需求。

（二）制造类人才培养结构不尽合理

一方面，部分新兴重点领域人才培养规模明显偏小。根据《制造业人才发展规划指南》，航空航天装备、海洋工程装备及高技术船舶、先进轨道交通装备等均被列入十大重点发展领域，在 2015 年高职专业目录修订中，装备制造大类对应新设了航空装备类、船舶与海洋工程装备类、铁道装备类等专业类，但上述三个新设专业类在校生规模明显偏小，三类合计仅占大类规模的 2.52%，且 2014—2016 级并未出现显著增量，船舶与海洋工程装备类反而逐年降低，铁道装备类在校生不足 1 000 人，与产业发展需求明显不符。

另一方面，对接部分重点领域的培养规模出现下滑，尤其是对接高档数控机床的数控技术专业，以及对接工业之母模具行业的模具设计与制造专业，该趋势与全国机械职业教育教学指导委员会的研究结果一致，须给予高度关注。

（三）缺乏与行业匹配的标准和规范

教育部在 2012 年发布了首批 410 个《高等职业学校专业教学标准（试行）》。国家层面专业教学标准的制定，对智能制造相关专业的建设、教学组织等起到了有力的促进作用。但由于我国不同区域智能制造乃至装备制造业发展水平差异巨大，如何制定与区域产业相匹配的标准和规范，是迫切需要解决的难题。

同时，高职院校虽然工业机器人等新兴专业培养规模迅速扩大，但多数院校均是基于传统制造类专业转型开展培养，尚无权威的专业教学标准、课程标准等，人才培养质量难以保障。

四、发展策略

（一）加强对装备制造类专业的倾斜政策

随着"中国制造2025"战略的推进，部分地区尤其是经济发达地区，为适应产业人才需求，近年连续出台了对智能制造相关专业倾斜的政策。如在广东省2016年出台的《广东省教育厅　广东省财政厅关于实施广东省一流高职院校建设计划的通知》（粤教高函〔2016〕155号）中，明确要求申报院校主动面向广东省经济社会发展的重点领域，服务广东省创新驱动发展战略、智能制造发展规划等重大发展战略，助力产业转型升级。而在《广东省教育厅关于实施广东省高等职业教育品牌专业建设计划的通知》（粤教高函〔2015〕191号）中，则明确要求申报的专业为广东省经济社会发展急需的重点专业，包括战略性新兴产业（高端新型电子信息产业、生物产业、新能源产业、新材料产业、节能环保产业、海洋产业、航空航天产业等）、先进制造业（先进装备制造、船舶、汽车、钢铁、有色金属、建材、石化、轻工、纺织等）等。江苏省根据《省教育厅关于公布2016年江苏省现代职教体系建设试点项目的通知》（苏教职〔2016〕18号），要求优先支持物联网和新一代信息技术以及高端装备制造、光电等新兴产业相关专业。浙江省在《四年制高等职业教育人才培养试点工作方案》中明确提出试点专业优先选择先进制造类专业。上述省份出台的有利于智能制造相关专业建设的政策文件，对专业的人才培养质量起到有力的推动作用，也为长三角、珠三角装备制造产业的发展提供了有力的人才支持，未来应继续保持、加大对智能制造领域专业的支持力度。

（二）加强专业设置的指导

随着我国高校管理自主权的扩大，高职院校在专业设置、专业建设方面具有越来越大的自主权。如何在落实和扩大高校专业设置自主权的同时，进一步规范高职院校的专业设置管理，推动高职专业设置和专业建设进一步与产业对接，是迫切需要解决的问题。

我国部分地区已开展了有益探索，2017年广东省出台《广东省普通高等学校高等职业教育（专科）专业设置实施细则（征求意见稿）》，鼓励

和支持高校优先设置对接区域经济社会发展需要的战略性新兴产业、先进制造业等重点发展领域相关专业。省教育厅依托省高职教育教学管理委员会为全省高校科学合理设置高职专业提供指导、咨询和服务，充分发挥行业、企业、教育等方面专家在高职专业建设中的作用。2017 年，广东省出台《广东省高等职业教育专业设置分析报告（2017 年）》，提出广东省作为制造业大省，第二产业尤其是中高端制造业的发展潜力巨大，相关领域人才需求量极大，然而支撑第二产业尤其是中高端制造业和战略性新兴产业发展相关的专业设置较为短缺。2016 年全省高职院校共开设装备制造大类专业 34 个，仅占专业目录中专业数量的 52.31%，其中有 9 个专业仅在 1 所学校开设，报告同时对专业设置提出了建议和策略。上述工作为全省高职院校设置专业、优化专业布局提供了有力的支持和引导，推动了装备制造类等适应创新驱动战略和产业转型升级专业的建设和发展。

（三）制定适应产业特征的专业标准及规范

近年我国加强了标准和规范体系建设，对推动专业建设和发展起到了促进作用。2015 年起，教育部组织制定了首批专业的装备规范，2016 年 5 月征求了首批专业的装备规范意见，包括《高等职业学校智能控制技术（智能制造技术）专业仪器设备装备规范》《高等职业学校电气自动化技术专业仪器设备装备规范》等。2016 年 11 月，教育部发布了《关于做好〈高等职业学校专业教学标准〉修（制）订工作的通知》（教职成厅函〔2016〕46 号），针对经济社会快速发展，新职业、新技术、新工艺不断涌现，一些专业的内涵发生了较大变化等情况，特别是 2015 年教育部印发了新修订的《普通高等学校高等职业学校（专科）专业目录》，全面组织了专业教学标准的修订和完善。标准修订分两批开展，拟于 2018 年完成。

除教育部组织制定的国家层面专业教学标准，部分省市也结合区域产业特征和人才需求制定了专业教学标准。广东省于 2013 年起系统组织开展了 74 个标准研制项目，包括机电一体化技术、数控技术、模具设计与制造等智能制造领域主干专业，通过系统组织区域内具有代表性的骨干企业、专业建设基础良好的高职院校密切合作，构建了具有地方特色、适应"广东制造"向"广东智造"转变需求的专业教学标准和课程标准。

国家、地方专业教学标准、装备规范的制定及其在一线教学中的实施与运用，对提高人才培养质量起到了有力促进作用。

（执笔：吴晶；审稿：杜怡萍）

建立职业教育学位制度的
路径方法研究

○广东省教育研究院职业教育研究室

　　摘　要：伴随着国家大力发展职业教育的战略推进、对职业教育的功能作用认识越来越深入，职业教育是教育的一种类型，与普通教育同等重要已经逐渐为大多数人所认同，作为一种制度安排，职业教育学位制度也被摆上了议事日程。本文从职业教育发展的瓶颈、建立职业教育学位制度的意义和可行路径几个方面来尝试论述建立职业教育学位制度的重要性和可行性。

　　关键词：职业教育　学位制度

　　现代意义的学位制度在西方已经有近200年的发展历史，在中国由于种种原因，直到20世纪改革开放以后才正式建立我国的学位制度。我国的学位制度既借鉴西方国家的先进之处，也带有浓厚的中国特色。根据《学位与研究生教育大辞典》①的说法：学位制度是国家或高等学校为授予学位和保证授予学位的质量及对学位工作实施有效的管理所制定的有关法令、规程或办法的总称。尽管这个说法主要针对研究生教育而言，但是对于本科教育或者职业教育来说也应当是适用的。因此，无论在理论上，还是出于实践需要，建立职业教育学位制度都是必要且可行的。

一、建立职业教育学位制度是一个逐步深化认识的过程

　　1981年我国在高等教育中恢复了学位制度，为高等教育的发展奠定了

---

　　①　秦惠民. 学位与研究生教育大辞典［Z］. 北京：北京理工大学出版社，1994：4.

基础。在学位制度恢复之初，其最迫切的问题是从制度安排上把高等教育恢复过来，特别是要把研究生教育发展起来，以便培养现代化建设急需的高层次人才。在那个历史条件下，如果说没有把职业教育作为高等教育的组成部分，应当是可以理解的。

（一）改革开放初职业教育学位制度没有被摆上议事日程，但留下了发展空间

《中华人民共和国教育法》是我国教育发展的根本大法，并没有关上建立职业教育学位体系的制度大门。其中第十七条指出："国家实行学前教育、初等教育、中等教育、高等教育的学校教育制度。国家建立科学的学制系统。学制系统内的学校和其他教育机构的设置、教育形式、修业年限、招生对象、培养目标等，由国务院或者由国务院授权教育行政部门规定。"第二十二条指出："国家实行学位制度。学位授予单位依法对达到一定学术水平或者专业技术水平的人员授予相应的学位，颁发学位证书。"这就为建立职业教育学位制度留下发展空间。但是出于具体的发展任务，改革开放之初，职业教育的发展重心在中等职业教育。这一点，在《中共中央关于教育体制改革的决定》中可以明显看到。当时提出的大力发展职业教育，主要还是指中等职业教育，其出发点是培养适应经济社会发展的中初级技术人员、管理人员、技工和其他受过良好职业培训的城乡劳动者，重要的任务是要优化高中阶段教育结构。对于职业教育的认识，对于职业教育人才培养的定位，在高等教育的制度安排中还没有被提上议事日程。从时间上也不难看出，学位制度的恢复是为了推动高等学校和科学研究机构对于科学专门人才的培养，当时所谓高等学校的范围现在看来并不包括职业院校，主要是指本科学校。"根据大力发展职业技术教育的要求，我国广大青少年一般应从中学阶段开始分流：初中毕业生一部分升入普通高中，一部分接受高中阶段的职业技术教育；高中毕业生一部分升入普通大学，一部分接受高等职业技术教育……发展职业技术教育要以中等职业技术教育为重点，发挥中等专业学校的骨干作用，同时积极发展高等职业技术院校，优先对口招收中等职业技术学校毕业生以及有本专业实践经验、成绩合格的在职人员入学，逐步建立起一个从初级到高级、行业配套、结构合理又能与普通教育相互沟通的职业技术教育体系。"从本质上说，学位制度的建立与经济社会对于人才的需求有密切关系，也跟经济社会的发展和变化对于教育培养什么样的人，怎么样培养人有密切要求。在学位制度恢复之初，重点解决高等人才的有无问题，也就是当时所说的

"多出人才，出好人才"。到了1991年，国务院印发的《关于大力发展职业技术教育的决定》中明确提出了20世纪90年代的主要任务包括"积极推进现有职业大学的改革，努力办好一批培养技艺性强的高级操作人员的高等职业学校"。

1993年由中共中央、国务院颁发的《中国教育改革和发展纲要》是20世纪90年代乃至21世纪初整个中国教育改革和发展的蓝图，是建设有中国特色社会主义教育体系的纲领性文件。其中对于职业教育的任务目标，应当说其重点有两个方面：一方面是进一步理顺中等和中等以下职业教育和成人教育的管理体制，另一方面是优化高中阶段教育结构。而这两个重点实质上是相通的，均指向重点发展中等职业教育。可见，在21世纪之前，职业教育的重点都在于夯实发展基础，重点发展中等职业教育。高等职业教育还没来得及被放在重要的议事日程，无论是来自政策的层面，还是来自社会的需求。

1996年颁发的《中华人民共和国职业教育法》中第二条明确指出："本法适用于各级各类职业学校教育和各种形式的职业培训。"第三条指出："国家发展职业教育，推进职业教育改革，提高职业教育质量，建立、健全适应社会主义市场经济和社会进步需要的职业教育制度。"实际上就已经指出了高等职业教育既包括高等职业学校教育，又包括高等职业培训。作为教育事业的重要组成部分，职业教育制度天然地就是整个教育制度的有机组成部分。因此，第十三条明确指出："职业学校教育分为初等、中等、高等职业学校教育。初等、中等职业学校教育分别由初等、中等职业学校实施；高等职业学校教育根据需要和条件由高等职业学校实施，或者由普通高等学校实施。其他学校按照教育行政部门的统筹规划，可以实施同层次的职业学校教育。"第十四条指出："职业培训包括从业前培训、转业培训、学徒培训、在岗培训、转岗培训及其他职业性培训，可以根据实际情况分为初级、中级、高级职业培训。职业培训分别由相应的职业培训机构、职业学校实施。其他学校或者教育机构可以根据办学能力，开展面向社会的、多种形式的职业培训。"这两条实质上宣告了职业教育作为一种教育类型，自身是成体系的，在层次上分初等、中等、高等，在形式上分学校教育和校外培训。我们从1996年的职业教育法不难看出，其立法时对于整个职业教育体系的认识是相当完整的，至少立法者也认同职业教育作为一种制度安排，其必然且应当是整个教育制度的有机组成部分。因此，尽管当时对于职业教育人才的需求还远远没有达到今天的程度，但是

立法者在对整个职业教育制度进行设计时，仍然留下足够空间使之成为一种与普通教育相对应的类型，与普通教育在法律上处于平等位置。也就是说，职业学校教育在初等、中等和高等阶段均能在学制系统中找到对应的位置。

（二）21世纪后职业教育学位制度被逐步摆上了议事日程

2005年，国务院又印发了《关于大力发展职业教育的决定》（国发〔2005〕35号），其中第十五项任务对于职业教育的整体发展有十分重要的影响，明确提出了要"加强示范性职业院校建设"。文件把整个任务的计划和目标都较为确切地指出来："实施职业教育示范性院校建设计划，在整合资源、深化改革、创新机制的基础上，重点建设高水平的培养高素质技能型人才的1 000所示范性中等职业学校和100所示范性高等职业院校。大力提升这些学校培养高素质技能型人才的能力，促进他们在深化改革、创新体制和机制中起到示范作用，带动全国职业院校办出特色，提高水平。"但同时，为了防止职业院校盲目地不顾实际办学条件和功能定位片面追求所谓"升格"，忽视自身的使命和任务，在这项任务的末尾，特别提出了一个对职业院校影响至今的意见，就是"2010年以前，原则上中等职业学校不升格为高等职业院校或并入高等学校，专科层次的职业院校不升格为本科院校"。这个意见实质上把职业院校成为学位授予单位或机构的可行通道切断了。平心而论，职业院校片面追求升格层次的冲动是一直存在的，其中的因素十分复杂，远非本文所能讨论。但是有一点与本文要讨论的话题是关系密切的，这就是既然高职院校具有办学自主权，就不能想当然地认为其升格后就会丢掉职业教育的办学特色，不会再办职业教育。这恐怕是一种先入为主的想法，当然，实际情况如何即应当具体问题具体分析。或者之所以不少原来属于高职院校队伍一员的升格为本科院校后，都竭力在社会大众的观念中改变角色，不想再被打上职业教育的烙印，是因为长期以来职业教育就被定格在低层次的教育。这种对职业教育的观感既有实践中形成的原因，又有在制度安排中强化的结果，其双向发力的作用使得职业教育在近十年的发展中低人一等。

也许是为了统一发展职业教育的认识，2006年，教育部印发了《关于全面提高高等职业教育教学质量的若干意见》（教高〔2006〕16号），在这个文件中重点强调了两件事：一是直截了当地提出了职业教育是一种类型教育，而非层次教育。文件中写道："高等职业教育作为高等教育发展中的一个类型，肩负着培养面向生产、建设、服务和管理第一线需要的高技能人才的使命，在我国加快推进社会主义现代化建设进程中具有不可替代的作用。"二是要高职院校把精力放在提高办学质量上来，而不是升格。其实，提高办学质量应当是任何类型教育的自觉使命，具体对高职院校来说，提高办学层次与提高教学质量并不相悖。但从制度安排的角度出发，显然政策制定者希望在层次与质量之间做一种有步骤、有计划的选择，先把职业教育的办学质量提高到获得了全社会的全面认可后，再谈下一步提高办学层次的问题。对于管理层的这种发展思路，应当说普遍得到办学者的认可。在2006年以后，高职院校全副身心投入如火如荼的示范性高等职业院校建设当中。可以说，优先提高办学质量成为举办者和办学者形成的发展共识，在此基础上再来说提升层次的问题成为双方均认可的政策路径。

《国家中长期教育改革和发展规划纲要（2010—2020年）》对于高等职业教育的着墨并没有突出的针对性，但提出了一个非常重要的概念，就是提出了："到2020年，形成适应经济发展方式转变和产业结构调整要求、体现终身教育理念、中等和高等职业教育协调发展的现代职业教育体系，满足人民群众接受职业教育的需求，满足经济社会对高素质劳动者和技能型人才的需要。"由此，现代职业教育体系作为现代国民教育体系的重要组成部分，被正式提出来了。也就是在这个基础上，教育部在不同的文件中开始研究和考虑职业教育层次结构的问题。《教育部关于推进中等和高等职业教育协调发展的指导意见》（教职成〔2011〕9号）中提出了"以科学定位为立足点，优化职业教育层次结构。构建现代职业教育体系，必须适应经济发展方式转变、产业结构调整和社会发展要求；必须体现终身教育理念，坚持学校教育与各类职业培训并举、全日制与非全日制并重；必须树立系统培养的理念，坚持就业导向，明确人才培养规格、梯次和结构；必须明确中等和高等职业学校定位，在各自层面上办出特色、提高质量，促进学生全面发展。中等职业教育是高中阶段教育的重要组成部分，重点培养技能型人才，发挥基础性作用；高等职业教育是高等教育的重要组成部分，重点培养高端技能型人才，发挥引领作用。完善高端技能型人才通过应用本科教育对口培养的制度，积极探索高端技能型人才专业硕士培养制度"。从结构主义的角度出发，要实现高端技能人才的培养功能，就应当具有相应的结构，具体对职业教育来说，其层次结构决定了人才培养层次的高低，这就意味着专科层次以上的职业教育人才培养问题被明确提出来了。

（三） 新时期职业教育学位制度被提到了前所未有的高度

对于职业教育在整个教育体系中的地位和作用，直到《国务院关于加快发展现代职业教育的决定》（国发〔2014〕19 号）的出台才真正从决策层面给出了明确的回答。在这个发展现代职业教育的纲领性文件中，处处体现出职业教育作为一种类型教育的表述："推进中等和高等职业教育紧密衔接，发挥中等职业教育在发展现代职业教育中的基础性作用，发挥高等职业教育在优化高等教育结构中的重要作用……接受本科层次职业教育的学生达到一定规模……探索发展本科层次职业教育……研究建立符合职业教育特点的学位制度。"这种思想在《现代职业教育体系建设规划（2014—2020 年）》中表现得更加充分，作为落实和细化《国务院关于加快发展现代职业教育的决定》的执行文件，其进一步阐述了职业教育在国民教育体系中乃至整个经济社会发展的重要意义和作用，在规划背景的论述中，就开宗明义地指出"加快发展现代职业教育是党中央、国务院作出的重大战略决策。现代职业教育是服务经济社会发展需要，面向经济社会发展和生产服务一线，培养高素质劳动者和技术技能人才并促进全体劳动者可持续职业发展的教育类型"。发展现代职业教育已经上升到国家战略的高度，而且是培养人才的一种教育类型，不言而喻指的是在制度安排上应当与其他教育同等重要，不同的只是在人才供给中发挥不同的功能。也就是说，在学位制度的安排上，职业教育应该可以与普通教育一样，建立完整的序列。职业教育需不需要学位的争论已经可以搁置了，因为中央的文件已经作出了明确且肯定的回答。有论者认为高等职业教育学位授予的合理性与必要性毋庸赘言，但法律、法规的滞后性使职业教育学位制度身陷于有法无据的尴尬境地，只有结合实际修改相关法律、法规，才是排除该制度构建障碍的关键。①

二、学术界对于职业教育学位制度的讨论情况

在实践中，职业教育学位制度的探索在 21 世纪以来不断出现。2009年安徽某学院给毕业生颁发了"匠士"证书。2012 年，福建华厦职业技术学院给毕业生颁发"专业副学士"证书。直到 2014 年湖北职业技术学院给毕业生授予"工士"证书后，才引发了一波社会热烈讨论职业教育学位

---

① 解瑞卿. 高等职业教育学位授予的障碍排除：以制度合法性为主要观察视角[J]. 职教论坛，2014（22）：61 –65.

制度的小高潮。随后，教育部发言人明确表示向毕业生颁发的"工士"是荣誉称号，而非学位，是高职院校的自主的行为，并没有得到国家的授权，因为我国学位序列中不存在"工士"这一学位。① 教育部的明确表态隐含的意思让人喜忧参半。喜的一方面是其在公开场合对于这种行为定性为学校办学自主权，尽管没有得到国家认可，但也没有招来更严厉的批评，在态度上对于此类探索还是开放的。忧的一方面是对于职业教育学位制度的改革，似乎并没有被摆上教育部的议事日程，其迅速发布澄清就是要把这种事态发展进行急剧降温，以免继续在舆论层面发酵扩大。总体而言，教育部的态度还是给学术界和社会留下了讨论的空间，也就在这一年，学术界对比展开了广泛的讨论。这些讨论，无论是理论研究，还是实践探索，都有助于进一步厘清职业教育学位制度中的一些问题和凝聚一些共识。2009 年，有论者撰文提出对接受高等职业教育的高职专科毕业生授予"工士"学位的观点，并认为这样有利于提高大众对职业教育的认同度，将促进职业教育的有效发展。② 接下来需要深入讨论的问题则是职业教育的学位制度如何建立。有论者在接受采访时认为："对于职业教育尤其是高等职业教育能否授予学位，现在已不需要再讨论，因为国务院文件已经表述得很明确，当前的重点是怎样建立科学的职业教育学位制度，包括学位授予权的审定、学位攻读者的培养、学位的授予、与高级学位的衔接和学位评价等多方面内容。"③ 在讨论中有不少学者对高等职业教育授予的学位名称提出了多种建议，计有"副学士""准学士""能士""技士""艺士""术士""工士"和"专士"等名称。④⑤ 这些建议和说法各有各的道理，但另起炉灶不仅有标新立异之嫌，更为致命的问题就像有论者指出的那样：学位是一个体系，现有的三级学位体系是世界各国学术界长期探索稳定下来的一个比较完善的体系，曾经在一些国家设置过的"副博

① 教育部明确"工士"为称号非学位［N］. 北京青年报，2014 - 06 - 23（A05）.

② 李梦卿，张群."工士"学位在我国职教人才培养中的可实施性研究［J］. 湖北工业大学学报，2009（3）：14 - 16.

③ 翟帆. 工士学位，国家学位制度会采纳吗？［N］. 中国教育报，2014 - 07 - 08（6）.

④ 李梦卿，王若言."工士"学位及我国高等职业教育学位名称推定语境研究［J］. 职教论坛，2014（31）：20 - 25.

⑤ 伍红军. 从"工士"到"专士"：高等职业教育学位名称再探［J］. 内蒙古师范大学学报（教育科学版），2017（1）：73 - 77.

士"学位，后来还是由于定位不明难以被公认或通行。① 可见，在通行的三级学位体系中增加一级，这样的做法可以讨论，但其实不太可行。可行的路径是在现有学位制度下，沿用三级学位体系，这在策略上才行得通。事实上，在当前我国的学位制度中并非没有职业教育的学位，例如专业学位，就是一种职业学位，而且专业学位教育制度是成序列的，这一点在政策文件中已经表述得非常清楚明白。②

有论者在谈到我国学位制度发展中存在的问题时，也指出："整个学位结构不尽合理。在学术学位和专业学位上，欧美发达国家在近50年的发展过程当中，已经将 MBA、法律硕士、教育硕士等专业学位的份额由20%提高到了60%；而我国的这一比率还不到25%。随着我国工业化的发展和产业结构的升级以及我国博士教育逐步加强，硕士教育依旧沿袭传统的学术型人才培养模式已经越来越不适应我国人才市场的需求，这也向我国今后的学位授予审核制度发出了一个强烈的信号：我国今后的硕士学位授权审核的重点应该转向应用性、专业性的学位上来，以促进人才类型结构的根本转型。"③ 在整个讨论职业教育学位制度的过程中，学术界慢慢对这个问题从理论构建向制度设计过渡，可谓逐渐形成了共识，接下来关键问题是如何在实践中实现突破。

三、建立职业教育学位制度的路径选择

当前的学位制度是以国家信用来背书的，体现的是国家意志。在本科高等学校这么多年的实践中，应当说是成功的。但是越来越多学者提出，学位制度应当随着经济社会发展的需要做出相应的改革，最重要的改革是体现出学位授予机构对学位授予质量的权责统一。即使是同一层次的学

---

① 储朝晖. "工士"含金量社会来评价 ［N］. 中国教育报，2014 - 06 - 25（2）.

② 《关于加强和改进专业学位教育工作的若干意见》（学位〔2002〕1 号）："专业学位，或称职业学位，是相对于学术性学位而言的学位类型，培养适应社会特定职业或岗位的实际工作需要的应用型高层次专门人才。专业学位与相应的学术性学位处于同一层次，培养规格各有侧重。我国自 1991 年开始实行专业学位教育制度以来，经过十年的努力和建设，专业学位教育发展迅速，取得了显著的成绩。目前，已基本形成了以硕士学位为主，博士、硕士、学士三个层次并存的专业学位教育体系，初步建立了具有我国特色的专业学位教育制度。"

③ 谢维和，王孙禺. 学位与研究生教育：战略与规划 ［M］. 北京：教育科学出版社，2011：257.

位，在不同授予机构之间也是存在差异的，反映的是质量和水平的多样性。有论者认为，需要为当前的高等职业教育（包含专科高等教育和专科层次的高等职业教育）增设学位，这样有利于对外交流和往上衔接。① 其实质就是在现行学位体系中增加专科层次的学位。应当说，持这种观点和思路的人占多数。但是这种观点并不完全切合《国务院关于加快发展现代职业教育的决定》的思路，文件中提出要研究建立符合职业教育特点的学位制度，其用意是要把职业教育纳入现行的学位制度当中。现行学位分三个层次：学士、硕士和博士，也就是说，当前的学位起点是学士。在《国务院关于加快发展现代职业教育的决定》中也提到了要探索发展本科层次职业教育。因此，在研究职业教育学位制度的时候，要和本科层次的职业教育这个问题联系起来考虑。《国务院关于加快发展现代职业教育的决定》的顶层设计不是让我们在现行的学位之外新设一个学位，以体现职业教育的办学特点，而是把职业教育提升到本科层次以上，并在学位制度中有所体现。学位的序列仍然是三级，但正如不同学科所授予的学位体现出学科要求和特点那样，职业教育的学位也必须是反映出职业教育的特点。这样就形成了两种路径：其一是创设一种专科层次的学位，为的是满足当前绝大多数高职院校的需要。其二是把职业教育升级到本科层次，纳入现有学位制度当中，符合条件的是少数通过质量评估的高职院校或者这些学校中的部分专业。

建立职业教育学位制度的问题涉及什么是职业教育和怎么办职业教育的根本问题。人们往往一谈职业教育就将之放在普通教育的对面，以普通教育作为参照系来描述职业教育。具体到学位制度这个问题，讨论者容易一下子就把高等职业教育代入专科层次教育当中，这固然是一种现实——当前的制度设计中承担高等职业教育的主要机构是高职院校，这些学校都只能办专科层次的教育。但这是否意味着高等职业教育就是专科层次的教育呢？其实不能这样说。例如，医学、师范、法律和建筑等专业在很多本科院校中都有设置，它们培养的都是专门的职业人才，这是典型的职业教育。由此可见，制度固然束缚了人们对于问题的认识，但更为重要的是固有观念的障碍——人们都自觉地把高等职业教育等同于高职院校，再等同于专科层次教育。这是当前无法创新举措突破既有制度樊篱的思想根源。

---

① 周洪宇，李梦卿. "工士"学位为高职教育"定位"：对我国高等职业教育（专科）学位制度的思考［N］. 中国教育报，2015－02－13（3）.

职业教育学位制度问题与其说是一个制度设计的问题，毋宁说是一个思想认识水平的问题，或者两者兼而有之。许多论者对于高等职业教育之"高"也仅仅停留在专科层次，因此，他们提出的改革路径自然而然就是在现有的三级学位体系中做加法，以便找到自身存在的位置。退一步而言，即使可以增加专科层次的学位，也不一定就解决职业教育天花板的问题。诚如有论者所说的那样："那种认为要为在学术教育之外另设一套职业教育的学位体系的看法更缺乏学理依据，也无法建起职业教育与社会的'立交桥'。"① 因此，正确而可行的路径应该是在充分研究现行在本科高等学校开展职业教育的课程体系、人才评价等前提下，如何在其他相关专业开展本科层次的职业教育，以便其人才培养质量符合授予学位的要求。本科层次职业教育由《国务院关于加快发展现代职业教育的决定》提出，我们就不难理解：职业教育学位制度最困难或者最重要的是在三级体系中迈出第一步，即先有职业教育的学士学位才有可能把整个职业教育的学位体系建立起来。这个学位体系也是现代职业教育体系的有机组成部分。有论者通过对于美国、德国和日本三个发达国家本科高职的分析，认为各国所办本科高职在培养目标、专业与课程设置、培养过程及招生方式等方面均不同程度呈现有别于专科高职及普通本科教育的特征，这些国家本科高职的创办取得了巨大的效益，实现了既满足社会需要，又推动高职自身发展的"双赢"。②

立足在当前高职院校整体不升格的情况下，可以探索在专业层面发展本科层次职业教育的实现方法。职业高等学校与普通高等学校的区别实质上是对于知识传授和技术运用的不同，前者更倾向应用性和实用性，后者更倾向理论性和基础性。当然，这是个宏大的话题，也不是本文所讨论的重点。在高职院校中设置本科专业，甚至授权授予学士学位，有三个必须解决的问题：一是学术同行的认同。同一个专业或者相关的学科，其所授予专业学位的水平必须能得到学术共同体的基本认可。也就是说，无论是高职院校还是其他高等学校，授予的学位所体现的办学质量是必须达标的，办学水平是配得上其称号的。正如有论者说的那样"从本质意义上讲，学术是学位的本质体现，学位与学术有着内在的本质关联性。可以

---

① 储朝晖."工士"含金量社会来评价［N］. 中国教育报，2014－06－25（2）.

② 李均，赵鹭. 发达国家本科层次高等职业教育研究：以美、德、日三国为例［J］. 高等教育研究，2009（7）：89－95.

说，任何学位都是对学术水平的一种鉴定和认可，都直接反映一定层次的学术问题，即便是世界上现在通用的荣誉性学位也是如此"[①]。这一点，从专业的层面开展起来相对更容易一点。因为从整体看上去确立一所高职院校是否符合授予专业学位的条件在当前是一个非常棘手的问题，既涉及政策层面的问题，更涉及操作层面的问题，难度可谓十分巨大。但是把范围缩小到具体的专业，这样开展同行评价则相对比较容易形成共识，也易于操作。至少，在考试招生制度方面，在高职院校某些专业进行本科层次的招生，看起来也容易得多。二是培养质量的认同。无论是高职院校还是本科高校，其绝大部分毕业生最终都要进入劳动力市场，都要接受用人单位的评价。用人单位对于就业岗位所具备的职业素养、知识和能力可以提出要求，这种要求并不针对特定的学校，而是面向所有应聘者。因此，如果本科高校的毕业生被认为达到要求了，反推过来就是要求高职院校的相关专业按照满足用人条件的方向制定人才培养方案，包括课程体系、师资素质和培养模式等。这可理解为"曹冲称象"法则：把用人的要求理解为石头，把学校培养的人才理解为大象，如果本科高校与高职院校培养的学生均符合用人单位的要求，则可认为两者的培养质量是对等的。三是考试招生制度改革。在高职院校办本科专业首要的解决的问题就是在现行考试招生制度中，给考生增加这一选项。经过近十年大力提高高等职业教育办学质量和开展专业建设，应当说在现有的高职院校中选择一批符合本科办学条件的专业是能够做到的。如果把这看成专业升格，那么其条件和标准应当是可以形成广泛共识的。这样实质上又回到了上述两个方面：即条件和标准的设定必须要聆听专家和企业的意见。

可以预见，以专业升格作为发展本科层次职业教育的突破口，其对于建立职业教育学位制度是有重要意义的，甚至可以说是迈出了至为关键的一步。经过若干年，当一所高职院校本科专业发展到一定数量时，具有职业教育特色的本科院校就自然产生了，届时职业教育学位制度问题就能迎刃而解。

（执笔：邓文辉；审稿：杜怡萍）

---

① 康翠萍. 对学位类型界定的一种重新解读 [J]. 学位与研究生教育，2005 (5)：50 - 52.

人口结构变革与广东高等教育发展策略研究[*]

○广东省教育研究院高等教育研究室

摘　要：人口结构是影响高等教育发展的重要因素，新时期以来，随着广东经济社会领域的变革，人口结构也在发生深刻变革，"全面二孩"政策实施以后，人口格局势必发生更大变化。所以研究广东人口发展现状和基本趋势，对人口结构变革给高等教育带来的可能影响进行预测和评估十分必要。经过多年的发展，广东高等教育与人口发展的适应性不断增强。但总体来看还存在一些问题，要解决这些问题，必须建立"以人为本"的高等教育发展理念；提升高等教育规模，惠及广大人民；树立质量意识，提升人才培养水平；优化高等教育结构，提升人口就业能力；增加经费投入，提升发展保障能力；等等。

关键词：人口结构　广东　高等教育　发展策略

人口结构是影响高等教育发展的重要因素，"高等教育与经济协调发展是现代社会发展的必然选择，而在高等教育与经济发展过程中，人口因素始终贯穿其中。研究高等教育与人口、经济的关系，把握高等教育与人口、经济的协调发展程度，既是科学决策、有效实施科教兴国战略的前

　　* 本报告系全国教育科学"十二五"规划 2014 年度教育部青年课题"产业转型时期区域高校学科专业结构优化研究——以珠三角为例"（EIA140419）阶段性研究成果之一。

提，也是高等教育外部关系规律为现代决策服务的客观要求"①。新时期以来，随着广东经济社会领域的变革，人口结构也在发生深刻变革，"全面二孩"政策实施以后，人口格局势必发生更大变化。所以研究广东人口发展现状和基本趋势，对人口结构变革给高等教育带来的可能影响进行预测和评估十分必要。

一、研究的背景与意义

（一）是贯彻落实党的十九大精神的必然要求

党的十九大报告提出："建设教育强国是中华民族伟大复兴的基础工程，必须把教育事业放在优先位置，加快教育现代化，办好人民满意的教育。"高等教育是培养人的活动，高等教育对象的变化必然要求其各方面产生与之相应的变化，这是一个明确而直接的逻辑。高等教育的外部关系规律也告诉我们：整个社会是一个大系统，教育作为社会系统中的子系统，它与社会的其他子系统如经济、政治、文化系统，以及各种社会因素如人口、资源、地理、生态、民族、宗教等存在着不可分割的必然联系与关系，教育要受社会其他子系统和诸多因素的制约，也对其他子系统和诸多因素起作用。② 因此人口规模、结构和层次变化会制约和影响高等教育的发展，办好人民满意的教育必须关注包括人口在内的社会各方面结构的变化，以提前谋划适应全体人民发展的高等教育。

（二）是贯彻落实国家、省教育发展规划纲要的应有之义

《国家教育事业发展"十三五"规划》指出："生育政策调整，学龄人口、劳动年龄人口规模结构改变，人口老龄化速度加快，教育需求发生结构性变化，对高质量、多样化的教育需求日益增长，教育体系、结构和布局面临深刻挑战。"《广东省教育发展"十三五"规划（2016—2020年)》认为"随着适龄人口规模结构的改变、人口生育政策的调整、新型城镇化加快推进，各级各类教育同时面临提升质量、调整规模、优化结构的发展重任"。"人口与教育"是教育政策研究中不可回避的现实课题之一，人口的数量、结构及其变动将直接对教育产生深远影响，其中学龄人

① 马鹏媛，米红. 高等教育—人口—经济系统协调发展定量分析［J］. 中国高教研究，2012（7）：1－6.

② OSBORNE M，HOUSTON M，TOMAN N. The pedagogy of lifelong learning［M］. London：Routlege，2007：178，186.

口变动对教育资源配置具有基础性和全局性的作用，应当加以重视。同时适龄人口的变化也会引起高等教育随之产生变化，高等教育也需要适应并且主动适应这种变化。高等教育研究既应该关注人口的近期现状，也应该关注中期发展，更应该关注长期趋势，为高等教育发展规划落实和调整提供理论支撑。

（三）是推动高等教育全面协调可持续发展的应有之举

高等教育协调化是指在科学预测和一定战略规划指导下，高等学校数量、层次、类型和形式与所在区域经济社会发展水平逐步适应和匹配的过程，主要表现在院校布局和学科设置协调化两个方面。高等教育协调化发展是人才培养的必然要求，人才培养包括输入、过程和输出三个阶段，人才培养的规模、类型、层次、方式方法和内容等必须与地区经济总量、人民群众受教育需求、产业结构等相适应，这是促进学生高质量就业、办人民满意的高等教育的基础。在人口方面，对高等教育的影响表现在三个方面：人口基数大小主要影响当前高等教育的需求量，决定当前高等教育的服务规模；增长速度快慢将影响未来高等教育的需求量；年龄构成，若年龄构成趋于年轻化，则表明目前和未来高等教育需求量大，若年龄构成趋于老龄化，则未来一定时期中，大学学龄人口所占比例会趋于下降，社会对高等教育服务的需求就会减少。广东地域辽阔，各区域经济实力、产业分工、人口状况、科技水平、文化类型均存在相当大的差异，这就要求要实现高等教育现代化必须立足包括人口发展在内的省情、市情，统筹规划高等教育规模、层次、科类、形式等布局结构，促进高等教育协调化发展。

二、广东人口发展的特点及其趋势分析

根据广东省统计局资料显示：2016 年底，全省常住人口 10 999 万人。全年出生人口 129.45 万人，出生率为 11.85‰；死亡人口 48.17 万人，死亡率为 4.41‰；自然增长人口 81.28 万人，自然增长率为 7.44‰。总体特点与趋势如下。

（一）常住人口总量增长，增速减慢

"十二五"时期，广东常住人口总量净增 344 万人，增长 3.91%，年均增长 0.77%，高于全国平均水平。无论是总量还是增速，明显低于"十一五"时期（净增 998.87 万人，增长 13.56%）。总体来看，"十二五"

时期广东常住人口迅猛增长的势头明显缓解，但由于人口规模以及育龄妇女基数庞大，自然增长率维持在 6.02‰～6.95‰之间，这明显高于全国平均水平（4.79‰～5.21‰），所以总量稳步增加但势头放缓是"十二五"时期广东人口发展的主要特征。[①] 从趋势来看，为应对我国低生育率、少子化和老龄化并存的人口新常态，2015 年 10 月，党的十八届五中全会提出"全面实施一对夫妇可生育两个孩子政策"（简称"全面二孩"政策）。按照五中全会决策部署，2015 年 12 月，第十二届全国人大常委会第十八次会议审议通过《中华人民共和国人口与计划生育法修正案（草案)》，"全面二孩"政策及其配套法规得到修订，自 2016 年 1 月 1 日起正式实施。2015 年 12 月 30 日，广东省第十二届人大常委会第二十二次会议第二次全体会议表决全票通过了新修订的《广东省人口与计划生育条例》，标志着广东"全面二孩"政策全面实施。根据广东卫计委预测，实行"全面二孩"政策后 2016—2020 年广东省的户籍人口每年将多出生 15 万～18 万人。

（二）人口区域分布不均衡

区域分布不平衡是长期以来广东人口发展的主要特征，这主要与地区经济社会发展水平密切相关。"十二五"时期，这一基本格局依然保持，超过一半的人口仍集聚在珠江三角洲地区，区域内拥有两个超大城市（常住人口 1 000 万以上），分别是广州和深圳；两个特大城市（常住人口 500 万以上 1 000 万以下），分别是佛山和东莞。从区域划分来看，"十二五"期末，珠江三角洲、粤东、粤西和粤北山区的人口总量分别为 5 874.27 万、1 727.31 万、1 583.35 万和 1 664.07 万，分别占全省人口总量的 54.15%、15.92%、14.59% 和 15.34%。[②]

（三）人口老龄化社会逐步加剧

在常住人口年龄段分布方面，"十二五"期末全省 0～14 周岁（少年儿童）、15～64 周岁（成年）、65 周岁及以上（老年）人口分别为 1 884.67 万人、8 044.05 万人和 920.28 万人，分别占比 17.37%、74.15% 和 8.48%，呈现出"扁担形"特征。但是按照国际老龄化社会惯例统计方法，即少年儿童人口比例小于 30%，老年人口比例大于 7%，老少比大于

①② 罗健波．"十二五"时期广东人口发展状况分析［EB/OL］．［2017－11－30］．http://www.gdstats.gov.cn/tjzl/tjfx/201608/t20160804_341431.html.

30% 为老龄化社会，广东从 2012 年起就已经全面进入"老年型"时期。①

表 1　2010—2015 年广东省人口结构类型及其变化情况

指标	国际通常使用的人口年龄结构类型判别标准			2010 年	2011 年	2012 年	2013 年	2014 年	2015 年
	年轻型	成年型	老年型						
少年儿童人口比例/%	>40	30~40	<30	16.89	15.96	14.64	15.38	17.37	
老年人口比例/%	<4	4~7	>7	6.75	6.80	7.06	8.17	8.27	8.48
老少比/%	<15	15~30	>30	39.95	40.23	44.24	55.81	53.78	48.83

（四）人口素质结构需求发生深刻变化

产业结构影响人口就业结构。一般来讲，现代战略性新兴产业和高新技术产业需要大量具有创新能力的研究型人才，需要一定的研究型大学作为支撑。而现代服务业和先进制造业则需要大量具有服务和应用能力的本科、专科生，需要大量的应用型本科院校和高职高专作为支撑。根据相关产业规划，未来我国将发展结构优化、技术先进、清洁安全、附加值高、吸纳就业能力强的现代产业体系。现代产业体系建设的核心是重点改造提升制造业，培育发展战略性新兴产业。广东将促进信息化与工业化相融合，优先发展现代服务业，加快发展先进制造业，大力发展高技术产业，改造提升优势传统产业，积极发展现代农业，建设以现代服务业和先进制造业双轮驱动的主体产业群，形成产业结构高级化、产业发展集聚化、产业竞争力高端化的现代产业体系。现代产业体系的发展必然对人口素质转型升级提出新的要求。

党的十九大对新时期我国社会主要矛盾做出了新的深刻判断，"人民日益增长的物质文化需要同落后的社会生产之间的矛盾"已经基本解决，未来一段时间这一主要矛盾表现为"人民日益增长的美好生活需要和不平衡不充分的发展之间的矛盾"。社会主要矛盾的历史性变化，对社会各方面发展提出了新的要求。"仓廪实而知礼节，衣食足而知荣辱"，社会的发

---

① 罗健波．"十二五"时期广东人口发展状况分析［EB/OL］．［2017 - 11 - 30］．http://www.gdstats.gov.cn/tjzl/tjfx/201608/t20160804_341431.html.

展程度决定人的心理状态和主观需求。改革开放以来我国经济社会的繁荣发展，物质财富的不断增加，个体追求自我实现和素质提升的要求也越来越强烈。20 世纪 60 年代以来，终身教育理念开始出现并迅速成为高等教育发展的主要指导思想之一，这主要源于知识总量和科学技术的日新月异。终身教育是指一个人在一生中所受到的各种培养的总和，它包括一切教育活动、一切教育机会和教育的一切方面。可以预见，随着社会大众教育自觉意识的提升和知识技术的不断更新换代，广东人民群众对终身教育的需求将越来越大。

三、广东高等教育与其人口发展的适应性分析

经过多年的发展，广东高等教育与人口发展的适应性不断增强。但总体来看还存在一些问题，主要表现在以下几个方面。

（一）高等教育规模尚不能适应人口素质提升的需求

从现状来看，2016 年广东每 10 万人口在校生数为 2 431 人，这不仅低于全国平均水平（2 530 人），更低于北京（5 028 人）、天津（4 058 人）、上海（3 327 人）、重庆（3 059 人）、江苏（2 937 人）、山东（2 620 人）等经济发达地区，甚至低于吉林（3 048 人）、湖北（2 950 人）、辽宁（2 845 人）和江西（2 698 人）等省份。从高等教育毛入学率来说，2016 年广东高等教育毛入学率达到 35.10%，不但远低于北京、上海、江苏、浙江等省市，而且低于全国平均水平（42.7%），这显然与广东经济大省的地位不相称，更与人口素质提升的要求相去甚远。从发展趋势看，根据广东卫计委预测，实行"全面二孩"政策后 2016—2020 年广东省的户籍人口每年将多出生 15 万～18 万人；2018 年可能多出生 27 万人左右，达到峰值，之后逐年递减。对于高等教育而言，"全面二孩"政策将在 2035 年左右开始对高等教育结构和规模等产生影响，按照高中教育普及率 90% 保守估计，到 2035 年，高等教育适龄入学人口将增加 13.5 万～16.2 万人，这将给高等教育资源本就缺乏的广东带来严峻挑战。

（二）高等教育布局尚不能适应区域人口发展的需求

高等教育与经济协调发展是现代社会发展的必然选择，而在高等教育

与经济发展过程中，人口因素始终贯穿其中。① 高等教育布局结构是指各级各类高等教育在各地区之间的分布状况，反映的是高等教育资源在某一地区范围内的空间分布与组合方式，主要指各地区拥有的高校数量和在校生规模，反映高等教育资源在空间上的分布，具有相对稳定性和发展性。但由于历史基础、经济发展不均衡等方面的原因，广东高等教育资源分布还极为不均衡，突出表现在两个方面：一是高等学校和在校生主要集中在珠江三角洲地区，粤东西北地区基础薄弱；二是珠江三角洲地区高等学校和在校生主要集中在广州，其他地市相对较少。这显然不能适应区域人口发展的需求。

（三）高等教育类型尚不能有效适应人口就业结构变化

一方面，当前广东人口结构呈现出两大特征，新生儿数量激增和老龄化趋势明显，这就要求高等教育在专业结构方面有所调整，加快发展包括学前教育、老年教育及护理等方面的专业。另一方面，产业结构决定就业结构，就业结构对高等学校学科专业结构提出要求。采用灰色关联分析方法对学科门类与产业结构之间的相关性进行研究发现，农学与第一产业有较强的相关性；工学、理学、管理学和经济学等与第二产业有紧密联系；文学、管理学、理学、经济学和工学则与第三产业有较强的相关性。② 整体来看广东全省学科设置与产业结构之间具有一定的适应性，表现为与第二、三产业均密切相关的工学、管理学设置比例较高，能够为产业发展提供大量的技术和管理人才；一级学科布点较为齐全，除天文学类、地球物理学类、兵器类和艺术理论类外，其他 88 类均有布点。但具体分析来看，科类结构与产业发展还存在脱节，从而造成人才培养与就业需求存在不适应性。以本科学科设置为例，学科结构与全省产业发展契合度仍需提高，表现为艺术学、文学、医学、教育学和法学所占比例较高，而理学和经济学所占比例较低，学科门类结构存在失衡现象。在一级学科中，工商管理类、外国语言文学类（主要是英语）、计算机类等传统学科布点较多，与此相对应的是，新兴、交叉和紧缺学科建设滞后，例如工学中的复合材料与工程、港口航道与海岸工程、航空航天工程等 80 种专业尚未布点；理学

① 马鹏媛，米红. 高等教育—人口—经济系统协调发展定量分析 [J]. 中国高教研究，2012（7）：1 - 6.

② 汤贞敏，孙丽昕，张伟民，等. 广东省本科学校结构、布局与区域经济社会发展的关系研究 [J]. 高教探索，2015（3）：5 - 12.

中地球物理学、分子科学与工程、军事海洋学等10种专业尚未布点；外国语言文学中荷兰语、蒙古语、希腊语、土耳其语等40种小语种尚未布点；医学中医学影像技术、妇幼保健医学、眼视光学、蒙医学、藏医学等17种专业尚未布点，这些显然不利于人才培养与经济发展的对接，影响到人口素质的适应性和精准性。

（四）高等教育体系尚不能支撑人口素质发展的要求

伴随高等教育的普及化，社会对高等教育的需求越来越大，一方面由于高等教育规模的扩大，学生的层次、类型等将变得更加复杂，学生对于高等教育的需求更加多样；另一方面区域经济社会发展对高等教育的需求进一步增大，并呈差异化和多元化发展，这些都要求高等教育机构的多样性发展。推动高等学校多样化发展既要考虑社会大众接受高等教育的现实需求，同时也要考虑经济社会发展对人才的层次和类型需求。长期以来，受市场经济因素和高等教育扩张等因素的影响，我国不少高校盲目求高、求大、求全，较为严重地存在"错位""缺位"或"失位"问题。正如有关学者所说的那样："定位不明，是当前中国整个高等教育发展的一个令人困惑的问题。"①为推动高等教育水平持续提升，2014年广东开始在高等学校大力推进"创新强校工程"。在具体实施上，主要按照人才培养类型对高等学校进行分类，本科院校形成了博士授权、硕士授权、一般本科三种类别，高职高专形成"基本规范""改进发展""示范引领"三类高职院校，并在"创新强校"工程中对其进行分类评价、分类资助。这标志着广东高等学校分类建设的基本趋势已见端倪。但总体来看，高等学校分类建设的体系尚未成熟，相关政策文件尚未出台，还不能完全满足人民群众接受多样化高等教育的发展需求。

四、人口政策调整视角下广东高等教育发展对策

（一）建立"以人为本"的高等教育发展理念

坚持以人为本，实现人的全面发展是高等教育现代化的本质要义和最终旨归。推动高等教育人本化发展要求任何政策制定、理念推动和改革创新，都必须以人的发展为核心，尊重人的主体作用，不断提升高等教育培

---

① 潘懋元. 中国高等教育的定位、特色和质量 [J]. 中国大学教学，2005（12）：4－6.

养人、发展人、解放人的能力和水平，办人民满意的有质量和温度的高等教育。坚持以人为本要求实现高等教育资源的优质且相对均衡。均衡发展是保证高等教育公平，实现人本化的重要途径。教育均衡是指在平等原则的支配下教育机构、受教育者在教育活动中平等待遇的实现（包括建立和完善确保其实际操作的教育政策和法律制度），其最基本的要求就是在正常的教育群体之间平等地分配教育资源和份额，达到教育需求与教育供给的相对均衡，并最终落实在人们对教育资源的支配和使用上。① 需要注意的是，高等教育均衡发展只是一个相对的概念，并不是指绝对的均衡。一方面由于高等教育发展受地方经济社会发展水平和历史基础等多方面因素影响，高等教育在资源获得方面必然存在差异。另一方面高等教育发展具有自身的规律，需要存在具有示范效应的区域中心，因此高等教育发展只能相对均衡。从人的全面发展的角度看，优质且相对均衡的高等教育一方面体现在资源的分配上，在趋势上应该逐渐从丰富优质区向贫乏薄弱区转移，体现出教育政策的人文关怀和社会的公平正义。另一方面在于鼓励各地区各学校根据实际情况，办出特色，满足学生多样化发展需求，既要体现出高等教育要求的统一性（最低标准），又要体现出个体发展要求的差异性，为每个学生提供底线平等基础上的差异性教育和多样化选择，包括多种类型和层次的学校、课程、教学模式和评价等，使每个学生受到最适合的教育，能够自由而富有个性地发展。

（二）提升高等教育规模，惠及广大人民

一是增加高等学校数量。未来 5～20 年内广东要提升高等教育水平，为人口素质提升和发展提供强大教育支持，急需增加高等学校数量，在不扩大现有高校学生规模的前提下，通过升格、新建、剥离等手段，未来 10 年需新增高校 30 所以上。二是探索建立"三级管理、四级办学"体制。在坚持中央和省两级管理、以省为主、扩大高校办学自主权的同时，申请探索建立中央、省、市三级管理，中央、省、市和县（区）四级办学的管理体制。继续放宽地级市在举办高等教育方面的权力，提高各级政府根据本地经济社会发展需要办学的积极性，扩大办学规模。鼓励珠江三角洲地区经济发达县（区）参与高等教育办学，在广州、深圳、东莞、佛山等发达城市设立县（区）办学改革试点，办学形式以社区学院为主，主要承担

---

① 翟博. 教育均衡发展：现代教育发展的新境界 [J]. 教育研究，2002（2）：8－10.

成人教育和职业培训功能，满足人民群众多层次、多方面的学习需要，为建设学习型社会奠定坚实基础。三是适当扩大现有高校的规模，积极支持高校新校区建设，特别重视大学城建设，鼓励办学质量高、声誉好的高校与社会联合举办独立学院。

（三）树立质量意识，提升人才培养水平

2017年9月，《中共中央 国务院关于开展质量提升行动的指导意见》提出："以提高发展质量和效益为中心，将质量强国战略放在更加突出的位置，开展质量提升行动，加强全面质量监管，全面提升质量水平，加快培育国际竞争新优势，为实现'两个一百年'奋斗目标奠定质量基础。推进高等教育人才培养质量。"同时对高等教育发展提出了具体要求，即"推进高等教育人才培养质量，加强质量相关学科、专业和课程建设"。在高等教育领域，需要将发展重点放到提升高等教育层次和水平方面，推动优质化发展，以满足社会大众对高等教育的现实需求。在具体策略上，一是建立健全高等学校分类体系。科学技术工作成为单独的行业标志着人类历史上出现了第四次社会大分工。在科学技术工作内部，就所需人才而言，又可以分为发现知识的研究性人才、运用知识的应用型人才和完成具体操作的技能型人才。按照政策、产业等发展，运用二维法，可以纵向分层，分为一流大学和高水平大学、应用型本科和技术技能型院校；横向分类，按照学科相似度，分为综合类、理工类、人文类和农医类等。以分类建设推动质量提升和特色发展。二是推动人才培养模式改革。提升人才培养的适应性，深化高等教育改革，提升质量的核心是走内涵式发展道路，实现"向自身主体与内在逻辑的回归"。而这一"回归"的关键之一是推进人才培养工作。包括改革考试招生制度、突出人才培养特色、优化人才培养过程和构建合理的评价体系等。

（四）优化高等教育结构，提升人口就业能力

一是加快布局结构调整。按照"区域有重点，校校有特色"的思想，合理调整布局结构。珠江三角洲地区着力加强建立以广州（辐射佛山和肇庆）、深圳（辐射东莞和惠州）和珠海（辐射中山和江门）为中心、辐射周边城市的现代高等教育体系，打造一批国内一流的研究型大学、教学研究型大学和高职高专。粤东、粤西和粤北地区分别建立以汕头、湛江和韶关为中心的高等教育体系，着力发展应用型本科和高职高专，为地区经济发展服务。二是构建充满活力，形式多样的办学结构。保持公办高等学校

数量稳中有升，推进民办高校快速发展，大力开展中外合作办学，满足不同层次人民群众接受高等教育的需要。随着形势的发展，未来老年人对继续教育和社区教育的需求会快速上升，针对老年人需求"健康化"教育的特点，其高等教育的组织形式应以社区教育为主，加大社区的教育、文化、娱乐等公共设施的投入力度，以满足老龄化社会的教育需求。① 大力推进民办高等教育。制定促进民办高等教育发展的相关优惠政策，设立民办高校发展专项资金，改善民办高校发展环境，调动民办高校建设积极性。学习江苏经验，鼓励部分办学质量高的民办高校扩大规模，建设民办二级学院，支持广播电视大学、成人高校、职工大学等多种办学形式的发展。三是优化学科专业结构。"人口产业结构的变动对高等教育产生较为直接的影响。高等院校既对产业结构的升级起积极的促进作用，又要受产业结构变化的影响而不断进行自身的改造。高等院校必须根据产业结构的变化对学科与专业目标做出相应的调整。"② 高等院校学科调整必须以长远视野瞄准国家及广东战略发展的重大需求，适应并推动现代化建设。充分认识学科调整对知识生产、技术创新、科技进步和经济增长的促进作用，树立以学科调整推动国家战略实现的定力和决心；以创新驱动发展战略为引领，加大理工、农医等门类学科的扶持力度，结合世界科技发展趋势，发展新兴和交叉学科；以现代产业体系建设和"一带一路"倡议为引领，逐步浓缩工商管理类、英语类等传统学科布点，重点布局与金融服务、科技服务、信息服务、光电技术、生物科技、新材料、新能源、海洋、医药及生态环保等知识和技术密集型产业相关的专业；调整语言类学科，重点发展小语种尤其是与"一带一路"沿线国家和地区相关的语言专业，为其提供人才与智力支持。以分析战略趋势为基础建立预测机制。"高等教育培养人才的周期长，应着眼于社会经济发展的长期需要，而不是根据短期内的投资热点调整专业结构，频繁地调整专业结构将会造成不必要的资源浪费。"③ 吸收数学、经济学、人口学等相关学科研究经验，利用 PEST（Political，Economic，Social，Technological）分析法，科学分析国家战略调整的趋势及其对岗位需求的影响，建立行之有效的预测模型，从而预测

① 马鹏媛. 人口因素对高等教育发展的影响分析 [J]. 经济研究导刊，2012（9）：276 - 277.

② 邹小勤. 人口变动对高等教育的影响 [J]. 江苏高教，2010（1）：22 - 24.

③ 陈絮. 金融危机下的高校专业结构调整与学科发展 [J]. 教育研究，2009（6）：40 - 43.

人才需求的类型、层次与数量。

（五）增加经费投入，提升发展保障能力

一是加大高等教育经费投入。《广东省中长期教育改革和发展规划纲要（2010—2020 年）》提出"2020 年，户籍人口高等教育毛入学率要达到50%"。按此目标，未来几年广东高等教育仍需持续扩大规模。根据目标值估算，到 2020 年广东普通高等教育在学规模将达到 233.5 万人，而2016 年广东省高等教育在校生总数为 196.81 万人，为保障预期目标的实现，相当于在未来几年里广东省高校每年约需增加 12.23 万在校生。显然，广东高等教育发展的任务仍然十分艰巨。如果按照 2015 年广东省高等学校生均公共财政预算教育事业费 17 823.43 元的标准计算，2020 年前应累计增加投入约 65 亿元。由于广东高等教育发展基础薄弱，要将广东真正建设成为南方高等教育高地，2020 年后应该持续增加高等教育投入。二是强化政府发展高等教育的主体责任，坚决依法依规依策落实教育各项支出，使之与教育规模需求相协调相适应。推动高等教育投资主体多元化。政府应积极制定优惠政策，完善多渠道经费筹措机制。三是优化高等教育经费使用结构。加强高等教育经费的预算和审批工作，结合高等教育发展阶段特征，科学分析与论证高等教育发展重点、热点和难点，全盘谋划高等教育经费使用规模和结构，以确保经费投入全部用在高等教育事业发展中，确保经费重点用在高等教育发展最急需的方面。

（执笔：王志强；审稿：孙丽昕）

高等教育社会培训机构对
高等院校的启示
——基于广州地区高等教育社会培训机构的调查

○广东省教育研究院高等教育研究室

摘　要：进入 21 世纪以来，我国教育事业蓬勃发展，为社会主义现代化建设培养输送了大批高素质人才，为加快发展壮大现代产业体系做出了重大贡献。综观高校发展史，培养人才、发展科技和服务社会构成普通高校的三大职能。值得注意的是，受体制、机制等多因素影响，高校人才培养供给侧和产业需求侧在结构、质量、水平上还不能完全适应，当高校课程设置与市场结构人才需求之间出现矛盾时，高等教育社会培训机构应运而生，且规模不断发展壮大，这些机构涉及留学、考研、职业教育、职业资格考试等领域。国务院办公厅于 2017 年 12 月出台了《关于深化产教融合的若干意见》，提出鼓励教育培训机构、行业企业联合开发优质教育资源，大力支持"互联网＋教育培训"发展。允许和鼓励高校向行业企业和社会培训机构购买创新创业、前沿技术课程和教学服务。鉴于此，本文通过开展关于广州地区高等教育社会培训机构营销及教学模式的调研活动，以分析其迅速发展的原因，并提出对广东高等院校教育改革的启示。

关键词：高等教育　高等教育社会培训机构　广州地区　改革

一、引言

随着社会对人才需求的不断发展和变化，自我教育和终身教育越来越为人们所重视，但高等教育由"精英教育"转向"大众教育"，虽然使更多的人拥有了到大学深造的机会，但未来职业生涯的挑战与岗位竞争的压力，以及高校在课程设置、师资配给、教学方式等方面存在的弊端，整体的高等院校教育需求还远远没有满足学生自我发展之路的需求。这种现象催热了高等教育培训行业的发展。我国的培训市场从1978—1991年的孕育探索阶段到今天的自我规范，其核心是以市场价值为导向，对其运行方式实现变革而走向产业经营的道路。培训机构作为一种非学历教育，采用多种形式进行教学和培训，具有较强的职业针对性。与此同时，《关于深化产教融合的若干意见》提出深化产教融合，促进教育链、人才链与产业链、创新链有机衔接，是当前推动人力资源供给侧结构性改革的迫切要求。广州作为"古代海上丝绸之路的发祥地、当代改革开放前沿地"，广州既是全中国高等教育最发达的城市之一，又是我国南方地区高校分布最为集中的城市。在这庞大的人才流量地区，高等教育社会培训机构自然而然地应运而生，不断发展壮大。教育决定着人类的今天，也决定着人类的未来，面对新一轮产业革命和科技革命，面对日趋激烈的国际形势，面对人类共同面临的突出问题，面对高等教育发展的新趋势、新特征、新要求，不断发展壮大的高等教育社会培训机构对于广州地区高校有何启示？本文通过对广州地区高等教育社会培训机构实地调研以及回收的4 608份有效问卷，概述当前广州地区高等教育社会培训机构的区域分布情况及发展现状，发现存在的问题，提出发展建议，以期对高等院校如何应对变化、引领未来的角度超前定位，做创新的领跑者理念提供一定的有益借鉴和参考价值。

二、调研方式的选择与确定

1. 调研对象：广东省各个高校的各级本科生与研究生、广州地区高等教育社会培训机构工作人员。

2. 调查方式：主要通过文献检索、分布调查、深度访谈及问卷调查等形式，得出高等教育社会培训机构和高等院校在各地区的分布关系、广州地区高等教育社会培训机构的发展现状、受众群体对其意见及看法、高等院校课堂教学现状。

3. 样表情况：以珠江三角洲地区作为重点调查地区（珠江三角洲地区的填写份额占总体的90.91%），并采用问卷星平台通过互联网转发以达到数据采集的目的。经过整理和筛选，得到有效问卷数量共4 608份。

三、广州地区高等教育社会培训机构的分布情况

根据教育部发布的数据统计，广州市的高校总数达到了82所（不分

地区），在校大学生总数达到 113.96 万人，数量位居全国第一。作为一个集聚广东省 97% 的国家重点学科与全省七成以上科技人员以及 95% 的博士数量的城市，广州的高等社会培训机构自然而然地应运而生，规模不断发展壮大。根据对高德地图软件数据筛查和整理，可在地图软件上查到的广州地区高等教育社会培训机构总数共 169 家，由于高等教育培训机构的发展主要依托于数目不断增长、需求不断扩大的高校在校大学生，所以社会培训机构的地理区域分布规律与市内高等院校的分布情况也几乎一致。这种现象可以从图 1 的折线图得到较为直观的反映。

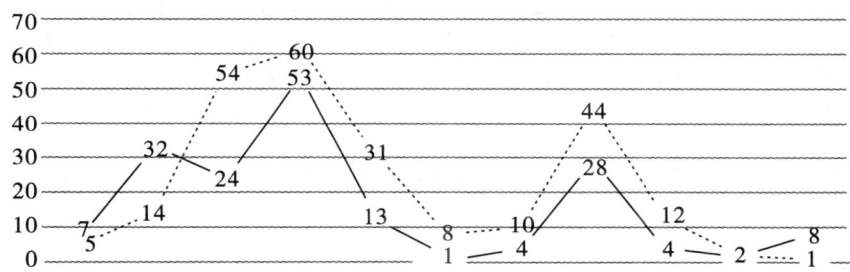

图 1　社会培训机构和大学分布折线图

从折线图中我们可以看到，对应点的数值和走向几乎完全吻合，这表明不同地区的高等教育社会培训机构数量与区内高等院校数量大体上呈正相关关系。而其中天河区和番禺区两个地区的分布数量最多且分布最为集中。

通过对各高等教育社会培训机构在广州市内所设门店数量进行统计后发现，广州地区高等教育培训机构中在市内设点最多的是中公教育，其门店数量达到了 10 家，而华尔街英语与环球雅思两家英语培训机构的设点数量紧随其后，各为 9 家与 7 家（数据来源于各机构官网）。

中公教育几乎在广州每一个区划均进行了设点，其在保证师资力量的同时不断扩大培训范围，发展至今其培训范围已十分广泛，涉及包括公务员考试培训、事业单位考试培训、银行从业资格测试培训、军人考试培训、政法考试培训、考研培训、IT 就业培训、英语四六级水平资格测试培训和出国留学培训等方面，所涉范围几乎可以满足在校大学生的全部需求。

四、广州地区高等教育社会培训机构的发展现状

当前我国经济社会不断高速发展，社会上掀起了考研、出国等学习热潮，而各种教育培训机构在此时代背景下得到了快速发展。出于我国人口基数大的基本国情，当前社会就业竞争压力大，就业形势不容乐观，许多在校大学生为了能在日后得到一份满意的工作而不得不参加各类社会培训，这也促进了社会培训机构的进一步发展。目前高等教育社会培训机构行业仍处于蓬勃发展的阶段，在激烈的市场竞争下，社会资源、硬件设备及教学环境竞争力不足和师资严重流失等方面的问题致使部分小型机构逐渐被淘汰，而出于对不断增长的租金和地价的妥协、推动优质教学资源的进一步集中以及便于管理的原因，一些大型机构在市内的设点数量也有所减少。一些社会培训机构凭借优越的硬软件实力与良好的社会口碑，通过在师资力量与教学模式方面的不断发展与宣传力度的不断加大，机构的规模不断壮大，其宣传更是遍及各个高等院校，并得到了越来越多学生的青睐。

（一）广州地区高等教育社会培训机构的基本情况

1. 社会培训机构的教学模式。相比于高等院校教育教学来说，社会培训机构在课程设置上更加灵活、自由，能够开展高校课堂所不具备的精品式课程教学。对受众主体的反馈反应迅速，对于教材选编、课程设置、教师选聘上依培训效果随时做出修正和调整。高等教育社会培训机构普遍采用了分班制的做法，即大班与小班相结合，短期班与长期班相结合，面授班与网络班相结合，利用互联网所开展的"线上 + 线下"的新型教学方式在许多机构都得到了很好的应用与发展，许多机构积极开展对于传统线下教学模式的改革，建立自己专属的网校教学模式，有些机构还设计了品牌 APP 用于促进视频教学资源和学习资料的共享。受训主体可以按照自己的经济能力以及在校空余时间来自由选择适合自己的培训方式。在教材的选编方面，除了使用指定的教材外，许多机构还依照多年的教学培训经验自行选编了大量贴近实战的教辅教材。

表 1　社会培训机构的教学模式

培训机构	教学方式	教学模式
中公教育（广州总部）	一对一，15 ~ 20 人小班，40 ~ 100 人大班	线上 + 线下

续上表

培训机构	教学方式	教学模式
环球雅思（天河）	一对一，一对六，20人小班	线下
华图教育（燕岭路）	大班	线上（突出）+线下
天道教育（天河）	一对一	线下
广外留学培训中心（天河）	一对一，一对六	线下
韦博英语（广卫路）	一对一，小班	线上+线下
仁和会计培训中心（中山路）	一对一，小班，大班	线上+线下
中博诚通（大学城）	30人小班	线上+线下

2. 社会培训机构的教师结构调查分析。通过实地调研发现，各大高等教育社会培训机构的教师学历水平参差不齐，但为了能在激烈的市场竞争中立足，大部分机构都把本科学历作为招聘教师的底线，并不断提高硕士、博士学历教师在教职员中的比例，此外，许多机构在教师聘用上往往不局限于本地，除与少数学生评价优秀的教师签订长期的聘用合同外，对于教学质量一般、受众反应强烈的教师能很快予以调整。许多海外留学本科生、硕士生选择利用空余时间在外语培训机构或出国留学机构兼职授课。

表2 社会培训机构的教师结构调查表

培训机构	教师学历
中公教育（广州总部）	本科63%、硕士32%、博士5%
环球雅思（天河）	本科56%（海外留学背景居多）、硕士41%、博士3%
华图教育（燕岭路）	本科21%、硕士72%、博士7%
天道教育（天河）	本科25%、硕士72%、博士3%
韦博英语（广卫路）	本科54%、硕士46%

3. 社会培训机构的培训内容调查分析。满足学生的需求是社会培训机构发展的第一方向，许多高等教育培训机构抓住了学生的需求开设了不同的课程。因此，通过对于学生所需求的培训课程种类的分析也能从侧面反映出大部分培训机构在课程开展方面的情况。从表3信息中可以了解到有意愿参加职业资格考试类的学生占了54.25%，需求比例最多，这主要

是由于当前社会就业压力大，许多学生产生了希望尽早通过考试拿到日后所从事职业资格证的需求。而有意愿参加留学类、专升本类、考研类和职业教育类培训的学生人数均达到三成左右，这也是出于学生自身对于日后就业的需求。不难发现，涉及上述类别的社会培训机构数量在不断增多，许多培训机构在安排培训内容时也从原来的重视学历教育转变为现在的重视与未来就业需求的结合，从某些角度看来这是由于利益所至，但这一点也能启发高校思考，在开设必修与辅修课程以外适当设置一些额外的培训课程，在各方面给予学生更专业、更规范的指导。

表3　调查对象对于培训课程的需求情况

培训类别	人数	占比
留学类	334	26.26%
专升本，考研类	393	30.9%
公务员等入职考试类	346	27.2%
职业教育类	470	36.95%
职业资格考试类	690	54.25%
其他	200	15.72%

针对社会培训机构的教学成效进行调查分析，从图2可以看到参加过培训的学生大体上对所参加培训的成果感到满意，但仍有相当一部分学生认为培训未达到预期目标。造成这种结果的原因离不开培训机构在各个方面的不足，如课程安排不合理或者课程质量不高，但学生也应反思自身的学习态度是否端正，学习自觉性是否有待提高。如何提高学生的学习自觉性与如何合理安排课程并提高课程质量是一直以来都值得思考的问题，也是现有高等教育所一直存在的问题。

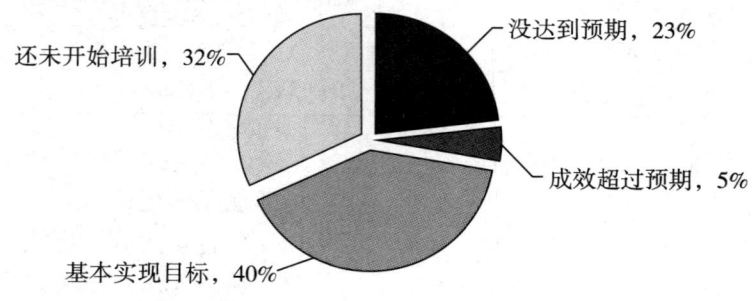

图2　社会培训机构的教学成效调查表

（二）社会培训机构存在的问题及原因分析

由于我国开展教育培训长期以来按照计划经济模式运作，没有建立起完整的培训市场体系，高等教育社会培训行业虽然已经具备了相当的潜在市场与发展前景，但由于没有统一的权威行业性协会，也没有制定完善的行业标准，进入培训市场的门槛很低，再加上部分培训机构注重短期效应，忽视内涵建设，如部分机构为获取更多利润随意降低培训标准，部分机构为提高考证通过率，使技能提升蜕变为应试培训等。导致整个行业存在着较为严重的市场秩序混乱、机构水准参差不齐的问题，严重制约了高等教育社会培训机构的深度发展。

从图3可以看出，在受众群体眼中，现有的社会培训机构的发展状况依旧差强人意，这与整个行业商业化程度过高有着密不可分的关系。其中，最为饱受诟病的问题是其过高的定价。社会培训机构在经营时过于强调营利性，为了实现赚取更多利润的短期盈利与维持高薪酬以留住现有师资并吸引更多优秀教师资源这一长期盈利，培训机构的课程定价不断提高，渐渐加大了学生的经济负担。而且在实地调研过程中有部分同学反映在机构报名费偏高的同时，小部分机构还加收各种的教材资料费用，而有的机构在报名时并没有事先列举出全部应收款，存在一定的欺骗现象。值得注意的是，社会培训机构以营利为目的的经营模式使其往往不注重课程的结果，在吸引学生参加课程后不重视课后服务的跟进，使课后服务方面存在着管理混乱的问题。

其次是广告宣传过于夸张的问题，许多机构为了在与同行的商业竞争中更胜一筹，不断设计出更加吸引人的宣传广告，并走进大学校园进行宣传，在校内设置咨询点并在校内进行宣传单的派送，甚至部分机构还会在校内举行讲座，并在各类宣传过程中登记下有意向的学生联系电话并多次联系学生，造成滋扰。然而，这类广告在一定程度上夸大了课程的实际效果，不少学生在参加完该课程后反映并没有达到当时所宣传的效果。如个别外语培训机构在聘任外籍教师任教方面，千方百计钻政策法规的空子，非法聘请外籍人士，并大肆宣传全外教授课。

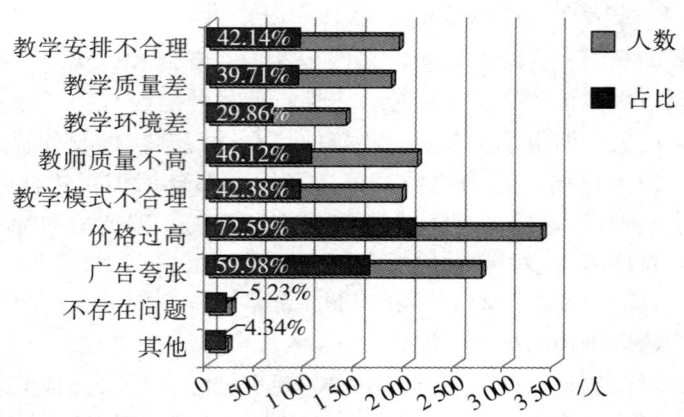

图 3　受众群体对于培训机构的不满之处统计表

五、对高等教育社会培训机构发展的建议

（一）受众群体对培训机构的选择倾向性调查分析

从图 4 可以看出，大部分学生在选择培训机构时倾向于关注任课教师的经验和培训机构的口碑情况。教学经验丰富的教师在教学方面容易根据历年情况为学生指明学习方向、点明学习重点，在课堂上也更有能力管理好课堂，这些教师是所有学生都需求的。而在口碑方面，培训机构想要提升自身的口碑就要注重学生的学习体验，在服务态度与教学方面考虑学生感受，为学生着想，才能得到学生的好评。

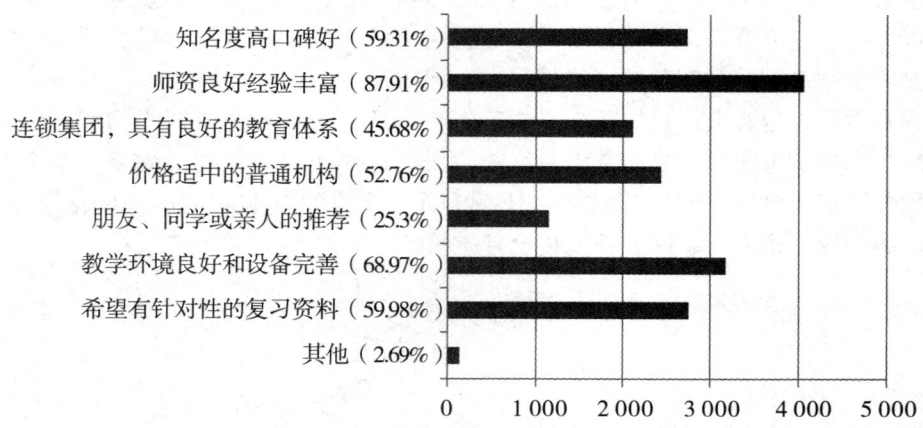

图 4　受众群体在选择机构时注重的内容分析表

从图 5 受众群体在选择培训课程时所注重的内容调查表中可以得出，无论何种类型的机构，如果不能在课程质量和师资力量这两方面达标，是不能拥有良好的长期经营前景的。课程的安排是否合理，课前的内容准备是否充分，课堂的氛围是否良好以及是否能给予学生符合自身学习情况的指导等因素都可以从侧面反映出课程质量的好坏与师资水平的高低。一家优秀的培训机构需要对师资力量严格把关，并加强对课堂质量的管理，师资团队的建设与培养是培训机构得以长远发展的基础，拥有高水平的师资团队也是对于课程质量的保证，建议在教师招聘方面，实行教师资格准入制度，使机构教师持证上岗，推动机构教师团队朝专业化、规范化的方向发展，设置相应的鼓励机制，以提高教师教学积极性，从而达到提高教学质量的目的。

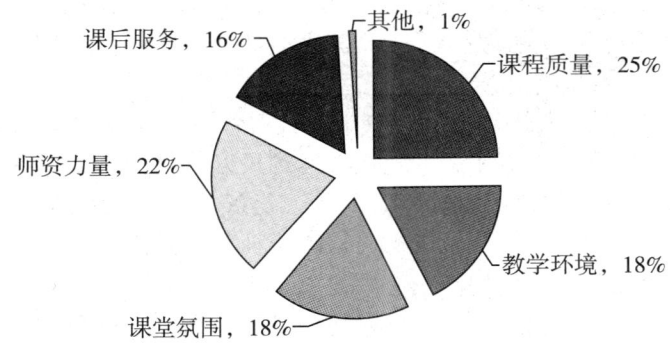

图 5　学生在选择培训课程时所注重的内容

（二）关于社会培训机构未来发展的建议

高等教育社会培训源于社会发展的市场需求，高等教育的目的是培养经济与社会发展需要的劳动力，为社会输送多专多能的技术型人才。高等教育社会培训机构已成为广州教育培训市场的重要生力军。社会培训机构在发展的过程中应增强自身的社会责任感，把发展的重点放在提升教育质量上而不是为了追求更大的利润。培训机构应适当扩大课程研发部门规模，适当缩小市场推广等部门的规模，充分认识到机构吸引学生的最根本的因素是优秀的师资与有针对性的教学而不是夸张的宣传广告。社会培训机构的改革重点是规范行业风气，对此有以下三方面的建议。

1. 调整机构布局。加快培训布局结构调整，建设规范市场准入机制，实施分级分类管理。加强监管，建立全市甚至全省社会培训机构的信用与口碑体系，让学员在各方面对社会培训机构进行评价，以此激励机构根据学生需求在做得不好的方面实行自我整改；同时综合培训机构规模与口碑对各机构进行分级，对于不同级别的机构设定不同的政府指导价，规范行业的乱收费现象，对非法培训行为，由政府牵头并集中各职能部门力量进行打击，保障依法办学的机构有更宽松的环境。

2. 加强培训项目的评估及监督。培训项目评估主要包括跟踪培训计划实施与评价、项目效果评估、培训项目改进情况等。被评估的对象包括受众群体、培训机构授课教师及培训组织者。受众群体的评估可由授课教师、培训管理人员担任，在反映评估、学习成果、行为改进、业务结果等各个层面进行评估。培训效果评估是培训后期管理的关键，有助于查漏补缺、纠正偏差，提高培训管理水平和实际效果。在评估过程中要坚持"以评促建、以评促改、评建结合、重在建设"的原则，对评估结果认真总结、分析，并有针对性地提出整改方案，为培训质量控制打下坚实的基础。

3. 政府方面加大扶持力度。建立有针对性的购买培训成果的服务机制、购买服务项目和购买服务方式。考虑到民办机构的办学成本，适当给予必要的政策性补贴和优惠措施，此外，建议设置职业培训教师职称系列，制定评审标准，成立评审机构，提高培训教师队伍培训技能，以此促进高等教育社会培训机构的健康有序发展。作为为解决公立体制所解决不了的需求而存在的体系，社会培训机构如果能与高校形成合作关系，在提升自身品牌公信力与知名度的同时，能有效保证其生源的稳定。在招生方面，高校可与值得信赖的社会培训机构合作，帮助机构进校进行宣传与招生工作，帮助机构省下营销推广的精力与费用，作为交换，机构给予校内报名学生一定优惠，使课程的价格更加合理，更容易被学生所接受。

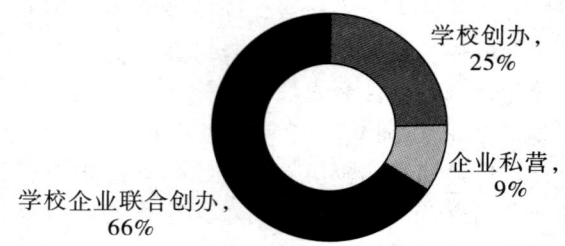

图6　生对于机构运营主体的偏好

从图6中可以看到，学生在选择培训机构时，更倾向于选择学校创办

的机构，这是因为学校的参与在学生看来相当于质量的保障，比起以营利为目的的私营社会培训机构更值得信赖。但由于目前学校参与创办的培训机构主要以继续教育和留学类为主，几乎没有设置职业教育类和职业资格考试类相关的培训机构，而且学校创办的培训机构经营规模都比较小，无法满足所有学生的需求，使得学生只能参加私营的社会培训机构。

六、对高等院校改革发展的启示

（一）对现有高校教学情况的调查

通过对在校学生的问卷调查调查的结果进行分析得出，目前高校教学存在一个普遍的现象：许多学生在步入大学阶段后出现了学习自觉性不高，缺乏学习动力的现象。学生要在自身找原因，而许多高校教师的授课也存在着讲学机械化、语气平淡、缺乏幽默感等问题，老师的授课难以引发学生对于学习该课程的兴趣。而在课程设置方面，则存在着部分课程数量安排过于紧凑，学生没有充足时间消化课程内容的问题；至于课程设计方面也出现了课程内容安排不够合理，部分教材甚至课程已经不适合当今社会学生发展需要的现象。部分老师只顾追赶教学进度，以完成教学内容为目的的授课方式，造成学生对于所学内容一知半解的现象，部分学生反映希望可以推广小班式的教学模式，以达到学生学得更好、老师教得更好的目的。

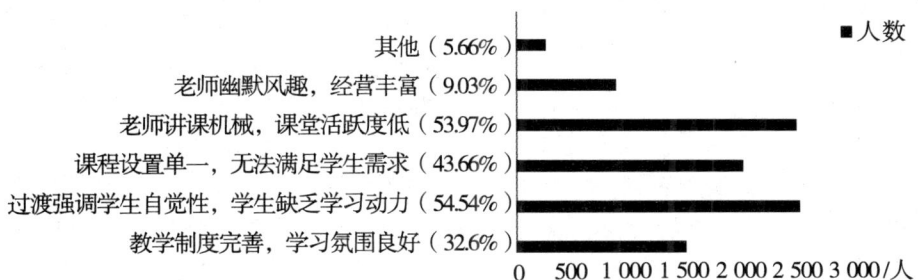

图7 高校教学情况的调查情况表

（二）现有高校教学存在的问题

1. 目前我国高等教育的目标定位仍存在较大的缺陷，高校把培养综合化、研究型人才作为教学主要目标，但在经济社会快速发展的今天，社会更需要创新型、实践型、通专结合型的新型人才。

2. 专业结构和课程设置不能很好地适应市场和社会的需要。许多高校在课程设置存在理论教学居多，实践教学偏少；专业必修课多，选修课偏少的现象，而专业的设置也墨守成规，缺乏创新，不能很好地适应当今社会的发展。

3. 许多高校普遍存在着过分强调理论教学而忽视实践应用环节的现象。由于片面强调系统化、理论化的知识讲授，高校教学脱离社会实践的倾向十分突出，这不利于对大学生协作能力和健全人格的培养。

4. 高校缺乏对大学生的职业素质的培养和就业的指导。现在，职业素质日益成为影响大学生顺利就业与职业发展的关键因素，缺少这方面的教育，学生毕业后走向社会可能会面临许多挑战。

（三）关于高校自身发展的意见和建议

一直以来，我国高等教育在不断的变革中得到了良好的发展，许多优秀的高校依据自身办学传统与办学特色，利用自身优势在高等教育理念创新方面持续提出新设想，实现了在各方面的新突破。但是，当前世界高等教育的发展在整体上呈现出动态性、多样化的特征，面对发展更迅速的社会培训行业带来的日益严峻的挑战，高校应坚持在改革中求发展的办学方针，坚持以人为本的办学理念，贯彻落实以立德树人为目标的办学思想，满足学生和社会发展的需要。

高校教育要想在满足学生对于知识的多样需求的同时应对社会培训机构的挑战，就必须以坚持提供更加优质的教育服务作为发展的核心。这要求高校在课程内容和授课教师两方面做到"两手抓"，即在创新课程设置的同时提高师资水平，对此有以下五方面的建议。

1. 在人才培养模式上。

根据应用型本科学生的学习特点、生源情况进行改革优化，创新人才培养机制与教育教学方法，深化教学机制改革，提高教学质量，与时俱进，提高学生的多方面的技能水平。把教学目标从培养应试型人才转变为满足国家战略与经济社会发展需要的高素质应用型人才上。①践行 OBE（outcome-based education，成果导向教育）理念，全面修订人才培养方案（一体化人才培养方案制定等）。②教学改革（课堂教学创新、扩大学生的选择权，增加选修课、小班化教学、过程化考核、教学信息化建设等）。③校企协同育人（每个专业的核心课程要有企业人员参与教学）。④国际化建设（国外 3 个月以上经历教师占比、学生交流、国际化专业和留学生

规模、国际合作办学专业等）。

2. 在学科专业建设上。

专业建设与学科建设并重，学科专业一体化。根据社会需求办专业，提高毕业生的就业能力、就业率。主要解决"做什么""怎么做"的问题，人才培养从以教师、教材、课堂为中心转变为以学生学习、成长、发展为中心，形成有必要的本科底蕴，较强的应用能力、明显的专业特长、良好的职业素养的高素质应用型人才。在课程结构方面，做到"公共课适用、基础课够用、专业课实用"的原则。保证应用型人才培养的基本规格和多样化、个性化发展。

3. 在设计并落实合理课程设置改革实施上。

高等教育课程设置要始终围绕人才培养满足社会发展需要这一主题，定期进行人才需求的市场调研，根据调研结果调整专业和课程设置。通过科学合理的课程标准，把校内课程的学习与校外实践能力的培养结合起来，使毕业生具有很强的社会适应力，为学生就业能力的培养打下扎实的基础。对此有三方面建议：①完善课程改革实施计划。课程改革计划对课程实施者要求应是力所能及的，有相当的推广和传播的可能性。②改善课程改革管理体系。课程改革管理体系是否科学，将直接影响到课程改革的正常运行及改革效能的发挥。高校课程管理应以实施过程为核心，在课程编制、课程实施和课程评价的过程中给予师生更多的改革自主权。③提高教师参与改革的积极性。重视教师的课程改革成果，为教师进行课程改革创造条件。

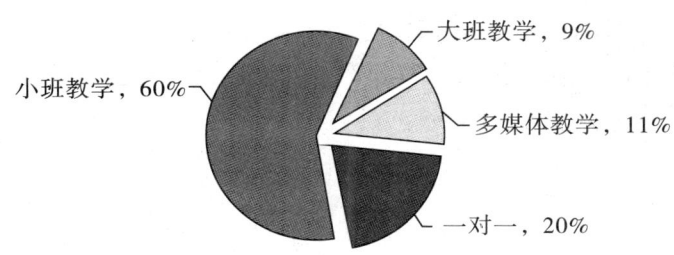

图8　关于学生教学方式偏好的调查表

从图8可以看出，大部分学生认为小班教学才是更适合自己的学习模式，小班教学不仅能提升学生的专注度，也让老师能够更好地把握教学进度、更合理地安排教学内容。同时，也有不少学生认为视频教学是不错的选择。高校应试点发展线上线下融合式教学的教学方式，不断推进教学与学习方式方法的变革，利用互联网推动教育结构的转变，以共享发展、互惠互利的理念推动优质教育资源在不同学校的共建、共享，实现优秀教师、优秀课程与优秀教材在各高校间的传播共享。

4. 在就业指导体系建设上。

高等院校要转变目前教学中重理论轻实践、重知识轻能力的倾向，改革教学内容和教学方式，提高学生的实际工作技能。建立学校与企业的合作机制，建立社会实践基地，在实习中渗透研讨，提高学生解决实际问题的能力，同时开发学生的就业技能。实践教学不少于1年。同时创新教育教学方法，倡导启发式、探究式、讨论式、参与式教学。对此有六方面建议：①构建面向学生实践和创新能力培养的实验实训基地开放性体制机制。②建设一批基于产教融合工程的系列综合实验实训基地。③建设一批学生创新实验室。④做大做强创业学院，加快创新创业实训基地建设。⑤建立一套以指导大学生进行自我评价、确定专业方向和择业目标、提高就业能力为核心的完整的就业指导课程体系，并把它科学化、规范化、系统化。使就业指导课程贯穿于学生的整个学习生涯，而且在不同的学习阶段设置相应的学习内容。⑥改革毕业论文撰写、评价考核模式。

5. 在师资结构建设上。

（1）注重"双师结构"建设（不仅教师个体要实现双师双能，高校整体师资结构的构成也可区分两种类型，增加外聘教师比例等）；（2）"双师双能型"教师培养（"双百工程"、青年教师助讲制、产学研合作、挂职锻炼、竞赛促教等教师课堂教学与实践教学能力的提升计划等）；（3）"双师双能型"教师发展制度护航（双师双能认定标准、考核要求、职称晋升、绩效分配等制度设计）。

参考文献

[1] 黄甫全. 现代课程与教学论课程［M］. 北京：人民教育出版社，2006：398 – 406.

[2] 徐江，向守虎. 浅谈高校培训机构的建设与发展思路［J］. 文化教育，2013 (7)：227 – 228.

[3] 丁菲菲. 高校培训教育创新策略探析［J］. 管理观察，2014 (11)：172 – 174.

[4] 陈均土. 大学生就业能力与高校的课程设置：来自美国高校的启示［J］. 中国高教研究，2012 (3)：75 – 78.

［5］孙俊华．我国高校"双一流"建设的制度积淀与发展思路［J］．厦门大学学报
（哲学社会科学版），2017（6）：17－24．

［6］石鸥，崔珂琰．我国高校课程改革预期目标及其偏离的研究（下）［J］．湖南师
范大学教育科学学报，2008，7（6）：55－59．

［7］刘成新．整合与重构：技术与课程教学的互动解析［D］．南京：南京师范大
学，2006．

［8］唐玉光．高等教育改革论［M］．桂林：广西师范大学出版社，2002．

［9］中国教育年鉴编辑部．中国教育年鉴（1949—1981）［M］．北京：中国大百科全
书出版社，1984．

（执笔：鲁巧巧；审稿：孙丽昕）

市域高等教育系统的崛起

——以深圳为例

○广东省教育研究院高等教育研究室

摘　要：深圳是中国改革开放的"窗口"、"试验田"、创新之城，但深圳的高等教育发展水平与经济发展速度不匹配。深圳高等教育在 20 世纪 80 年代的中心城市办学、90 年代的大学城运动和 21 世纪的高水平大学运动历程中崛起，形成了城市化办学、异地办学和国际化办学模式。未来，深圳应紧抓"一带一路"建设、自贸试验区和粤港澳大湾区建设等重大战略机遇，加强高等教育合作融通；推进高等教育供给侧改革，推进高等教育内涵式发展；加强分类管理，完善高等教育体系布局；创新治理模式，推进高等教育体制机制改革；增强自主意识，处理好高等教育国际化与本土化的关系。

关键词：市域　高等教育系统　深圳

随着计划经济向社会主义市场经济的转变，我国高等教育管理体制改革逐步深化，高等教育管理和办学权限不断下放。1985 年，《中共中央关于教育体制改变的决定》提出"实行中央、省（自治区、直辖市）、中心城市三级办学的体制"，中央向地级城市下放高等教育举办权，使得市域高等教育系统成为一支活跃力量迅速崛起。以汕头、深圳、珠海为代表的沿海中心城市，为满足当地经济社会发展需求，纷纷举办城市大学，开启了高等教育地方化进程。随着知识生产模式变化和创新驱动发展战略的实施，以青岛、宁波、苏州、深圳等为代表的中心城市积极探索高等教育办学模式，引进优质高等教育资源，掀起高等教育跨越式发展的新高潮。市域高等教育系统以经济社会发展实力为依托，正逐渐集聚出"高等教育特

区"的创业潜力,为城市竞争力提升和城市形象塑造提供强有力的智力支撑和文化底蕴。本文拟以深圳为例,管窥市域高等教育系统的崛起、模式与路径。本文中的高等教育系统是指由政府、高等学校、社会及其他从事参与高等教育活动的组织集合体与高等教育内外部要素互动而耦合形成的有机生态系统。

深圳是中国改革开放的"窗口"和"试验田"。深圳发展史是我国改革开放试验区发展的重要缩影。作为"中国创新之城"和"广东创新龙头",深圳不仅在经济社会发展方面先行先试,在高等教育方面也是大胆创新。近年来不断加大人才与智力储备力度,建立更高水平国家自主创新示范区,建成一个具有强大竞争力、有文化、有品位的现代化国际化创新型城市,让更多具有国际影响力的科技创新要素这里生长。深圳国际专利的申请数量 2015 年位居全国第一,且以发明专利为主,深圳走了一条新型研发模式创新的路子,将研发机构与高校和虚拟园区、企业结合,与市场紧密结合,创新主体生机勃勃。深圳高等教育走跨越式、国际化发展的路径,是深圳高等教育实现弯道超车的需要,是深圳建设国际化城市的需要,也是深圳实施创新发展战略的需要。

一、深圳高等教育面临的形势

深圳 2017 年 GDP 总量达 2.24 万亿元,同比增长 8.8%,处于高位过坎、稳中求进的关键时期,总体发展水平与高质量发展要求还有不小差距,原始创新能力还不够强。深圳目前的大学数量和影响力,与城市规模和人口数量明显失衡。深圳面临着高等教育发展水平与经济发展速度水平不匹配的失衡现状,并有可能成为经济持续获得高速发展的掣肘。而高等教育的竞争力是城市竞争力的重要组成部分,直接关系到城市居民的高端素质、知识和能力,以此观之,如果高等教育不能尽早实现后发赶超,就会削弱城市竞争能力,制约城市长远发展。在经济发展进入新常态的当下,依靠大众创业、万众创新培育发展新动能的要求日益迫切。加速建设高等教育高地,建成一批高水平大学,为经济社会发展提供人才智力支撑,是深圳向现代化、国际化创新型城市迈进的战略需要。

为了实现深圳高等教育跨越式发展,深圳以开阔思路不断创新开拓,为深圳高等教育发展积蓄起后来居上的势能。2013 年,深圳市政府出台《关于加快特色学院建设发展的意见》,采用中外合作办学模式,嫁接国际一流高校,推进高等教育内涵式发展,创造深圳质量,快速集聚优质高等教育资源，加快建设国家创新型城市和现代化、国际化先进城市。2015年10月，深圳市委、市政府印发《关于加快高等教育发展的若干意见》（以下简称《意见》）。《意见》提出，要高标准建设新高校，重点发展经济社会亟须的学科和专业，力争经过10年努力，深圳全日制在校生达到20万人，若干所高校跻身国内一流行列，并将建立起国际化开放式创新型高等教育体系，建设成为南方重要的高等教育中心。

二、深圳高等教育的崛起

深圳高等教育发展历经20世纪80年代的城市大学运动、2000年前后的大学城运动、面向21世纪的高水平大学运动三个阶段，践行高等教育地方化、大众化、现代化、国际化发展道路，确立高等教育发展新格局。

（一）城市大学运动——高等教育地方化为主线

广东于1980年初兴起"城市大学运动"，在广州、深圳、汕头、佛山、江门、肇庆、韶关、梅州等中心城市创办了一批有特色的地方大学，在全国率先形成了中央、省、中心城市三级办学，中央、省两级管理，以省统筹为主的办学体制和管理体制，为全国地方高等教育的发展提供了经验和借鉴。

深圳特区建设之初，专业人才数量和质量与特区建设发展严重失调，为加快经济特区建设和中心城市经济社会发展需要，深圳市决定自己办大学培养专门人才。1983年深圳大学被批准招生，深圳大学应运而生。深圳大学面向特区建设，建设投资经费由深圳市承担，走"立足地方、服务地方"的传统办学模式，为推动深圳高等教育地方化发挥了重要作用。

（二）大学城运动——高等教育大众化为主线

2000年前后，广东多个大学城拔地而起，震撼国内外。如珠海教学园区、深圳大学城、广州大学城和东莞大学园区。珠海引进中山大学、暨南大学、吉林大学、北京师范大学等多所外地高校异地办学，创建"大学珠海"；深圳、东莞等地通过鼓励外地高校前来建新校区，创造性兴建虚拟大学园区，吸引省外、境外、国外高水平大学举办研究生教育，开展"官产学研"合作。

仅依托一所地方大学，无法满足经济社会发展的"深圳速度"，为满足深圳市经济社会发展和支柱产业发展迫切需求，加快创新人才培养，为深圳提升科技创新能力再添力量，深圳市委、市政府制定深圳大学城建设

总体方案，引来清华大学、北京大学、哈尔滨工业大学、南开大学等国内顶尖高校举办研究生教育。清华深圳研究院、北大深圳研究院、哈工大深圳研究院、南开大学深圳金融工程学院等若干研究院入驻大学城。这些研究院一大特色是产学研结合极为紧密，华为、中兴、清华同方等200多个企事业单位与深圳市政府合建研究机构或研究生实践基地或开展技术研发合作。这一跨越式创举对深圳高等教育产生了巨大效应。同时，高等职业教育也得到发展，深圳职业技术学院（1993年）、深圳信息职业技术学院（2002年）相继建立。

（三）高水平大学运动——高等教育现代化、国际化为主线

2008年以来，深圳高等教育再创发展新高潮。以新体制机制为代表的南方科技大学于2008年建立，探索高校办学新模式；走地方大学路子的深圳大学、深圳职业技术学院等高校迎来教育产业化新高潮。例如，深圳大学已与华为、腾讯、中兴通讯、大族激光、迈瑞、华强集团、大疆等超过60家大型企业建立了紧密合作关系；"十三五"期间，深圳职业技术学院将探索试行以学生学习成效为导向的OBE人才培养模式，通过推进产教融合、职普融合、理实融合、技术与文化融合、教育与生活融合、现代信息技术与教学融合等"六个融合"提升学生的就业能力、职业生涯拓展能力和幸福生活创造能力，努力培养适应时代需要的复合式创新型高素质技术技能人才。

2013年以来，深圳按照"官产学研资介"有机结合的原则，创办大学园区，按照"教育+科技+产业"模式加快建设特色学院，引进优质高等教育资源。引进国内名校共建深圳校区，包括中国人民大学、北京大学、北京中医药大学、中国科学院大学、武汉大学、清华大学等6所国内一流高校。深圳高度重视本土高水平大学建设，已纳入广东省高水平大学建设计划的有深圳大学、南方科技大学，将充分保证专项经费支持。深圳北理莫斯科大学获教育部批准正式去筹设立，中山大学（深圳）、哈尔滨工业大学（深圳）招收首批本科生，深圳技术大学筹建申请顺利获广东省高校设置评议委员会专家组评议通过，深圳大学、南方科技大学和香港中文大学（深圳）高水平大学建设加快推进，与境外名校合作创办的清华—伯克利深圳学院、天津大学佐治亚理工深圳学院、深圳墨尔本生命健康学院（广中医皇家墨尔本理工深圳生命科学与工程学院）等一批特色学院也在加紧筹建，深圳高等教育的综合实力和影响力得到迅速提升，已步入一个有序、快速发展的新时期，为建设南方重要的高等教育中心打下坚实基础。

2014 年 11 月，深圳明确在龙岗区大运新城规划建设国际大学园，作为特色学院办学的集中建设区，命名为"深圳国际大学园"。深圳国际大学园帮助学生实现不出国的"留学"，对优化我国的高等教育结构、提升国际化人才培养质量，扩大教育消费水平将发挥积极作用，具有一定的示范效果。龙岗区《创新驱动发展行动计划》显示，预计深圳国际大学园2018 年将入驻高校不少于 4 所，2020 年国际大学园各高校建设全面完成并投入使用，届时国际大学园在校学生人数将达到 3.8 万人。深圳国际大学园结合深圳北理莫斯科大学、香港中文大学等教育资源，在深圳东部形成高等教育集群效应，将成为全国中外合作大学数量最多、水平最高的国际合作大学集聚区，以"智核"优势打造深圳的"中关村"、中国的"硅谷"。龙岗区政府先后对接国内外多家高校院所，与清华大学、中科院等建立战略合作关系；引进光启理工研究院、太空科技南方研究院、国家技术转移南方中心产业化基地等一批研究中心和产业化服务平台；设立香港中文大学机器人与智能制造研究院、太空科技南方研究院等新型研发机构，创新平台累计达到 119 家，科技企业孵化载体 22 家，逐步形成以平台汇聚人才、资本、技术、项目的发展格局，建立起"高等院校创新平台＋科研机构＋龙头企业＋创新创业资本＋创业人才＋创客空间孵化器加速器"融合的产学研结合体系，成为真正意义上的"大学城"。

三、深圳高等教育发展模式

（一）中心城市办学模式

从世界范围看，在高校集中的城市，高校群落的集聚效应比任何一所高校为城市带来的收益都要大。纽约、东京、赫尔辛基、曼彻斯特等全球有影响力的中心城市和地区，都拥有世界知名大学这张闪亮的城市名片。被称为英国"知识之都"的曼彻斯特，是英国最生机勃勃和重要的城市之一，也是国际公认的技术、工业和学习中心。从 19 世纪开始，随着工业革命的发展，曼彻斯特市对于高等教育和职场的优秀人才有着巨大的需求，大学以出众的教育水平培养出众多优秀的人才，满足了城市发展的需要，使无数公司从雇用大学培养的学生中受益匪浅。该市的曼彻斯特大学、曼彻斯特都会大学、皇家北方音乐学院、曼城学院 4 所高等教育机构各具特色。根据《泰晤士报》报道："曼彻斯特大学几乎在所有学科都有可敬的声望，其中又以生命科学、工程、人文、经济学、社会学与社会科学为

最。"曼彻斯特都会大学也经历了多所院校的整并而成，有些学院始建立于19世纪；皇家北方音乐学院是欧洲重要的音乐学院之一；曼城学院于2008年8月成立，学院在教育、培训、职业教育、大学教育等学科领域提供十分优秀的课程，现在有19个校区，分布在曼彻斯特各地。再以美国波士顿为例，该地区是世界上以知识资本为基础的地区经济典范之一，其坚实的人力和知识资本基础主要得益于该地区大学的直接或间接服务。波士顿地区是美国研究型大学云集的地方，主要有波士顿学院、波士顿大学、布兰德斯大学、哈佛大学、麻省理工学院、东北大学、塔夫茨大学、马萨诸塞大学波士顿分校等8所大学。它们为波士顿地区的经济发展提供了坚实的人才和知识基础，形成了不同于美国其他地区的智力优势。大学与城市的良性互动，既为大学提供了优质资源，又为城市塑造文化名片。

国内一些中心城市较早地看到了这种趋势，开始加快发展高等教育，根据城市发展要求构建高等教育系统，为城市发展提供了技术和人才支持。以宁波市为例，该市原有高等教育基础薄弱，1999年全市只有2所高校，作为一个计划单列市，与经济社会发展的需求相距甚大。为了提高高等教育对经济社会发展的贡献，从1999年起，宁波市开始全面打造"浙江省高等教育副中心"：在加大对原有的宁波大学、万里学院支持力度的基础上，成立了由宁波市政府、浙江万里教育集团与位列世界百强的英国诺丁汉大学共同合作举办的宁波诺丁汉大学，依托产业办学的纺织服装高职院校，企业举办的宁波大红鹰职业学院，与浙江大学联合举办的理工学院等。

中心城市举办高等教育享有特权优势、自主权优势，形成"高等教育特区"效应。"特区"内部"官产学研资介"有机结合，高等教育系统与经济社会系统协调发展，创新沃土的产业链和市场基因为高等学校提供知识价值实现途径；高等学校雄厚的科研和学术实力，为创新沃土成为创新高产田提供强劲支持，使"特区"在较长时期内保持可持续发展和生态平衡。

（二）高校异地办学模式

自20世纪90年代起，随着我国高等教育体制改革的逐步推进、国内高校大规模扩招，许多高校都在积极对外进行拓展，一个主要表现就是异地办学的实践。同时，多处地方政府也主动谋求国内知名学府在地方异地办学，以提振城市形象，加快培养所需的高层次专业人才，推动地方经济上新台阶。经过20多年的发展，如今高校异地办学形成了若干有影响力的高等教育中心或特区。这些高等教育中心或特区多是以当地经济发展综合实力为依托，借助经济优势所带来的高等教育特权优势，通过政府超常规的建设手段，吸引水平和层次较高的大学到高等教育不发达城市举办高等教育的模式。苏州的独墅湖高教园区吸引了中国人民大学、中国科技大学、西安交通大学等知名学府创建苏州研究生院或者研究院，也是高校异地办学形成高等教育中心的典范。青岛西海岸吸引了清华大学、复旦大学、中国石油大学、中央美术学院、中国科学院大学等多所高校入驻办分校或研究生院，目前正在引进（扩建）11 所高校，到 2020 年，驻区高校数量将达 20 所，在校大学生将达 30 万人。青岛正形成四大高校聚集圈：蓝色硅谷高校圈、高新区高校圈、崂山区高校圈、西海岸新区高校圈，利用异地优质资源，形成有较强影响力的高等教育中心，发挥大学群落的聚集效应。

（三）高等教育国际化办学模式

高等教育国际化办学基本形成了三种主要的办学模式，即融合型、嫁接型、松散型。融合型的办学模式，皆在引进国外先进的经验、教学计划和大纲、教材和手段，以互派形式让教师进行研修，最终通过新颖的教学方法达到理想的教学目标；嫁接型办学模式则是让国内外的高校各自保留独立的教学模式，通过学生互派，双方互相承认学分，同时颁发学生国内外两方高校的毕业证书和学士学位证书；松散型的办学模式则多以短期互派和实习等手段，实现教学和世界的接轨。显然深圳特色学院建设是融合型和嫁接型相结合为主的国际化办学模式。如深圳北理莫斯科大学在师资方面有一半以上的教师由莫斯科大学派出，本科生将按照国家有关规定颁发学历学位证书，并按《中外合作办学条例》和办学协议规定颁发莫斯科大学的学位证书。

四、未来深圳高等教育发展路径

（一）紧抓"一带一路"建设、自贸试验区和粤港澳大湾区建设等重大战略机遇，加强城市群合作和高等教育融通

深圳毗邻香港和广州，在珠江三角洲地区具有重要地位。但是基于特区优势的深圳，在特定发展机遇下仍是一所移民城市，与周边地区很难形成深厚的经济文化联系，深圳对周边地区的经济和文化辐射能力还较弱。深圳唯有充分发挥自身独特优势，将高新技术和人才优势作为核心竞争

力，加强与周边城市群的合作。抓住"一带一路"建设、自贸试验区和粤港澳大湾区建设等重大战略机遇，挖掘创新的系统概念和思维，发挥湾区开发、科技创新和制度创新方面的巨大潜力，成为各类人才和创新资源汇聚的创新高地。针对深圳未来经济发展的需要和区域定位，谋划高等教育整体结构布局，为深圳市发展创新驱动和高新科技产业、建设现代化国际化创新型城市提供人才支撑和智力支持。

（二）推进高等教育供给侧改革，推进高等教育内涵式发展

深圳高等教育跨越式发展以政府的资金、政策推动为主导，能够在一定时期内促进高等教育的快速发展，但从长远来看，过分依赖外部强有力的政府推行下的需求侧改革容易导致高校成为行政权力的附庸，在很大程度上会制约高等教育的发展。改革的方向要回归大学根本，改革的重点也要从"需求侧拉动"转向"供给侧推动"，从注重规模、数量的发展转变到注重结构、质量、效益和创新上来。深圳高等教育在较短时间内获得了数量供给，但注重内在发展品质供给的高等教育供给侧结构性改革还仍需加强，大规模的、个性化的高等教育受众需求仍未得到满足。深圳高等教育供给侧改革既涉及宏观层面的人才规模供给，更涉及微观层面的学科专业建设和人才培养质量供给。在未来一段时间里，新建院校应更加注重人才培养质量提升和内涵式发展问题，如调整优化学科专业结构，满足产业发展所需，抑制产业对接人才过剩。

（三）加强分类管理，完善高等教育体系布局

站在"高等教育系统"的高度来宏观谋划与监管。深圳不同类型的高等学校数量逐年增多，要以全局意识和系统观念来管理和布局深圳高等教育。立足全市高校"一盘棋"的理念，谋划和解决高校的具体问题。构建具有深圳特色的高等教育体系，必须加强分类管理，区分不同高校的功能使命和发展目标，引导高校按照各自定位办学，在本类型中办出特色，争创一流，以充分发挥城市高校的群落效应。深圳高水平大学群落，主要由大学城的北京大学、清华大学、哈尔滨工业大学等国内知名大学，南方科技大学、香港中文大学深圳学院等特色学院构成，办成国际引领、国际标准的研究型大学；深圳应用型院校群落，主要由深圳大学和正在筹备中的深圳技术大学构成，办成立足城市发展和服务地方经济社会的高水平应用技术大学；深圳职业技术技能型院校群落，主要由深圳职业技术学院和深圳信息职业技术学院构成，办成具有工匠精神、技艺精湛的职业技术技能型院校。

（四） 创新治理模式，推进高等教育体制机制改革

成立"深圳高等教育发展战略咨询委员会"，委员会的构成应包括国内外著名大学校长、高等教育研究专家、政府官员和社会贤达。成立"教育改革和发展领导小组"，理顺和协调高等教育管理中存在的诸多关系，建立层次明晰的高等教育管理体系，制定高等教育管理制度，统筹完善发展高校发展机制，厘清政府、高校以及各个单位之间的责任、关系，完善高校管理制度，做到有章可循，提高办学效率。改革高等教育管理和投入体制机制，财政投入高校以办学绩效为导向，吸引社会捐赠和民间资本投资建设高等教育。加强现代大学制度建设，加快大学章程和条例建设，推动建立党委领导、依法治校、教授治学、科学管理、民主参与的高校治理模式。

（五） 增强自主意识，处理好高等教育国际化与本土化的关系

推进现有高校国际交流与合作，构建高等教育国际交流合作平台。进一步理顺市场机制与教育自身规律、经济效益与学术标准、提高层次与保持传统、国际化与本土化、多方利益与共同发展之间的关系。尊重高等教育办学规律，使引进优势学科和优质的办学资源在深圳落地，与深圳地方经济发展相适应。引导高校探索宽口径、厚基础人才培养模式，以问题和课题为核心开展教学，实施与海外高校学分互认的交换生项目。加强高等教育国际化理念融入教育教学微观环节，构建具有中国特色的人才培养标准和高等教育教学体系。加快完善引进人才的住房、医疗、子女教育等方面的保障措施，使引进人才能融入本地环境与文化，实现国际资源与本地资源的无缝对接。

参考文献

[1] 马陆亭. 中心城市高等学校体系建设思考：国际经验与深圳案例 ［J］. 高校教育管理，2012，6（4）：7 – 13.

[2] 杨君游，林功实. 高校异地办学实现学科建设跨越式发展刍议 ［J］. 清华大学学报（哲学社会科学版），2004（6）：82 – 85.

[3] 王剑波. 跨国教育在中国的三十年：以山东省中外合作办学为例 ［J］. 山东社会科学，2008（12）：88 – 92.

[4] 陈伟. 省域高等教育系统的崛起：动力分析和路径选择 ［J］. 高等教育研究，

2017（11）：39－45.

［5］陈伟. 广东高等教育发展研究（1978—2008）［M］. 广州：暨南大学出版社，2008.

［6］柴盈，曾云敏. 深圳发展模式研究［M］. 北京：中国社会科学出版社，2011.

［7］李罗力. 定位：深圳的全面创新与和谐发展［M］. 北京：中国经济出版社，2005.

［8］陈自元. 深圳在泛珠江三角洲经济圈的定位及发展路向［M］. 北京：人民出版社，2005.

（执笔：贾秀险；审稿：孙丽昕）

分类管理背景下民办
教育发展的新策略

○广东省教育研究院民办教育研究室

摘　要：2016年11月7日《关于修改〈中华人民共和国民办教育促进法〉的决定》的通过，标志着争论多年的营利性与非营利性民办学校分类管理改革正式进入实践层面。在国家从法律层面明确对民办学校实行非营利性和营利性分类管理的背景下，广东民办教育发展面临新的机遇与挑战，在加强党建、落实分类管理政策、制定准入标准、健全扶持政策、完善治理方式、确保民办培训机构规范经营等方面出台配套政策，探索民办教育发展的新路径。

关键词：分类管理　民办教育　新方位　新路径

2016年11月，全国人大常委会审议通过了《关于修改〈中华人民共和国民办教育促进法〉的决定》（以下简称《修改决定》），并规定新的《民办教育促进法》于2017年9月1日起正式实施。随后，《国务院关于鼓励社会力量兴办教育　促进民办教育健康发展的若干意见》（国发〔2016〕81号）、《民办学校分类登记实施细则》（教发〔2016〕19号）、《营利性民办学校监督管理实施细则》（教发〔2016〕20号）等文件陆续出台，标志着民办教育分类管理逐步落地实施。在此背景下，民办教育发展面临新的机遇和挑战，本研究在结合广东民办教育发展现状的基础上，研究探讨在分类管理背景下广东民办教育发展的新定位与新路径，以期为促进广东民办教育发展提供对策参考。

一、民办教育实行分类管理的现实意义

本次实施的分类管理指的是对民办学校实行营利性与非营利性分类管理，这就从法律层面对困扰民办教育发展多年的学校法人属性不清、产权归属不明、支持措施难以落实等瓶颈问题开辟了新的解决路径，为民办教育健康发展提供了法律保障。分类管理体现了以下三方面的积极意义。

第一，有利于破解民办教育发展瓶颈。多年来，关于民办学校法人属性、产权归属、合理回报的定性等方面的问题一直都没有得到解决，而本次修法对民办教育实行分类管理则对这些问题进行了重新理顺，为民办教育改革发展指明了新的方向。特别是删除了原有法律上对于"合理回报"这一不清晰的规定，明确将民办学校分为营利性和非营利性两种类型。

第二，有利于按照民办学校的法人属性，分类落实政府的扶持政策。新的《民办教育促进法》实施以前，经审批设立的民办学校均属于非营利性学校，但原有法律中关于"合理回报"的规定与非营利性组织的性质与法律规定存在冲突，影响了相关扶持政策落地。而新法实行分类管理之后，进一步明确了非营利性与营利性学校的内涵，不同类型的民办学校与其类型相关的法律制度相衔接，有利于落实财政、税收、土地等方面的扶持政策，进一步调动社会力量兴办教育的积极性。

第三，有利于拓展民办教育发展空间。民办教育实行分类管理后，对不同类型的民办学校也将有不同的政策推动其持续发展。一方面，非营利性民办学校可以获得政府更多的政策扶持，提高办学质量，成为高水平的民办学校。另一方面，营利性民办学校可以利用市场机制创新教育产品，增加教育供给，开拓发展资本空间。

二、民办教育实行分类管理的主要内涵

第一，分类界定。非营利性民办学校主要是指举办者不能取得办学收益，学校的办学结余全部用于办学。营利性民办学校则是指举办者可以取得办学收益，学校的办学结余依据《中华人民共和国公司法》（以下简称《公司法》）等国家有关法律法规的规定处理。① 两者的区别在于，学校存

① 教育部. 教育部有关负责人就《民办教育促进法》修改情况答记者问[EB/OL].[2017－12－28]. http://www. moe. edu. cn/jyb_ xwfb/s271/201611/t20161107_287961. html.

续期间举办者能否取得办学收益，学校终止时能否分配办学结余。二者都有各自的优势，即非营利性民办学校可以获得政府更多的支持，营利性民办学校则可以按市场机制运行，学校运行机制更为灵活。

第二，办学准入领域。新的《民办教育促进法》规定，不得设立实施义务教育的营利性民办学校。由于义务教育体现国家意志，是政府必须提供的基本公共服务和国家强制公民必须履行的义务，这种性质决定了义务教育阶段不能举办营利性民办学校。① 将义务教育纳入财政保障的范畴中，对公众免费，这既是国家责任的体现，也是国家保障公平的义务，还是有关上位法律所规定的。

第三，分类登记。对于正式批准设立的非营利性民办学校，符合《民办非企业单位登记管理暂行条例》等有关规定的，到民政部门登记为民办非企业单位；符合《事业单位登记管理暂行条例》等有关规定的，到事业单位登记管理机关登记为事业单位。② 正式批准设立的营利性民办学校，则依据法律法规规定的管辖权限到工商行政管理部门办理登记。③

第四，现有学校的分类登记。对于现有的民办学校，举办者可以自主选择为非营利或营利性民办学校。现有民办学校登记为非营利性民办学校的，可依照修改后的学校章程继续办学。选择登记为营利性民办学校的，则应当进行财务清算，依法明确财产权属，并缴纳相关税费，重新登记，继续办学。④

第五，学校的退出机制。进行分类管理后，进一步明确了不同类型的民办学校的退出机制。捐资举办的民办学校终止时，清偿后剩余财产统筹用于教育等社会事业。《修改决定》公布前设立的民办学校，选择登记为非营利性民办学校的，终止时，民办学校的财产依法清偿后有剩余的，按照国家有关规定给予出资者相应的补偿或者奖励，其余财产继续用于其他非营利性学校办学；选择登记为营利性民办学校的，应当进行财务清算，依法明确财产权属，终止时，民办学校的财产依法清偿后有剩余的，依照

---

① 教育部. 教育部有关负责人就《民办教育促进法》修改情况答记者问［EB/OL］. ［2017 - 12 - 28］. http://www. moe. edu. cn/jyb_ xwfb/s271/201611/t20161107_287961. html.

② 参照《民办学校分类登记管理实施细则》第7条。

③ 参照《民办学校分类登记管理实施细则》第9条。

④ 参照《民办学校分类登记管理实施细则》第14、15条。

《公司法》有关规定处理。《修改决定》出台后设立的民办学校终止时，财产处置按照有关规定和学校章程处理。①

三、广东民办教育发展现状分析

近年来，广东民办学校办学条件稳步改善，发展规模、办学效益及制度建设等方面都取得一定的成绩，民办教育已成为广东教育事业的重要组成部分。2016 年，广东经审批设立的各级各类民办学校达 14 361 所，占学校总数的 43.65%。其中，民办高校 55 所，民办高中阶段学校 300 所，民办普通初中 961 所，民办小学 704 所，民办幼儿园 12 341 所。各类民办学校在校生总数达 657.95 万人，占广东在校生总数的 28.46%。各级各类民办学校在校生规模占教育事业比例稳步发展，且占较大比重（如表 1 所示）。

表 1　2010—2016 年各级各类民办学校在校生数占全省比例

年份	普通 本专科/%	中职/%	普通 高中/%	普通 初中/%	小学/%	幼儿园/%
2010	28.36	18.07	4.84	11.72	17.22	60.86
2012	30.07	14.93	8.23	14.55	19.79	62.99
2014	32.35	12.41	6.8	18.53	22.18	63.3
2015	33.29	13.29	8.73	20.11	22.57	64.9
2016	34.00	14.93	10.10	21.39	22.45	66.42

（一）民办学前教育快速发展

2010 年《国务院关于当前发展学前教育的若干意见》（国发〔2010〕41 号）颁布后，广东先后出台《关于加快我省学前教育发展的实施意见》（粤府〔2011〕64 号）、《广东省发展学前教育三年行动计划（2011—2013年》（粤府办〔2011〕30 号）、《广东省普惠性民办幼儿园认定、扶持和管理办法》（粤教基〔2016〕4 号）等政策，积极鼓励、扶持民办幼儿园发展，民办学前教育数量规模取得快速发展。至 2016 年，广东民办幼儿园有

①　参照《国务院关于鼓励社会力量兴办教育　促进民办教育健康发展的若干意见》第 10 条。

12 341 所，占全省幼儿园总数的 71.38%；民办幼儿园在园幼儿数为 280.06 万人，占全省在园幼儿数的 66.42%。2010—2015 年期间，广东民办幼儿园数增加 3 693 所，增幅为 42.7%；民办幼儿园在园幼儿数增加了 111.65 万人，增幅为 66%。① 民办幼儿园的快速发展，有效缓解了"入园难"问题，为实现"十二五"规划目标以及满足群众选择多样学前教育需求发挥了重要作用。

（二）民办义务教育提供多样化发展

近年来，民办小学和初中虽然有一定程度的发展，但是随着学龄人口高峰期的过去，义务教育阶段民办学校的学校数和在校生数在全省同级同类学校中所占比例并不高。2016 年，全省民办小学和初中学校数分别为 704 所和 961 所，分别占全省总数的 6.92% 和 27.62%；在校生分别为 203.26 万人和 74.41 万人，分别占全省总数的 22.45% 和 21.39%。②

在公办教育更加注重满足公众基本教育需求的同时，民办中小学提供选择性教育的优势日益明显。义务教育阶段，公办学校与民办学校的终极目标追求是一致的，都是为社会提供基本标准的教育服务，但是公办学校定位主要是为社会提供均衡化的、非选择性的、免费的公共教育服务，而参与义务教育的民办学校则主要为社会提供国家基本标准以上的、多样化、选择性的教育服务。在广东，不少基础教育阶段的民办学校充分发挥自主办学的灵活性，大胆开展教研改革，经过多年的积累形成了自身的特色，教育教学质量不断提高，创出了办学品牌，获得了社会的高度认可，为广大民众提供了丰富的选择。《中共中央关于全面深化改革若干重大问题的决定》明确要求义务教育实行学区制管理和九年一贯对口招生。自 2014 年以来，大城市推动义务教育就近入学和小升初对口招生的力度明显加大，"公办不择校、择校找民校"的格局初步形成。

除此之外，在广东，特别是在珠江三角洲城市中，民办初中和小学还是接纳进城务工人员随迁子女入学的主力。《中华人民共和国义务教育法》规定，政府应根据当地公办教育义务教育的实际情况，结合流动人口子女教育需求状况，为他们提供平等条件的教育服务。然而，现有的公办教育资源难以全面解决所有的流动人口子女的入学问题，因此，作为具有大量流动人口的经济大省，广东的民办初中和小学接受政府委托，参与当地流

动人口子女的义务教育，仍具有广阔的发展空间。

（三）民办高中教育特色发展

高中阶段教育是构建灵活开放的现代化教育体系的关键环节。广东现有民办普通高中 182 所，占总数的 17.65%；在校生 19.94 万人，占全省总数的 10.10%。[①]《国家中长期教育改革和发展规划纲要（2010—2020年）》提出推动普通高中多样化发展的要求，但由于高考应试的影响，民办高中同公办高中一样，教育教学改革受到严重制约。随着考试招生制度特别是高考改革逐步深入，普通高中的多样化、特色化发展的空间将逐步加大。广东民办学校以体制机制灵活的优势，在改革中占得先机。

广东民办普通高中为了不断满足社会对优质教育资源的需求，从过去主要争取政策扶持、优化外部发展环境向重视内部管理体系建设转变，把主要精力转向教育教学和内部管理体系的建设上；由过去关注学生数量增长的粗放式发展向追求卓越办学品质发展转变，从师资、课程、特色、管理等方面把学校做精、做强，出现了一批适应教育个性化发展需要的优质高中。

（四）民办中职教育逐步萎缩

由于受到生源、就业、升学及办学水平等因素的影响，广东民办中职教育呈逐步萎缩的趋势，2016 年广东中职学校 118 所，比 2010 年减少了38 所，降幅 24.36%；民办中职教育在校生 15.92 万人，比 2010 年减少了12.06 万人，降幅达 43.1%；教职工数为 7 309 人，比 2010 年减少了 3 198人。[②]可见，广东民办中职教育发展逐步下滑的趋势明显。

（五）民办高等教育逐步壮大，办学条件不断改善

广东民办高校在规模扩张和办学条件改善方面取得了较大成绩，办学层次和办学水平也不断提升。2016 年广东民办高校有 55 所，招生人数为18.88 万人，在校生 64.37 万人。与 2010 年相比，民办高校数量增加 8 所，招生规模增长 42.96%，在校生规模增长了 59.07%。[③]为广东高等教育毛入学率的增长贡献了 9 个百分点。此外，广东民办高校的基本办学条件也得到了有效改善，学校的产权建筑面积、产权固定资产值、产权教仪设备

---

①②③ 广东省教育厅. 广东省 2016/2017 学年教育事业统计简报［Z］. 2017 - 07.

资产和教职工数均有一定幅度的提升。

四、广东民办教育分类管理的新策略

作为教育事业的重要组成部分，民办教育已成为广东教育现代化、教育综合改革的重要力量。但当前广东民办教育发展也面临诸多亟待解决的问题，如学校法人财产权仍未全面落实，财务管理混乱，举办者抽逃、挪用办学经费，虚假招生宣传，师资队伍不稳定，办学质量不高，等等。随着《修改决定》的审议通过，国家正式从法律层面明确对民办学校实行非营利性和营利性分类管理，为破解民办教育发展面临的一系列突出问题指明了方向和路径。在此背景下，省级政府部门要结合当前民办教育发展的实际，在加强党建、落实分类管理政策、准入标准、扶持政策、完善治理方式、加强监管等方面出台配套政策，探索民办教育发展的新路径，推进民办教育可持续发展。

（一）加强党的建设，把握民办教育办学方向

根据党章党规和《关于加强民办学校党的建设工作的意见（试行）》（中办发〔2016〕78 号）要求，加大民办学校党组织组建力度，实现党组织和党的工作全面覆盖。一是加强党组织建设。民办学校党组织要充分发挥政治核心作用，强化思想引领，牢牢把握社会主义办学方向，牢牢把握党对民办学校意识形态工作的领导权、话语权，切实维护民办学校和谐稳定。民办学校要高度重视党建工作，将党组织活动经费列入学校年度经费预算，保证党组织必要的活动经费、活动时间和活动场地等，保证党务干部的工作条件和相关待遇。要将民办学校党建工作情况作为民办学校注册登记、年检年审、评估考核、管理监督的必备条件和必查内容。二是加强和改进民办学校思想政治教育工作。坚持立德树人，把思想政治工作贯穿教育教学和育人的全过程，增强师生的道路自信、理论自信、制度自信、文化自信。增强思想政治工作的亲和力、针对性和学生的获得感，推动理论与现实、思想政治工作与业务工作、学校教育与社会实践、知与行相统一。充分发挥思政课教师队伍、专任教师队伍、专兼职辅导员队伍和学生骨干队伍等四支队伍的作用，建设好课堂教学、第二课堂、网络空间和社会实践等四大阵地，形成全员育人、全程育人、全方位育人的大格局。

（二）落实分类管理政策，分类支持民办学校持续发展

《国务院关于鼓励社会力量兴办教育　促进民办教育健康发展的若干

意见》中已经明确，对民办学校实行非营利性和营利性分类管理。新设民办学校应当依法依规办理分类审批和登记，对于 2016 年 11 月 7 日后批准设立的民办学校，应当按照举办者自愿的原则，通过政策引导，实现分类管理。同时，关于原有民办学校的变更、重组、补偿和奖励等具体办法，省级政府应当依照分类管理的基本原则，结合本省的实际，制定具体操作办法，确保新老政策平稳过渡。

在分类登记管理的过程中，应当要求民办学校依照法律法规开展资产清查、清算，明确财产权属，修改学校章程，按照"一校一策"的原则制定过渡方案，实现平稳有序的分类管理。

政府应当积极鼓励和大力支持社会力量举办非营利性民办学校，在民办教育专项资金、捐资激励政策、支持民办学校加强师资队伍建设、落实学生奖励资助等方面一视同仁，彰显对民办学校的扶持。在土地供给、税收优惠、财政扶持、收费政策等方面，对非营利性学校和营利性学校给予差别对待，充分彰显分类扶持的价值导向。

（三）分类制定民办学校准入标准

民办学校准入标准包含准入领域和设置标准两方面内容。在准入领域方面，《修改决定》已有明确的分类规定，即除义务教育只能举办非营利性民办学校，其他各级各类教育领域可以选择营利性和非营利性民办学校，在此基础上，要积极鼓励社会力量举办非营利性民办学校。在设置标准方面，针对不同层次、不同类型民办教育的发展需求和面临的实际问题，分类制定设置标准。例如，针对当前广东民办幼儿园占比高、办学条件普遍不足、普惠性学前教育资源供给矛盾突出等现实情况，在参照公办幼儿园设置标准的基础上，可适当降低非营利性民办幼儿园的设置标准，注重办园后发展性指标的督导评价。

（四）分类健全民办学校扶持政策

构建差别化扶持体系，在政府补贴、政府购买服务、基金奖励、捐资激励、土地划拨、税费减免等方面对非营利性民办学校给予更多的扶持。对于非营利性民办学校可以通过经费奖补、提供财政贴息贷款等方式提供财政支持，重点扶持非营利性民办学校改善办学条件、提高办学质量；对于营利性民办学校可以通过购买服务、提供税收优惠等方式，吸引社会力量兴办教育，统筹促进各类民办教育协调发展。

（五）分类完善民办学校治理方式

明确民办学校法人治理结构，强化学校章程的作用，完善学校董事会和理事会的构成。健全党组织参与决策制度，推进党组织领导班子成员和决策机构、行政管理机构双向进入、交叉任职。分类建立健全资产管理和财产会计制度，明确民办学校依法享有法人财产权，要求举办者依法履行出资义务并足额过户到学校名下。规定营利性和非营利性民办学校按照登记的法人属性，执行相应的会计制度。

（六）确保民办教育培训机构规范经营

以"属地管理、行业配合，部门协作、公众参与"为原则，联合教育、民政、公安、消防、食药、卫计、工商、住建等有关部门，建立专门针对民办教育培训机构的协调管理机制和管理部门间的联动机制，建立管理信息的通报机制。同时，建立和完善民办教育培训机构的信息公开制度，推进诚信体系建设，充分发挥公众和社会监督的作用，调动社会力量参与监督管理，共同抓好校外民办教育培训机构的日常监管工作，积极引导民办教育培训机构规范化运营，逐步建立管理长效机制，预防和遏制安全事故的发生，确保学生健康成长。

（执笔：陈放；审稿：耿景海）

广东教育蓝皮书
BLUE BOOK OF GUANGDONG EDUCATION

广东教育改革发展
研究报告

2018

教育评估研究

广东省义务教育质量监测结果运用探索

○广东省教育研究院教育评估室

摘　要： 教育质量监测结果运用是实现教育质量监测价值的必要措施，广东省在运用监测结果方面，主要通过重视组织、建立骨干督学队伍，加强培训、提高队伍专业水平，摸准需求、提高监测报告针对性，先行先试、设立质量监测重点市县等策略推动。借鉴省内外监测结果运用经验，为进一步推动广东省监测结果运用，应当建立质量监测结果运用长效机制，建设质量监测结果运用专业队伍，促使监测结果向教育成果转化。

关键词： 义务教育　质量监测　结果运用

教育质量监测结果运用是教育质量监测的关键环节，是教育质量监测从手段走向目的的必经阶段。2017 年是广东省第七次参加国家义务教育质量监测、第二次全省全面参加。可以说，对广东省近年来的教育质量情况，我们已经从大数据层面有了充分的了解，但是在结果运用方面，探索刚刚开始。监测结果运用是加快监测结果向教育结果转变、实现教育质量监测的目的、体现教育质量监测的价值的必要手段，无论从发展趋势或是本省教育发展需要而言，开展监测结果运用的途径、策略和体制机制探索已十分必要。

一、广东省义务教育质量监测结果运用策略

教育质量监测结果的运用涉及多个层面、多种因素，有制度层面、实施层面，需要从多方面着手。广东省教育质量监测结果运用工作处于从无到有的阶段，主要从以下几个方面着手推动。

（一）重视组织，建立骨干督学队伍

从全国而言，义务教育质量监测结果运用尚处于探索阶段，广东省亦不例外，对监测结果运用的探索刚刚起步。在此背景下，专业队伍的组织和建设是重点。如何打造一支本土的、服务于广东义务教育质量监测工作的专业队伍是结果运用的关键。为此，广东省着眼全省，基于"督导牵头、教研配合、多部门联动"的监测工作实施模式，建立了一支来自全省各市、县的由督导人员、教研人员、评估监测机构人员、高等院校教师、中小学校教师为主体的骨干督学队伍，共约70人（如图1所示）。骨干督学队伍作为监测实施工作的指导者、监测报告撰写和监测结果反馈的参与者，指导各市、县义务教育质量监测工作的实施和监测结果使用，参与监测实施工作的各个重要环节，提升全省监测实施工作的专业性。

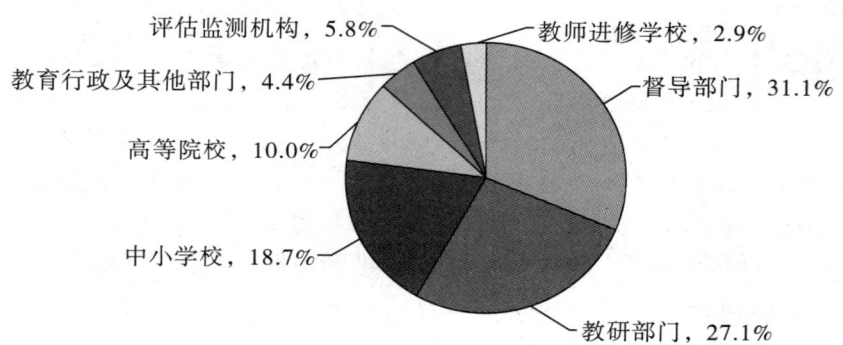

图1　骨干督学队伍人员来源

（二）加强培训，提高队伍专业水平

骨干督学队伍当中来自评估监测专门机构的人员仅有5.8%，队伍整体的监测专业知识欠缺，对于指导市、县开展监测结果运用尚不足够。为了全面提升骨干督学队伍的专业水平，2017年，广东省共组织了3期义务教育质量监测培训，分别于2017年1月、6月、11月举办，受培训对象主要为骨干督学，此外，还包括省、市、县各级教育行政相关部门人员，培训内容涵盖教育质量监测抽样技术、各学科监测工具研发、数据处理、报告撰写、结果运用等方面（如表1所示）。

表1　广东省义务教育质量监测培训内容

期　次	关键内容
第一期	抽样技术与实践，语文、数学、体育与健康监测工具的研发，艺术监测介绍，监测报告撰写，数据挖掘
第二期	抽样设计和实施，数据分析技术，报告撰写的案例分析
第三期	数据挖掘与关联分析，数据清理与整理，学业监测的标准与指标，解读区域监测结果，区域监测结果整改措施的案例分享

（三）摸准需求，提高监测报告针对性

近两年广东省通过向教育部基础教育质量监测中心购买服务的方式，全省所有县（市、区）参加国家义务教育质量监测。教育部基础教育质量监测中心为广东省提供专业支持，对广东省监测结果的报告与使用提供个性化服务，致力于提升广东省教育质量监测工作水平，最终实现提高教育质量水平。因此，为了解市、县两级对监测结果的需求以及进一步摸准监测结果背后的原因、提高监测报告的针对性，广东省组织多次调查研究。于2016年通过座谈、问卷调查的方式掌握县（市、区）在监测结果反馈内容、反馈形式、反馈对象、反馈时间、监测结果期望等方面的需求①，于2017年多次安排调研，以教育部基础教育质量监测中心专家带队和骨干督学为主力、教育行政及其他部门参与的方式，赴全省各县（市、区）就县（市、区）教育投入、教师发展、民办教育等方面进行调查，为进一步做好广东省义务教育质量情况分析工作、撰写具有针对性和可行性的监测报告服务，为监测结果的运用奠定基础（如表2所示）。

---

① 庞春敏. 义务教育质量监测结果运用需求分析及建议：以广东省为调查对象[J]. 教育测量与评价，2017（10）：15－19.

表2 调研内容举例

《教师发展》专题的区县访谈提纲
1. 区县经济发展状况（经济、文化及人口情况）；
2. 区县教育基本状况（教育经费投入、学生数量、教师队伍建设，生师比、学生数量及未来教师招聘及需求等）；
3. 教师工资及福利待遇状况（县域内部不同区域之间、公私立学校之间的差异）；
4. 区县教师教研与培训状况（含经费投入、研训机构设置、日常工作、考核及未来规划等）；
5. 培训与教研员工作状况（培训与教研员接受的培训及对学校教师的指导培训状况）；
6. 区县是否有针对教师日常教学效果的质量监测系统，如何调动教师工作积极性；
7. 区域之间（城市、乡镇与农村之间）、民族之间、公私立学校之间是否存在教育质量（含学生学业、教师队伍）差异，如何理解这种差异；
8. 区域之间、公私立学校之间的教师流动趋势、原因及改变策略

（四）先行先试，设立质量监测重点市县

广东省共有 21 个地级以上市、122 个县（市、区），地域辽阔且经济和教育发展尚不十分均衡，如在省级层面同时推动全省所有地区探索质量监测结果运用策略，地方在经济、队伍、观念等方面尚未准备充分，难以实现。为有效探索义务教育质量监测结果运用的策略，广东省采取设立重点监测市、县的做法，以市、县自愿申报为基础，省级审核为准，在全省设立了 3 个重点监测市和 19 个重点监测县（市、区）（如表3 所示）。借助教育部基础教育质量监测中心优质资源，以骨干督学队伍为主力，重点推动 "19 + 3" 地区在质量监测结果运用方面的探索，希望通过以点带面积累丰富经验，并积极提炼、探索出监测结果运用的广东经验，在此基础上全面推动广东省义务教育质量监测结果运用工作，以利于监测结果运用取得良好效果。

表3 广东省 "19 + 3" 重点监测市、县名单

重点监测市	深圳市、东莞市、肇庆市
重点监测县（市、区）	花都区、罗湖区、福田区、宝安区、龙岗区、斗门区、金平区、禅城区、浈江区、武江区、始兴县、霞山区、端州、四会市、广宁县、大埔县、蕉岭县、陆丰市、顺德区

二、质量监测结果运用的省内外经验

(一) 温州经验①

温州自 2013 年起探索区域教育质量评价体系,且尤其重视结果运用,取得积极的实践成效,积累了具有温州特色的监测结果运用经验。温州在推动监测结果的运用上,主要从监测结果反馈、调研和整改、加强学校质量提升能力三方面着手。一是在监测结果反馈方面,逐层召开反馈会议,采取"三步走"的数据反馈新模式。第一阶段基础数据反馈,以项目为单位将基础数据反馈到各县,确保数据使用的时效性;第二阶段内部反馈,向教育行政相关部门人员反馈数据,作为行政决策和教研的依据;第三阶段由县一级分行政、教研两条线分别向基层行政部门、学校反馈数据。二是重视基于监测结果的调研、整改工作。温州市将监测结果作为政府决策的重要参考,根据所掌握的教育质量情况,出台了《温州市教育局关于进一步加强义务教育阶段教育质量监测结果有效应用若干意见》等文件,并将"加强教育质量监测数据的运用改进功能"纳入 2016 年、2017 年县(市、区)教育质量评级工作考核办法之中。同时注重根据监测结果提高教学研究的针对性,结合调研,分析不足,剖析原因,研究改进策略,及时调整区域课程、教学和教研政策。三是加强学校质量管理能力的提升。温州市通过培育教育评价改革试点学校的方式,帮助学校加强教育评价的诊断和改进功能,开展基于数据驱动的教育教学改进,如《基于学业质量监测数据打造学本课堂》《以数据为起点,构建智慧教育》等。

(二) 包河经验②

包河区隶属安徽省合肥市,该区有较强的教育质量监测意识且重视监测结果运用,自 2011 年起,通过购买服务的方式,与教育部基础教育质量监测中心合作,成为全国义务教育质量监测试点区,连续多年参加国家义务教育质量监测。包河区在过去几年的教育质量监测工作中,积累了一定的监测结果实施经验,主要举措有三方面:一是注重借助专家力量解读质

① 赵桂芳. 构建四维评价体系助推教育质量提升:浙江省温州市区域教育质量综合评价的探索与实践 [J]. 基础教育课程, 2017 (11): 7 – 13.

② 彭江龙. 基于义务教育质量监测结果的区域教育改进 [J]. 教育家, 2017 (8X): 12 – 15.

量监测报告。要运用结果首先要读懂报告,包河区重视监测报告的专业解读,通过聘请教育质量监测专家力量的方式,帮助包河区行政部门、教研部门、基础教育学校等利益相关方"读懂"监测报告,探究监测报告反映的问题、成因,共同寻求解决办法。二是注重进行专题研究。包河区以监测发现的问题为焦点,设立专题研究,通过专项解决。三是开展专项整改。包河区对在监测当中发现的问题进行归类,逐一厘清哪些是学校层面的问题,哪些是区域层面的问题,哪些是社会层面的问题,以问题为导向,开展专项整改活动,通过难题促进改革,通过破解难题实现改革(如表 4 所示)。

表 4　包河区质量提升案例

《包河区 2011 年基础教育质量监测英语和体育教师工作状况报告》指出:"79.2% 的四年级体育教师和 68.2% 的八年级体育教师第一学历达到国家规定的标准","69.6% 的四年级体育教师和 95.5% 的八年级体育教师专业对口"。《包河区 2011 年基础教育质量综合评价、思考与建议》指出:"2011 年基础教育质量监测数据反映出包河区教育(英语、体育)存在较为明显的校间差异,这将制约区域教育的均衡发展和整体水平的提高。"

为解决以上问题,包河区教体局采取了一系列创新举措。一是优先补充音乐、美术、体育、英语教师,并优先补充到相对偏远或薄弱学校,极大地缓解了相关学科教师不足的问题。二是成立"包河区艺体教师服务中心",从区内名优学校累计选调英语、音乐、体育、美术学科专职教师开展"走校支教"活动,满足偏远学校教育教学需求,带动培训支教学校教师的成长。三是引进体育、艺术专业人才,包括手球、击剑、舞蹈、器乐、足球、篮球、象棋等专业硕士研究生,国家二级及以上运动员或专业院团演员,取得相关奖项的退役运动员、教练员,为学校特色办学提供了坚强的保障。四是成立"包河区校外专家指导中心"。从省、市、区等专业团体聘请 100 多名专家、非遗传人和专业演员作为中心的教师,为学校开展素质教育、加强社团建设提供优质服务。五是成立"包河区外籍教师服务中心",聘请 10 余位外籍教师任教,选派优秀教师赴美国、英国等国支教或培训,大力推进国际理解教育,提升区域英语教师水平

(三)福田经验①

深圳市福田区是广东省最早探索区域基础教育质量监测体系的区县之

① 肖萍. 在数据中前行:福田区基础教育质量监测的实践探索 [J]. 课程教学研究,2015(4):87-90.

一，自 2008 年起就开展了"建构福田区义务教育质量监测体系的研究"，2011 年将"构建区域基础教育质量监测机制"纳入了区政府的工作计划，成立了广东省首家"区级基础教育质量监测中心"。因此，在教育质量监测的结果运用方面，福田区不仅积累了一定的经验，且初步形成了区域模式。福田区主要从数据、队伍、技术、观念等方面入手，推动监测结果的使用。一是重视进行数据盘活，驱动教学过程改进。福田区通过开展"校长报告阅读分享活动""教师数据分析报告展示与评比活动"，督促校长和教师阅读数据、理解数据、使用数据，从中挖掘问题，寻求解决办法。二是建设核心团队，发挥骨干引领作用。福田区建立"质量监测核心团队"，由来自公民办中小学、各学科的校长或教师组成，并制定团队章程，建设团队活动常规，采用微报告、网络研讨值周、编辑电子刊物、数据分析推送服务的"点线面体"的立体策略促进团队专业成长。三是重视信息化手段的采用，运用学习分析技术，促进个性化教育发展。如借助社会专业测评机构开发基于移动终端的 APP 测试评估工具，采集学生基础素养、学科知识、学习经历、家庭环境等数据，同时对教师的课堂教学素养进行评估，形成课堂转型基础数据库，挖掘现状数据背后学与教的规律。四是积极构建质量监测体系，逐步扭转"唯分数"评价观。福田区构建多维的区域基础教育质量监测体系，关注学生的学业成绩、心理健康、审美水平、身体健康和教育环境，促使区域在关注"学生的全面发展""质量形成的过程与成本"以及"影响学生成长的环境因素"的质量监测过程中，逐步扭转单纯以学生学业考试成绩和学校升学率评价教育质量的倾向，重构教育质量观。

三、广东省义务教育质量监测结果运用建议

（一）建立质量监测结果运用长效机制

广东省虽自 2008 年起参加义务教育质量监测，且近两年通过购买服务方式全省积极主动参与，但是仍然存在制度缺陷，教育质量监测工作一直没有制度化，监测结果运用更是缺乏制度保障。要切实推进监测结果运用，发挥教育质量监测的诊断和改进作用，长效机制的建立必不可少。一是要制定教育质量监测结果运用方案，明确监测结果使用的目的、原则、内容、组织实施等，且带动市级、县级制定监测结果运用实施细则，将监测结果运用工作具体化、明确化；二是要有明确的监测结果运用规划，义务教育质量监测工作三年为一周期，每年监测不同的学科，监测结果的运

用也当周期制，每年重点推动不同学科的监测结果运用，周期循环；三是要建立监测结果运用的财政保障制度。教育质量监测可帮助区域明晰自身存在的问题，相应的整改措施可能涉及硬件投入，也可能涉及学校内涵发展、教师队伍建设等方面。无论是硬件设施或"软件"建设，针对问题的改进，财政的投入必不可少，因而监测结果运用的财政保障制度自然必不可少。

（二）建设质量监测结果运用专业队伍

任何改革的推动最核心的因素是队伍，监测结果运用亦不例外。如果说在监测工作的组织实施中，行政力量发挥的作用是主要的，那么在监测结果的运用中，专业力量则当成为主力。广东省的质量监测结果运用专业队伍建设，在量和质两方面都仍需进一步加强。在量上，当前的骨干督学队伍主要由来自督导部门、教研部门、高等院校、中小学校等单位的人员组成，队伍不大且因成员工作任务重等原因，队伍具有一定的不稳定性。因而应当扩大骨干督学队伍，吸纳更多能人志士到骨干督学队伍当中，尤其注重专业力量的吸纳，形成合力，共同推动监测结果运用。在质的方面，当前队伍当中，具有教育测量专业知识以及来自专业评估监测机构的人员少之又少，且学科专家、一线教师也为数不多，在发挥"理解数据、使用数据"的带头作用方面，能力仍然有限。因而，在完善队伍结构的同时，仍需进一步加强队伍的内涵建设，进一步加大培训，提升监测结果运用水平，切实发挥骨干引领作用。

（三）促使监测结果转化为教育成果

教育质量监测从监测实施到结果运用、从发挥诊断作用到发挥改进作用、从监测结果转化为教育成果，需要经历很多的"关键环节"，涉及很多的"关键他人"。从宏观层面，监测结果运用必须涉及教育决策方能推动教育改革。监测结果运用的国际经验中，基于数据进行政策调整是监测结果运用的主要举措，也是发挥教育质量监测改进作用的必经路径[1]。未来的行政决策，以大数据为基础将成为不可逆转的趋势。这就要求教育决策的"关键他人"——行政领导重视质量监测结果，并意识到其对教育决策的重要意义，积极推动基于教育质量监测结果的教育决策调整。在微观

---

① 李勉，张岳，张平平. 国际基础教育质量监测评价结果应用的经验与启示[J]. 外国中小学教育，2017（5）：1−7.

层面，监测结果的运用必须落实到课程与教学当中才能实现真正的教育变革。监测结果从宏观的数据转化为中观的课程政策到微观的教学策略，需要教育教学研究部门、学校管理者、学科教师一致努力才能实现，因而在积极调整教育政策、课程政策的同时，要鼓励学校管理者、学科教师深入研究监测结果，积极寻求改进策略，不断总结反思，积极将监测结果转换为教学成果。

（执笔：庞春敏；审稿：张伟民）

中小学生综合素质评价电子平台建设

○广东高等教育出版社

　　摘　要：综合素质评价通过观察、记录、分析学生的成长过程，发现和培育学生的良好个性，它既是人才培养制度的重要内容，也是人才选拔制度的重要组成部分。从2001年6月《基础教育课程改革纲要（试行）》颁布起，广东各地区和学校综合运用纸质档案袋（"成长记录手册"）等多种方式，对中小学学生综合素质评价进行了初步的实践探索。但实践表明，纸质档案袋不仅难以保管、储存、流转，而且不便于相互交流、公示、统计查核，信度不高，也不便于使用，因此，以学生综合素质评价电子化管理平台取代纸质档案袋成为当务之急。本文将以当前我国学生招生考试制度的最新政策文件（如《国务院关于深化考试招生制度改革的实施意见》《教育部关于进一步推进高中阶段学校考试招生制度改革的指导意见》等）为指导，借鉴成功做法，在分析学生综合素质评价实践的困境和难点的基础上，提出学生综合素质评价电子平台的建设策略（包括评价指标体系制定、需求设计、权限设计、培训开展、资金和人力投入等方面）。

　　关键词：学生综合素质评价　电子平台　实践探索　策略

　　综合素质评价，是根据一定的评价标准，面对学生的学习和发展进行系统分析，做出价值判断的过程。[①] 学生综合素质评价是基础教育课程改革中提出的学生评价的两个方面内容之一，是新一轮深化考试招生制度改革的重要举措和主要亮点，是破除"分数论"，促进教育公平、科学选才

---

①　涂艳国. 教育评价［M］. 北京：高等教育出版社，2007：58.

的关键性制度设计。在信息技术快速发展的背景下，与常用的基于纸质档案袋（"成长记录手册"）的综合素质评价（也称"档案袋评价"）相比，基于电子平台的学生综合素质评价优势明显。目前，以学生综合素质评价电子化管理平台取代纸质档案袋（"成长记录手册"）成为当务之急，但学生综合素质评价实践中的困惑和难点依然存在，基于电子化管理平台的学生综合素质评价也需要更多的实践探索和理念探讨。

一、与学生综合素质评价有关的重要政策文件陆续出台

综合素质评价通过观察、记录、分析学生的成长过程，可以发现和培育学生的良好个性，它与素质教育相应而生，是一种个性发展性评价，尊重教育过程的开放性、生成性和不可预测性，注重评价的真实性、过程性，追寻教育内在价值。早在 2002 年 12 月，《教育部关于积极推进中小学评价与考试制度改革的通知》（教基〔2002〕26 号）首次提出要"综合评价学生的发展"，并将评价的体系概括为"基础性发展目标"和"学科学习目标"两方面。① 2003 年 3 月，教育部颁布《普通高中课程方案（试验）》（教基〔2003〕6 号），进一步明确了综合素质评价的原则和具体方法："建立发展性评价制度"，"实行学生学业成绩与成长记录相结合的综合评价方式"，学校"为学生建立综合、动态的成长记录手册，全面反映学生的成长历程"。② 2014 年 12 月，教育部印发《关于加强和改进普通高中学生综合素质评价的意见》，对普通高中综合素质评价的重要意义、基本原则、评价内容、评价程序、组织管理等做了更为详细的说明。文件还提出要加强管理，建立综合素质评价工作电子化管理平台的要求。上述学生综合素质评价体系在国家政策层面确立的大致过程说明，综合素质评价既是基础教育改革的重要制度设计，也是人才培养制度的重要内容。

此外，《关于做好 2007 年普通高等学校招生工作的通知》（教学〔2007〕1 号）专就新课程实验省份提出要"逐步建立并完善高中学业水平考试和综合素质评价制度"。《关于 2007 年高等学校自主选拔录取改革试点工作的通知》（教学厅〔2006〕11 号）在提到要求考生提供的相关材

---

① 教育部关于积极推进中小学评价与考试制度改革的通知［EB/OL］. http://www. moe. edu. cn/srcsite/A26/s7054/200212/t20021218_78509. html.

② 教育部关于印发《普通高中课程方案（实验）》和语文等十五个学科课程标准（实验）的通知［EB/OL］. http://www. moe. edu. cn/srcsite/A26/s8001/200303/t20030331_167349. html.

料时，特别注明"高中新课程实验省区应提供高中学生综合素质评价材料"。《关于普通高中新课程省份深化高校招生考试改革的指导意见》（教学〔2008〕4 号）提出要"建立和完善对普通高中学生的综合素质评价制度，并逐步纳入高校招生选拔评价体系"。2014 年 9 月，国务院印发《国务院关于深化考试招生制度改革的实施意见》（国发〔2014〕35 号）指出，综合素质评价是高中"学生毕业和升学的重要参考"。2016 年 9 月，教育部印发《教育部关于进一步推进高中阶段学校考试招生制度改革的指导意见》，明确了综合素质评价在高中招生录取中的应用时间表："到 2020年左右初步形成基于初中学业水平考试成绩、结合综合素质评价的高中阶段学校考试招生录取模式"，并明确了各级教育行政部门、学校、教师在综合素质评价工作中的定位，用于指导综合素质评价实践工作开展。① 上述文件表明，未来的趋势是，学生综合素质档案将在全国应用于高中和大学的招生录取工作中，学生综合素质成为人才选拔制度的重要组成部分，与中考、高考的联系日渐密切。

国家层面的重视和政策引导，推动着学生综合素质评价快速走入教育行政人员、学校、学生、家长的视野，特别是学生综合素质评价结果应用于升学考试后，它已经牵动了万千家庭的心。

二、学生综合素质评价电子平台建设的实践探索

多年来，为深入贯彻落实国家文件精神，积极促进学生全面发展和健康成长，各级教育行政部门、各级各类学校积极探索各具特色的基础教育阶段学生综合素质评价体系，运用观察、交流、测验、实际操作、作品展示、自评与互评等多种方式，对中小学生综合素质评价进行了初步的探索。其中，综合素质评价的基本方法和形式是"档案袋评价"②。"档案袋评价"以学生作为档案袋的主要创造者和维护者，以教师为指导者，以学生的真实经历及相应的典型的、富有代表性的各类作品或其他材料为证据，以对学生的学习和个性发展状况做出判断并加以改进为手段，从而达到培育学生良好品行和发展个性特长的目的。但实践表明，信息社会的背景下，纸质档案袋（"成长记录手册"）的一些缺陷，使"档案袋评价"

---

① 教育部下发进一步推进高中阶段学校考试招生制度改革的指导意见［EB/OL］.［2016 – 09 – 20］. http://www. gov. cn/xinwen/2016 – 09/20/content_5110023. htm.

② 李雁冰. 论综合素质评价的本质［J］. 教育发展研究，2011（24）：58 – 64.

越来越不适应综合素质评价实践工作的要求。一方面，纸质档案袋（"成长记录手册"）难以保管、储存、流转。受纸张本身的成分和存放环境的影响，纸质档案袋（"成长记录手册"）耐久性不高，且在翻阅、复制、流转等过程中，纸质档案袋（"成长记录手册"）易发生机械磨损甚至破损，唾沫、油腻等也会对纸张产生污染。另一方面，纸质档案袋（"成长记录手册"）使用起来也有很多不便。纸质档案袋（"成长记录手册"）容量有限，不便于相互交流、公示；只能存放图片、磁带、光盘等实体材料；学校做统计查核时，面对大量的纸质文档和实体材料往往感到十分头疼，因此工作效率低。

与纸质档案袋（"成长记录手册"）相比，学生综合素质评价电子化平台优点较多。现以深圳实验学校和佛山市盐步中心小学的基于电子平台的学生综合素质评价实践为例来进行说明。

（一）深圳实验学校的实践探索

深圳市于 2006 年已根据教育部和广东省教育厅的有关文件精神，在总结该市初中毕业生综合表现评价工作经验的基础上，制定了课改实验区初中毕业生综合表现评价方案，可谓先行一步。此外，深圳市是中国新一代信息技术产业的重镇，具有强大的信息技术支撑力量，因而对综合素质评价电子平台建设具有特殊的借鉴意义。

深圳实验学校设有小学部、初中部、高中部，在设计电子平台时，也考虑到了各学段学生综合素质评价的衔接问题。该校教学设备设施先进，拥有先进完善的功能教室和实验室，综合素质培养的资源充足、经验丰富。该校还很重视校园局域网的建设，学校各校区之间联网，师生可以在教室、办公室、电子阅览室等处顺畅地上网，提高了电子平台的应用度。所以，其关于综合素质评价电子平台建设的实践探索具有较强的代表性与参考性。

深圳实验学校的电子平台由学校与技术公司合作设计——学校各部门提供需求，技术公司搭建平台，双方不断磨合优化，历时两年整合设计而成。该电子平台为多功能系统，包含了学生信息管理、成绩管理、综合素质评价等功能，已成为该校管理的重要工具。该校电子平台的综合素质评价功能模块的建设与实践具体做法如下：

（1）该系统给每一位教师、学生指派个人账号密码，方便学生填写，为家长和教师提供了及时查看和指导学生的机会。在每次参与综合实践活动后，学生可以在印象深刻的时候立刻上网登录进入该系统填写，家长亦可从旁指导，杜绝了以往半学期甚至一学期才填写一次、综合素质评价流于形式的弊病。在学生上传新内容后，教师也可以随时了解他们最近的活动状况，及时提供建议和指导，助力学生综合素质的培养。学校和家长之间也有了即时的信息交流，增加双向互动，达到家校一心。

（2）电子平台对各个功能模块的设置清晰明了，方便信息输入与输出。在录入材料时，除了文字以外，还支持图片上传，但是可上传的文字篇幅和图片数量都是有限制的。这就避免了综合素质评价写实性材料的过多过滥，能促使学生在进一步认真思考、总结后，将最有价值的部分上传到系统中，作为自己珍贵的成长见证，也为之后的材料审核、筛选流程省下了许多功夫。

（3）平台的设计尤其重视权限分明。例如某学生综合活动的记录也只能由该活动的指导教师来审核，经过教师审核的活动才能于学期末正式收入档案，能较好地保障材料的真实性，突出了整个综合素质评价流程的公平、公正、公开。

（4）在经过学生认真输入、教师和学校审批后，学生每学期都会得到一份客观反映自己的综合素质培养过程、具有很强可信性的材料。如果学生需要运用这些材料，只需从电子平台直接导出打印，交由教务处审核盖章，即可递交给心仪的学校，省时省力，避免重复工作，让学生有更多的发展机会。在综合素质评价正式用于高考之前，该校的学生就已运用这些材料多途径升学，例如用于自主招生模式与基于高考基础上的综合评价招生录取模式等。2017 年，中山大学在广东省高考基础上的综合评价招生录取中，深圳实验学校高中部就有 12 名学生成功入选资格考生名单。此外，深圳是改革开放的先头兵，该校每年申请出国留学的学生数量也十分多，其中使用从电子平台导出的材料成功申请入读国外高中、大学的例子也是多不胜数。

（二）盐步中心小学的实践探索

盐步中心小学在小学生综合素质评价方面开展了长达 10 年的研究和探索。学校曾研究探索取消百分制、实施等级制评价方法，制定并出台了《盐步中心小学学生素质教育评价改革意见》，探索并制定了《盐步中心小学学生建立成长档案袋制度》。关于综合素质的培养与评价，该校探索的步伐从未停下过。

在 2013 年 9 月，盐步中心小学组织了关于学校满意度的家长问卷调查，结果，家长对学校最不满意的是：对孩子在校情况知道太少，希望能

够全面了解。所以，盐步中心小学基于在教学实践中所遇到的这个问题，结合南海区教育局《改革中小学生学业质量监测推行教育质量绿色评价的指导意见》（南教〔2013〕26 号）精神，展开了综合素质评价电子平台建设的实践探索。

2014 年 1 月，该校寻求华南师范大学心理学院、佛山市南海区教育局以及其他专业机构的指导与支持，开展了"学生综合素质在线评价"的研究，开发了学生综合素质评价在线系统。该系统依托南海教育朝阳视频网的综合应用平台的子平台"朝阳学堂"，运用新媒体多屏融合技术，结合学生综合素质发展评价和南海教育质量监测数据，通过网站平台、ITV 平台和移动终端，实现学校、家庭实时交流。盐步中心小学作为南海区学生综合素质在线评价系统项目的实验学校，在广东省小学综合素质评价电子平台建设中是走在前头的。

该学生综合素质评价在线系统建成后，家长们只要登录自己的账号，就可以随时随地在线了解孩子在校的发展轨迹，孩子的表现得以全景式、扫描式地实时展现。盐步中心小学的学生综合素质评价在线系统的建设与实践具体做法如下：

（1）重视教学研究，进一步细化指标体系。比起中学生，小学生处于生活学习习惯养成的过程中，学业、升学压力也较小，课内外活动丰富多样，生活中的变量更多、变动更快。所以对于小学综合素质评价电子平台的建设来说，比起技术实现问题，制定一个合理的指标体系更为重要。盐步中心小学在教育管理部门以及学术顾问的指导与支持下所进行的高水平的教学研究是一切的基础。为了减少评价过程中的盲目性，使得评价更符合校情，该校在华南师范大学、南海区教育局的指导和支持下，着重进行了指标体系的研究，在教育部 5 个一级指标、20 个二级指标之下，设置了更为细化的三级指标。在三级指标下还设置了观测点，使得指标中的概念更为具体化，减少评价过程中的盲目性。

（2）设置"关键事件"要素，为学生的发展打好基础。在具有合理的三级指标以及相对应的观测点的框架下，在大量数据支撑和科学分析的基础上，系统进行实时评价。此外，系统还可以同时设计各个有针对性的、个性化的"关键事件"要素，然后发送信息通知家长，给出及时的提醒和发展建议。但由于家长的认知水平是有差别的，如果仅查看成长数据，对学生的成长并未能起到实际帮助作用。该系统设置了预警机制，通过"关键事件"要素来呈现风险并且实现联动效应，利于家校合作，帮助小学生养成良好的生活、学习习惯，为将来的发展打好基础。

（3）注重系统的语言描述，增强学生参与的主动性。小学生的理解力、口头书面表达能力都尚需发展，自主性、能动性也较弱，但该学生综合素质评价在线系统并未将学生排斥在外，而是使用各种办法让学生理解并且参与到综合素质培养当中去。如在"健康生活方式"评价中，评价方法为学生自评，操作方式是学生点击在线系统提供的问卷调查中符合自身情况的选项，系统会根据产生的等级结果自动转换成描述性的语言呈现给学生。又如在"情绪行为调控"以及"人际沟通"评价中，评价者不仅只是家长和班主任，学生以及同伴都会参与到评价当中，学生、同伴、家长、班主任评价比重分别为30%、20%、20%、30%。这些设置考虑到了小学生的身心发展程度，使得各年龄段的学生都能理解并且参与到综合素质培养和评价当中，对增强学生的主动性很有帮助。

综上，我们可以看出，基于电子平台的学生综合素质评价具有如下显著特点。

（1）实现实时性评价，评价操作方便快捷。在基于Web 2.0技术的B/S技术构架建立的学生综合素质评价电子化平台上，只要手机、平板电脑、计算机等终端设备可以联网，多元评价主体就能进行评价操作，如学生可以随时随地进行写实记录，上传收集的材料，其他评价者如教师也可以及时评价，使得评价更具真实性。

（2）真正实现发展性评价与终结性评价统一。学生综合素质评价是一种注重过程性、真实性的评价。电子平台的数据容量大，可以接收的材料形式多样，文字、图片、音频、视频均可，这些材料可以更立体、更真实地再现学生学业变化情况和参与活动的过程，且这些记录的材料时间跨度很大，范围很广，更能实现对学生全发展过程的关注，发挥学生综合素质评价的发展性评价功能。在这种证据性材料大量积累的前提下，无论由学生自己进行的整理遴选工作和撰写自我陈述报告，还是教师、学校等外部评价主体对学生的总结性评价才更具说服力，更具参考价值。

（3）信息的存储、调用方便，信息的统计分析快速准确。计算机、手机、平板电脑等都具有强大的存储功能，在规定的权限内，学生可以随时增添新的材料。教师以及学校、教育行政部门在允许的权限内，也可以随时随地浏览和调用这些信息，并就各自的工作需要，对这些信息进行提取、统计和分析，可以快速获取结果，准确且具有较高参考价值。

（4）实现数据管理精细化、标准化。无论是设在学校办公管理系统下

的学生综合素质评价电子平台系统，还是教育行政部门单独设立的学生综合素质评价电子平台系统，都是根据多元评价主体的实际需要、评价的流程和评价系统使用者的权限进行设计的，每一个人的操作、每一步的操作都是信息技术公司按照委托方的要求来设计的，非常精细。这种精细化的设计，可以实现对学生综合素质评价系统操作的标准化管理及数据使用的规范化管理。

（5）提高综合素质评价的信度。管理平台一旦投入使用，每个人的评价操作都处于系统的无形监控之下。以往的基于档案袋（"成长记录手册"）的综合素质评价工作中，教师、家长、同伴等多元主体由于利益牵绊、情感因素的干扰，在评价中容易出现主观性大、评价失真的情况。网络环境下，学生证据性材料充足，评价监督工作有效开展，上述情况的发生将逐渐杜绝。综合素质评价结果信度更高，用在高考、中考中更具参考价值。

三、综合素质评价电子平台建设实践的困境和难点

综合素质评价的根本目的是为了更好地提高学生的综合素质和教师的教学水平，为学校实施素质教育提供保障，同时选拔真正优秀的人才。综合素质评价电子平台的开发也是为了更好地辅助学校以达成上述目的。但是由于各种因素，这些目的的实现在各阶段都有可能遇到困难。

（一）在学生培养阶段

电子平台虽然能增强家校联系，但某些家长对学生培养的参与度有限，一些学生只能依靠学校来获得培养和发展。如果学校的资源不足，教师的指导能力有限，该校学生的综合素质培养可能会出现围绕学校特色发展的"扎堆"现象，偏离让学生多元发展的目的，亦难以真正反映学生的综合素质。

但如果再往走前一步，做一个大胆的设想，更成熟的电子平台可能可以提供具有发展性的解决方案。如学校社会资源不足，无法组织学生感兴趣或者需要的活动，那么可在平台发布需求，请家委会整合资源、提供支援，例如各行业的家长提供参观见习机会。在传统分数排名中，我比你少一分，优势就比你小一些，所以理论上如果要独占鳌头，个体间必定有非此即彼的竞争。但不同于分数排名，综合素质培养和评价是一种非零和博弈（non-zero-sum game），鳌头不需独占，各方的优势可以共享并且共同达到最大化，因而信息的透明对各方都是有益的，可谓"不独亲其亲，不

独子其子"。如此，电子平台或许可以拓宽资源共享的渠道，使各方力量发挥最大效用，让学生得到在有限条件内最好的指导。

（二）在材料生成阶段

电子平台虽然能使综合素质评价的材料收集、整理、筛选都变得更为便利，但在定量与定性的评价方式之间，在传统等级评价与写实性记录评价之间，难以避免应如何平衡的问题。综合素质评价的材料生成阶段涉及一个极其关键的定性呈现形式——写实性记录。如果写实性记录过于详尽，会令实际招录的工作变得烦琐；如果过度简化，可能会使得综合素质评价的初衷难以维持。关于初中学生综合素质评价的材料收集，相关指导文件中提到："初中学校和教师要指导学生做好写实记录，整理遴选具有代表性的活动记录和典型事实材料。初中学校要将用于招生使用的活动记录和事实材料进行公示、审核，为每位学生建立综合素质评价档案，提供给高中学校招生使用。档案材料要突出重点，简洁明了，便于在招生中使用。"可见，写实性记录与常用的着重表现学生思维与内心世界的入学申请论文的形式不同，要求突出重点——"具有代表性的活动记录和典型事实材料"，以便高一级学校能以适当的时间人力成本来遴选考生。但这种具有简化特征的写实性记录要如何区别于传统的"以奖以表扬论英雄"、避免让学生陷入疲于"打卡"各类活动的状况？希望自己能独占鳌头的旧理念难以在一夜之间改变，为了使递交给高一级学校的材料显得更出众，学校、教师、家长、各种教育培训营利机构的"战略"必将会有调整，有可能会与综合素质培养的初衷背道而驰。

关于写实性记录的具体呈现形式与使用方式，仍然是需要教育管理部门、学校、教师、学生等各个相关主体进一步讨论的议题。在往后的实践探索中，也亟须教育管理部门继续更新指导意见。

四、有效开展基于电子平台的学生综合素质评价的策略

从目前的形势来看，基于电子平台的学生综合素质评价相比较而言是一种好的评价方式，但基于电子平台的学生综合素质评价发展得还不够充分，实践探索还处于初级阶段，学生综合素质评价的理论探讨和技术层面的升级也需要进一步开展。笔者现就有效开展基于电子平台的学生综合素质评价提出几点看法。

（一）科学合理设计评价体系，把好电子平台建设的方向

学生综合素质评价是对学生活动进行解读，发现其潜能，促进人的不

断成长的制度性设计，首要解决的是"评什么"的问题——设计出学生综合素质评价指标体系。学生综合素质评价指标体系对学生的发展和整个教育质量观的建立都具有显著的导向作用，尤其是学生综合素质评价与高考、中考的关系紧密的情况下，学生、家长、学校、各级教育管理部门对此高度关注。制定评价指标体系应注意以下方面。

1. 面向未来的思考。教育的最终目标，是培养出适合社会发展需要的人。具备哪些素质的人是社会所需要的人，不同的时代有不同的回答。在现在这样一个世界多极化、经济全球化、文化多样化、社会信息化的时代，今天我们认为重要的，也许在未来就变得不那么重要了，今天占据最核心位置的，在未来也许会被边缘化。在这样一个快速变化的时代，要想制定出一个非常完美的、永远不过时的指标体系是不可能的。因此，在制定指标体系时，应面向未来进行思考，注意未来的发展变化，让孩子具备适应快速变化的能力是重中之重。

2. 关注国家政策和权威组织发布的评价体系。教育部印发的《关于加强和改进普通高中学生综合素质评价的意见》中提出高中学生综合素质评价的内容"主要包括学生思想品德、学业水平、身心健康、兴趣特长、社会实践等内容"，与《教育部关于积极推进中小学评价与考试制度改革的通知》（教基〔2002〕26 号）相比，学生综合素质评价内容体系有非常大的改变。目前，我国绝大多数学生综合素质评价指标体系还是按照教基〔2002〕26 号文制定，需要及时予以更新。此外，2016 年 9 月发布的"中国学生发展核心素养"应引起重视。

3. 符合不同年龄学生的身心发展特点。不同年龄段学生的身心发展水平不同，知识水平和思维能力差别很大，给不同年龄段学生制定综合素质评价标准时，应切合他们的文字理解水平。特别是给小学生制定综合素质评价标准时，不应使用内涵深、外延广的词语。

4. 综合考虑城乡实际差别。我国幅员辽阔，发展不均衡，有些地区城乡差别极大。对于大部分农村学生来说，无论是艺术素养还是社会实践都相对较弱，无法与城市学生相提并论。制定学生综合素质评价指标体系，要综合考虑各地城乡学生实际。

（二）人性化设计各种功能，满足电子平台多元使用者的需求

在利用电子平台进行综合素质评价的过程中，不同评价主体的评价操作过程不同，对评价的认识程度不同，在评价中承担的角色和参与的深度也不同，他们的需求自然也各有不同。因此，必须进行需求分析，了解参评人员以及相关使用者的需求意向，找出他们的需求点，才能设计出满足多元使用者真正需求的人性化的电子平台。一般可以通过问卷调查和访谈的形式了解他们的主要需求点，为系统的编制工作奠定良好的基础，并应在后续的试用中，不断进行微调，力求做到最好，各方都满意。在进行需要分析调查时，一般按照学生、教师、家长、学校领导和教育局工作人员、系统管理员五大类别分别进行。

（三）注重权限设计和信息安全，尊重维护学生的合法权益

评价主体权限设计和信息安全是学生综合素质评价电子平台应用中极其重要的一环。在学生综合素质评价活动中，不同的评价主体的权限不同。例如，学生记录自己参与学校活动、艺术和体育活动、社会实践等的信息资料，并在此基础上进行期末和学段自我总结，撰写自我陈述报告；教师填写学生各科学习成绩，作为指导者，还可以对学生进行指导和评价。又如，在公示阶段，经过学生遴选后的写实记录信息在一段时间内是可以向校内所有人公开的，但有些信息是学生记录的个人隐私，在未得到学生本人同意的情况下，这些隐私档案应得到保护，教师和家长都不能看到。此外，学生综合素质评价电子平台的建设工作绝大多数是由校外的信息技术公司承担的，家长将学生信息的控制权完全交给了学校和信息技术公司，这些信息如何使用，向谁开放，家长无法决定，也可能毫不知情，严重时甚至可能出现被泄露、被盗用的情况。大数据时代，家长、学生非常担忧是必然的。因此，学校和技术公司必须保证信息的安全使用，严格使用程序，尊重维护学生的合法权益。

（四）积极做好培训工作，让电子平台实实在在地用起来

在实际工作中，要想让学生综合素质评价管理电子平台实实在在地用起来、用得好，必须积极开展培训工作。培训工作包括系统管理员的培训、教师和家长的培训、学生的培训三大方面。通过对系统管理员的培训，在提高其对学生综合素质评价活动重视程度和系统操作能力的同时，更重要的是，不仅使其意识到数据的重要性，还要提高他们的道德意识，做到不篡改、泄露数据，不向他人泄露管理员密码等，树立诚信意识和法治意识。通过对教师和家长的培训，改变他们对学生综合素质评价的陈旧看法，让他们在熟悉网上操作流程的同时，提高引导、指导学生日常学习、社会实践的水平。通过对学生的培训，在帮助他们提高评价系统操作熟练程度的同时，更为重要的是，让他们明白学生综合素质评价的目的是

培育潜质、发展个性特长，让学生从书本知识的学习中走出来，走出学校，走入社区和社会，积极规划社会实践活动并主动参与。

（五）加大资金和人力投入，确保电子平台的顺畅运行

基于电子平台的学生综合素质评价活动的顺利开展，需要建设有一定的硬件软件设施，且随着时间的推移和技术的更新，学生综合素质评价硬件设施的品质应有所提升，软件也需要进一步升级，才能满足日渐升级的教育要求。这些都需要相关部门适当加大资金和人力的投入。

综上，虽然目前学生综合素质评价在实践中还存在许多困境和难点，但作为素质教育的突破口，新一轮深化考试招生制度改革的重要举措的学生综合素质评价工作必须得推进。"我们面临两难选择。改革是有一定风险的，可能会走弯路，但不改革，不只是基础教育，高等教育也是没有出路的。时代已经把我们这一代人推到了风口浪尖上了，我们没有退路。"①基于电子平台的学生综合素质评价已经表现出强劲的优势，随着科技的进步，我们期待各地市出台相关政策和保障措施，积极引导，让电子平台全面引入学生综合素质评价早日成为现实，强劲助力素质教育的开展，为教育强国梦增添浓墨重彩的一笔。

（执笔：刘秀芝、何栩隽；审稿：黄红丽、姚永清）

①　柳夕浪. 学生综合素质评价：怎么看？怎么办？［M］. 上海：华东师范大学出版社，2016：17.

广东省依法治校示范校
评估实践与探索

○广东省教育研究院教育评估室

摘　要：依法治校是实施依法治国基本方略和依法治教的客观要求，广东省教育厅高度重视该项工作，通过制定方案、材料审查、实地评估等环节，全面开展依法治校示范校的创建工作。随着工作的有序推进，各级教育行政部门和学校的法治观念与法治意识明显增强，教育法治化的进程明显加快。然而，在示范校的实地考查评估过程中也发现了诸多问题与短板。本文依托广东省依法治校示范校评估，总结学校在依法治校方面的先进经验和典型案例，分析存在问题及原因，提出进一步扎实推进依法治校工作的相关策略与建议。

关键词：依法治校　考查评估　现状　策略

　　习近平总书记在党的十九大提出构建新时代坚持和发展中国特色社会主义的十四条基本方略，第六条即"坚持全面依法治国"，且明确指出："坚持依法治国、依法执政、依法行政共同推进，坚持法治国家、法治政府、法治社会一体建设。"① 实行依法治校是教育领域落实依法治国基本方略、全面推进依法治教的具体实践，是贯彻党的教育方针、坚持社会主义办学方向的重要保证。

　　作为教育大省，广东始终走在时代前沿，早在 2004 年，广东省教育厅

---

　　① 习近平. 决胜全面建成小康社会　夺取新时代中国特色社会主义伟大胜利：在中国共产党第十九次全国代表大会上的报告［R/OL］. (2017 – 10 – 28)［2018 – 1 – 22］. http://cpc. people. com. cn/n1/2017/1028/c64094 – 29613660. html.

就启动实施依法治校示范校创建工作。为进一步贯彻落实党的十八届三中全会精神，根据教育部《全面推进依法治校实施纲要》（教政法〔2012〕9号）、《广东省依法治校工作评价标准（试行）》（粤法治组〔2012〕2号）的要求，广东省教育厅于2014年印发《广东省开展创建1 000所依法治校示范校实施方案》（粤教策函〔2014〕98号），制定具体工作目标：2014—2018年，每年创建约200所、5年共创建1 000所省级依法治校示范校（以下简称"省示范校"）。在教育厅高度重视与指导下，各级教育行政部门齐抓共管，千所"省示范校"项目有条不紊推进，经过4年评估实践，取得了可喜的成绩，也发现若干问题。

一、省示范校认定评估工作基本情况

（一）评估工具

广东省教育厅政策法规处（以下简称"法规处"）于2014年组织专家研制出《广东省依法治校示范校认定标准》（以下简称《认定标准》，框架如表1所示）。在法规处的指导下，广东省教育研究院教育评估室（以下简称"评估室"）依据《认定标准》拟定《广东省依法治校示范校抽查认定评估现场实施工作细则》，设计出整套认定抽检评估工具，包括"广东省依法治校示范校抽查认定评估工作表""广东省依法治校示范校抽查认定评估条目扣分说明表""广东省依法治校示范校抽查认定评估反馈意见表""广东省依法治校示范校抽查认定评估工作调查问卷（教师卷）及其数据汇总表""广东省依法治校示范校抽查认定评估工作调查问卷（学生卷）及其数据汇总表"等。

表1　2014、2015、2016学年度《认定标准》框架

一级指标	二级指标
1. 章程及制度（20分）	1.1　章程建设（8分）
	1.2　制度建设（8分）
	1.3　文件审查和清理机制（4分）
2. 规范管理（20分）	2.1　决策活动依法规范（8分）
	2.2　办学活动依法规范（12分）

续上表

一级指标	二级指标
3. 民主监督（20分）	3.1 校务公开（6分）
	3.2 教职工民主管理（10分）
	3.3 社会监督（4分）
4. 权益保护（20分）	4.1 学生权益保护（6分）
	4.2 教职工权益保护（6分）
	4.3 建立学校争议解决机制（4分）
	4.4 学校权益保护（4分）
5. 效果检验（20分）	5.1 宣传效果（5分）
	5.2 制度实施效果（5分）
	5.3 权益保护效果（4分）
	5.4 普法工作效果（6分）

在组织开展评估实践过程中，法规处和评估室不断修改完善评估工具，其中 2016—2017 年对《认定标准》结构、内容、认定方法等均做了较大幅度的修改，名称调整为《广东省依法治校创建活动认定评分标准》（以下仍简称《认定标准》，框架如表 2 所示），其他评估工具也相应做了修改或调整。

表 2　2017 学年度《认定标准》框架

一级指标	二级指标
1. 依法治校工作机制（8分）	1.1 组织体系（4分）
	1.2 条件保障（4分）
2. 章程及制度（12分）	2.1 章程建设（6分）
	2.2 制度建设（6分）
3. 规范管理（22分）	3.1 规范决策（8分）
	3.2 规范办学（14分）

续上表

一级指标	二级指标
4. 民主管理和民主监督（21分）	4.1 校务公开（3分）
	4.2 教职工民主管理（10分）
	4.3 学生民主管理（4分）
	4.4 学校外部监督（4分）
5. 权益保护（21分）	5.1 学生权益保护（4分）
	5.2 教职工权益保护（8分）
	5.3 学校权益保护（2分）
	5.4 权利救济和纠纷争议解决（7分）
6. 普法教育（8分）	6.1 法治宣传教育和普法效果（8分）
7. 示范影响力（8分）	7.1 依法治校工作特色亮点（8分）

（二）组织实施

省示范校抽查评估工作的组织实施由法规处牵头、评估室配合，主要包括确定受评学校、审查申报材料、培训评估专家、专家评分与结果汇总公示等环节。该项目的专家住宿、补贴、交通、用餐等工作经费均由广东省教育厅统筹解决。

1. 确定受评学校。各级各类学校按照规定程序自愿向主管部门提出申报。每学年，在自愿申报省示范校评估的省属学校中，拟最终认定5所高校、2所中小学（含中职学校；若无特殊说明，本文中小学均涵盖中职学校）为省示范校；将200个名额按照各地市中小学校数在全省占比进行分配，拟对各地市申报学校按20%的比例随机抽取共约40所学校进行实地考查，一个地市若有实地考查不达标学校，则该地市当年所有申报的示范校均不予认定。

2. 审查申报材料。法规处、评估室先对各地市上交的学校申报材料（申报表、自查报告、自评得分及其说明和相关佐证材料等）进行形式审查；再根据《认定标准》，针对各校是否存在一票否决情况、近三年受投诉情况等问题征求省教育厅相关职能处室意见，进行评前审查，对不合格学校实行首轮淘汰。

3. 培训评估专家。法规处、评估室共同从专家库甄选 10 名具备高等学校管理经验或教育法学背景的专家（负责高校评审）、30～50 名不等的具备基层教育管理经验或教育法学背景的专家（负责中小学校评审），在评审之前分别集中培训。

4. 专家评分与结果汇总公示。

（1）省属学校，由材料评分、现场评分、综合评分三个环节组成。材料评分环节由 10 名专家组成评估小组，根据《认定标准》和相关职能处室审查意见，对各校上报材料进行评分，得出各校得分及排名。现场评分环节，从材料评估专家中抽取 5 名组成现场评估专家组，对排名前 7 位的高校和前 2 位的省属中小学校进行现场考查，并逐项评分。综合评分环节由法规处、评估室按照材料评分：现场评分 = 40% : 60% 的原则，对省属学校得分进行再次排名，排名前 3 位的高校原则上直接提交厅长办公会审议，排名 4～7 位的学校由广东省教育厅相关处室和评估室专家采取差额评议方式进行票决，并由法规处将最终确定的省属学校示范校名单提交厅长办公会审定。

（2）地市中小学校，采用对地市评估结果进行实地抽查的方式。经过培训的专家分成 10 组，每组 5 人，分别对约 40 所被抽学校进行实地考查评估；评估结果由评估室汇总后上报法规处。

评分在 90 分以上的学校方有资格进入公示，评审结果在广东省教育厅网站公示 7 日无异议后，由广东省教育厅认定为省示范校。

（三）省示范校分布情况

广东省教育厅分别于 2015 年 6 月与 11 月、2016 年 11 月、2017 年 11 月组织开展 2014 年度与 2015 年度、2016 年度、2017 年度的省示范校评估工作，并于 2016 年 6—7 月对 2008 年以前的省示范校进行复评。截至 2018 年 1 月，共有 858 所学校被认定为省示范校（如表 3 所示）。

表3　2014—2017 学年度省示范校分布一览表

（单位：所）

学校与地区		2008 年前复评	2014 学年度	2015 学年度	2016 学年度	2017 学年度	合计
高校		7	5	5	5	4	26
中小学校（含中职学校）	广州	6	22	22	22	24	96
	湛江	4	14	14	15	15	62
	深圳	5	14	14	14	11	58
	佛山＋顺德	5	12	12	12	13	54
	茂名	3	13	6	10	14	46
	惠州	4	11	10	10	11	46
	东莞	4	10	10	10	10	44
	韶关	5	11	11	8	8	43
	汕头	4	9	9	8	10	40
	江门	5	9	9	8	7	38
	肇庆	5	8	8	8	8	37
	揭阳	4	0	9	10	12	35
	清远	3	4	8	8	9	32
	河源	6	6	6	6	7	31
	中山	5	6	6	6	5	28
	潮州	4	5	6	6	7	28
	梅州	5	7	8	8	0	28
	阳江	5	5	5	5	4	24
	珠海	4	5	5	5	4	23
	云浮	5	5	4	0	4	18
	汕尾	0	4	5	3	5	17
	省属	0	2	1	1	0	4
	合计	98	187	193	188	192	858

二、创建省示范校的主要经验

省示范校的创建、认定评估，初步反映出广东省依法治校与教育治理现代化的水平在不断提升，认识也在不断提高。

（一）中小学校省示范校的主要成绩与经验

汇总评估专家评估赋分、问卷调查以及对各校的反馈意见，中小学校在依法治校创建活动中的普遍经验与做法主要体现在以下几个方面。

1. 健全依法治校创建工作保障机制。各校均成立以党委书记或校长为组长、校级副职领导任副组长、各职能部门负责人为组员的依法治校领导小组，明确职责和任务，做到各司其职、各尽其责，全方位开展依法治校工作；各校均能认真按照文件要求，结合实际，制定出"依法治校示范校"创建工作实施方案，并把各项创建工作落到实处。

2. 依法常态管理，决策、执行责任到位。绝大部分学校均能建章立制，按照《学校章程》履行管理职责，将依法治校列入年度工作计划中，明确具体的目标和任务；学校领导班子和中层干部能经常针对工作中出现的新情况，及时总结经验，查找不足，研究对策，梳理并优化管理制度和工作流程，进一步规范办学行为，推动学校各项工作的规范化、制度化和科学化；学校均依据章程和制度进行常态管理，与日常工作相结合，有效地指导和规范师生行为；大多数学校聘请法律顾问为学校重大决策和有关事务提供法律意见、建议，确保其合法有效，学校决策依法依规进行，并建立健全决策和监督机制以及重大决策实施效果评估和责任追究制度；学校招生活动规范，选拔机制和程序公平、公正。

3. 积极打造全方位、多层面的民主监督体系。大多数学校能定期召开"双代会"，报告行政工作、财务收支等情况，校长自觉接受校党组织和教代会的监督，中层以上干部每年均在教代会上述职、接受群众评议；大部分学校建立了家长委员会制度、与社区联系制度，定期召开家长委员会并组织活动，多方听取家长和群众的意见、建议，师生、家长、社区参与学校管理的渠道畅通。

4. 高度重视师生合法权益的保护。学校均建立对外协议、合同法律审查制度，绝大多数学校有专门负责法律审查、诉讼等法务的专业法律顾问，有效地保护学校权益；所有学校教职工聘用合同内容与形式合法，依法保障教师享有各种福利待遇，五险一金齐全，教师实施教育教学活动和

开展教科研、专业进修等权利及工作条件得到保障；学校均能保障学生参加教育教学计划安排的各种活动，使用教学设施、设备、图书资料等，按照国家规定获得助学金，在学业成绩和品行上获得公平评价；多数学校建立了学校争议解决机制，保障学校能及时、公正、有效地处理师生的申诉和争议。

5. 以普法教育为支点，积极打造依法治校专项工作亮点。大部分学校高度重视对教职员工的法制教育，通过"两学一做""纪律教育活动月""政风反腐""教育系统思想政治学习""师德建设""学法考试"等活动增强教师的法制观念；学校积极利用学科教学、班队会、黑板报、宣传栏、广播系统、影视作品、知识竞赛、绘画比赛、歌咏比赛、征文比赛、演讲比赛、摄影比赛、书法比赛、安全演练、图片展览、开学典礼、散学典礼等多种形式进行普法宣传，开展丰富多彩的法制宣传教育活动，提升学生法律素养。学校在依法治校创建过程中逐步形成办学特色，擦亮了办学品牌。

【案例1-1】广州、深圳和东莞的被抽检学校不同程度地采用网络形式进行校务公开，具有代表性。东莞市教育局推行的"法苑进校园"活动，具有典型性。

【案例1-2】乳源瑶族自治县民族实验学校制作《乳源民族实验学校家庭教育指引》，让家长了解学校的管理制度，明确教育孩子是学校和家长共同的职责，增强家校的融合度。

【案例1-3】广州市从化区西宁小学积极与地方人民法院合作，邀请地方人民法院来校开庭审理法律案件，使师生接受法制现场教育。

【案例1-4】珠海市金湾区三灶镇中心小学创设珠海首家小学交通安全教育基地，基地由"交通安全常识""模拟交通路况"和"自行车路试考场"三部分组成。学校培训一批学生作为基地讲解员，组织各班同学到现场参观，通过模拟红绿灯、过斑马线等交通行为体验，宣传、学习交通安全知识。学校以人为本，勇于担当，在交通安全教育基地内设置了自行车"驾驶证"考训场地，要求本校年满12岁需要骑自行车上学的学生必须通过自行车"驾驶证"笔试、路试两轮考试，取得"准骑证"后才能骑自行车往返学校。

【案例1-5】英德市职业技术学校与英德市检察院以"检校共建"为载体，积极推进"检察服务进学校"活动，开展失足青少年共帮扶活动；

在创建禁毒教育示范校活动中，做到"一个整体纳入"和"两个有机结合"，建立"八个一"工作机制（成立一个领导小组、配置一本毒品预防教育教材、配置一张毒品预防教育光碟、开设一节毒品预防教育课、开展一次毒品预防教育实践活动、写给家长一封禁毒宣传的信、建立一支毒品预防教育师资队伍、建立一个禁毒宣传阵地）。

【案例1-6】华南师范大学附属中学把依法治校作为日常工作按计划开展。全体任课教师以课堂为主阵地，在平时课堂教学中渗透德育；充分利用校园网、微信平台、工会活动、教代会会议等渠道向教师宣传教育法律法规，利用国旗下讲话、年级集会、主题班会、黑板报等形式对学生进行法治教育；开展"廉政文化进校园"与"青少年廉洁教育"专题活动，引导学生树立"崇尚廉洁、遵纪守法、诚实守信"意识，树立正确的世界观、人生观和价值观。

（二）高等院校省示范校的主要成绩与经验

汇总评估专家评估赋分、问卷调查以及对各校的反馈意见，高等院校在依法治校示范校创建活动中的普遍经验与做法主要体现在五个方面。

1. 强化组织领导。学校领导班子对依法治校工作高度重视，主要领导亲自挂帅，相关职能部门全员参与，强化顶层设计，加快规划引领，促进责任落实，加强普法教育，聘请法律顾问，增强法治意识，依法治校工作起步早、效果好，依法治校理念深入人心。

2. 建章立制有力。学校高度重视章程和制度建设，确保各项工作有章可循、有法可依；学校工作机制健全，申报材料规范，能与时俱进地对学校的规章制度进行废、改、立，形成了常态化的依法治校工作格局；学校决策制度完善，办学行为规范，注重制度落实，做到依法依规管理。

3. 民主监督到位。学校校务公开的渠道畅通，"双代会"制度健全运行规范，发挥了教职工的民主管理和监督作用；学校定期召开学生代表大会，积极推进学生民主管理，发挥了学生的自治和监督作用。除依法应当保密事项外，学校遵循民主、公开程序，凡是重大决策事项（如财务、招生、资产采购等），依据和结果都在校内公开，接受各方监督。

4. 权益保护落实。学校注重以师生为本构建新型校园，注重师生的主体地位，各校均建立了保障学术自由机制和学校争议解决机制等，依法依规维护学校和师生员工的合法权益。

5. 示范特色初显。学校能结合本校实际，有计划、有部署、有检查

地落实普法教育，增强依法治校、依法执教意识，并在依法治校工作中打造自己的优势和特色。

【案例2-1】肇庆医学高等专科学校在学校规章制度和治理结构整体设计方面构建了"1+1+N"的规章制度体系，在顶层设计方面组成了"1+4+S"的规章制度结构，创建"一主多元"治理结构格局和"分权共治"民主机制。这些创新不仅适合现代大学"党委领导，校长负责，教授治学，民主管理"的治理要求，而且理顺了各种关系，构建了以章程为基本法，以党委会议制度、校长办公会议制度、学术委员会制度和民主参与制度为核心的规章制度体系。

【案例2-2】广东海洋大学结合实际，配合依法治校工作开设法学第二专业，与省人大共同建立地方立法研究评估与咨询服务基地。

【案例2-3】广东财经大学大胆创新，把负责依法治校工作的岗位由科室升级为处室，凸显依法治校工作的重要性；学生申诉的卷宗材料非常完整，程序也很严谨，学生申诉制度落实到位。

【案例2-4】广东农工商职业技术学院围绕依法治校主题，部署各年度工作任务，形成"一年一主题"的鲜明特色，如2014年是学校的"服务改革年"，2015年是学校的"依法治校年"，2016年是学校的"规范管理年"。

【案例2-5】广州华夏职业学院学校董事会、党委、行政"三套马车"统一认识，打造的内部治理"133"模式独具特色，议事决策机制权责明确，董事长亲自带头抓依法治校工作，为民办高校在组织和领导制度方面树立了良好标尺。

【案例2-6】广东省外语艺术职业学院按照"一事一流程一制度"原则，形成以章程为核心的451项制度，如《规章制度管理办法》《重大事项决策专家咨询论证制度》《二级学院权责清单》等共同支撑的制度体系，依法治校工作有创新、有成效。

三、创建省示范校过程中存在的主要问题

（一）中小学校创建省示范校过程中存在的主要问题

1. 很多学校师生不能正视配套的问卷调查工作。2014学年度、2015学年度的师生调查问卷，对学校依法治校情况分章程及制度、规范管理、

民主监督、权益保护、效果检验五个部分，采用李克特5级量表设计题目选项：5为非常同意，4为较同意，3为不好说，2为不太同意，1为不同意。若问卷作答全部题目均选"5"，则视为作答无效问卷。如图1所示，2014学年度、2015学年度抽查学校中，教师作答有效率大于80%的学校不足20%，学生作答有效率大于80%的学校约占30%；而26%～27%的学校教师卷有效率为0（即学校教师卷皆为作答无效问卷），10%～12%的学校学生卷有效率为0（即学校学生卷皆为作答无效问卷），且大部分学校是小学。这种现象一方面说明问卷调查在小学师生心目中利害性高，另一方面说明小学师生在表达真实感受时更容易受外界暗示与引导的干扰。

由于师生问卷使用效果不理想，因此法规处、评估室组织专家研制出新的师生问卷投入使用。虽然新版师生问卷增加了质性作答部分，但由于问卷在网上公开，因此使用效果与设想仍有差距。

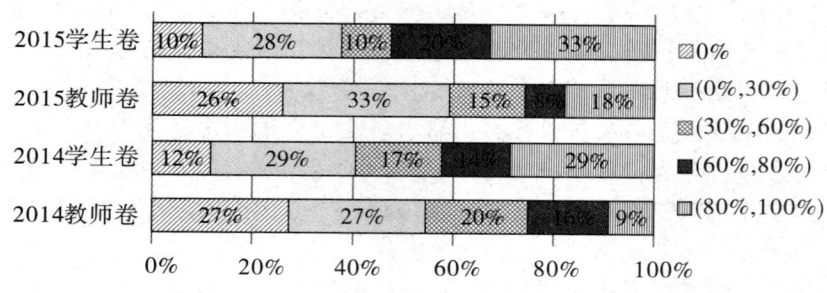

图1　2014、2015学年度师生问卷有效作答率统计

2. 相当一部分学校师生对学校依法治校工作方式与渠道的知晓率与认同度需进一步提高。在2008年前复评、2016学年度、2017学年度三次中小学校师生问卷调查中，对题目"您是否知道学校哪个部门负责依法治校相关工作？若知道，请填写"进行作答分析，得出图2与表4。

如图2所示，没有写出学校哪个部门负责依法治校相关工作的问卷中，16个地市的学生比例高于教师比例，其中，梅州市有约86%的学生问卷该题空白；另外，汕尾市、阳江市各有47%、50%的教师问卷该题空白，显著高于学生问卷空白率。数据表明，学校有不少学生甚至教师对依法治校工作方式与渠道不甚了解。

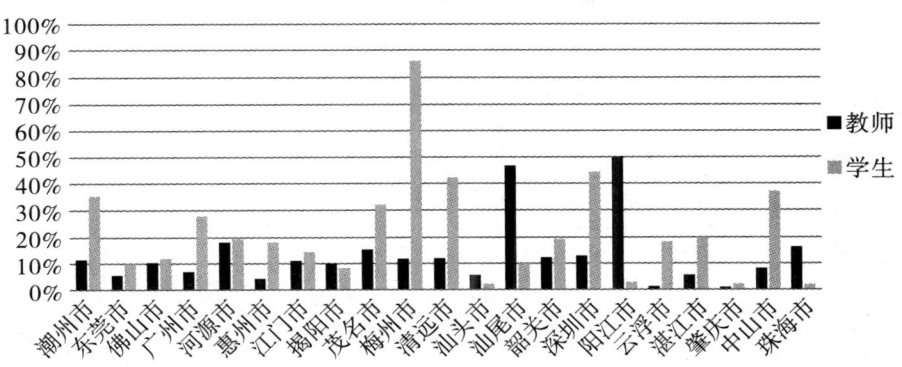

图2　各地市中小学师生不清楚学校负责依法治校的部门百分比统计

表4归纳出各地市中小学校师生问卷填写的"学校哪个部门负责依法治校相关工作",按百分率由高到低排序,排名依次为第一、第二的作答结果。其中,东莞市、广州市、清远市、汕尾市、云浮市、湛江市的师生问卷作答情况接近。表4显示,中小学校师生对依法治校工作性质的认识还有待提高,学校需要加强这方面的宣传与引导。

表4　各地市中小学校师生填写的负责依法治校工作的部门排名前2位一览

地市	教师卷	学生卷
潮州市	政教处,办公室/校长办公室	依法治校领导小组,政教处
东莞市	办公室/校长办公室,德育处	校长/学校办公室,德育处或德育科组
佛山市	办公室/校长办公室,德育处	学生处,德育部/德育处
广州市	办公室/校长办公室,依法治校领导小组	依法治校领导小组,办公室/校长办公室
河源市	政教处,学生处	政教处,校长室/法治副校长
惠州市	德育处,教导处	德育处,2个以上部门
江门市	德育处,政教处	2个以上部门,德育处
揭阳市	政教处,依法治校领导小组	政教处,学校办公室
茂名市	政教处,依法治校领导小组/校长	政教处,2个以上部门
梅州市	办公室/校长办公室,德育处	德育处,政教处
清远市	办公室/校长办公室,政教处	政教处,办公室

续上表

地市	教师卷	学生卷
汕头市	办公室/校长办公室，人秘室、政教处	办公室，政教处
汕尾市	2个以上部门，政教处	政教处，2个以上部门
韶关市	德育处，办公室	德育处，学生处
深圳市	2个以上部门，安全处/安全办	德育处，教科室/教学部/教研室
阳江市	办公室/校长办公室，德育处	2个以上部门，政教处
云浮市	办公室，德育处	办公室，德育处
湛江市	政教处，2个以上部门	政教处，2个以上部门
肇庆市	政教处，德育处	德育处，政教处
中山市	德育处，依法治校工作小组	德育处，行政部/行政办公室
珠海市	办公室，德育处	（校长）办公室，政教处

3. 依法治校工作机制有待完善。现场抽查发现，少数学校尚未配备法律顾问，或虽配备了法律顾问，但未能充分发挥法律顾问的作用；仍有一些学校存在重大决策未经教职工（代表）大会审议或讨论通过的现象；少数学校尚未建立学校对外协议、合同法律审查制度，没按程序对规章制度进行定期清理；部分学校的法制副校长很少参加学校依法治校相关活动，有名无实，成为摆设；有些学校虽然设有校务监督委员会，但教师对校务监督委员会及其工作却不知情。针对以上情况，希望学校加强宣传并做好相关工作。

4. 档案建设与管理需进一步规范。现场评估发现，不少学校的档案建设与管理存在较大的改进空间，一些学校没有注重过程性材料的积存、分类和归档，档案内容与形式未完全达到统一。如：个别材料没有标题、没有落款、没有制定时间；个别会议记录（近三年工会会议记录，一共三次），内容一样，但时间不一样。有些学校提供的电子档案均是 Word 版存档，没有按照要求加盖学校公章后扫描存档。

5. 师生、家长、社会参与学校管理意识有待提升。不少学校尽管召开了教职工代表大会，但收集的提案却很少；有些学校建立了校务监督机构和工作机制，但近三年并没有提出任何有效的监督意见，没有充分发挥应有的校务监督作用；有些学校虽然定期召开家长会，但多数是开会、告

知成绩、布置工作，并没有发挥家长评教、评学、评校、参与学校管理和民主监督的作用。

（二）高等院校创建省示范校过程中存在的主要问题

1. 依法治校意识有待加强。现场评估发现，有些学校文件合法性审查机构不明确，也没有如何开展合法性审查的规范性文件；有些学校重大决策实施效果评估制度不健全，部分重大决策或规划未经法律论证和审核；多数学校有教师反映存在学校经费预决算与重大决策活动未征询教师意见的情况（以 2016 年 6 月、11 月的调查问卷为例，广东警官学院的教师未作答该题，如图 3、图 4 所示）；有些学校"双代会"材料简单，"双代会"未按期（推迟）召开，代表大会制度也欠完善，师生参与民主管理和民主监督的渠道还不够畅通。这些现象都说明，部分高校及其师生的依法治校意识有待进一步加强。

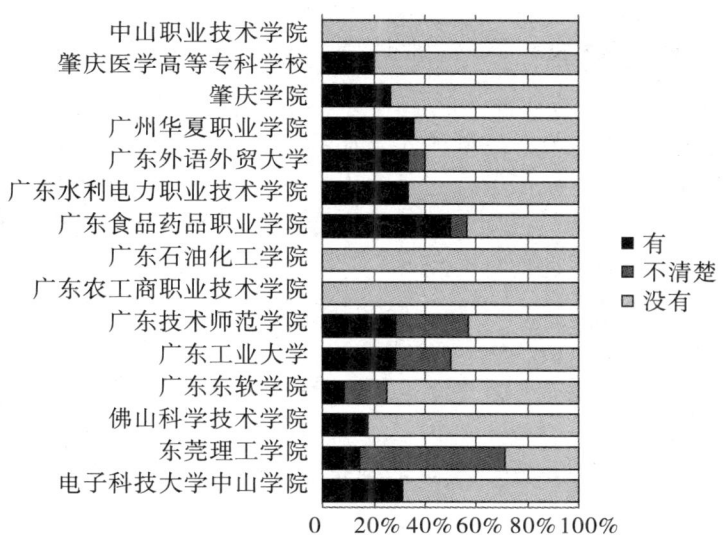

图 3　高校经费预决算是否有曾经未征询教师意见情况统计

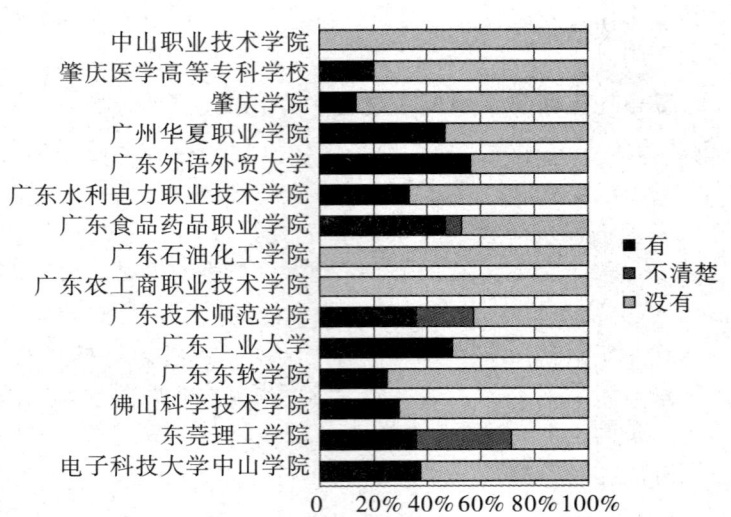

图4 高校重大决策活动是否有曾经未征询教师意见情况统计

2. 依法治校宣传力度不够。现场评估发现，有些学校的网站上没有依法治校专栏，也没有学校章程宣传专栏，或者设有专栏但内容没有及时上传与更新；有些学校虽然有《学生申诉处理委员会工作规程》，但学生并不清楚如何去申诉，说明学生申诉制度出台后没有得到广泛宣传落实；多数学校没有相应佐证材料来说明学生列席过与学生切身利益相关的决策会议。师生懂法、学法、用法、守法的意识还较薄弱。

3. 规章制度建设需进一步加强。部分学校重大制度效果评价机制不够健全，责任追究没有明晰规定；部分学校规章制度的废、改、清理工作不够完善，没有及时清理文件中与当前法律条文不相符的条款；有些学校没有具体制定对行政、教辅人员的问责制度；个别学校存在学术不端行为；等等。

四、思考与对策

随着各级各类教育的发展与办学自主权的扩大，教育管理日趋复杂化，许多新情况、新问题都要依靠规章制度和法律程序来理顺关系、规范行为、加强管理。然而，由于我国教育在历史上缺乏依法管理的基础和传统，依法治校在一定程度上还停留在认识阶段，真正实现依法治校的目标仍然任重而道远。因此，需要努力探索依法治校工作的新思路，开辟依法治校工作的新途径。

（一）强化依法治校观念，加强制度建设

各级各类学校要从观念、制度、实施、宣传等方面创新工作思路：即革新思维以构建依法治校工作长效机制，健全章程以实现依法治校工作制度化，渗透落实以实现教学管理规范化，加强宣传以提升师生的法治意识和素养。

学校章程是学校的基本大法，要根据章程要求不断完善和及时修订学校各类规章制度，按部门分解细化修订任务，制定时间进度表，进一步完善学校各类合同管理办法的实施细则；要持续开展依法治校的宣传工作，依法治校网页作为依法治校重要的宣传载体应及时更新维护，采取灵活多样的普法形式，吸引更多的师生参加普法活动，进一步加大学校章程在师生中的宣传、学习力度，使之内化于心，外化于行；积极开展法治科研活动，组织教师围绕自己承担的课题结合本职工作开展研究，探索在市场经济环境中青少年法治教育工作的新途径，通过搞调研、写论文来破解教育管理中遇到的难题，促进教育和教学工作和谐、有序、健康发展；把各项规章制度落到实处，彰显学校章程权威，推动学校依法治校工作深入开展。

（二）加强协调，完善机制，构建法治教育网络

针对当前校内外青少年违法犯罪事件不断上升的趋势，需建立预防学生违法犯罪的法治教育组织机构与协调机制，依法履行管理职责，开展法治教育常规活动，提高学生和家长的法律素质，针对问题，强化对策，及时纠正学生的违法犯罪心理倾向，矫正其不良行为，消除其违法犯罪苗头，避免学生和家长因法律意识淡薄、法律观念不强而导致的学生违法犯罪行为；开展"警校共建""检校共建"等活动，建立法治教育基地，充分发挥基地的直观教育与警示作用，消除不利因素。实践证明，学校与司法机关开展合作，是进一步完善和推进依法治校工作的有力法宝。

（三）优化培训，加强依法治校队伍建设

创建示范校是当前乃至今后一段时间内全省各级各类学校建设中的重要课题。如何发挥法治在学校管理中的重要作用，如何运用法律手段保护学校与师生的合法权益，如何规范和制约管理权力运行，如何推动基层民主建设，如何健全权利保障和救济机制等，都涉及非常专业的法律知识。为了增强学校运用法治思维和法律手段解决学校改革发展中突出矛盾和问题的能力，全面提高学校依法管理的能力和水平，充分发挥示范校的以评

促改、以评促建功能，建议各地市加大对学校依法治校工作的指导力度，对每学年申报示范校的学校领导和相关负责人进行专项培训；各教育行政部门应配专业人员，对所辖的学校在依法治校的政策、理论、实践等方面提供专业指导和帮助，切实把好推荐关；示范校的评估专业性强、政策性要求高，需要评估专家不仅熟悉学校管理，还应熟悉与教育相关的法律法规与制度，因此，要进一步加强对示范校专项评估专家的评前培训和持证上岗培训，提高该专项评估的专业性、公正性和科学性。

（四）科学规范，提高示范校的评估效率

示范校评估的最终目的，是发现典型案例、总结成功经验、推广有效做法、促进相互交流学习与提高。要积极采用信息化手段，利用网络平台进行评估申报、材料公示、问卷填写与汇总、评估结果公示等，提高该专项工作的公开度，更好地接受学校与社会的监督，充分发挥该专项评估的导向功能。

（五）正视问题，积极整改，不断提高依法治校水平

要储备好全省每所示范校评审的反馈意见库，督促存在问题的学校对症下药、积极主动地进行整改，在后续的复评工作中要针对问题和整改情况有所侧重地进行评估，从而提高复评的效率，真正达到以评促建的目的，不断提高全省依法治校水平。

（六）以人为本，点面结合，推动依法治校工作有序向前

法治宣传教育工作的目的是创建和谐、普惠、平安、均衡的教育环境。要清理不符合国家法律要求、欠缺人性化的制度规定（如开除学生、搜身、罚款、取消某些文体活动等），依托示范校评估，树立典型、以点带面、传播经验，从而推动全省依法治校工作整体进程。

（执笔：许世红、于红梅；审稿：张伟民）

第三方教育评估机构的
资格认证标准研究

○广东省教育研究院教育评估室

　　摘　要： 教育领域管办评分离的政策提出已有一段时间，但在推进过程中，依然存在许多问题。最主要的原因是我国的第三方教育评估机构的发展目前处于起步阶段，其权威性和公信力还得不到保障，评估的结果很难得到社会的认同。为推进第三方教育评估的发展，政府亟须建立一套科学、公平、公正的准入机制和市场竞争机制。本文分析当前我国第三方教育评估行业的认证情况，结合美国、英国和法国对第三方教育评估机构的认证与管理经验，提出我国第三方教育评估机构在资质认证标准方面的构想。

　　关键词： 第三方教育评估机构　政府　行业协会　资质认证　标准

　　教育的管办评分离，构建了政府、学校、社会良性互动的新型治理体系和治理关系，为社会组织与公众参与教育治理勾勒出美好的前景。但在教育评估领域的实践过程中，政府权力下放的过程缓慢，原因之一在于第三方教育评估机构的性质、行业标准、运行机制、专业水平、人员队伍建设、经费保障等方面还缺乏一套具有法律或者社会效力的规章制度的约束，政府一时还难以将评估的重任委托给第三方教育评估机构。当前，第三方教育评估机构还处于相对薄弱时期，为推进第三方教育评估的发展，政府需要建立一套科学、公平、公正的竞争机制，以管理和规范第三方教育评估机构的建设。本研究分析我国第三方教育评估行业及认证的现状，剖析当前我国教育评估行业面临的挑战，学习西方先进国家对评估机构的认证标准，继而提出我国第三方教育评估机构的认证构想。

一、研究背景

第三方教育评估机构是独立于教育行政系统之外的外部评价，与第一方和第二方既无行政隶属关系，也无利益牵连的教育评估主体。因此，教育第三方评估主要是指独立于委托方和受评方之外，具有独立性、专业性和公正性的教育评估活动。本文的第三方教育评估机构主要接受政府、学校和其他组织机构的委托开展教育评估活动并提供咨询服务。评估的方式为通过专业化工具完成评价内容的选取、评价指标设定、数据采集及处理、数据结果分析等活动，提高评价标准的全面性、评价技术的先进性、评价过程的科学性以及评价结果的准确性。① 评估的结果为委托人做出科学、合理的决策提供依据。

近年来，国家出台的教育政策和文件多次提及了推进教育管办评分离，引入第三方评估的思想。在相关政策的影响下，各省市也都纷纷建立第三方评估机构，民间也顺势成立了一些带有评价性质的社会组织、企业，但总体上还相对弱小，权威性、信誉度不高，且各自为战。同时，由于各评估机构成立的背景和愿景不同，性质各异，其机构的实力、评估的标准和程序也都存在差异。如果没有一个专门的组织机构作为载体，制定属于本领域的行业规范，强化行业自律，并对这些评估机构加以指导和调控，那整个评估过程就会缺少规范，评估的结果也难以获得公众的认同。教育评估是一项系统工程，其运作过程是否科学规范则关系着教育评估行业能否健康发展。因此，建立第三方教育评估机构的认证机制，提升第三方教育评估机构的专业资质和专业能力，完善其进入评估市场的准入条件，是教育评估行业发展的必然。

二、我国第三方教育评估行业的认证现状

在教育体系中，政府、学校、第三方评估机构是既相互联系又相互独立的主体。政府要利用自身在信息、资源等方面的优势，完善相关政策，为第三方教育评估的应用和推广创造良好的环境。但当前，在第三方教育评估机构的资质认证问题上，无论是政府、社会行业组织还是市场都还鲜有明确的标准及与之相关的制度文件。

---

① 百度文库. 第三方评价机构研究报告 [DB/OL]. https://wenku. baidu. com/view/9245d7a40912a216147929be. html，2015 – 10 – 10.

（一）政府层面：对于第三方教育评估机构的资质认证，还未建立完善的教育评估支持和监督法律体系

第三方教育评估机构的建立必须要有政策保障，如果没有政策保障，就得不到政府和公众的认同，更不具备合法性。当前，国家虽然在有关政策中提出委托社会组织开展评估监测，但仍存在许多缺位的地方。一是缺乏完善的法律法规支持。教育评估法制化是教育评估规范化的必要条件，是促进教育、教育评估长足发展的前提和基础。① 第三方教育评估机构合法地位的确认必须有健全的法律法规予以支持。当前，我国教育评估法规体系建设严重滞后，教育评估规制的主体、权利义务、程序规则、法律责任不完善等问题仍不断显现。二是未能履行支持和监督的职能。当前，我国还没有建立起对第三方教育评估组织进行管理的认证机构，整个行业还缺乏一套完善的评估机构培育机制，第三方教育评估机构的注册审批方案、评估机构准入机制、购买服务标准、项目委托及管理机制等问题仍未明确。三是还未建立统一的评估体系和评估程序。评估机构的内部管理、实施评估的合法合规性，缺乏专门的监督机构，这会大大影响社会对第三方教育评估组织的信任值。因此，在第三方教育评估行业日益发展的时候，与教育评估相适应的法律、法规、规章制度的建设却远远落后于社会各界对第三方教育评估的需求。

（二）行业层面：对于第三方教育评估机构的资质认证，还未形成有效的沟通机制

当前，教育管办评分离改革处于起步阶段，若只凭靠政府的提倡或第三方教育评估机构的单打独斗或社会对独立评估的殷切盼望都是很难实现发展的。因此还需要教育主管部门、学校以及众多相对弱小的第三方教育评估机构建立联络、交流、合作平台，改变各自为战的局面，以相互协调、协作共进来促进第三方教育评估的发展。② 第三方教育评估机构公信力的树立，除了符合国家的准入机制获得相关资质外，还需要遵守行业的有关标准、规章制度和行为准则，用标准来加强自身自律，接受社会监督，从而避免教育评估行业组织处于一种无序状态。因此，教育评估行业

---

① 黄辉，樊华中. 教育评估立法促进评估规范化［J］. 江西社会科学，2014（4）：242.

② 储朝晖. 迟迟不就位的第三方教育评价［DB/OL］. http://theory. people. com. cn/n1/2016/0126/c49157-28084356. html，2016-1-26.

内部需要有一个组织牵头调研，整合现有资源和力量，确立行业内部规章、制定行业收费标准、从业人员资格、惩罚奖励制度以及清退条件等机制，从而保证第三方教育评估行业的规范运行，以增加行业的社会公信力。

（三）社会层面：对于第三方教育评估机构的资质认证，还存在行政主导的倾向

第三方教育评估机构主要接受政府、学校和其他组织机构的委托开展教育评估活动，提供咨询服务。但在以往的教育评估活动中，教育评估机构往往带有行政主导色彩，其人员配备、评估经费、评估项目等方面均由教育行政部门支配。因此，无论是对评估项目的执行，还是对评估结果的认同，社会对政府的评估活动往往更重视和推崇。由于没有一个统一的国家管理标准，当前大部分政府组织和学校还不太愿意与第三方教育评估机构进行合作，致使当前整个教育评估市场的活力难以发挥，市场份额难以协调，教育评估资源的配置难以均衡，很容易形成恶性竞争的局面，不利于第三方教育评估机构的提质发展，最终也将损害到公共的教育利益。

三、国外典型国家第三方教育评估机构资质认证的做法

从国际上看，美国、英国、法国的教育评估技术处于领先地位，这与他们的教育评估机构发展较为成熟，具有较高的权威性和专业性有着密切的关系。从分析这三个国家的教育评估机构发展历程来看，他们在教育评估机构的管理上存在以下几个方面共同点。

（一）评估主体的权威性：评估机构的主体需要经过政府或社会的认证

当前，美国、英国、法国三个国家的第三方教育评估机构的主体一类可以分成行业协会或非官方的组织，一类是由政府主导或授权建立，但又独立于其他教育行政部门。[①] 尽管评估机构建立的主体不同，但三个国家都设立了严格的认可和准入机制，必须经过政府或社会严格的认证，才能开展评估活动，同时享有充分的管理和评估自由权。如美国，为了保障第三方教育评估机构的合法性和公正性，其民间的高等教育认证委员会

---

① 余凯，杨烁. 第三方教育评估权威性和专业性的来源及其形成：来自美、英、法、日四国的经验［J］. 中国教育学刊，2017（4）：16－21.

（CHEA，Council for Higher Education Acreditation）和官方的联邦教育部（USDE，United States Department of Education）会定期对评估机构的水平、行政、活动范围等进行审查并给予正式资质的认证。英国和法国的第三方教育机构基本上是以政府主导或授权建立的，但政府机关、被评机构和其他任何利益相关者都没有权利干涉评估①，拥有很高的权威性。

（二）评估活动的合法性：评估机构的成立、发展和评估活动的开展都需要完善的法律法规保障

完善的教育立法成为第三方教育评估机构存在的根基和依据，其运行机制在法律允许的范围内建立，是保证第三方评估正常开展的重要条件。从美国、英国和法国三个国家的第三方教育评估机构的发展历程来看，它们的诞生和培育大都是建立在法律允许的基础上，其评估程序、日常运行、咨询活动以及对受委托方的指导活动都是在法律条文允许的基础上开展，使得评估机构的评估行为、有偿服务等方面都有法可依。如表1所示，美国相继出台了《保护消费者权益的联邦政策》《美国联邦管理条例》，对认证机构的运行做出了相关规定。英国教育标准局依据《继续教育与高等教育法》《学校督导大纲》以及《督导手册》等法规性文件开展工作。②法国的《教育指导法》《中小学教育改革法案》为教育评估工作提供了保障，这些法律条例为第三方教育评估机构营造了良好的外部环境，使评估工作有法可依、有章可循，从根源上保障了机构的权威性和评估活动的合法合规性。

表1　美、英、法三国有关教育评估法律条例

国家	相关法律条例	保障范围
美国	《保护消费者权益的联邦政策》《美国联邦管理条例》	为第三方教育评估机构的建立、发展及评估的实施提供了法律依据，保障了机构的权威性和专业性
英国	《学校督导大纲》《督导手册》《继续教育与高等教育法》	
法国	《教育指导法》《中小学教育改革法案》	

① 余凯，杨烁. 第三方教育评估权威性和专业性的来源及其形成：来自美、英、法、日四国的经验［J］. 中国教育学刊，2017（4）：16－21.

② 唐诗蕊，魏志春. 英国教育标准局改革经验对我国教育督导发展的启示［J］. 外国中小学教育，2015（12）：5－10.

（三）评估队伍的专业性：评估工作人员的专业性都需要经过相关机构和人员的认证及培训

第三方教育评估机构评估人员的素质直接关系到评估活动的质量，影响到评估的权威性和专业性。从表 2 可以看出，三个国家第三方教育评估人员的构成特点呈现出多元和专业化的特征。即既有教育领域的管理人员，也有行业外的专家、社会代表、家长代表以及外国专家。但是，不管是哪个国家，所有的评估人员在上岗前必须经过严格的认证、筛选以及培训，从而保证评估队伍的多元、专业以及中立的特点。

表 2　美、英、法三国评估队伍的组成及管理

国家	评估人员	保障制度
美国	各利益相关主体，如大学、院系、学生、社会、企业等	建立专家培训制度，每一位被聘用专家只有接受培训后才能成为评估专家组成员
英国	高等院校的专家	评估人员必须进行严格的选拔和培训，在评估过程中履行严格的工作要求
法国	教育行政人员、科研支持人员（科研代表、研究员和教授）、专家	法国法律规定评估专家必须来自不同学术领域、不同文化和地理背景

（四）评估机构的规范性：评估机构的资质必须接受认证机构的标准认定

为了体现评估机构自身的权威性和专业性，规范教育评估市场秩序，第三方教育评估机构必须经过认证机构的资质审查和标准认证，获得正式资质后才能从事有关的评估活动。在资质认证方面，尤以美国最具代表性（如表 3 所示）。美国对教育评估行业资质认证分为官方和非官方，前者是为了实现政府的问责，后者是为了规范行业的秩序。美国绝大多数的评估组织为了体现其专业性和拥有竞争力，都愿意参加民间和官方的两种资质认证。

表3　美国的资质认证机构资质认证标准

认证机构	性质	实施人员	认定的期限	宗旨与目标
官方：联邦教育部（USDE）	由美国国会根据法律授权开展工作	教育部官员对认可资格结论起决定性作用，专家的意见起到相对有限的作用	5年	实现政府问责为目标，承担着保证教育质量的责任
民间：高等教育认证委员会（CHEA）	由全国高等学校的代表选举产生	实地考察的专家在征得申请者的承认后进行评估，审核的结论以专家意见为准	10年（每隔5年，申请者交一次自评报告）	坚守学术标准为己任，以大学为基础，以专业协会为依托，授予评估机构的"合理性"，确立评估机构在高等教育界应有的地位

　　官方的联邦教育部（USDE）是由美国国会根据法律授权开展工作，其认证目标是为了保证联邦政府资助项目的有效性，承担着政府保证教育质量的重任，因此只有教育部官员对认可资格结论起决定性作用，专家的意见起到相对有限的作用，认证的周期为每五年一次。而高等教育认证委员会（CHEA）是由全国高等学校的代表选举产生的，其认证的重点是授予评估机构的"合理性"，确立评估机构在高教界应有的地位，同时要求机构致力于提高高等教育质量，其认证审核结论以专家的意见为准，认证的周期则是十年一次（但每五年上交一份情况报告）。在过去几十年中，两个认证机构各自代表不同的社会利益，但都通过其认证标准的建立和执行，使得认证结果对教育质量起到监督和保障的作用。①

---

　　①　侯静. 美国高等教育认证体系中的民间组织研究［D］. 西南大学，2008：17－18.

表 4　联邦教育部（USDE）和高等教育认证委员会（CHEA）标准对比①

标准	认证机构	
	官方：联邦教育部（USDE）	民间：高等教育认证委员会（CHEA）
资格要求	1. 是法定的实体机构，自愿开展认证； 2. 开展活动的对象与联邦政府资助项目相关； 3. 具备评估经验； 4. 评估原则、政策及程序被政府、院校、社会及参与者接受	1. 说明评估机构的目的，是否符合 CHEA 的资质认证政策； 2. 评估机构必须是非官方性质； 3. 说明评估的具体过程和步骤； 4. 评估机构具有独立性，不依附或者隶属其他机构； 5. 有评估经验，已经完成至少一所院校的认证
组织与管理	1. 评估组织的目标和特征； 2. 是独立自主的机构； 3. 组织架构； 4. 组成成员代表公众意志、多方参与； 5. 资源（人员、资金、设备）是否支持机构运行	1. 评估组织的目标明确，有清楚的学术质量定义； 2. 有学术质量标准的说明，明确的达标方向； 3. 在制定标准时，能考虑学校的责任和功能
实施效果	1. 被评学校是否有实质性变化； 2. 保障被评学校能认识自身存在的问题，将认证报告用到实践中，作为学校战略规划的依据	1. 被评学校不断自我评估和审查，及时改进； 2. 鼓励大学进行革新； 3. 厘清开展评估和促进大学的关系
评估程序	1. 评估流程说明：目标实现、院校自我评估、现场审查、信息数据分析、持续监督改进； 2. 评估时间的确定； 3. 被评学校的整改及复查； 4. 被评学校申诉； 5. 评估结果的阐释； 6. 评估类型、程序、标准、实践及专家队伍的组成向社会公布	1. 决策过程中有专业人员和社会代表； 2. 充分尊重、平等对待各类院校的发展目标； 3. 若未通过评估有具体合理的理由，学校有上诉计划

资料来源：参考美国联邦教育部（USDE）官方网站资料整理。

---

① 李维维，樊秀娣. 对我国第三方教育与评估机构进行资质认证的探索［J］. 内蒙古师范大学学报（教育科学版），2017（8）：9－11.

此外，联邦教育部（USDE）在认证过程中还需评估机构提交年度工作报告、评估经历以及评估标准或相关政策文件，并对评估机构评估标准的制定、应用、执行以及改进有相关要求。高等教育认证委员会（CHEA）还强调评估机构在认证过程中的反思工作，参与认证的评估机构需要开展严格的自我批评，以增强机构的灵活性与责任感。同时，也很看重评估机构的资源保证能力，比如机构是否具有丰富的人力、物力和财力支持认证活动高效开展，机构对自身开展评估活动能力的持续性，机构对保证资源的独立性和可持续性的能力等方面。

综上可以看出，联邦教育部（USDE）和高等教育认证委员会（CHEA）是两套不同标准的认证体系，它们既相互补充但又不能相互代替，所以大多数评估机构都愿意参与两个认证机构的双重认证。两者的相同点：首先，两个认证机构都注重决策委员会应有专业人员、社会代表等多方参与，保证决策的民主性和专业性；同时，强调机构在人力、财力、物力等方面资源的充足、可持续性，能够支撑起机构的有效运转和保持机构在资源上的独立。其次，强调认证程序的公开透明，包含给予机构足够的准备、上诉、改进时间；参与人员的专业性、民主性，认证结果有清晰的解释并及时向社会公众公布。最后，都关注认证的成效，希望通过认证机构的认证来切实提高教育质量，促进院校发展。① 两者不同的地方：联邦教育部是以实现政府问责为目标，注重教育发展的效率，关注评估机构的认证结果及证据信息的获得，保证评估机构能够符合联邦政府资助项目所要求的质量标准，要求机构将认证经历或是更新后的标准以数据或报告等直观形式呈现。② 它具有明显的强制性，代表着联邦政府对高等教育的干预。而高等教育认证委员会是从行业成员的自愿性出发，以学术标准作为评判标准，强调教育发展的过程，其认可是行业内各机构成员进行自我规范和改进的途径，强调的是机构不断地自我评估和审查，以增强灵活性与责任感。在美国，这两种性质的认证机构可以并存，互相补充，共同为第三方教育评估机构树立科学的、进步的、规范的价值理念。

---

① 樊秀娣，李维维. 美国高等教育评估机构两种资质认证标准的比较研究［J］. 上海教育评估研究，2017（5）：45－50.

② 李维维，樊秀娣. 对我国第三方教育评估机构进行资质认证的探索［J］. 内蒙古师范大学学报（教育科学版），2017（8）：9－11.

四、我国第三方教育评估机构资格认证探索

当前，我国众多第三方教育评估机构成立的背景和动机不一，性质和运营模式各异，其机构的实力、人员组成、经费筹措、评估标准、评估程序、专家库的管理等方面都存在着差异。如果没有一个元评估机构或者认证机构对这些第三方教育评估机构进行监管、指导和调控，整个教育评估市场就会失去井然的秩序，评估的质量也难以保证。为规范评估行业的发展，第三方教育评估机构应该有自己的组织，在组织的带领下，制定本行业的规范、纪律，加强机构之间的合作，促进共同的成长，以不断壮大行业的发展。

（一）政府方面：健全教育评估领域法律法规，成立第三方教育评估管理机构

1. 做好立法规划，健全教育评估领域法律体系。当前，我国最常使用的教育评估法例有 1990 年颁布的《普通高等学校教育评估暂行规定》和 1993 年颁布的《普及九年义务教育评估验收办法（试行）》，整个评估领域仍缺乏立法规划，导致在评估过程中出现权利义务规制不到位、教育评估法律责任不明确等问题。鉴于我国的第三方教育评估机构正处于起步阶段，首先，应尽快进行教育评估立法规划，明确教育评估所涉及的教育行政主管部门、评估机构、评估工作人员、被评对象以及委托方的权利义务关系，推进教育评估规范化。其次，各省份以部门规章的形式，对教育评估的有关事项做出统一的规定，出台相关的政策配套文件以支持第三方教育评估的发展。如北京市制定实施了《北京市人民政府教育督导室关于委托第三方机构开展教育评估监测工作暂行办法》（京教督〔2016〕10号），从基本原则、评估资质认定、委托管理、工作程序、监管和评鉴等 5个方面，对委托开展教育评估监测的主要事项、工作程序、各方权利与义务等相关内容进行明确界定，确保规范实施第三方教育评估监测，保障政府购买服务的质量。山东省教育厅也印发了《山东省第三方教育评价办法（试行）》（鲁教改发〔2016〕1 号），从委托评价事项、委托程序、评价工作程序、评价各方的权利和义务、评价结果运用、组织领导等方面做了要求。最后，赋予行业社会组织对行业规范、评估协调、会员管理、评估人

员职业能力认定、工作规程和服务质量标准等事项的立法权。①

2. 转变政府职能，从教育评估"裁判员"转化为教育评估机构的"掌舵者"。2015 年教育部颁发的《教育部关于深入推进教育管办评分离 促进政府职能转变的若干意见》（教政法〔2015〕5 号）中明确指出要加快推进教育质量体系和治理能力现代化，强化国家教育督导，委托社会组织开展教育评估监测。② 这意味着原由政府承担的教育评估职能将剥离给有资质条件的第三方教育评估机构去承担，而政府的工作重点应转移到规范教育评估市场，引导、支持和鼓励评估机构参与到教育事业中来。一方面，政府从国家到地方成立第三方教育评估认证机构，出台配套的认证文件；另一方面，政府委托有关机构制定教育评估机构资质认证标准以及教育评估机构行业规范，开展资质认证，确保第三方教育评估机构的资质合格以及教育评估结果的合法性。

（二）行业方面：成立评估行业社会组织，建立科学的第三方教育评估机构和评估人员资格认证标准

1. 成立第三方教育评估行业社会组织，引领行业的发展。第三方教育评估机构的管理除了有政府的监督管理外，还需要一个行业社会组织来统一规范，以实现行业内部的自我监督、自我管理。2015 年 11 月，由中华教育改进社发起组织了全国第三方教育评价机构联谊会，其建立的初衷就是为了改变各自为战的局面，促进中国第三方教育评价合作发展，对外争取社会认同，拓展政策空间和发展机会，对内提高理论水平和施测能力，以增强专业实力，形成气候，逐渐形成专业的第三方评价规范，成为促进中国第三方教育评价体系健全发展的媒介。目前，该联谊会建立了《全国第三方教育评价机构联谊会章程》《全国第三方教育评价机构联谊会公约》《全国第三方教育评价机构联谊会教育评价实施专业规范》《第三方教育评价共识》等相关行业规范，有 16 家第三方教育评估机构成为该联谊会的会员，这些会员都自愿遵守和维护行业规范，参与行业内部的治理。但因联谊会的成立时间不长，会员单位不多，其组织架构仍不完善，

---

① 黄辉，樊华中. 教育评估立法促进评估规范化 [J]. 江西社会科学，2014（4）：245.

② 教育部关于深入推进教育管办评分离促进政府职能转变的若干意见 [EB/OL]. （2015 – 05 – 06）[2018 – 01 – 03]. http://www.moe.gov.cn/srcsite/A02/s7049/201505/t20150506_189460.html.

社会影响力还比较微弱，仍有许多新成立的第三方教育评估机构未获知该机构的存在，因此，仍未能在第三方教育评估行业里起到领头羊的作用。

2. 建立第三方教育评估机构和评估人员的认证标准。教育评估机构的认证包含对机构整体情况的认证和对教育评估人员的认证。参照美国联邦教育部（USDE）和高等教育认证委员会（CHEA）的认证标准以及结合全国第三方教育评价机构联谊会的有关章程、规范条例，初步设想，分别从资格认证条件、技术支持、行业实力、评估效果以及其他补充条件为方向，可以为我国设计第三方教育评估机构的资质认证标准提供一些思路。综上可以得出，从行业的角度，确立资格条件、机构的组织与管理能力、实施评估的程序以及评估的效果是奠定我国第三方教育评估机构的资质门槛。依据美国两大认证机构的经验，资格条件主要是查看评估机构的性质、评估的经验和基本架构的健全；组织与管理能力主要是查看评估机构的实力，能否保证其正常的运作，保障实现评估的目的；实施评估的程序主要考察评估的流程是否体现民主性、专业性的特点；评估的效果主要是检验该机构评估活动的有效性和权威性。以此可以看出，独立性、专业性和权威性是第三方教育评估机构健康发展应坚守的底线，也是迈入评估行业的最基本的资质条件。综上，本研究提出第三方教育评估机构的资质认证标准初步构想如表 5 所示。

表5　第三方教育评估机构和评估人员的认证标准初步设想

标准	认证对象	
	第三方教育评估机构	评估专业人员
资格条件	1．具有独立法人资格；有自己的组织架构，自愿开展认证； 2．有正式注册的机构名称、固定的办公场所、必要的办公条件以及充足的经费保障； 3．有健全的机构内部管理制度，评估原则、政策及程序被政府、院校、社会及参与者接受； 4．至少有一次以上的评估经验	1．热爱教育事业，具有良好的职业道德，客观公正、廉洁自律、遵纪守法，能胜任有关的评估（评审）工作； 2．具有较高的业务素质，熟悉有关教育政策及法律法规，熟悉该项目领域有关工作的相关政策法规和业务理论知识； 3．专家本人愿意以独立身份参加评审工作，并接受监督和管理； 4．身体健康，能适应项目评审工作的需要； 5．没有违纪违法或学术不端等不良记录； 6．自愿参加统一的资格考试和相关考核、鉴定

续上表

标准	认证对象	
	第三方教育评估机构	评估专业人员
技术支持	1. 具备教育评估所需要的硬件和软件设备，具有收集、处理、分析评估信息的能力； 2. 在命题技术、教育测量技术、统计与分析技术、评价技术等方面有所成果，能有效可靠地解决认知诊断问题，为评估项目制定个性化方案	建有一定规模的评估咨询专家支持系统；有定期的、常态化的专家培训制度和培训安排，持证上岗
行业实力	1. 评估机构的年度工作报告； 2. 被评单位目录； 3. 评估机构的评估经历； 4. 评估机构的标准或相关政策； 5. 可支持认证和评估活动高效开展的人力、物力和财力保障	有一支各级、各类教育领域及相关行业的专家队伍，有不断更新的专家库，有从事教育评估理论与实践研究、评估现代技术研究的专家和相关技术人员
评估效果	1. 被评学校是否有实质性变化，不断自我评估和审查，及时改进存在的问题； 2. 保障被评学校将评估报告用到实践中，作为学校战略规划的依据	1. 不同的学科、背景结构、评估经历以及年龄结构合理配置，促进评估专家培养、延续和提高； 2. 通过培训，专家在掌握有关政策、法规、评估知识、技术手段的同时，更具备良好的心理品质，最大限度避免评估误差
其他	1. 不能认证政府或其他认证机构认为有问题的评估机构； 2. 对自身开展评估活动能力的持续认证； 3. 保证资源的独立性和可持续性	1. 职业监督机制； 2. 问责机制：对违反法纪制度的从业人员，要纳入行业"黑名单"，取消从业资格

（三）社会方面：建立开放的市场竞争机制，科学合理地向第三方教育评估机构购买服务

达到政府和行业协会的准入门槛是第三方教育评估机构健康发展和评估行业规范运行的一个前提条件，营造一个开放的市场竞争环境，引导社

会、学校、教师、家长等有关群体对第三方教育评估结果的认知和肯定更是促进第三方教育评估机构提升服务质量的重要动力。因此，第三方教育评估机构首先要发展教育评估的定制服务。根据不同的评估群体，了解并及时满足政府、学校、学生等不同群体对教育评估的需求，提供定制服务，以探索不同评估群体认可与采购模式，提升委托方对第三方教育评估机构的认可度。其次，政府也要及时开放对独立第三方教育评估机构的政府采购服务项目渠道，科学合理地向社会第三方教育评估机构购买服务，变革管理体制，以实现政策、行业和社会环境的三重支持。

（执笔：莫玉音；审稿：张伟民）

参考文献

［1］黄辉，樊华中. 教育评估立法促进评估规范化［J］. 江西社会科学，2014（4）：242.

［2］余凯，杨烁. 第三方教育评估权威性和专业性的来源及其形成：来自美、英、法、日四国的经验［J］. 中国教育学刊，2017（4）：17.

［3］李维维，樊秀娣. 对我国第三方教育评估机构进行资质认证的探索［J］. 内蒙古师范大学学报（教育科学版），2017（8）：9－11.

［4］林梦泉. 高等教育评估机构现状分析及评估行业认证初探［J］. 科学学与科学技术管理，2004（1）：44－47.

［5］中青在线：第三方教育评价机构联谊会召开达成共识［EB/OL］.（2015－11－27）［2018－01－02］. http://edu. cyol. com/content/2015－11/27/content_11871607. html.

广东教育蓝皮书
BLUE BOOK OF GUANGDONG EDUCATION

广东教育改革发展
研究报告

2018

教育宣传出版研究

调整教育供给侧结构背景下
广东应用型本科高校课程
教材体系建设研究

○广东高等教育出版社

摘　要：21世纪以来，我国高等教育结构性矛盾更加突出，同质化倾向严重，部分本科教育的人才培养目标必须向应用型转变，转到增强学生就业创业能力上来，全面提高学校服务区域经济社会发展和创新驱动发展的能力。作为高水平大学建设中的一环，引导部分地方普通本科高校向应用型转变的工作是调整高等教育供给侧结构这一教育整体性改革的突破口。及时对应用型本科课程教材体系建设经验与工作中发现的新情况、新问题进行梳理研究是本文研究的主旨。本文主要分析广东应用型本科高校课程教材体系建设的历史与现状，国外、其他省应用型本科课程教材体系建设情况，对广东省应用型本科建设中课程教材体系建设改革发展的思路、目标和措施等方面进行探讨。

关键词：调整教育供给侧结构　　应用型本科高校　　课程教材体系建设

进入20世纪80年代以来，国际高等教育界逐渐形成了一股新的潮流，那就是普遍重视实践教学，强化应用型人才培养。在欧美，应用型技术大学的发展已有50多年的历史，有很多可资借鉴的经验。21世纪以来，我国高等教育也逐步由精英教育阶段转向大众化教育阶段，许多高校人才培养类型也随之发生了新变化，即由培养学术型人才向培养应用型人才的转变。这种转变，充分体现了我国在建立适应社会主义市场经济体制和现代化建设需要的高等教育体系过程中，以调整高等教育供给侧结构作为这场教育整体性改革的突破口。

正因如此，为了进一步适应经济社会的发展和完善高等教育体制，早在 2015 年 11 月 20 日，教育部、国家发展改革委员会、财政部就联合发布了《关于引导部分地方普通本科高校向应用型转变的指导意见》（教发〔2015〕7 号，以下简称《意见》），对引导部分地方普通本科高校向应用型转变（下称"转型改革"）进行了具体部署。《意见》中指出，高等教育结构性矛盾更加突出，同质化倾向严重，部分本科教育的人才培养目标必须向应用型转变，转到增强学生就业创业能力上来，全面提高学校服务区域经济社会发展和创新驱动发展的能力。因而，"转型改革"将打破原有的一些结构，使教育资源往更符合劳动力市场的需求集中。中国高等学校将由以学术型为主，向研究型和应用技术型两大类型并行发展转移。这将深刻改变中国整个高等教育的格局，是中国高等教育发展中的一次重要的历史性机遇。

但是应看到，目前适应高素质应用型人才培养的教学手段和方法仍显短缺和落后。表现在：①教材体系建设多保留原有普通高校的模式，即使有所改变，许多课程也没有完全摆脱"一支粉笔一本书"的传统教学模式。②实训模拟场地限制了学生更多的培养动手能力的机会。现有的实训设施还远未能满足教学实践的需要。③多媒体教学设施短缺，不能满足教师在案例教学、实务展示等教学环境的需要，并限制了教师教育教学改革的积极性。为此，本文尤其针对第一条，就应用型本科课程教材体系建设经验与工作中发现的新情况、新问题进行梳理研究，以此作为本文研究的主旨，具体分析广东应用型本科高校课程教材体系建设的历史与现状，国外、其他省应用型本科课程教材体系建设情况，对广东省应用型本科建设中课程教材体系建设改革发展的思路、目标和措施等方面进行探讨研究。

一、广东省普通本科高校向应用型转变起步时期的教材体系及教材选用现状

2016 年 6 月，广东省教育厅、省发展改革委、省财政厅三部门联合出台《关于引导部分普通本科高校向应用型转变的实施意见》（粤教高〔2016〕5 号），明确将遴选一批普通本科高校，试点转变为应用型本科高校，试点期为 4 年。

2016 年 9 月 21 日，广东省教育厅发布《关于普通本科转型试点高校遴选结果的公示》，广东金融学院、广东财经大学等首批 14 所普通本科高

校拟试点向应用型本科高校转变（如表 1 所示）。①

表 1　广东省首批普通本科转型试点高校

序号	高校名称
1	广东金融学院
2	广东石油化工学院
3	广东财经大学
4	惠州学院
5	岭南师范学院
6	广东技术师范学院
7	肇庆学院
8	五邑大学
9	吉林大学珠海学院
10	北京师范大学珠海分校
11	北京理工大学珠海学院
12	中山大学南方学院
13	广东白云学院
14	电子科技大学中山学院

二、广东省应用型本科课程教材体系

以广东财经大学法学院法学专业为例，该专业毕业生应修学分参考表中（参见广东财经大学法学院官网，此处略），课程分为 5 类：通识课、学科基础课、专业课、专业拓展课、综合运用课，其中综合运用课和专业拓展课一般不指定教材。

由此可见，应用型本科课程教材主要包括通识课教材、学科基础课教

---

① 广东省教育厅. 关于普通本科转型试点高校遴选结果的公示 ［EB/OL］. (2016 - 09 - 21)［2018 - 01 - 02］. http://zwgk. gd. gov. cn/006940116/201609/t20160921_673358. html.

材、专业课教材。

（一）通识课教材

应用型本科教育是在通识教育基础上的专业教育。在教学体系中，通识教育以塑造完美人格、拓展综合素质为主要宗旨。因此，通识教育的课程体系一要与专业教育平衡比例、相互协调、相得益彰，二要按专业大类及行业分类来构建通识课程。这为通识教材的建设提供了基本框架。

（二）学科基础课教材

基础课程是为专业学习服务的。本科应用型人才的理论基础要求"坚实"。作为课程知识的主要载体，基础教材除了在内容上突出"坚实"外，还应强调与专业及专业基础教材群的有机衔接。

（三）专业课教材

应用型人才的专业知识、专业能力主要在专业教育环节中培养，包括职业能力、职业道德在内的专业综合素质也要在专业教育环节中养成。可以说，专业教育环节是应用型人才培养的核心环节。在这一环节的主要教学手段和形式是专业必修和限选课的教学，以及多种形式的实践教学，这两种教学在多数情况下是你中有我、我中有你的相互交融方式，教、学、做合一，知行合一是其基本教育理念。如果说将学术性课程转变为应用型课程是应用型本科教育课程建设的重点和难点，组织编写理论与实践相结合的教材则是应用型本科教育教材建设的重中之重。

三、广东应用型本科课程教材选用存在的问题

（一）教材适用性不强

根据教育部第一轮教学水平评估要求，应用型本科院校教材管理部门在选用教材时，一般都优先选用"面向21世纪课程教材""十二五国家重点教材""教学指导委员会推荐示范教材""省部级以上规划奖励重点教材"等教材。这些教材主要由重点大学知名专家学者编写，因此教材的理论性和学术性很强，较为适合科研教学型大学使用，但与应用型本科院校的办学定位、学科专业、人才培养规格却不相适应，尤其缺乏对学生实践与动手能力的培养和指导。

（二）教材内容相对滞后

在现代社会，科技发展迅猛，知识更新加快，新兴学科专业不断涌

现。而教材从申报立项到组织编写，再到出版发行，中间环节烦琐，导致上市周期长，往往刚出版的教材一投入使用，在内容上就显得相对滞后，一些新概念、新技术、新知识未能及时在教材中反映出来。特别是教材不能满足素质教育的需要，不能满足宽口径专业设置的需要。

（三）教材选择面过窄

高校在选用教材时，往往出现两难境地，一种是公共基础课教材过多过滥，同一门课程有几十种甚至上百种教材，而新建本科院校又缺乏教材评价制度，最后导致高校在众多的教材中不知如何选择。另一种是专业教材相对较少，尤其是一些交叉学科、新兴专业的专业课教材品种更少，这也给高校的教材选用带来一定的难度。

（四）制度建设不完善

新建本科院校的教材选用程序与评价制度没有建立或者不够完善，在教材选用中最突出的问题是随意性大。在选用教材时，往往是课程教师说了算，而教研室和教学系部以及教材管理部门没有很好履行审核和监控职能。有的课程教师信息闭塞，没有经过科学论证和广泛筛选，只顾自己的喜好来选用教材，导致一些低水平的自编教材、"职称教材"、"人情教材"被选用，这严重影响了教学质量。

（五）电子教材数量少

随着现代教育技术的普及和多媒体设备的广泛运用，高校教师对电子教材的需求日益迫切。而目前，纸质教材所占比例较大，电子教材数量较少，存在着"有路没有车"的问题。即使在少量的电子教材中，也存在粗制滥造、质量低下的现象，教师和学生的满意度均较低。

四、其他省（地区）、国外应用型本科院校的课程教材体系情况

（一）其他省应用型本科院校的课程教材体系情况

1. 其他省应用型本科院校概况。我国对应用型人才培养的研究是从20 世纪 90 年代开始的，在这一阶段主要关注的是应用型人才培养的实践性以及多样性的问题，对应用型人才培养的深入研究是从我国开展高等职业技术教育之后才开始的。

随着教育部《关于引导部分地方普通本科高校向应用型转变的指导意见》文件的落实，高校转型发展已初见成效，全国已有 200 多所地方高校参加了转型改革试点，长三角地区还成立了区域性应用型本科高校联盟，

一大批行业龙头企业主动与应用型高校对接合作，高校转型发展助力区域经济发展的改革，孕育出星火燎原之势。

2013 年，四川省教育厅根据《四川省教育厅关于开展高端技术技能型本科人才培养改革试点工作的通知》（川教函〔2013〕295 号）批准 6 所国家示范高等职业院校和国家骨干高等职业院校与西南科技大学、成都信息工程学院、西华大学、四川理工学院联合培养应用型本科人才。

2014 年开始，广西采取本科院校和高职院校联合培养的方式，选择部分专业开展高端应用型本科人才联合培养试点工作，确定桂林理工大学等 4 所本科高校和广西交通职业技术学院等 6 所高职院校开展改革试点。

2014 年，安徽牵头成立长三角应用型高校联盟，安徽转型的成功经验成为联盟抱团发展的典范。2008 年以来，安徽共停招停办 1 292 个专业点，增设地方经济社会发展急需专业点 1 795 个，占现有招生专业点的 40%，其中，应用型专业占 75% 以上。同时投入 3.4 亿元，建设 128 个服务支撑地方支柱产业和战略性新兴产业的新专业。

2016 年，上海公布《上海高等教育布局结构与发展规划（2015—2030 年)》（沪教委发〔2015〕186 号）和《上海现代职业教育体系建设规划（2015—2030 年)》（沪教委职〔2015〕30 号）。根据规划，未来 15 年间，上海将着力建设应用技术型本科教育，缩小高校学术型人才培养规模。

2016 年 5 月 16 日，天津中德应用技术大学在天津海河教育园区挂牌成立，全国首所由高职院校升级为应用技术教育本科院校的高校由此诞生。该校校长张兴会介绍，中德职业技术学院更名为中德应用技术大学，就是要贯通"中高本硕"，实现技术技能人才成长的有效衔接，让每个专业都能对接一个甚至一批产业。在职业教育体系中，搭建本科层次学习平台，打通从中职、高职到本科层次、专业型硕士的技术技能人才培养渠道。四层衔接、分段培养能够实现人才培养的充分协调。"课程的有效衔接是四层贯通的接入点。"天津中德应用技术大学校企合作处处长周泓说，"应用技术本科高校作为一个新生事物，会通过对教学大纲及课程内容的不断探索和调整，促进各阶段教育完美衔接"。

2017 年，河南省积极发挥省级杠杆调控作用，围绕产业转型升级，重点支持 10 所示范性应用技术型本科院校发展，着力培养服务地方产业发展的高层次应用型人才。

陕西省依托教育大省资源优势，拓展精准扶贫的道路，持续为贫困地区教育和产业发展"造血"。大幅增加"三校生"升入高职和应用型本科的计划，

2017 年录取了 3 056 人，有效地打通中职直到本科的应用型人才培养通道。

在民族地区，2015 年开始，国家将优先设置与实体经济和产业发展相适应的高等职业学校，积极支持有条件的民族地区设置工科类、应用型本科院校，引导一批民族地区普通本科高校和民族院校向应用技术型高校转型。

2. 其他省应用型本科院校的课程和教材相关问题。潘懋元先生 2009 年 11 月 28 日在广东白云学院"应用型本科院校人才培养模式改革与创新论坛"上的演讲指出，应用型本科有这些共同的特点：

第一，以培养应用型的人才为主。这里的"为主"不是指所有学科专业都只能培养应用型人才。应用型的高校可以培养非应用型人才，但是主要的、大量的任务应该是培养应用型人才。

第二，以培养本科生为主。某些学科专业可以培养研究生，许多院校已经有研究生了，但当前不应以培养研究生为主。

第三，应用型本科应该以教学为主。以教学为主也不等于不能开展科学研究。应用型的高等学校以教学为主，同时也要开展研究，不过它开展的研究是应用性的、开发性的研究。

第四，应用型大学应该以面向地方为主。某些专业也可面向地区，甚至面向全国，但它主要是面向地方，为地方服务。

相应的，应用型本科院校的发展在课程、教材和教学方面的转型要同步跟进，主要体现在以下三方面。

一是在课程设置方面，传统研究型大学按照学科理论设置的课程已经不再适用，课程的设置要转向实践，转向如何应用于实践。翟陆陆、王盼丽、张晓军（2016）等以 2015 年河北省政府批准的 10 所应用型本科试点学校 17 个重点专业进行人才培养体系相关问题进行问卷调查，发现存在课程开发过程缺乏规范性、课程内容组织缺乏有效性、课程建设缺乏灵活性等问题。

二是在教材建设方面，不能盲目选用所谓的精品教材，而要选择适合应用型本科教育的应用型教材，提倡校本教材。很多应用型本科院校目前还是把教材建设重点放在教材选用工作中。根据教育部要求，应用型本科院校教材管理部门在选用教材时，一般优先选用"面向 21 世纪课程教材""教学指导委员会推荐教材""省部级以上规划奖励重点教材"和"'十一五''十二五'普通高等教育国家级规划教材"等优秀教材。此类教材固然是国家、省部级评选出的精品教材，但对应用型本科院校的培养对象来讲，以上教材多数由重点大学或研究型大学知名教授编写，理论性和学术性较强，实践性和动手能力培养相对薄弱，与应用型本科院校注重学生技术应用能力的培养目标不相适应。

三是在教学工作方面，产学研相结合是应用型本科教育体现"应用型"的较好途径。如果在课程实施上缺乏灵活性，简单理解"应用"，也就失去了转型的意义。

（二）国外（以德国为例）应用型本科高校的课程教材体系情况分析

1. 德国应用科技大学简介。德国应用科技大学（德文：Fachhochschule，英文：University of Applied Sciences，以下简称FH），起源于 20 世纪 60 年代末。根据当时德国经济、科技和社会的发展情况，各行业不仅需要传统大学培养的研究、发明型人才和各级职业教育培养的中、初级技术人员，更需要大量介于传统大学教育和各级职业教育之间的高级应用型技术和管理人才。基于这个背景，德意志联邦共和国政府于 1968 年通过了一项协定，将类似于我国高等职业学校的工程师学院和中等技术学校重新组合，并充实高水平师资组建FH。经过 40 多年的发展，FH 已经成为德国第二大高校类型，形成了较为完善、成熟的应用型本科人才培养体系，在入学条件、师资队伍、专业设置、教学环节安排、课程体系、教学内容、教学模式、毕业设计等方面，具有鲜明的应用型特征，深受经济界和社会的欢迎。

由于翻译上的原因，FH 的译名一直没有统一，研究时多和我国的大专和高等职业教育放在一起比较讨论。实际上，FH 在德国的文件中使用的中文名称是"应用科学大学"。在德国教育界，始终认为 FH 是高等教育的重要组成部分，与普通大学有同等价值。FH 是 4 年制 8 个学期的本科教育，其毕业生授予相当于中国的学士学位。

2. 德国应用科技大学培养目标。FH 的培养目标的制定是以学生未来就业岗位需要为导向，根据经济与社会的发展变化以及企业的实际需要确定培养毕业生的岗位和目标。1968 年组建 FH 的协定中明确规定：FH 对学生进行一种建立在传统理论知识基础上的教育，最后使学生通过国家规定的毕业考试，能够从事独立的职业活动。FH 主要培养具有各种专门职业技术的高级应用型、工程师类职业的实践工作者，其毕业生职业基本定位为大、中型企业技术骨干或小型企业管理者及技术骨干。

对比我国应用型本科的培养目标：面对现代社会的高新技术产业，在工业、工程领域的生产、建设、管理、服务等第一线岗位，直接从事解决

实际问题、维持工作正常运行的高等技术性人才，不难发现，FH 和我国应用型本科的培养目标基本一致。

3. 德国应用科技大学课程教材体系情况。

（1）专业和课程设置。FH 的专业设置具有很强的针对性，不像综合大学那样广泛，主要侧重于社会需要的工程技术和应用技术，辅以少量的法学、经济学和社会学方面的专业。其中，包含许多新兴的专业和学科，如电子技术、精密仪器、核技术、能源、生物工程、信息论、控制论、环境保护等。根据实际生活中各种职业分工的不同，FH 专业内有细致的划分，如食品加工专业就分为肉类加工、蔬菜加工和饮料加工等。

近年来，随着科技快速发展，专门化知识淘汰进一步加快，基础知识的稳定性和普遍适用性显著增加。基于此，FH 也逐渐出现基础化倾向：专业面向窄的专业不断并入专业面向宽的专业，在专业口径拓宽后下设各类专业方向。与此同时，为加强基础知识的学习，避免过早专门化，FH 还通过限制专业设置数量的方式，对专门化加以限制，使毕业生的针对性和适应性有机地结合。

（2）课程和教材体系。FH 的课程体系分为基础课程、专业课程和专长课程，每种课程一步步分化和深入。基础课程各专业方向开设相同的理论课，如数学、物理等；专业课程根据不同的专业各有侧重，强化专业知识；专长课程在各个专业基础上开设加深专业知识的专门化课程，主要进行专业深化和拓宽专业面的教学，细化使用教材，多方合作补充教材内容。

目前，FH 的基础课和专业基础课约占 30%，随着基础化倾向进一步扩大，这个比例也在增加；人文、经管类课程占 20%；专业深化方面课程占 20%。还有一些其他普通大学并未开设的、侧重应用方面的课程，如电子印刷技术、红外线摄影技术和电脑设计技术等。

FH 的理论教学强调工程应用特色，没有固定教材，教师把理论与实际结合组织教学内容，重点讲述工程应用。在讲授的过程中有教学内容跨度大、实践性强和知识更新快的特点。在设置理论课程同时，还设置实验课程。实验课程由任课教师和实验室工程师指导，一般两人一组，在教学计划中单独列出，教材往往是教师或工程师实践经验的汇总。

4. 对我国应用型本科课程教材体系的借鉴和启示。可以发现，FH 一般是不采用固定教材的。根据应用型人才的特点，教学内容应该是灵活性、针对性和职业适应性相互的有机统一，专业课程不应该固定教材。某一种固定教材可以作为教师讲课时的教学参考书，真正的教学内容应该根据社会和相对应的实际工作岗位需要而定。这就要求学校不断根据社会和行业的发展，针对各行各业的需要，及时更新教学内容。

与此同时，还要保证所选教材教学内容的职业适应性，即在针对性的基础上适当拓宽专业面，加强基础教学内容，使毕业生可以胜任更广泛的工作岗位。截至 1999 年 4 月，德国共设立 13 个大类的职业领域、357 个职业，每个职业都有相应的由政府、地方、企业人员共同制订的培训计划。这也是我国相对薄弱的环节。

五、广东应用型本科高校课程教材体系改革发展思路、目标

应用型本科高校转型是我国高等教育改革的重要举措。如何构建应用型本科高校课程体系和编写应用型本科教材是培养应用型人才过程中亟须解决的问题。目前，广东应用型本科课程体系构建和教材选用方面存在教材适用性不强、教材内容相对滞后、教材选择面过窄、制度建设不完善、电子教材数量少等问题。针对这一现状，广东应用型本科高校课程教材体系改革应重点关注以下几方面。

（一）广东应用型本科课程体系改革的关注点

1. 关注人才培养目标，即应用型本科的人才定位问题。应用型本科一直在追寻属于自己特色的定位，而对学生素质的忽视和目标的泛化是当前应用型本科教育普遍存在的不足。

2. 关注通识教育和专业教育的课程比例及功能发挥。通识教育和专业教育之争由来已久。由于我国高等教育过于沿袭苏联学科专业教育"学术并举、崇学为上"的理念，我国高等教育自中华人民共和国成立以来一直对通识教育相对忽视。随着我国改革开放以及对美国高等教育的学习，从 20 世纪末开始对通识教育逐渐重视了，其表现是众多高校尤其是研究型高等学校开设了众多的通识教育课程。严格来说，目前我国众多应用型本科高校开设的通识教育课程只能称之为公共课程，如大学体育、军事理论课程不属于通识教育，中国特色的思想政治理论课等可以纳入通识范畴，但是通识课程的范围还要广得多。应用型本科通识教育的重要指向是宏观层面的素质要求，但是，由于现行课程设置的单一性以及教学过程实践取向的不足，实际教学效果与宏观层面素质设定目标相距甚远。

3. 关注课程选修的自由度和适应性。目前，应用型本科高校的选修课程一般有单一课程选修（任意选修和指定选修）和课程组选修（专业方

向模块选修）两类。但从实际运行情况看，由于受到课程资源的限制以及课程开发理念、管理的影响，选修课程的实际自由度、适应性受到较大的制约。

4. 关注总学分的控制和实践教学的比重。现今高等学校教学改革中的一个通病是，改革往往以增加课程的方式而告终，结果是课程越改越多，学分也越改越大。应用型本科的实践教学是普遍受到关注的，两种情形在改革中也是经常出现的，一种是实践比例提升十分缓慢，不得不借助延长"上机"时间而改变；另一种情形是借助于"放羊式实习"的膨胀而改变。分析其中的缘由，不难发现，改革并没有在课程的有效整合上下功夫。对应用型本科而言，不仅要关注实践教育的学分比例，更应该单独构建起服务于培养目标的实践教学体系。

5. 关注"实践取向"的课程组织模式。一般是从纵向和横向两个方面来考虑的。从横向上类型的拓展看，可以根据专业定位选择"学术型""应用型""复合型""职业型"的人才目标来展开，不同的定位应有不同侧重的课程环节来保障。从纵向过程的细化来看，每一种定位目标的人才均可采用诸如"平台 + 模块"，按类招生、分流培养，内外结合、校企结合等细化的过程组织模式。从实践角度看，目前应用型本科中普遍还存在着课程组织模式单一的现象，尤其是校内封闭培养的现象严重，其结果是毕业学生的应用能力偏弱，高等学校与社会的对接度不够等。另外，也存在着"重第一课堂、轻第二课堂"以及"重显性课程、轻隐性课程"的倾向。

（二）影响应用型本科课程体系构建的因素

影响应用型本科课程体系构建的因素主要来自两股力量：一股来自大学教师的"学术导向"，表现为课程的开设依据教师的学术兴趣而设。与此同时，现实中还表现为"资源取向"，即有什么资源开什么课，没有资源就不开课。另一股力量来自市场的"需求导向"，表现为依据政治、经济、科技的发展，以及学生需求等开设课程。相对于研究型教育，应用型本科教育更应突出"需求导向"，而且，这种"需求导向"应该很好地体现在基于应用导向基础上的学生全面发展指向的、充分发挥整体教育功能的课程体系上。

（三）广东应用型本科高校教材体系建设目标

教材是体现课程教学理念、教学内容、教学要求、教学模式的知识载体，具有在教学授课过程中引导学生学习理论知识、保证教学质量的作用。应用型本科高校的特点决定了其教材应具有实用性、完整性、适应性、实践性等特点。因此，广东应用型本科高校教材建设应实现以下目标。

1. 编写形式多样化，教材体系结构新颖化。应用型本科高校教材的形式应该多样化，应从不同的角度、不同的方向体现对知识的理性认识和感性认识。教材的体系结构应该根据教学大纲所规定的各门课程或各教学环节的目的、知识技能的广度深度以及教学进度、教学方法、考核要求与实验设计的基本要求，依据学生的认知规律，以学以致用、能力培养为目的。

2. 精简学科内容，注重实践价值挖掘。应用型本科高校教材对人才培养目标的适应性不是单一的维度目标适应，而是包括专业方向、宽窄与厚薄、系统性、创造性、现代意识渗透和全方位事业等多维度适应应用型人才的培养。每门课程都有自己的特点，有的侧重于培养学生的素质教育，有的侧重于培养学生的逻辑思维能力，有的侧重于培养学生的动手操作能力。因此，教材的内容选择应该以实践价值为尺度，按照宽求广博、厚求精深、宽厚相宜的原则，从应用的需要出发，精简学科内容，把典型的案例融入学科理论知识中。

3. 以能力培养为目的，灵活运用基础知识。应用型本科高校的培养目标就是培养从事实际工作的高层次专业人才。所以，教材编写要注重基础理论和实践应用的辩证关系，必须贴近现实，活化基础理论知识，强化实践中的应用，用灵活的方法和适宜的理论解剖现实生活、工作中的典型案例，把解决实际问题的过程上升到理性思维的角度。教材中的典型范例和训练将有助于学生全过程、多视角、全面理解和建立创造性的概念，深化基础理论的掌握。

4. 以学生为主体，增强教材的可学性和可用性。应用型本科高校教材在课程内容选择、学科方法的应用、教材体系的构架、教学案例的组织以及教学实验的安排等方面，首先考虑是否有利于学生素质的提高、能力培养、知识结构的合理性，把教材的可读性和可接受程度放在首位；其次从学生的角度出发，反复论证，精心设计，使教材知识体系更加合理，特色更加鲜明，学习方式灵活多样。

应用型本科高校始终把学生素质教育贯穿到整个人才培养目标的全过程，教材建设必须把握现状、确定目标、遵循规律、突出特色、多方参

与，根据学校实际，紧密结合区域经济发展，构建适合本校实践教学课程体系，编写出符合本校实际、具有鲜明特色的实践教材，满足教学和学生的需要，更好地为地方经济建设服务。

（执笔：黄跃升、周景芳、邱丽芳、郑泽宇、冯沪萍、陈博霞；审稿：黄跃升）

参考文献

［1］唐宏. 关于应用型本科院校教材建设与管理的思考［J］. 课程与教材，2016（10）：76 – 77.

［2］翟陆陆，王盼丽，张晓军. 应用型本科课程开发现状、问题与对策：以河北省10所转型高校为例［J］. 河南科技学院学报，2016（12）：72 – 75.

［3］张猛. 浅谈如何加强应用型本科院校教材建设［J］. 辽宁经济职业技术学院·辽宁经济管理干部学院学报，2011（6）：109 – 110.

［4］潘懋元. 什么是应用型本科？［J］. 高教探索，2010（1）：10 – 11.

［5］张庆久. 德国应用科技大学与我国应用型本科的比较研究［J］. 黑龙江高教研究，2004（8）：31 – 33.

［6］徐理勤，杜卫，冯军，等. 借鉴德国经验，培养应用型本科人才［J］. 高等工程教育研究，2008（2）：96 – 99.

［7］李好好，卡尔 – 维尔海姆. 德国的应用科技大学（Fachhochschule）研究［J］. 外国教育研究，2002（12）：32 – 36.

［8］李燕铭. 社会需要应用型本科［N］. 中国教育报，2001 – 05 – 11（3）.

基于"互联网＋"环境下教研个性化服务应用的研发策略研究

○广东音像教材出版社

摘　要：教育信息化对于促进教育公平、提高教育质量、创新教育模式起着支撑和带动作用。目前，中小学教研信息化建设存在区域性差异，导致教研信息化建设不均衡发展，制约了部分地区教师的信息化素养的提高。本文深入探讨如何借助信息技术，促进信息技术与教育的全面深度融合，创新教研方式，进一步推进教育科研、教学研究工作，促进教育公平和实现优质教育资源广泛共享，提高教育质量和建设学习型社会，推动教育理念变革和培养具有国际竞争力的创新型人才，从而实现教育的均衡发展，更好地为教育改革和发展服务。

关键词：互联网＋　校本教研　信息化　个性化服务应用

信息技术和互联网的高速发展与广泛普及，把分散在不同时空、不同地域的人们紧密联结起来，实现了顺畅的信息对话与互动探讨，并为自主与协同学习提供了浩瀚的资源及便携的工具。在"互联网＋"的大环境背景下，一种基于信息技术的、以促进教师专业发展为目标的教研个性化服务应用技术应运而生。对于广大教师来说，这既是机遇也是挑战。为了迎接挑战，教师应转变学习观念，充分利用信息技术和网络资源来提高自己的专业水平。

一、研究背景

（一）教育信息化，师资队伍建设是关键

信息技术的迅速发展已经引起教育思想、观念、内容、方法等方面发

生一系列深刻的变革，要实现信息技术在教育中的全面普及和广泛应用，必须建设一支数量足够、质量合格的具有较高信息素养的师资队伍。① 师资队伍建设是发展教育信息化的基本保障，造就业务精湛、结构合理的教育信息化师资队伍、专业队伍、管理队伍，能为教育信息化提供人才支持。有了人才，才能够因地制宜，结合自身实际，以最少投资获取最大成效，使技术最大效率地服务于教学。因此，师资培训、人才先行便是教育信息化的关键。

（二） 新课程改革，促使教师向研究型转化

教育部《普通高中课程方案（实验）》指出："学校应该建立以校为本的教学研究制度，鼓励教师针对教学实践中的问题开展研究，重视不同学科教师的交流与研讨，建设有利于引导教师创造性实施课程的环境，使课程的实施过程成为教师专业成长的过程。"②

新课程的背景下，一个教师在专业成长的路径中需要经历两次转变：一是从教学新手转变为教学能手，二是从教学能手转变为教学研究型教师。③ 第一次的转变可以依托教育教学的不断积累，从而提高实践能力；第二次的转变则需要教师积极参与课题研究，参与学习和解决教育实践难题，通过科学研究把握教育教学理论，提炼教学经验，在教学教研中有所创新，逐步向研究型教师转化。校本课程的研发，国家课程的校本化实施以及综合实践活动课程的设置，使教师由传统的课程计划执行者转变为课程的开发者和实践者。教师角色要转化，教师素质要提高，必须依赖校本研训的广泛、深入开展来实现。建立以校为本的教研制度是促进教师专业发展的必要要求，是使教师向研究型转化、获得自我持续发展的最佳途径。

（三） 教育信息化的建设投入，为教育信息化奠定坚实基础

20 世纪 90 年代以来，国家实施了一系列重大工程和政策措施，建设了"现代远程教育工程""'校校通'工程"以及"中国网上教育平台试

---

① 教育信息化领导小组办公室. 中国教育信息化绿皮书［M］. 北京：高等教育出版社，2003：135.

② 教育部关于印发《普通高中课程方案（实验）》和语文等十五个学科课程标准（实验）的通知［EB/OL］.（2003 – 03 – 31）［2018 – 01 – 02］. http://www. moe. edu. cn/srcsite/A26/s8001/200303/t20030331_ 167349. html.

③ 王湛. 积极推进基础教育课程改革试验向纵深发展：在 2003 年全国基础教育课程改革试验推广工作电话会议上的讲话. 中国教育报，2003 – 07 – 11.

点项目"等一系列工程、项目，为我国教育信息化发展奠定了坚实基础。面向全国的教育信息基础设施体系初步形成，城市和经济发达地区各级各类学校已不同程度地建有校园网并以多种方式接入互联网，信息终端正逐步进入农村学校；数字教育资源不断丰富，信息化教学的应用不断拓展和深入；教育管理信息化初见成效；网络远程教育稳步发展等在构建终身学习体系的过程中发挥了重要作用。教师教育的途径、方法、模式日益多元化，关于信息化学习环境的理论和实践也在不停地发展，这些理论和实践对"互联网＋"环境下教研个性化服务应用平台研究具有指导意义。

二、现状分析

校本课题研究是立足于学校实际，以教师为主体，把教育教学中真实的、具体的问题，特别是教师专业成长中的问题，转化为课题加以研究的活动。在新课程改革中，每一所学校、每一个教师都面临着一系列的新问题、新困惑、新矛盾，因而亟须借助于新的研究，找到新的途径和方法来解决这些新问题。在信息化的大环境中，基于"互联网＋"环境下的教研模式是正在被研究和运用的一种新途径。①

国外教师的教学研究通常是一些教师协会或委员会来组织开展的，基于"互联网＋"的教研社区一般具有两大功能：一是提供教育教学资源；二是创建虚拟教学环境，协助教师、学生、家长之间的交流互动。国内已在网络教研平台的建设上下足了功夫，本文选择了五类具有代表性的100个教研网进行了调查分析，对调查结果分析后得出以下结论。

（一）校本教研平台严重缺失

抽检的教研网站按照组织形式分为以行政区域为主题和以学科为主题两大类，只有少数是以校为本的教研网（如图1所示）。

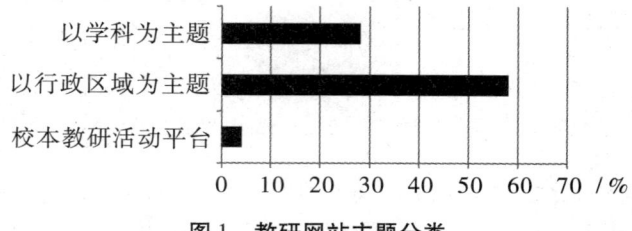

图1 教研网站主题分类

---

① 陈旭远，张捷. 校本研训的理论与实践［M］. 中国人事出版社，2006：1.

大部分教研网站都是以行政区域为主题，这类网站功能多为公示国家政策、传达最新资讯、提供教研资源，对实时校本教研活动开展暂不能提供技术支撑。另一大类是以学科为主题的教研网，它多为某一学科的权威人士或民间群体主持搭建，能为相关专业的教师提供交流、学习的平台，但功能单一，主要起到教研资源库的作用，也不能用作实时校本教研活动平台，况且网站创始人一旦因为资金等原因而停止对网站的维护，这类网站也就烟消云散了。学校自行建设的教研网数量很少，而且基本就是把上级教研网的内容照搬照套，并不能实现基于学校、为了学校、解决学校实际问题的作用。

（二）平台功能存在局限，影响实际的应用

大部分教研网站主要用于新闻资讯的传播和资源下载，拥有论坛和博客的网站也在逐渐增多，但数量未过半，而拥有视频会议的网站寥寥无几（如图 2 所示）。校本教研需要的不仅仅是资讯与资源，更重要的是，活动的开展是要教师在交流与协作中解决学校的实际问题。只有建设一个基于学校、服务学校且具备开展校本教研活动功能的平台，才能达到这个目的。

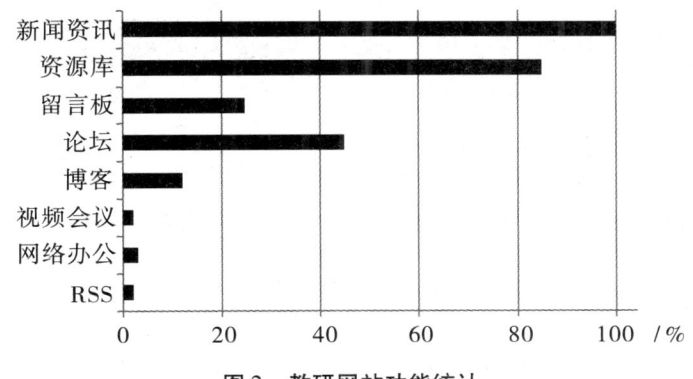

图 2　教研网站功能统计

此外，目前信息资源建设和教学时间、教学研究基本上还是两套班子，教育信息资源还不能完全有效地被教研系统整合。

由此可见，现行的多数教研网技术已跟不上互联网的发展要求，功能上不能完全满足教研活动的需要，因此必须探究一种技术上具有前瞻性、功能完善并且具有可拓展性的解决方案。它要求建立立足本校教师专业发展和实时校本教研活动的支撑平台，向外拓展则可以共享兄弟学校乃至全省、全国的教学资源，集成网络搜索引擎，能自动完成各级教研机构的信息汇总、分类等，既要解决各种网络瓶颈问题，还能为将来的功能拓展提供接口。

三、以需求为主导，搭建教育个性化服务应用的框架

（一）设计理念

1. 一个宗旨：从资源环境、课程环境、协作教研环境三个层面为区域教研业务开展、教师专业发展提供全面的支持和服务。

在资源环境层面，构建一个动态生成的区域特色教育资源库，积淀本地优质教育资源；在课程环境层面，打造网络集体备课应用平台，搭建各级教师网课展示交流的舞台；在协作教研环境层面，形成纵横交织的信息交流网络，搭建跨学科、跨地区、多角度的协作研修应用平台（如图3所示）。

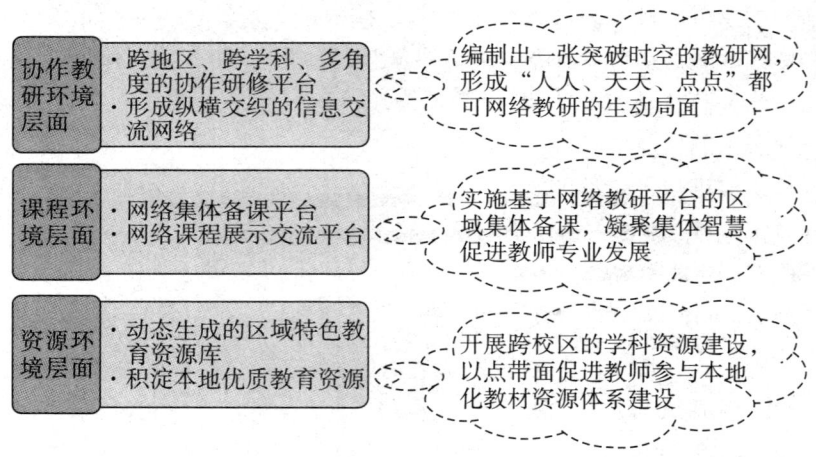

图3 跨学科、跨地区、多角度的协作研修应用平台

2. 两种机制：提供协作交流机制与知识管理机制。通过同伴合作、专业引领、组织协调、社会支持的协作交流机制，能够形成协同教研的良好环境；引入知识管理机制，汇聚区域众多教师多年积累的教研经验和心得，将蕴藏在教学实践中的隐性知识转化为可见的教育教学能量。

3. 三个立足点：立足于以教师为本、同伴互助、专业引领。教师专业成长主要包括以下途径：教师个体自我反思、研修团队的同伴互助、专家梯队的专业引领、学生家长的社会支持以及企业社区的合作与交流等。网络教研应用平台立足于以教师为本，提供针对教师个体研修的服务；立

足于同伴互助，提供针对教师团队的协作式学习服务；立足于专业引领，为梯队专家提供跨学校、跨学科、跨区域交流的服务应用平台。

（二）整体规划

该应用平台的服务对象包括从教师个体到教师群体、从学校个体到学校群体（区域）的多层次的用户团队，教师业务空间为各层次用户提供相应的资源、工具、环境的支持和服务。教师可利用资源中心丰富的教育资源进行教学教研活动，还可方便地对资源进行编辑和修改，并将其上传回学校资源中心，形成学校的特色资源库。教师还可利用资源制作网络课程，并将其上传发布，在整个区域内展示自己的课程制作成果，从而汇聚形成与本地课程完全配套、全面共建共享的区域网络课程中心。形成课程资源展示中心后，教师们会针对网课资源进行讨论交流，区域学校会组织展开优秀资源、优秀教师的评比评选活动，以调动广大教师参与教学教研活动的积极性，鼓励教师积极参与区域资源建设。因此，该应用平台提供了区域网络教研中心，形成教师个体专业成长、同伴互助、校际合作、区域合作的信息生态环境。通过教研中心的各种评比评选活动不断去粗取精，筛选出的精品资源经分类整理后再补充到区域资源中心，为更多的用户服务，促进教育资源的建设、应用、服务循环进行，形成一个富有活力的教研生态环境。

（三）功能分析

1. 软件应用模式"以人为本"与"以软件为本"。"以软件为本"的软件应用模式：传统的网络提供了各类业务系统，教师将自己的资源、网课分别上传到资源库系统、网络课程系统，各类资源散落在不同的系统中，而自己却"什么也没留下"。"以人为本"的软件应用模式：网络教研应用平台为每位教师提供个人业务空间，这里集成了与教师相关的各种功能模块。教师的各类教学反思文章、特色资源、集体备课成果、参与的各种教研活动都保存在个人空间中，形成自己的宝贵积淀。其他教师只要进入个人空间就能了解该教师的各种教学教研成果，了解其专业成长轨迹，从而体现"软件为人服务"这一核心理念。

2. 资源层面。（1）采用"教研驱动"的本地化资源体系建设模式。借助传统教研组织的力量，将资源建设、使用与教师日常教学、教研工作紧密结合起来，以各种活动带动教师参与本地化资源体系建设，为资源的动态生成创建常态途径；提供强大的统一资源管理系统，全面有效地管理教师在各种教学教研活动中形成的生成性教育资源，同时构建教师个人、协作组、学校、区域多级资源中心；提供精品资源、课程、优秀教师的评比评选机制，筛选出的各类精品资源经分类整理后还可补充到精品资源中心，使资源流动起来。

（2）采用"教研驱动"本地化资源体系建设模式具有两个方面的优势。一是可以充分发挥教研部门专业引领与业务指导的优势，将资源建设、使用与教学研究紧密结合起来，加强资源应用与共享机制的研究和探索，建设具有本土特色的优质教育教学资源，满足一线教师对资源的多样化需求。二是可以借助传统教研组织的力量，将教研活动与资源建设有机结合，以各种活动带动教师参与资源建设，为资源的动态生成创建常态途径，使得资源建设成为有源之水，最终形成区域教育教学资源建设、应用、服务的有机整体。

3. 课程层面。打造区域教师网络集体备课最佳环境，搭建各级教师网络课程展示、交流、评比评选的舞台；打造网络集体备课应用平台，凝聚集体智慧。

4. 协作教研层面。突破区域限制，形成纵横交织的信息交流网络（如图 4 所示）。

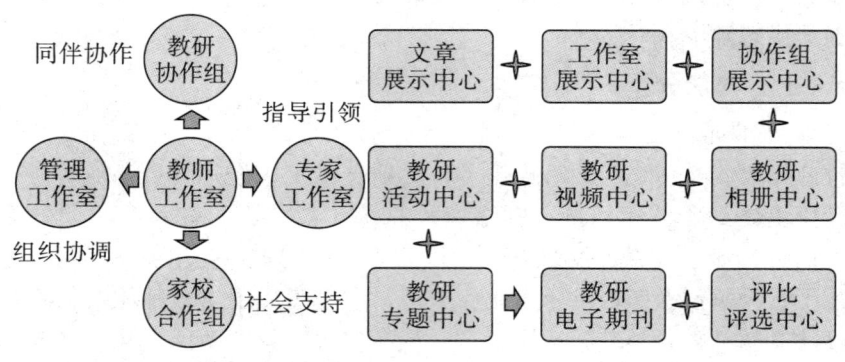

图 4　信息交流网络

5. 学科基地建设：方便同学段学科教师交流，搭建学科教研的主要场地。相同学段学科的教师在一起教研是教学研究的最好方式，网络教研应用平台提供了学科协作群模块。这是以服务该学科教师研修为宗旨的工作应用平台，是学科教研的主要场地，将各学科的文章、资源和教师的工作室、协作组集中起来，凸显各学科的教学特色，加速各学科教师之间的交流，促进学科教研更好、更快地发展。

6. 学校基地建设：构建学校校本教研的网上根据地。为区域内每所学校提供校级门户网站，构建各校校本研修的网上根据地。以校为单位开展网络教研活动，可与本校教师组织衔接，更利于各项教研活动的组织和管理。学校管理者可发布校内新闻公告，一线教师可及时参与本校各类教研活动。搭建校级教师专业发展支持体系，带动本校教师共同成长，同时还能够积淀本校优质教育资源。

（四）模块分类

1. 教师工作室：全面整合教学教研业务，成为教师个体专业成长的助跑器。网络教研应用平台为教师开辟一个集学习、工作、交流于一体的工作应用平台，提供教师研修的各种服务和工具，让网络教研真正与教师日常工作融合在一起。工作室是生成性资源的源泉，教师可以自主地创建个性化的栏目、选择合作伙伴、书写教研文章、参与各类教研活动、展示教研成果，还可将内容发布到教师协作组或者共享给其他教师。教师间可以方便地进行交流和沟通，年青教师可随时向区域名师、学科带头人请教，教师还可订阅站内或站外的各类文章、资源、讨论话题。系统提供灵活的定制功能，教师可以自由选择个性化界面、功能、插件。这既是教师自我展示的舞台，更是教师个体专业成长的助跑器。网络教研应用平台的教师工作室模块分类如表 1 所示。

表 1　教师工作室的模块分类

模块名称	模块内容
常用模块	发表文章、文章管理、上传资源、资源管理、视频管理、发布照片、我的短消息、修改个人信息、我的收藏夹、个人公告、自定义样式等
文章管理模块	发表文章、文章管理、个人文章分类、我得到的评论、我发表的评论等
资源管理模块	上传资源、资源管理、个人资源分类、我上传的资源、我下载的资源、我得到的评论、我发表的评论等
视频管理模块	上传视频、视频管理、查看和评论视频、我得到的评论、我发表的评论等
活动管理模块	发起活动、我创建的活动、我参与的活动等

续上表

模块名称	模块内容
消息留言模块	写短消息、短消息收件箱、短消息发件箱、短消息回收站、留言管理等
好友模块	我的好友、添加好友、黑名单、添加黑名单等
相册管理模块	相册分类、上传照片、相册管理等
个人信息模块	修改密码、修改问题答案、修改个人信息、更新统计等
协作组管理模块	创建协作组、我创建的协作组、我加入的协作组、我发出的邀请、我收到的邀请、我发出的申请、我收到的申请等
插件对象管理模块	我的问题与解答、我的调查投票、我的话题讨论等

2. 教师协作组：互动、交流、共享，是教师协作研修共同体。教师协作组是由几位教师共同组成的一个交流和共享空间。教师间可自由组合成不同类型的团队，建立各种形式的协作组，既可以学科分组，也可以年级、课题、兴趣分组。教师可以创建、管理自己的教师协作组，还可以加入教研协作组、家校交流协作组等各种形式的协作团队中，应用平台为教师协作研修提供全面支持和服务。

教师在教师协作组中可以组织教研活动，实现组内资源共享，成员之间讨论交流，具体包括发布备课计划、组织教研活动、点评教学案例、解答教学问题、积累学科资源、评写教育叙事等，创设互动交流共享的氛围，积淀与展示组内研究成果（如表 2 所示）。教师协作组有集成短信等通信功能，协作组成员可在聊天室、论坛自由讨论交流，研讨记录可方便查阅。

表 2　教师协作组模块分类

模块名称	模块功能
小组论坛管理	组长可管理组内论坛中所有的话题，包括对某话题进行加精、置顶或者删除等操作
小组文章管理	组长可管理共享的协作组中的所有文章日志，包括对某文章进行加精、置顶或者删除等操作
小组资源管理	组长可管理共享的协作组中的所有资源，包括对某资源进行加精、置顶或者删除等操作

续上表

模块名称	模块功能
小组留言管理	组长可管理协作组内的所有留言
小组公告管理	组长可以发布和修改协作组主页上的对外公告信息
小组成员管理	组长可管理组内每个组员信息，包括发表文章数、共享资源数、发起话题数等，还可查看并更改组员角色信息
小组信息管理	组长可修改协作组信息，包括教研组描述、所属区域/学校、所属学科/学段、教研组创建者、创建时间等
小组链接管理	组长可修改协作组友情链接地址
制订集备计划	一个集备计划内可包含有多个集备课题。教师可对整个学期的集体备课提出总体要求，并制订该学期的备课计划。包括集体备课计划标题，设定计划开始时间和结束时间，选择学段、学科，填写集体备课的总体要求，将某计划设为当前默认计划等功能
管理集备计划	提供删除集备计划、设为默认、修改集备计划、删除备课、修改备课等功能

3. 学校教研中心：研究、指导、服务，是校本教研的根据地。为区域内每所学校提供校级应用端口，成为区域内各学校校本研修的根据地。学校管理者可发布校内新闻公告，一线教师可及时参与本校各类教研活动，应用端口能够为学校教研活动评价提供决策的基础管理数据。学校教研中心有利于搭建校级教师专业发展支持体系，通过本校优秀教师、学科教研员的专业引领，带动本校教师共同成长，同时还能够积淀本校优质教育资源。

学校教研中心首页提供最新动态、图片新闻、调查投票、校内文章、校内资源、视频、最新图片、单位公告、友情链接和统计信息等功能模块（如表3所示）。

表 3　学校教研中心模块分类

模块名称	模块内容
学校网站系统管理	单位信息管理、学校网站布局管理、学校网站模版管理、学校网站样式管理、自定义模块管理、系统模块管理、学校网站用户管理、新闻/公告/动态管理、友情链接管理等
学校网站内容管理	学校文章管理、资源管理、图片管理、视频管理、评论管理等

4. 学科协作群：建用并举、教研合一的交互式学科资源建设应用环境。学科协作群为每个学科建立了学科子站点，这是以服务该学科教师研修为宗旨的工作应用平台，是学科教研的门户网站和主要场地。学科协作群以学科为主线，将该学科的教研员、学科带头人、教研资源、工作室、协作组、学科文章等有机整合，凸显本学科的教学特色，促进本学科教师之间的协作交流，构建了一个"建用并举""教研合一"的交互式学科资源建设应用环境。

学科协作群前台页面提供图片新闻、教研员工作室、名师工作室、学科带头人、友情链接、学科统计、学科动态、学科公告、调查投票、教研活动、教研专题、话题讨论、学科文章、学科资源、学科工作室、学科协作组、教研视频、提问与解答等功能模块（如表 4 所示）。

表 4　学科协作群模块分类

模块名称	模块内容
学科网站系统管理	学科信息配置、学科网站布局管理、学科网站模板管理、学科网站样式管理、系统模块管理、自定义模块管理、学科用户管理、图片新闻/学科动态管理、学科公告管理、友情链接管理等
学科网站内容管理	文章管理、资源管理、视频管理、集备管理、调查投票管理、提问与解答、话题讨论、教研活动管理、清空本学科页面缓存等
学科网站专题管理	创建专题、管理专题、候选专题等

5. 区域教研中心：人人、天天、点点，教研无极限。个人工作室以教师个人的影响力形成的信息网络，以学科、年级协作组形成的学科领域信息网络，以共同课题、共同研究方向的群组形成的信息网络，这三个网

络形成了独特的信息交换网络，纵横交织，进而形成了教研的生态发展系统，各自发展却又互相影响，突破了区域的限制，实现教研的均衡发展。

在个人空间和协作组的基础上可形成不同层次的区域教研中心，能够实现区域内各级教育门户的教研日志、资源的交流和共享，不仅是为某一地区所有教师教研文章提供展示的场所，而且提供了教师间互相学习和交流的空间，百家争鸣、百花齐放（如表5所示）。

表5　区域教研中心模块分类

模块名称	模块内容及功能
文章展示中心	文章分类、文章列表方式、最新发表、精华文章、推荐文章、文章访问排行、文章搜索、一周最热文章、一周评论最多文章、最新发表评论等
工作室展示中心	名师工作室、学科带头人工作室、教研员工作室、最新工作室、热门工作室、推荐工作室、区域/学校工作室、研修之星、工作室访问排行、工作室搜索等
协作组展示中心	提供推荐协作组、热门协作组、最新协作组、协作组列表等功能模块。协作组可分成学科协作群和区域/区县协作群。学科协作群是同一个学科的所有教师组成的以服务该学科教师教研为宗旨的网络群体，是学科教研的主要场地；区域/区县协作群是同一区域/区县的所有教师组成的以服务该区域/区县教师研修为宗旨的网络群体，是区域/区县教研的主要场地
教研相册中心	提供了一个教研图片的展示中心，可按照图片分类、图片排行、图片标签显示相关图片，同时提供图片播放器，支持图片自动播放
自定义标签中心	系统支持用户灵活自定义标签，同时提供标签云功能把所有标签全部提取出来进行集中展示。根据标签的自动检索功能，能够把和某个标签相关的用户/协作组/文章和资源全部罗列出来

续上表

模块名称	模块内容及功能
教研统计中心	提供网内各参与单位、各学科教师参与教学教研活动的统计数据，从而为区域性教研活动评价提供决策的基础管理数据。通过网上调查及数据分析技术收集各种应用信息、资源需求等，分析教师需求、教研发展动向。教研统计中心不仅能够反映全网的研修动态，网内各参与学科/参与单位的研修动态、还能统计出区域各个教师的研修数据，从而为教育管理人员提供决策依据
教研专题中心	为区域教师开展各类专题教研活动提供全面支持，包括专题导读、专题图片、专题文章、专题讨论、下期备选专题投票、提交候选专题等功能

6. 资源中心：教研驱动，创建本地化资源体系建设新模式。教研应用平台整合教育资源中心，以工作室、教师协作组的建设机制带动区内优秀教育资源的积累，构建一个动态生成的个人→协作组→学校→区域四级特色教育资源中心。在资源的建设上倡导"我为人人，人人为我"。教师既是资源的使用者，更是资源的建设者，资源的生成是动态的、持续不断的，从而得到具有实用意义的原创资源。

这种本地化资源体系建设模式具有两个方面的优势：一方面可以充分发挥教研部门专业引领与业务指导的优势，将资源建设、使用与教学研究紧密结合起来，加强资源应用与共享机制的研究和探索，建设具有本土特色的优质教育教学资源，满足一线教师对资源的多样化需求。另一方面，可以借助传统教研组织的力量，将教研活动与资源建设有机结合，以各种活动带动教师参与资源建设，为资源的动态生成创建常态途径。

应用平台支持资源管理应用平台和网络教研应用平台的互联互通，每个工作室都提供了资源共享和资源上传功能，教师可以将日常收集或原创的优秀教学资源按照既定的资源目录分类或自定义的资源分类将它们共享在个人的工作室里。同时系统提供了一个功能强大的元数据标准资源管理应用平台予以管理，从而形一个动态的、不断更新的本地资源库。

四、教研个性化服务应用的发展目标

（一）建立教学数据库，汇集优质教育资源，实现区域交流共享

1. 课程资源建设。教育个性化服务应用重视建立资源数据库，从资源类型、适用范围、获取方式、使用事项等方面加强资源管理。同时采取有效措施，鼓励教师、教研人员上传课程资源，尤其是素材性资源和原创性资料，如个人搜集整理的教育教学理论文章以及图片、音频、视频等学科教学资料。

2. 教研成果固化。教研个性化服务应用平台为教师个人、教研组、学校提供教研课题出版和优质网络课程出版服务，不仅实现了教研成果固化，还更有利于实现教育资源的分享与交流。

（二）推动师资均衡发展，促进教育公平

教育信息化充分发挥现代信息技术优势，注重信息技术与教育的全面深度融合，在促进教育公平和实现优质教育资源广泛共享、提高教育质量和建设学习型社会、推动教育理念变革和培养具有国际竞争力的创新人才等方面具有独特的重要作用，是实现我国教育现代化宏伟目标不可或缺的动力与支撑。

随着教育信息化的发展，网络教研已经成为引领教师专业成长的重要载体。网络教研是一种基于网络的新型教研工作方式，与原有面对面的教研组织形式相比，网络教研能较好地克服传统教研活动中时间和空间的限制，更便于加强教研员、教师之间的教学交流与研讨，更适应信息时代教研员、教师专业化发展的需要，能更加有效地引领教研员、师生参与教学改革与创新，构建起开放的、丰富的教学教研资源库，是创新教研形式，缩小城乡教育资源差异，实现教育均衡发展的有效途径。

五、结语

我国教育发展至今，国内大部分地区已经基本实现教育信息化，充分利用计算机多媒体、网络信息等技术，丰富教学手段、加快教育传播、强化教学方式，开始迈向教育现代化之路，而网络教研正是教育信息化迈向教育现代化的必然途径。网络教研是随网络应用的发展而生的一种系统的、崭新的教研模式，是传统教研方式或常规教研方式有益的补充。

网络教研应用平台旨在通过网络实现教研教学，成为传统教研教学工

作的有效补充和延伸，更重要的是通过教研活动的组织、对结果的追踪和评测发挥教研室学科教研的引领和带动作用，进一步推进教育科研、教学研究工作，创新教研方式，提高教科研工作质量和效率，更好地为教育改革和发展服务。

（执笔：陈科旭、郑燕、江金玲、李思琪；审稿：潘英伟）

广东省优质数字教育资源
建设策略研究

○广东音像教材出版社

摘　要：本文探讨在深化教育改革、加快教育信息化进程的时代背景下，省域优质数字教育内容资源建设的方法和手段。从内容资源建设的指导思想与目标、建设思路、内容资源形式、组织方式、市场开发等方面进行详细的阐述，提出广东省优质数字资源内容建设的具体策略。

关键词：数字教育　资源建设　策略研究

一、问题提出

《国家中长期教育改革和发展规划纲要（2010—2020 年)》中明确指出"加快教育信息化进程，……把教育信息化纳入国家信息化发展整体战略，……充分利用优质资源和先进技术，创新运行机制和管理模式，整合现有资源，构建先进、高效、实用的数字化教育基础设施"。① 《教育信息化十年发展规划（2011—2020 年)》（教技〔2012〕5 号）指出教育信息化应将"以促进义务教育均衡发展为重点，以建设、应用和共享优质数字教育资源为手段，促进每一所学校享有优质数字教育资源，提高教育教学

---

① 国家中长期教育改革和发展规划纲要（2010—2020 年）［EB/OL］．（2010 – 07 – 29）［2018 – 01 – 02］．http://www.gov.cn/jrzg/2010 – 07/29/content_1667143.htm.

质量"。①《中华人民共和国国民经济和社会发展第十三个五年规划纲要》将"教育信息化"列为"教育现代化"九大重点工程之一，另外"互联网＋"行动被列入"信息化"八大重点工程之一。②

《广东省教育发展"十三五"规划（2016—2020 年）》中也重点指出"加强教育信息化体制机制创新。……强化资源整合，建成国家、省、市、县和学校互联互通的教育资源公共服务平台。加快数字教育资源共建共享联盟建设，大力培育社会化资源服务市场，建立多元共建、开放共享的数字教育资源服务供给模式。分类推进数字教育资源开发和应用。"③

上述表明，"十三五"期间广东省教育信息化的发展基调将是"互联网＋"和"教育信息化"的协奏曲，发展重点是实现教育生态和资源的重构，在服务管理、资源、教学、教学模式和方法等方面实现信息技术与教育深度融合，发展智慧教育。

二、优质数字教育资源的内涵与界定

数字化学习是网络化时代学习的重要方式，数字教育资源的质量将直接影响学习者的学习质量。我国学者对数字教育资源的建设、优化、评价、共享和应用等方面进行了大量的研究，目前国内对数字化教育资源内容质量的认识逐渐由单纯判断内容本身优劣的客观标准发展到包含用户主观价值取向因素在内的多因素的集合。遗憾的是我国对数字教育资源内容质量的判定评价方面的研究较少，综合前人的研究及广东数字教育实践，笔者认为优质数字教育资源是基于课程内容、教学规律、教育理念与信息技术深度融合的基础上，能系统、持续、有效地提升学习效果和教学质量的资源。总的来说，应从教育性、科学性、时效性、技术性、应用性等角度进行衡量和保障，优质数字教育资源大致应具有以下几个特征：①内容

---

① 教育部关于印发《教育信息化十年发展规划（2011—2020 年）》的通知［EB/OL］．［2018 – 01 – 02］. http://old. moe. gov. cn//publicfiles/business/htmlfiles/moe/s5892/201203/133322. html.

② 中华人民共和国国民经济和社会发展第十三个五年规划纲要［EB/OL］.［2018 – 01 – 02］. http://www. npc. gov. cn/wxzl/gongbao/2016 – 07/08/content_1993756. htm.

③ 广东省教育厅. 广东省教育发展"十三五"规划（2016—2020 年）正式发布［EB/OL］.［2018 – 01 – 02］. http://zwgk. gd. gov. cn/006940116/201701/t20170109_689216. html.

正确、科学、健康，符合国家有关法律、法规和方针政策，能体现国家"立德树人"的教育宗旨；②符合教学要求和课程标准，符合学科规律和不同年龄阶段学生的认知规律，有助于教学目标的实现；③结构清晰、呈现生动、运行流畅，符合相关技术标准；④具有易用、兼容、开放的特点，教与学体验良好；⑤内容来源可信可靠，没有知识产权或版权问题；⑥具有时效性，能与时俱进，体现时代特色和要求。

三、资源建设目标

以"创新、协调、绿色、开放、共享"为指导思想，充分发挥教研和信息技术对教育改革和发展的支撑和引领作用，深化优质教育资源在教育教学过程中的常态化应用，开展互联网条件下新型教学模式和方法实践，推进广东省教育均衡发展和教育质量提高，形成教育资源应用、投入、建设的可持续发展机制；实现省级教育资源平台与国家级、地市级平台的互联互通，完善协同机制，形成教育资源公共服务体系建设的有效模式。以平台为载体，探索教育信息化环境下的现代教学模式，提升教育科研水平，促进教师专业化发展，实现课堂教学远程辐射，放大名校名师效应，扩大优质资源受众群体，体现教育均衡与开放。

广东省优质数字教育资源服务于教育管理人员、教育科研人员、教师、学生、家长和其他社会公众，提供基础教育、职业教育、高等教育、社会教育和师资培训等多种服务，也是一个资源整合、数据共享、应用汇集同时具有服务推送、线上线下一体化的综合应用服务系统。其核心内容之一是基础教育优质资源库，进而形成了省、市、县（市、区）、学校四级的资源建设体系，覆盖中小学各学科、通用的国家和省级课程信息化资源，用于教研和教师进修培训的资源，以及具有广东省特点的信息化教育教学资源。

四、资源建设原则

按照"统一规划、需求导向、分步实施、教研引领、协同推进"的整体原则分步骤分阶段实施。站在广东省全区教育综合改革和发展的高度，整体规划内容资源的体系架构、核心功能、建设任务、保障机制等，创设具有超前性、先导性和示范性的区域智慧教育信息化环境。同时遵循不求所有但求所用的理念，在统一规划和总体设计的基础上，坚持突出重点、合理配置、注重效益、由易到难、逐步到位的工作方法，充分利用已有资源和成果，有效整合外部资源，盘活存量、激活增量。目前核心工作是按学科、按学段、按学校有序建设基础教育阶段优质教育教学资源。

五、资源建设特点

目前我国地区数字教育资源公共服务平台建设方兴未艾，既有成功经验，也存在不少问题。主要表现在：缺乏顶层设计，"孤岛现象"严重；应用系统操作烦琐、使用率低、智能化程度不高；教育数据共享困难，管理负担重；数据采集有限，数据价值未能充分发挥；各教学资源系统之间缺乏整合，资源散乱等。

广东省优质数字教育资源建设应避免以上问题，在智慧教育理念的统领下，在技术上呈现如下特点：

（1）简单易用性：界面清晰明了，提供明确的功能提示和操作说明，用户容易上手，可以方便快捷地搜索到所需资源。

（2）安全稳定性：要确保数据传输和储存安全，避免用户信息泄露，设计容灾备份方案，降低与数据丢失相关的风险和影响。

（3）整合扩展性：结构设计符合相关标准并保留适当接口，可按需接入新的外部资源和应用系统，不会影响原有平台功能。

（4）动态交互性：需要保持资源动态更新和资源的多样性，同时具有较好的交互性，提供交流互动空间，以适应新的教研教改需求。

六、资源类别

资源建设应突出教育教学特色，带动教学模式和教学方法改革，提高互联网环境下课堂教学效率和质量，提升教师应用信息技术能力，以课程建设为重点，建立普及型多媒体教学资源。主要内容形式有课程教学资源、教师发展资源、教育科研资源、学校特色资源、专题特色资源、在线答疑资源等六种类型。

（1）课程教学资源。建设覆盖基础教育的国家级课程、地方课程、校本课程的完整的教学资源体系，全面支持教师备课、授课、反思、交流，具体包括：E－learning 标准体系的电子课本、教材分析、教学设计、课件、习题、课例、教学反思、点评、微课、资料包等元数据。

（2）教师发展资源。建设包括学科领域专家的专题讲座、经典案例、学术论文论著在内的引领教师专业发展的学习资源，一方面包括本地区及全国名特教师、未来教育家、学科带头人的体现新课程思想、理念、教学

示范、讲座、论文论著等示范性资源，另一方面包括政策法规、师德、教学基本功等在内的教师培训资源，此外还包括教育技术应用能力、学科小工具在内的教师教学研究工具及配套学习教程资源。

（3）教育科研资源。为全省教师提供一个科研成果宣传、普及、推广和转化的场所。一方面对全省基础教育已结题的教育科研成果进行汇集，包括开题报告、过程性资料、中期报告、结题报告、成果范例、论文论著等成果；另一方面包括教育科学研究基本理论与方法的专家讲座及国内外研究参考文献等相关资源，同时与广东省中小学数字图书馆资源进行无缝链接。

（4）学校特色资源。为全省中小学校提供的特色资源数字化展示空间，展示全省各级各类学校的特色文化，包括校园传统文化建设、办学特色、学生社团活动和体现社会主义核心价值体系的思想教育活动等资料。汇集学校的特色资源，形成各级各类学校宣传展示自己的舞台。

（5）专题特色资源。包括广东省基础教育的大型学术会议、教育教学专题交流活动、骨干教师专项培训、学科德育精品课程评选、优秀课例、获奖教育教学论文论著，以及相关教育政策法规等专题资源，积累和宣传广东省基础教育专项业务活动资源。

（6）在线答疑资源。组织全省学科教研员、优秀教师为中小学师生提供免费在线实时答疑，满足全省广大教师、学生、家长的需求，形成广东省最大的免费的教研教师在线答疑系统，充实课程资源体系。

七、资源建设策略

按照"标准、开放、协作、共建、共享"的资源建设要求，组织专家征集、审核、鉴定、评价资源内容，采用整合、汇聚、研发、引进、购买等多种形式逐步建设门类齐全、内容丰富、质量优良的数字教育资源。

（一）梳理挖掘现有资源

充分发挥教研引领的作用，分层次、分类别、分学科、分地区、分学段认真梳理现有优秀教学经验和成果，通过培育、总结、提升，储备固化优秀成果，使之成为平台建设中快速便捷的内容资源。

（二）整合开发相关资源

分步按计划自主开发完成部分系统性教育资源，同时通过教研带动、课题研究、竞赛评奖等多种手段，定向在基层中小学校、教师中征集优秀教学资源，此外还吸收、利用名校名师现有优质资源，扩大辐射效应，提升使用效果。

（三）兼容引进社会资源

目前社会上的教育资源极其丰富，平台将预留通道将社会优质教育资源无缝衔接在一起，实现统一认证管理，从而吸纳部分优质社会教育资源，创造更大的效益。

广东省优质数字教育资源应对资源实行多级别、多维度的分类管理：根据资源归属，对市、区、学校进行分层管理；根据资源属性，对视频、音频、动画、文档、图片等进行分类管理；根据资源类型，按学科、单元、知识点等进行分段管理。最终构建动态发展的省、市、县（区）、校，省级资源、市区级资源、校本资源、师本—生本资源四级一体的物理分散、逻辑集中的省级教育资源中心。

（四）以市场开发推动资源建设

要深入基层，了解各地区、各层级对优质教育资源的诉求，形成市场调研报告，根据市场实际需求不断调整运营推广策略。基础教育资源坚持公益性最大化的原则，与课程配套、与教学密切相关的资源由政府采购，免费提供给全省广大师生使用；部分拓展性资源可以按需定制，由使用者自主自愿购买。

资源开发要提供线上线下一体化的优质客户服务。教育资源应用线上网络活动还不能完全取代线下实践活动，要采取线上线下双线齐动的互联网思维，线下由教研引领，针对不同地区、不同层次的情况，提供整体教育服务解决方案，解决实际问题，取得切实效果。要借鉴商业平台推广方法，摸索适合自身特点的商业模式。以政府资金扶持为资源建设启动资金，探索利用虚拟货币等市场交易流程，通过资源交易体现资源价值，甄选优质资源，加速优质资源流通。逐步引导家长、学生需求，通过购买服务的方式，为整个内容资源建设提供持续发展能量。要吸收社会商业平台的宣传思路，精心设计相关活动，推广教育资源应用，促进资源应用与教育教学的融合。

（五）建立优质数字教育资源建设开发长效机制

综合义务教育阶段的特性和数字教育资源使用特点，建议由省级教育主管部门主导推动优质基础性数字教育资源的建设开发，在参与企业的准入制度、数字教材教辅的审定制度、数字教材教辅相关标准研制以及省级

数字教育资源研发基地和组织数字教育资源试点应用工作上发挥行政主导作用,有效推动教育改革和教育信息化进程,从而建立优质数字教育资源建设开发的长效机制。

(执笔:周畅;审稿:朱仲庆)

参考文献

[1] 寇海莲,万正刚,高铁刚.中小学教师对基础教育优质数字资源质量评价实证研究:基于198名评审专家的调查[J].中国电化教育,2014(10):70-77.

[2] 王志刚.优质数字教育资源:学与教变革的基础[J].中国电化教育,2014(11):7-9.

[3] 万力勇.数字化学习资源质量评价研究[J].现代教育技术,2013(1):45-49.

[4] 韩苏.教育资源平台建设问题的探究:教育资源效用性分析[J].教育与装备研究,2012(4):60-62.

[5] 张秀梅,张学波,杨青,谢淑音.区域教育信息化发展路径研究:以广东省云浮市为例[J].开放教育研究,2016(4):87-94.

[6] 张天扬.扩大中小学优质数字教育资源覆盖面的调查研究[J].黑龙江教育学院学报,2015(11):87-88.

[7] 杨现民.区域智慧教育综合服务平台建设及关键问题探讨[J].现代远程教育研究,2015(1):72-81.

广东省中小学课堂教学数字化资源建设与应用创新研究

○广东音像教材出版社

摘　要：本文从影响中小学课堂教学数字化资源建设的关键因素分析入手，结合实际探求中小学课堂教学数字资源的结构体系与应用场景，进而对广东省中小学课堂教学数字化资源建设提出建设性的思路和建议。

关键词：课堂教学　数字化资源建设　创新应用

《广东省教育发展"十三五"规划（2016—2020 年）》中提出"分类推进数字教育资源开发和应用。大力推动'专递课堂''同步课堂''名师课堂''名校网络课堂'等'四个课堂'建设，探索建立体系化的中小学数字课程体系"①。《广东省教育信息化发展"十三五"规划》对基础教育信息化提出："推进信息技术与国家课程、地方课程、校本课程的深度融合，拓展、丰富、深化课程的内涵和外延，将信息技术应用于课程的设计、实施、评价和管理的全过程，全面提高课程的信息化水平和学生的信息素养。"现阶段广东省信息化教育工作的重点就是基础教育信息化，以及中小学课堂教学数字化教育资源建设和规模应用。为此，近几年省政府引导的各级教育部门、教学服务机构和来自不同行业的教育服务公司均投入力量建设中小学数字化教育资源，在部分地区中数字教育资源与应用已初具规模，优质数字教育资源也逐渐丰富。比如，全省近 1 000 万名师生

① 广东省教育厅. 广东省教育发展"十三五"规划（2016—2020 年）正式发布 [EB/OL]. ［2018 – 01 – 02］. http://zwgk. gd. gov. cn/006940116/201701/t20170109_689216. html.

已开始通过"网络学习空间"探索网络条件下的教学、学习与教研模式。

但是，信息教育技术的迅猛发展和信息技术装备的日新月异，加大了信息技术与课堂教学深度融合产品的选型难度。首先，中小学课堂教学数字化资源建设与应用缺少统一标准，导致在全省范围内中小学数字化教育资源规模化应用难以统一部署。其次，广东各区域、城乡、校际之间信息化基础设施和师资水平不平衡，中小学课堂教学数字资源和应用需求差异较大，而各类教育服务公司又因自身利益的考量刻意使中小学数字资源或产品有差异，使得现有中小学课堂教学数字资源在应用方面存在着信息孤岛或重复建设等问题。同时，由于缺少中小学课堂教学数字化样板性资源，在教学实践中教师需要花费相当多的精力寻找和筛选数字化教学资源，从而影响了中小学数字化教育资源的规模化应用。本文试从中小学课堂教学数字资源的体系结构、终端设备选型、应用场景三个方面进行分析研究。

一、影响中小学课堂教学数字化建设和规模化应用的因素分析

1. 数字资源不系统，资源格式不统一。一方面，由于各地区或各学校的中小学课堂教学资源开发缺少教研部门的统筹规划，从学科教学内容看，数字资源的完整性和系统性不足。另一方面，各地教学条件不一、需求不一，而数字资源类型和应用软件五花八门，让人无所适从，从而制约了信息技术与课程的深度融合发展，同时也影响了优质课堂数字资源的规模化应用发展。

2. 管理意识不全面，管理方式不到位。数字资源建设既需要保护知识产权，又需要不断更新。如果只管数字资源的建设开发而不及时更新数字资源，那么数字资源很快就会被淘汰。如果课堂教学只停留在基本硬件建设（如购买一体机、多媒体讲台等）而忽视课堂教学应用软件的建设，则数字资源的作用与效果无法有效地显现。因此，数字资源的知识产权保护、数字资源的更新、课堂应用软件的选型开发等需要进行全面精细化管理。

3. 课堂教学中规模化应用平板电脑存在相当大的阻力。数字资源的使用离不开终端设备的投入。从已开展了"四个课堂"教学实践的学校来看，绝大多数学校的实验班普遍采用了平板电脑教学，但家长们普遍担心孩子如果长期看屏幕会对视力造成较大伤害，所以来自家长的阻力相当大。从传统学习习惯看，打字输入会严重弱化学生的书写能力。另外，现

有的网络基础条件无法支撑一所学校所有班级同时使用平板电脑开展教学，且成本较高，这也是制约数字资源规模化应用的主要因素。

4. 信息技术提供者往往使应用软件和资源封闭化。不同教育信息技术供应商提供的应用软件功能各不相同，配套的数字资源只适用对应的平台软件。供应商因保护自身利益而导致数字资源封闭化，阻碍了中小学数字资源建设的规模化发展，也不利于数字资源的创新发展。

5. 数字化资源建设和学生用终端设备缺少专项资金支持。目前各地市或学校对纸质教材教辅有专项资金安排，但缺少数字资源专项采购资金的安排。教师在教学中不得不花费大量时间从互联网上寻找免费的课程数字资源，而这些数字资源往往质量不佳。另外，由于专项经费有限，部分开展信息化教学试点的义务教育阶段的学校不得不让家长为孩子购买终端设备。

二、中小学课堂教学需要的数字资源的体系结构分析

众所周知，常用的数字教学资源有教学素材、教学课件、网络课程、教育游戏、专题学习网站、数字教材、数字图书、虚拟仿真等。中小学课堂教学中如何更加有效地使用不同的数字资源值得反思。中小学课堂教学数字化资源建设可从四个视角考虑：学习者为主体的智慧学习、教学者为主体的智慧教学、开发者视角的智慧教育资源与技术环境、管理者视角的数字资源应用与推广，尽可能地使这四个角度的考量能够有机地融合于一体。

1. 从以学生为主体的智慧学习角度设计开发数字资源。由于学生在学习方法和态度上存在着差异，每一个学生在"课前、课中和课后"各学习阶段的学习效果都不同，中小学课堂教学数字资源需对常见问题提供相应的教学方案设计。例如，在课前环节让基础或学习态度不同的学生做同一套教学测试题，会出现可预见的多种不同结果，从而在开发之时就应当基于可预见的结果提供相应的数字资源的学习方案，给教师的课堂教学提供抓手；在课中环节使用高效的教学互动工具和软件，实时反馈学生的知识掌握程度，帮助教师实现精准点评；在课后环节，基于课堂数据实时统计，对未完成课堂教学目标的部分学生分层布置个性化、数字化教学内容或练习的推送方案。

2. 从以教师为主体的智慧教学角度设计开发数字资源。对教师而言，课堂数字资源需要与课程教学计划安排的课时数相匹配。这就要求数字化

教学资源在开发设计之初要结合教学实际需要，严格按教学大纲规定的课时数来设计。从教师智慧教学需求看，数字资源既要易用又要有区分度，即数字资源应包含基础知识、重点难点、拓展提高等，以满足教师在课堂教学中根据班级学生的实际情况灵活地调整教学策略。

3. 从开发者视角的智慧教育与技术环境角度开发数字资源。对开发者而言，需设计开发易于操作的工具和软件协助教师或学生高效地使用数字资源。第一，从技术上确保纸质资源与数字资源的一致性问题，也就是说学生手中的纸质资源需与静态的数字资源完全一致，以避免学生有无所适从之感；第二，从技术上可以同步采集学生的学习过程数据，以支持教师在课堂上及时高效地调整教学策略；第三，从技术上确保智慧课堂数据的存储，以支持后台统计系统对教学效果的智能评价。

4. 从教育管理者视角的数字资源应用与推广角度开发数字资源。对教育管理者而言，课堂数字资源需丰富多样，层次分明，便于城镇、山区和沿海等不同条件的学校找到所需资源。由于学校层次不同，教师的教学方法不同，学生基础不同，教育管理者应在资源的收集整理阶段就确定资源来源地，为使用者提供资源检索，从而构建满足不同需求的课堂教学数字资源。因此，课堂教学必须以课程大纲为准绳，以资源提供者为索引，建立简单的资源分类和分层标准，充分调动发挥教师的主观能动性。

三、课堂教学数字资源在不同软硬件配套教学环境下开展信息化教学的应用场景分析

1. 应用投影仪或一体机（多媒体教室）等开展课堂教学的单机版数字课堂教学数字资源应用场景分析。这是全省最通用的信息化教学场景，普及率达82%。由于教室内多种信息化教学设备主要是供教师使用，教师主要是从以教学者为主体的角度，在中小学课堂教学数字化资源中寻找丰富的教学资源与信息，通过投影仪和一体机等多媒体手段向学生展示，以提升教学效果。

2. 局域网环境（计算机教室）课堂教学数字资源应用场景分析。以教室局域网为基础连接教师终端与学生终端的信息化教学场景，为课堂教学开展师生互动提供了便利。在这种场景下的教学将从教学者和学习者两个不同的角度使用中小学课堂教学数字资源。受硬件配置率和硬件维护费用等方面的影响，通过这种场景应用中小学课堂教学数字化资源开展教学的比例较小。

3．基于平板电脑移动网络环境的课堂教学数字资源建设与应用场景设计。中小学课堂教学数字资源内嵌于平板电脑，通过无限 Wi–Fi 将师生的设备互联互通，让师生通过开发者提供的技术环境实现教学互动，让教师实时了解学生的学习效果，及时调节教学进度，以达到高效课堂的目的。受硬件采购成本和网络带宽限制，大多数学校仅少数教师与学生可在此环境下应用中小学课堂教学数字资源。

4．介于多媒体教室与移动终端设备之间的纸笔同频互动课堂应用场景分析。这是一种由科大讯飞的解铃纸笔智慧课堂、北京拓思德科技有限公司的纸笔书写数字化系统和广东音像教材出版社的纸笔同频互动课堂等新构建的信息化教学场景。教师电脑通过互联网使用中小学课堂教学数字资源，教师电脑以虚拟 Wi–Fi 与学生的纸笔同频互动设备连接，教师将中小学课堂教学数字资源通过多媒体等设备展示给学生，学生以传统纸笔学习的效果通过纸笔同频互动设备传送到教师电脑，从而实现另一种方式的互动。教师对学生上传的原始笔迹分类管理，方便教学管理者建立管理档案，构建教学者角色为主体的数字资源。

四、中小学课堂教学数字资源规模化应用的建议

1．按照"全省一盘棋、教育整体性、区域一体化"的原则，统筹规划和整体设计中小学课堂教学数字化资源建设，从课堂教学的角度建立统一的标准，对中小学课堂数字化资源进行分类和描述，学习者能更方便地检索与应用中小学课堂教学数字化资源，同时为不同资源的系统互通和共享提供基础支持。

2．出台鼓励教师应用和开发中小学课堂教学新数字资源的政策。建议政府部门出台学校采购中小学课堂教学数字资源的资金和采购政策，鼓励各地市区、县教育部门开发区县级或校本级的数字教辅资源，从而形成数字资源开发与应用的百花齐放新局面。

3．出台硬件设备租售结合的政策，以保障基层学校信息化教学设备的使用率。为教师应用中小学课堂教学数字资源提供保障，鼓励既保护学生身心健康又能保持中国传统书写文化的信息化设备用于课堂教学，确保家长对基层学校课堂开展信息化教学的支持。

（执笔：刘胜；审稿：朱仲庆）

广东教育蓝皮书
BLUE BOOK OF GUANGDONG EDUCATION

广东教育改革发展
研究报告

2018

教育改革个案研究

以课堂教学改革推动教育内涵式发展

—— 始兴县课堂教学改革的做法与经验

○韶关市始兴县教育局

摘　要：本文介绍了广东省教育研究院教育科学发展实验区成立以来的四年时间里始兴县课堂教学改革的进程，包括课堂教学改革目的、框架与内容，总结采取的措施与主要办法、主要成效与基本经验，分析存在的主要问题并提出提升课堂教学改革的前进方向。

关键词：课堂教学改革　策略与路径　绩效与问题　对策与建议

　　始兴县位于广东省北部，素有"粤北粮仓""南岭明珠""最美小城"的美誉，是盛唐名相张九龄、明朝户部尚书谭大初、抗日名将张发奎和破解庞加莱猜想的著名数学家朱熹平的故乡。全县总面积 2 174 平方千米，辖 9 镇 1 乡。目前全县中小学有 21 所，教学点 31 个，在职教职工 2 435 人，中小学生 28 571 人。近年来，始兴县始终坚持教育优先发展战略，持续加大教育投入，改善办学条件，不断深化教育改革，教育事业呈现良好的发展势头。2013 年 2 月被广东省教育厅授予"广东省教育强县"称号，2014 年底实现了教育强镇 100% 覆盖的目标；2015 年 3 月，始兴县被国务院教育督导委员会认定为"全国义务教育发展基本均衡县"，成为韶关市首个通过国家认定的县（市、区）。

　　为了应对基础教育改革发展面临的新挑战，适应广东教育"创强争先建高地"发展的新趋势，破解教育改革发展的新瓶颈，2014 年 3 月，始兴县人民政府和广东省教育研究院签订协议，成立"广东省教育研究院教育科学发展实验区"。在实验区建设的过程中，始兴县旗帜鲜明地在全县推进课堂教学改革，构建自主高效课堂，将提高课堂教学质量作为深入推进课程改革的着力点，取得了初步成效。

一、推进课堂教学改革的背景分析

（一）落实国家教育改革发展的需要

《国家中长期教育改革和发展规划纲要（2010—2020 年）》（以下简称《纲要》）指出："我国教育还不完全适应国家经济社会发展和人民群众接受良好教育的要求。教育观念相对落后，内容方法比较陈旧，中小学课业负担过重，素质教育推进困难；学生适应社会和就业创业能力不强，创新型、实用型、复合型人才紧缺。"《纲要》提出要把改革创新作为教育发展的强大动力，坚持德育为先，坚持能力为重，坚持全面发展，创新人才培养模式，"倡导启发式、探究式、讨论式、参与式教学，帮助学生学会学习。激发学生的好奇心，培养学生的兴趣爱好，营造独立思考、自由探索、勇于创新的良好环境。"[①] 国家教育改革发展需要我们大力开展课堂教学改革，为社会主义建设培养各种人才。

（二）创建广东教育高地的需要

2011 年 3 月，为了加快广东教育现代化进程，服务国家策略和广东科技发展，省政府与教育部签署《关于共同推进教育体制综合改革的协议》。2012 年 5 月，广东省第十一次党代会明确要求："深化教育改革，促进教育公平，创建教育强省，争当教育现代化先进区，打造南方教育高地，走出一条具有广东特色的教育发展路子。"充分彰显了省委、省政府立足省情，从经济社会发展和现代化建设策略出发，深化教育综合改革、推动教育科学发展的坚强决心，完全确立了"创强争先建高地"的策略。经过多年的艰苦努力，始兴县教育发展水平持续提升，教育综合实力明显增强，教育公平更加彰显，教育保障更加全面，为"创强争先建高地"奠定了一定的基础。但我们清醒地认识到，始兴县教育发展水平与经济发达地区相比差距还比较大，需要不断开展课堂教学改革，为创建广东教育高地贡献始兴县的力量。

（三）突破教育发展瓶颈，促进教育内涵式发展的需要

始兴县经济发展整体水平不高，在广东省欠发达地区中具有很强的代

---

① 国家中长期教育改革和发展规划纲要（2010—2020 年）[EB/OL].[2018 - 01 - 02]. http://www.gov.cn/jrzg/2010 - 07/29/content_1667143.htm.

表性，教育也面临与诸多欠发达地区教育发展类似的瓶颈性问题，如人民群众对教育的满意度不高，部分优质师资、优质生源外流。始兴县中小学总体上特色不鲜明、亮点不多，教育教学质量与教育发达地区相比还有很大的差距，仍未打造出有较大影响力的省市级名校，以及有较高知名度的省市级名校长、名教师。办人民满意的教育，是政府对人民的庄严承诺，也是教育改革的根本出发点和落脚点。办人民满意的教育着力点在于提高教学质量，落脚点在于人才培养。这一目标迫切需要大力推进课堂教学改革。

二、推进课堂教学改革的主要措施

（一）加强领导，凝聚力量，整体规划

1. 顶层设计，前瞻规划。为落实课程改革，推进课堂教学改革，2013年，始兴县教育局出台了《关于推进中小学"高效课堂"建设实施方案》《始兴县中小学教学督导评估制度》《始兴县中小学课堂教学评估方案》等一系列文件，组建了以教育局主要领导为组长的课堂教学改革领导小组，小组在课改中始终发挥着强有力的领导作用，加强课改的宏观管理和督导检查力度，确保课改工作的顺利实施和向纵深推进。始兴县将课堂教学改革作为一项长期的任务，采用分阶段螺旋式推进的策略：以三年为一周期，包括三个阶段，一是启动实验阶段，确定实验学校，制定学科指导意见，选点突破；二是全面推进阶段，全面深入推进，逐步构建多样化的中小学教学模式；三是总结表彰阶段，建立推进课堂教学改革的有效机制，总结研究成果，推广成功经验，初步形成一批课堂教学改革的品牌学校。

2. 考核管理，提升绩效。教育局每学年上半年组织一次大规模的课堂教学视导，由教研员、学校教学管理人员、学科带头人担任视导员，将课堂教学改革纳入视导的重要内容之中，从贯彻新课程理念、改革课堂教学模式、突出学生主体作用等方面进行评估，同时计算出每所学校课堂教学评估的优良率。每视导一所学校，都认真组织召开反馈会，对视导过程中存在的问题及时指导，对好的经验及时总结推介，并将视导情况通过简报的形式发给学校，以便及时调控、整改。每学年下半年进行一次课堂教学考核，将考核情况在全县中小学教学工作会议上通报。将课堂教学改革工作纳入校长任期考核、学校工作年度考核、教师的绩效考核、人才考核之中，并逐年增加考核权重。通过这些措施，促使学校逐步形成自主合作、共同探究、民主平等、和谐融洽、达成目标、学有所得的高效课堂，

确保了课堂教学的核心地位，不断推动学校进行课堂教学改革。

3. 服务指导，引领实践。始兴县教育局教研室认真履行研究、指导、管理和服务的职能，在课改过程中起到了重要作用。教研室适应当前课堂教学改革的要求，在教研重心下移的过程中努力调整自身定位，在充分发挥"专业引领"角色的同时，领导学校的课堂教学改革。教研员主要从以下几个方面发挥了专业引领者的作用：努力钻研和解读课程理论及课程标准；主动研究教材和教法，引导全县教师在课堂教学中大胆实验与探索；积极推进学校教研组建设，定期组织跨校联动教研，引导学校教研组开展校本教研活动；采取多种形式的教研活动，组织教学展示、教学评比和公开课，深入学校听课、评课，与全县教师一起探讨新课程实施中的困惑，攻坚克难。2017年，始兴县教育局教研室深入学校听课超过1 200余节次，举行各种形式的学科座谈会、研讨会超过60场，调研反馈会23场。

4. 点面结合，逐层提升课堂教学效能。始兴县以"课堂教学改革现场观摩活动"和"课堂教学改革经验交流会"为抓手，倾力打造课堂教学改革榜样学校，充分发挥榜样学校的辐射作用，带动全县整体推进。两年来，高峰小学、墨江中学、城南中学、顿岗中学、马市中学、顿岗中心小学、沈所中心小学分别承办了课堂教学改革现场观摩活动。同时，每年召开中小学课堂教学改革经验交流会，全县各中小学围绕课程改革措施、模式构建、存在问题、改革设想等几个方面深入交流，达到学校之间交流思想和思维碰撞的目的。

（二）专家引领教改，打造高素质教师队伍

实验区本着"高层设计、高级研修、高端发展"的目标，以搭建教师专业发展高端平台为抓手，不断创新教师培训模式，全面建设高素质专业化教育人才队伍，打造名校长、名教师，校长的课程改革领导力和教师的课程改革执行力得到显著提高。一是省教育研究院选派高水平专家组成导师团，同时发挥省督学的作用，以课题研究为依托，采用理论学习、专家讲座、实践锻炼、走访考察等形式开展高端培训，提高始兴县教育行政管理干部的教育管理能力、业务工作素质和教研员的教研管理水平、学科建设能力、专业素养，以及校长的办学能力、教育理念、教学科研水平，推进优质化、多元化、特色化现代学校建设。二是培养学科名师。省教育研究院选派省名师组成导师团，对始兴县名师培养对象开展教学指导、教研指导，提升他们的专业素养、教学水平和科研能力，培育素质过硬、水平一流的名师团队。三是建立了培训基地，创新队伍培养模式。选定一批省

名校作为培训基地，建立长期跟岗培训机制，采取"派出去培训、请进来指导"的方式，有计划地派出校长、骨干教师开展学习跟岗工作。

（三）因校制宜，逐步形成课堂教学模式

1. 因校制宜，探索模式。课堂教学改革的主阵地在课堂，最终要回归到通过教学模式的创新，实现课堂教学结构的最优化，实现课堂教学的高效益。始兴县各中小学在探索课堂教学改革研究的基础上，紧紧围绕构建符合新课程理念的教学模式这条主线，植根于不同学校的土壤，充分发挥学校和教师作为改革主体的作用，彰显学校自主发展的要求，并采取符合学校自身实际的切实可行的教学改革举措，自主、分类、分步推进建模工作，将建构新型教学模式作为学校的重点工作和关键环节。

2. 研究引领，区域推动。在始兴县各所学校教学模式建设的高潮中，更多地呈现出研究引领、区域推动的特点。研究引领指教研部门在学校教学模式建设中发挥引领作用，以现代教学理论、认知心理学以及教育建模理论等研究成果指导和规范建模活动。教研部门深入参与到学校的教学模式建设中，强化教学模式的科学性、创新性和时效性，避免学校教学模式掉进盲目跟风、胡乱拼凑式建模的泥潭中。县教育局每年通过课堂教学视导评选出理论基础牢、实践效果好的课堂教学模式进行表彰，大规模地开展优秀教学模式的推广与运用活动。关于区域推进教学建模的认识，强调要注意五点：第一，要注意甄别教学建模假设的真伪；第二，要慎防教学建模的虚热；第三，要慎防学模用模扼杀教学个性化；第四，要明确教学建模的目标在于建设新型教学文化；第五，要正确处理区域教学建模"自上而下"和"自下而上"两种推进方式的关系。

3. 共同理念，多元探索。始兴县的课堂教学改革、教学模式的建设应该呈现怎样的形态呢？必须处理好以下几对关系：顶层设计与基层实践的关系，重点实验与全面推进的关系，管理指导和自主探究的关系。课堂教学改革不能采取一刀切的办法，倡导百花齐放、百家争鸣的改革形态。根据这一定位，通过始兴县教研室领衔的学科教学改革和校长领衔的学校教学改革两种途径，形成纵横贯通、上下对接的教学改革生态。

始兴县在探索教学模式构建的过程中，逐步形成了统一的基本思想，那就是"学生始终是整个课堂中认识和发展的主体"。通过致力于教师教学方式和学生学习方式的改变，倡导自主、合作、探究的新型学习方式，正视学生的不同需求和学习差异，注重学生主体参与，关注学生的兴趣、动机、情感与态度，突出学生思维开发和能力培养，最终实现让学生都能

"学会思考，学会学习，学会发展"的目的。

尽管始兴县各学校的教学模式的教学流程、侧重点各有不同，但它们的核心思想、基本思路和主要操作手段却是一脉相承的。一是体现"自主学习"，以学生作为学习的主体，通过学生独立分析、探索、实践、质疑、创造等方法来实现教学目标。二是体现"小组合作"，就是在学习小组内开展合作学习，发挥各成员之间互帮互助、相互促进的作用，发挥小组内学生的自主管理能力，以小组为单位开展集体评价，形成"组内合作、组间竞争"的局面，从而实现共同发展和进步。三是体现"探究学习"，要让学生主动地思考问题和解决问题，并在问题解决过程中自主建构知识，从而培养学生的学习能力。四是体现"学案导学"，以学案为载体，实现从教师的"教"转向学生的"学"，让学生的主动学习得到落实。五是体现"少教多学"，就是要摒弃"满堂灌、满堂讲"的现象，让学生有更多的自主学习和探究的时间。六是体现"先学后教"，让学生先尝试去学习，在学生学习经历和体验的基础上，由教师引导学生一起建构新知识，并让学生的自主学习能力得到发展。

（四）形成"过程性"课堂教学评价

课堂教学改革，不仅要从教学行为方式和学习方式上进行变革，而且还要从教学评价方式上进行创新。课改十分强调教学过程和学习过程的价值性，尤其是强调在课堂教学中对学生学习行为评价和关注的价值性。多年来，我们一直在实践和探索着这一教学过程性评价方式，并形成了一个较为科学和全面的课堂教学评价标准。课堂教学评价主要从学生的学和教师的教两个层面上来进行，其中又更加重视学生的学习评价。

1. 在学生的学方面，从以下四个"度"上来把握：一是学生学习的参与度，观察学生是否全员参与，学生的精神是否饱满、思维是否活跃、参与是否主动、参与度是否大；二是学生的思维度，观察学生思考的深度和广度如何，学生是否具有问题意识，善于发现问题、提出问题、勇于发表自己的见解；三是独立思考和合作交流度，课堂上学生是否能做到独立思考与合作交流相结合，合作交流应在独立思考的基础上进行，要区别不同的问题，把握好两者之间的度；四是目标达成度，纵观整堂课，应形成一个接纳、宽容、支持的课堂，师生能够分享彼此的情感、体验与观念，从而达成共识、共享和共进，此外还要通过观察、检测等途径充分了解学生在认知、探究和体验等环节中的目标达成度。

2. 在教师的教方面，主要从六个方面来把握：一是教学思想，要以

学生为本，以学生为主体，让学生有更多的自主思考的空间和自主学习的时间，面向全体，关注每一个学生特别是学困生，要给学生更多的学习信心和表现机会；二是教学目标，要符合新课程的理念和要求，体现知识与技能、过程与方法、情感态度与价值观，致力于提升学生的学习力、领悟力和创造力；三是教学内容，要求教师严格按照新课标备课和上课，有课堂知识预设和生成问题的妥善处理，与学生生活以及现代社会和科技发展紧密联系；四是教学能力与策略，关注教师的组织能力、调控能力、应变能力和导学能力；五是教学手段，要恰到好处地运用现代教育技术手段进行辅助性教学，使现代教育技术与学科教学深度融合；六是教学反馈与评价，学生学习情况的反馈与评价主要包括六个方面，即进入学习状态、专心学习情况、提出问题情况、回答问题情况、合作探究情况和作业完成情况。

三、课堂教学改革的成就与经验

（一）课堂教学模式实验落地结果，课堂教学改革初见成效

众所周知，课堂教学是学校教育的主渠道，人们长期以来呼吁的素质教育不能停留在口头或文件上，而要落实到课堂教学当中。在此关键环节上，始兴县已经取得了初步的突破，全县九镇一乡的21所中小学都积极投入到这场轰轰烈烈的课堂教学改革中，提出了独具特色的办学思想和教育理念，而且打造出了适合学生全面发展的"高效课堂"教学模式。

墨江中学以"导学案＋小组合作"模式，提出前置学习、小组合作、交流展示和评价激励四大课堂流程，进行了变教法、变学法、变管理的"三大转变"，打造以教师为主导、学生为主体、训练为主线的高效课堂。

始兴中学的"问题导学"教学模式遵循"以人为本，着眼于成"的理念，关注学生的学习心理个性，以问题为导向，以小组合作为主要学习方式，建立课本、学生、师生多向对话机制，激发学生探究热情，开启学生潜在天赋，让学生展现多彩自我。"问题导学"有三个基本环节，即"课前自主预习—课堂互助学习—课后巩固练习"，其中又具体细化为"检查预习、问题导学、小组探究、展示释疑、当堂检测"五个步骤。

逸夫小学在充分研究学校的校情和学情基础上，从"自学质疑、对学帮扶、群学探究、展学交流、评学拓展"五个方面提出了以"导学案"为依托的"5S智慧导学、多元发展"课堂教学模式，达到人人参与，体验成功，双向聚焦，凸显高效，让课堂教学真正从知识走向能力，再走向核心

素养。

顿岗中学经过多年对课程及教学的探究，构建了以"导学案为载体、小组合作为抓手、多媒体教学为辅助"，追求"精、细、活"为目标的"三步六环"的课堂教学模式。该校通过集体备课与个人备课相结合的方式优化导学案的设计，学生在导学案的指引下有序地进行自学，大胆地进行探索。

城南中学以"礼乐教育"为核心，把课堂教学与教科研结合起来，努力体现"一体六环教学法"的要素特征，让每位教师在课堂中施展个性特长，形成个人的教学风格，有效地提高课堂教学效果。

城南衍屏小学秉承"衍屏精神"，推出了"四环三导"的课堂改革教学模式，教师在课堂中强化"学、展、点、练"四环节，把握学生自学、对学、群学，并在展示学习成果和拓展训练时加以指导。

目前，始兴县正努力以高效的课堂教学模式或流程，进一步深化在新阶段、新形势下的课程改革，一大批教师在课堂教学改革中得到锻炼成长，并且逐渐成熟，各校课堂教学改革成绩喜人。

（二）教师观念全面更新，教学和探究能力整体提升

近年来经过现代课程理念与改革实践的洗礼，始兴县的校长和教师大多数摆脱了传统的教育观念，树立了"学生是学习主体"的教育理念，在教学实践中坚持"学生应该对自身的学习负责"的原则，积极引导学生自主学习、合作学习，激发学生的学习兴趣和学习动力。2014年以来，始兴县中小学逐渐在课堂教学中实现了四个转变：教师由讲授者变为学生学习的指导者、组织者，学生由接受者变为主动学习的主体，媒体由演示工具变为学生的认识工具，教学过程由传统的逻辑分析讲授转变为学生发现问题、探究问题的意义建构过程。

经过现代课程理论与创新案例的各类培训，加上教师的自我反思和同伴互助，特别是通过课题研究和校本教研，始兴县教师的基本素质和教学能力有了显著的提升，并展现出较强的处理问题能力和研究能力。部分教师正在迈向专家型教师和学者型教师的行列，并逐渐成长为教学能手、学科带头人、名师、名师工作室主持人。目前，始兴县一共有市级学科带头人23人，县级学科带头人58人，市名师和教学能手18人，建立了1个省级工作室，5个市级名师工作室，13个县级名师工作室。

从2014年至2017年中小学课堂教学视导的统计来看，课堂教学优良率、合格率逐年提高（如表1所示），充分说明通过课堂教学改革的实践，

教师们的课程意识、学科素养、教研能力，以及课貌、课质、课效得到明显提升。

表 1　始兴县中小学课堂教学视导统计

时间	等级						
	优/个	良/个	合格/个	待合格/个	小计/个	合格率/%	优良率/%
2014 年	52	115	113	14	294	95.2	56.8
2015 年	45	185	156	3	389	99.2	59.1
2016 年	66	221	176	3	466	99.4	61.6
2017 年	69	239	143	2	453	99.6	68.0

（三）教育科研质量显著提升，科研与教学形成良好互动

始兴县广大教师积极探索、勇于创新，着力探讨在新课程改革中遇到的实际问题，致力提高学校教育教学的质量，多年来取得了可喜的成绩，形成了一批研究成果，促进了教师队伍建设。三年来始兴县一共有 194 项教改实验课题获得立项，其中国家级 1 项、省级 25 项（3 项省重点课题）、市级 65 项、县级 103 项，在立项的等级和数量上都较以往有较大幅度的提高；有 23 人次教学论文获国家级奖励，130 人次获省级奖励，156 人次获市级奖励；有 21 人次教学设计获国家级奖励，34 人次获省级奖励，172 人次获市级奖励；在 2016 年"一师一优课、一课一名师"评选活动中，始兴县有 8 节展示课被评为"部级优课"，有 13 节展示课被评为"省级优课"，有 36 节展示课被评为"市级优课"，在韶关市各县区排名前列；2017 年墨江中学物理科组被评为"广东省示范教研组"。全县中小学已形成以教育科研引领课堂教学改革的良好氛围与良性循环局面，科研与教学形成了良好互动。

（四）打造高效课堂，促进教学质量稳步提升

始兴县中小学秉承面向全体、分层教学方针，注重学生身心健康发展，以打造"高效课堂"为抓手，教学质量得到快速提升。近三年来，高考成绩实现连续三年大幅攀升，增幅一直位于全市前列，不断创造始兴县高考历史新纪录，并且已跻身全市教学质量前三位。始兴中学连续三年被评为"韶关市高中教学质量优秀单位"，并先后获得"广东省普通高中教

学水平优秀学校""广东省德育示范学校""广东省安全文明校园""广东省'书香岭南'书香校园""韶关市教育改革先进单位"等荣誉称号。风度中学也在 2016 年被评为"韶关市高中教学质量优秀单位"。课程改革的深入推进，使义务教育阶段的教育教学质量得以明显提高，小学、初中的教学质量保持在全市前列。

四、课堂教学存在的主要问题

始兴县课堂教学改革在取得丰硕成果与诸多经验的同时，也遇到不少困难和问题。

（一）课堂教学改革整体推进力度不均衡

一部分学校虽有课堂教学改革的方案、计划，但学校推进课堂教学改革的力度不大；学校课改管理虽然有制度和措施，但落实不到位；学校课改理念虽有倡导和要求，但没有学校层面的集体攻关和研究，还没有在学校层面大面积掀起课改的浪潮，学校课改决心不大。从课堂教学视导的情况来看，山区学校课堂的优良率不高，优秀课所占的比例还是偏低。说明山区学校课堂的有效性仍是必须重点关注的问题。

（二）新课程理念理解和改革仍需拓展深化

一些教师对于为什么要进行课堂教学改革以及学生核心素养发展等问题的认识仍然不够深入，因此出现一些教师盲目跟从、走形式的现象。传统教学方式方法在一些学校的课堂教学中依然占据主流。教师改革的积极性没有从根本上被激发，对新课程提倡的新教学理念在课堂上得不到很好的贯彻，公开课热闹非凡而常态课又回到满堂灌的现象普遍存在。

（三）教师专业水平和课堂操控能力有待进一步提升

虽然课堂教学改革已取得进展，但仍有许多地方需要探索、有许多细节需要完善、有许多经验需要提炼。一是学生的展示不充分，主要表现为有的展示问题价值低，有的展示形式单调，有的展示随意性大，真正展示的学生少。二是教师点拨拓展不力，有的抓不住学生问题的闪光点，有的该点拨时不点拨，有的该拓展时不会拓展，有的解决不了学生提出的问题，教师的导学作用没有得到真正发挥。三是课堂开放存在"伪开放"，主要表现在有的课堂教师仍然讲得多，教师不能真正成为学生学习的组织者、合作者、引导者。

五、深化课堂教学改革的对策与建议

（一）加强培训，深入实施新课程

1. 举办专家讲座，实现名师专家引领。以广东省教育研究院教育科学发展实验区为依托，邀请专家把脉始兴县新课程改革，分别在教师观、学生观、教材观、评价观、新课程教学方法等方面举办系列主题讲座，实现名师专家引领，根本转变教育教学理念，强化始兴县中小学教师对新课程理念的深入理解，提高专业素养，巩固扩大课堂教学改革成果。

2. 举办课例研讨培训，实现典型课例引领。典型课例范式引领是教师专业成长的捷径，要继续开展好"名师大讲堂"活动和举办有关新课程改革成功案例的公开课、观摩课研讨活动，充分发挥名教师引领和榜样示范带动作用，转变教师观念，迅速掌握新课程教学的技能与方法。

（二）推进课堂教学建模，促进教与学方式深度转变

首先，始兴县教育局教研室将重点深入课堂教学改革比较薄弱的学校，与学校共同研讨课堂教学建模，开展课标研读、课例研究、主题教研活动，强化教师对教学模式构建的理性认识，指导教师把握教学模式的核心要素和关键抓手。其次，要组织开展多形式的以"课堂教学模式探索"为主题的区域教研活动或主题论坛活动，通过对不同范式、不同特色课堂教学模式实践的梳理总结和概括提升，引领广大教师在交流碰撞中领悟课堂教学模式改革的真谛，在经验反思中追寻自己的教学模式。

（三）加大教科研支持力度，强化教学经验提升和推广

教研和科研的效果是潜移默化的，离开教科研的基础谈课堂教学改革无异于建造空中楼阁。始兴县将继续加大对教师研究的支持力度，一方面增加对科研课题的经费支持，加强对课题申报和实施的指导和管理；另一方面在《始兴科研》、始兴教育信息网上开辟专栏，刊登教师随笔和教学反思，提高教师日常探究的积极性。加强对优秀教学经验的总结和提升指导，并做好优秀课堂实践的实验和推广。

基础教育课程改革是一项需要耐心、细心和恒心的工作，始兴县将秉持求真务实的精神，摸着石头过河，既有效地学习借鉴教育发达地区的经验，又立足于自身实际，边改革、边总结、边提升，凸显本质，走向常态。

（执笔：涂立龙、郑建斌；审稿：曾令鹏）

全面开展中小学课堂改革，促进现代化学校实验区建设

——中山市南头镇推进课堂教学改革的实践探索

○南头镇教育事务指导中心

摘　要：深化课堂教学改革，是教育特色发展、内涵发展的必由之路，是师生更好更快成长的必然选择。中山市南头镇着眼建设现代化学校打造教育名镇的目标，教育综合改革步伐不断加快，课堂教学改革不断深化，取得了阶段性成果，不仅促进了南头镇教育质量整体提高，也为南头镇推进教育综合改革开辟了新路。

关键词：课程　课堂　教学改革　实践　探索

南头镇现有公办中小学校 5 所，包括 1 所初中和 4 所小学，公办中小学在校学生 7 170 人，教师 370 人。民办学校（小学）2 所，在校学生 3 504 人，教师 220 人。至 2015 年上半年，全镇 7 所公、民办中小学校 100% 创建成为广东省义务教育标准化学校，并成功创建成为中山市义务教育发展均衡镇（区）。2015 年、2016 年和 2017 年连续三年荣获"中山市教育事业发展水平优秀镇区"称号。

南头教育在镇党委、政府的正确领导下，教育综合改革步伐不断加快，课堂教学改革不断深化，全镇教育生态充满活力，取得了可喜的成绩：南头镇初级中学 2017 年中考再创佳绩，达到中山市第二中学以上（国家示范性高中）分数线的学生达 176 人，上线率达 30.1%。小学教学质量显著提高，在 2017 年中山市义务教育质量监测中，全镇五年级抽测成绩优异，语数英三科总分超出市平均水平近 10 分。全镇师生在 2016—2017 学年度参加各项竞赛评比屡获佳绩，获市级以上奖励达 869 项，其中国家级奖励 64 项、省级奖励 60 项、市级奖励 745 项。课题研究取得了新

突破，目前，全镇中小学校共有国家级立项课题 6 项、省级 5 项、市级 7 项，级别高、数量多。

在学校特色建设方面，南头镇也取得了长足的进步和可喜的成就，现已基本形成南头初级中学足球和田径、中心小学足球和管乐、民安小学武术、升辉小学书法、将军小学跆拳道等一批学校特色，其影响力和辐射面正不断扩大。2017 年，南头镇民安小学的武术特色节目《撬春》登上了中央电视台 7 套农业特别节目《天南地北齐闹春》，将军小学的跆拳道项目在省市传统项目比赛中连续 4 年获省市总分第一名；升辉小学已连续举办了十届中山市青少年"升辉·涛美杯"书法大赛，并成为中山市书法家协会在镇区唯一的创作基地；南头镇初级中学的足球和田径类项目在各级比赛中累获佳绩，该校被评为全国足球特色学校。中山电视台、中山日报、中山商报等媒体多次对南头镇中小学特色建设情况进行了宣传报道，进一步促进了全镇中小学校的特色发展。

一、南头镇中小学课堂教学改革的背景及现状分析

（一）传统教学盛行：穿新鞋走旧路

全国基础教育课程改革于 2001 年已全面启动，但在 2014 年以前，南头镇中小学的课程改革仍停留在"穿新鞋走旧路"的传统状态，教师口中讲着新理念、手中拿着新教材，但在课堂教学中仍充满了"填鸭式""满堂灌"的味道，教师讲得头头是道，学生听得昏昏沉沉，导致"教师主导缺失，学生主体缺位"，"自主、合作、探究"的新课程理念得不到有效贯彻。教师们还是习惯于依靠拼时间、拼精力来提高教学质量，而南头镇中小学校大多为走读制学校，学生在校学习时间本来就十分有限，拼时间，显然没有寄宿制学校的优势。于是，教师们甚至把课间休息、大课间活动、中午休息、节假日等学生该休息或活动的时间都挤掉，为学生的学习加班加点，扬长补短，弄得师生精疲力竭，长此下来，导致教师越教越苦，心力交瘁，厌教懈怠，学生越学越累，心不在焉，厌学成风。师生们处于这样一种教学状态，教学质量的提高自然受到制约，纵向与自己相比只能勉强维持，横向与教育发达镇区的差距却逐年拉大。

（二）课改推进乏力：变革难以为继

全国基础教育课程改革启动虽然已 10 多年，但南头镇课堂教学改革一直启而难动，动而难进，导致教学质量多年难有新的提升和突破，原因是

多方面的，主要表现在以下几个方面：一是对课改结果的担忧。不少教育行政干部和教师担心搞课改，学校管理难度加大，教师无所适从，学生难以适应，课堂教学活动出现混乱状况，不仅难以提高教学质量，甚至连现有的教学质量也难以保持，生怕影响学生前途，导致家长强烈不满，教育行政部门评价欠佳，镇党委、政府追责，社会议论偏颇，有损学校和整个镇区的教育声誉。二是观念没有切实转变。教师们心中虽然知道新课程强调"通过转变教师教的方式，促进学生学的方式的转变"、课堂教学要落实"自主、合作、探究"的学习形式，但在日常教学中，传统的习惯性思维根深蒂固，传统课堂的教学形式熟练成型，教师们心中虽装有想法，但做中并没变法，新的课程理念只记忆在脑里，停留在口中或记录在论文中，教学观念未切实转变，课程理念只是"纸上谈兵"，课堂改革俨然成为"空中楼阁"。三是缺乏可借鉴范例。全国课程改革之初，虽有很好的理念，但在新课程教学实践中还没有可借鉴的课改模式，甚至在几年前，南头镇周边地区仍没有可供借鉴、推广的课堂教学改革模式，这对于我们推进课改无疑是"巧妇难为无米之炊"，学校行政干部无力领导和指导课改，广大教师苦于无计可施，无从下手。

在种种主客观原因的作用下，南头镇课堂教学改革推进乏力，以致多次浅尝辄止，难以为继。

二、南头镇中小学推进课堂教学改革的主要做法与经验

南头镇自 2013 年 10 月开始部署教育综合改革的各项工作，2014 年春季学期开始启动，2016 年 1 月，南头镇人民政府与广东省教育研究院签署了共建现代化学校实验区合作方案，改革就由个别先驱学校的零星探索走向教育管理部门的系统推动，至 2017 年 12 月，全镇 7 所公、民办中小学 100% 参与课堂改革行动计划，实现义务教育阶段各年级主要学科的全覆盖。

（一）统一思想、目标驱动，描绘区域推进课改蓝图

先进的课程系统是超越"应试式"办学的关键因素，为了准确把握方向，降低改革的风险系数，2014 年 12 月，南头镇邀请了中山市教体局组成的专家团，针对全镇学校管理、教育科研、教学改革、设施设备等方面进行深入调研，形成了《南头镇教育改革与发展调研报告》。在该报告指导下，南头镇进一步明晰了以"活力教育"为愿景的育人体系，要求各学校以课程领导力建设为切入点，把培育学生终身受用的学习力作为课程改革的首要任务。

为了进一步明晰"活力教育"的内涵以及推进策略，2015年初，南头镇又邀请了广东省教育研究院以汤贞敏院长、谢绍熺主任为首的专家团作调研论证，专家们给我们明确了"活力教育"的育人体系，主要包括一个核心、一条路径和三大特质。一个核心即坚持"为每一位孩子终身发展打好底色"，实现办好每一所学校、成就每一位教师、幸福每一个孩子的发展目标。一条路径即推进学校的教育教学改革，并与培育未来社会所需人才的核心素养相结合，明晰学校的育人目标，完善学校制度管理，整体推进教育高位均衡发展。三大特质即培育"活力校园""活力课堂""活力教师"，最终成就"活力儿童"，培养学生适应终身发展和社会发展的必备品质与关键能力。为实现上述目标，南头镇制订了"发展教育"五年行动计划和高效课堂三年建设方案，提出了区域整体发展策略，明确了全镇中小学整体推进教育改革的目标。同时，把高效课堂建设当做一把手工程，校长作为牵头人和责任人，实现由"行政管理"向"课改引领"转型，引导全镇中小学依托课堂教学改革推动特色发展、内涵发展。

（二）上下联动、建章立制，夯实区域推进课改基础

1. 上下联动，主动参与。镇教育事务指导中心是推进中小学教学改革的组织者、推动者。南头镇成立了以分管教育的镇党委委员担任组长的南头镇"中小学教学改革试点项目"领导小组和工作组，明确教育事务指导中心在推进中小学教学改革的组织、设计、指导等方面的具体职能，强化中小学校是改革的主体，课堂教学改革的发起和持续推进关键是校长的意识和决心，充分调动校长的改革内驱力，充分发挥学校在推进教学改革中的主体作用。通过开展课改现场会、校长论坛、专家讲座、外出观摩教学等活动提高校长们对课堂改革的认识。为了强化校长的推动作用，南头镇把推进中小学教学改革工作纳入学校发展性评价和校长个人年度考核的重要指标，在校长选拔任用中也充分考虑推进改革的意识和能力。在明确镇教育事务指导中心和学校作为课堂改革组织者和实施者的责任后，全镇上下联动按照两条线构建项目实施工作体系：一条线是以校长为主要负责人的学校，另一条线是以中心教研组组长为主要负责人的各学科。由教育事务指导中心学科教研员牵头，集中研究能力较强的骨干教师组建学科教学改革研究小组，定期确定主题进行研究。

2. 制度保障，形成常态。在充分调研论证的基础上，南头镇出台了《南头镇关于深化中小学教学改革的意见》，明确改革的目标，落实三个方面的主要任务，即"改革中小学教学管理、改革中小学教学方式、改革中小学教学评价"，提出完善课例研究的具体要求，把课例研究列为中小学教学改革提供持续动力的教学研究方式。有了制度的支撑，各学校把推进课堂改革作为日常重点工作来抓，实现了"三个融合"：课堂改革与常规工作相融合、课堂改革与班级管理相融合、课堂改革与教师评价相融合，促使课堂教学改革成为常态的研究工作。

（三）整体规划、梯次推进，保障区域推进课改有序进行

南头镇十分注重整体规划改革工作，坚持以问题为导向，全程聚焦问题，确立了"以点带面、梯次推进、整体提高"的工作思路，把课堂教学改革分为三个阶段。第一阶段是课改规范阶段。该阶段有两个主要任务：一是进一步规范学校教学管理和教学行为，落实《南头镇中小学教学常规管理规范》，聚焦课改理念的强化和操作规范的落实，驱动广大教师努力构建民主、和谐、开放、富有活力的高效课堂，促进学生在思想品质、学习兴趣、学习习惯、学习能力、创新精神等方面的发展；二是主要抓好"点"的实验，镇教育事务指导中心牵头开展宣传发动工作，各学校拟定实验班、实验年级和实验教师，以课例研究为载体，促进教研活动制度化、规范化，提高校本研训的有效性，推动课堂教学改革落地实验。第二阶段是课改深化阶段。该阶段在总结经验的基础上进一步扩大实验范围，从"点"辐射到"面"，教师"以生为本""自主、合作、探究"的课改理念逐步得到强化，"自主学习、主动交流、有效合作"的课堂教学模式逐步得到固化。通过实施课例研究的校本研训活动，进一步提升了教师教学水平，努力让课堂注入智慧，推动构建高效课堂教学模式。该阶段南头镇还注重把推行课改与现代化学校建设相融合，引导教师使用微课、一起作业网等信息技术手段促进学生的自主学习，组织开展翻转课堂的研讨活动，促进信息技术与学科教学深度融合。第三阶段是课改提升阶段。该阶段重在寻求突破，主要工作是在规范和创新的基础上，进一步深化"高效课堂"的研究与实践，进一步提高课堂教学改革与现代化学校建设的融合度，促进从"课堂改革"到"课程改革"的转变，总结并推广具有南头特色的"高效课堂"经验。在"三个阶段"规划、目标的指引下，全镇课堂教学改革沿着正确的方向有序推进，并且收到了良好的效果。

（四）理念引领、方法指导，找准区域推进课改抓手

1. 加强培训，强化理念。理念指挥行动，我们通过"幸福课堂"的问卷调查和一系列的课堂观察，引导教师们聚焦当前教与学存在的亟待解

决的问题，引起改革的迫切感。通过论证总结，我们发现课堂上存在的种种怪象，皆源于教师的"一言堂"。教师的"一言堂"，剥夺了学生表达的权利；教师的"一言堂"，束缚了学生活跃的思维；教师的"一言堂"，遏制了学生参与的欲望。教师为何"一言堂"呢？那是因为教师没有树立正确的教育教学观，没有从尊重儿童、发展儿童的角度去定位。了解到症结所在，我们便开展一系列的全员培训，一是组织教师们到周边先进地区进行实地的课堂观察，以引起理念上的冲突。二是开展系列"南头教育名家讲堂"活动。邀请广东省教育研究院基础教育研究室谢绍熺主任作题为《构建智慧课堂，助力教育信息化》的专题讲座，邀请全国中语会教改课题专家指导委员会主任委员特级教师胡明道作题为《对话有效教学》的专题讲座，邀请课堂改革名校长辽宁省铁岭市第十八小学赵广钧校长作题为《做真教育》的专题讲座，邀请广州市越秀区教研员周莲清作题为《让学习在课堂上真实发生》的专题讲座，邀请南京市天正小学名校长王九红作题为《童心即天，爱心至正》的专题讲座，另外，每年暑假都邀请市内名家举行为期两天的课改专题培训。希望通过大量的培训引导教师们强化课堂"让位"意识、"导演"意识，真正把课堂学习的时间和主动权让给学生。

2. 方法指导，助推行动。为促进理念转化成有效的行动，我们分批组织了中小学行政及教师到东北、辽宁、湖北、南京、西安、香港、广州等地考察取经，安排学校行政干部及骨干教师20多人次前往由广东省教育研究院牵头组织的广东实验中学、广州市五山小学、东风西路小学、华南师范附属小学等名校蹲点学习，吸取先进教育地区、学校的成功经验，借鉴其中的精髓，结集编印了《南头镇中小学课堂改革操作规范指引》和《南头镇中小学课堂改革50问》，各学校利用业务学习时间和校本研修时间进行系列化的学习，在学习中教师们掌握了小组长培训的要点、构建学习共同体的策略，以及合作学习、有效展示和长效的评价激励的策略……这些方法上的指导给了教师们推进课改的抓手，让他们不至于盲目摸索，使改革少走了弯路，降低了改革的风险系数。

（五）搭建平台、科研引领，注入区域推进课改助长剂

为了促使实验常态化，南头镇通过"活动促研"的方式，搭建各种平台展示教师们的实验成果。一是改革校本教研方式。以往的校本教研主要以听课评课为主，教研的目的性不强。为了提高校本教研的成效，打造学习型的校本教研，我们拟定了主题式校本教研范式，即先主题学习，再观摩主题课例，然后围绕主题进行研讨，最后总结出具体的实施策略。二是建立每月主题研讨制度。为了促进各学校的校本教研向纵深方向发展，南头镇每月月初定出研究主题，月底开展主题学习交流活动，如小学的研讨主要以镇内四所公办小学联盟的方式进行，一所学校作课例展示，其他三所学校围绕主题评课，以教研共同体的方式同步推进，促使镇内每所学校都参与其中。三是搭建对外交流的平台。南头镇是广东省教育研究院共建现代化学校实验区。一方面我们定期邀请省教育研究院专家莅临作专题讲座、深入课堂作深度指导，推荐教师参加广东省小学数学乡村骨干教师培训班；另一方面通过与名校名师同台研课、同课异构等方式促使教师找差距、明思路、学教法，同时积极承办广东省教育研究院主办的全省小学数学课程与教学专题研讨会暨名师交流等活动，以检验课改的成效。此外，南头镇的初级中学、中心小学、民安小学、升辉小学、将军小学五所公办小学分别与市内名校中山市第一中学、中山市实验小学、小榄广源小学、小榄丰华小学以及开发区第一小学结成创新发展合作体，在每月的对外交流中检验实验效果，反思、总结实验工作，提升实验成效。四是大力开展"以科研促教"活动。围绕建设高效课堂的主题，南头镇引导教师树立"问题即课题"的意识，积极把实验中遇到的难题作为课题去作系统的研讨，从具体的教学现状中思考问题的本质，借助具体的教育理论指导教学行为，避免头痛医头、脚痛医脚，使实验更科学、更高效。五是发挥骨干的示范引领作用。南头镇通过评比"优秀教师成长共同体"和"优秀教研基地"等活动树立了一批课改骨干教师，再充分发挥他们的作用，成立"专题研究工作室"，逐步攻克课改难题，同时通过开展高效课堂"示范教研组"和"示范学校""课改创新学校"等创建活动，推进构建高效课堂向纵深方向发展。

（六）改革评价、重在发展，形成区域推进课改后续发展力

教学评价是教学改革的重要导向，南头镇注重发挥评价的导向作用，主要关注了三方面的评价：一是对学校的办学评价。2014年，我们就开始着手修订原有的以单一的教学成绩排座论次、以毕业班考试成绩论功行赏的评价方案。在学校的评价方面，增加了课堂教学改革、教师专业发展、校本教研制度建设的权值，并在年度教育工作会议上设置奖项，表彰鼓励先进，促使各学校力争上游。在之后的几年内，我们又陆续增加了理想课堂、有效教学框架应用等评估奖励项目，使教学考试成绩所占的比重由原来的100%下降到了40%，特别凸显了对教育教学过程、课堂教学改革的

奖励。二是对优质课堂的评价。教育事务指导中心经过系统的论证和长期的课堂观察，制定了《南头镇中小学"十度"课堂评价表》，此课堂评价对以"自主、合作、探究"为主要理念和实施策略的高效课堂建设作了明确的导向：从评"教"转向评"学"，从评"结果"转向评"过程"，从评"教师的教授水平"转向评"教师的助学水平"。评价的核心分为教学设计、教师素养和学习效度。其中"教学设计"指向的是备课的质量，包括教学目标、重难点定位的准确度，教学内容与活动流程设计的严谨度，媒体运用与学科特点的结合度。"教师素养"包括教师调控课堂的灵活度、教师教学语言的精准度和对特殊学生的关注度。"学习效度"包括学生自主学习的参与度、小组合作探究的有效度、"三维"目标的达成度和习得知识技能的延展度。三是对学生的综合评价，从原来的学期评变为节节评、天天评、周周评，缩短了评价的周期，使评价变得可视化；从原来的教师评变为自评、师友评、师长评，扩大了评价的参与者，使评价更真实；从原来的以学业成绩为主的单一评价变为以自主程度、合作效度、探究深度为主的多样评价，丰富了评价的维度，使评价更趋于合理；从原来的以奖状为主的激励奖品变为以祝贺成长式的人文激励，提升了评价的亲和力，使评价更有温度。

三、南头镇中小学推进课堂教学改革面临的主要问题

经过几年的实践探索，南头镇的课堂教学改革从理论感悟中摸索着做、从经验借鉴中模仿着做开始，已初步构建起充分体现"自主、合作、探究"课程理念的"两主三查"互动型学本课堂教学流程，初步建立起"两主三查"的系列制度及有关指导意见，为南头镇深化课堂教学改革发挥着良好的指导和保障作用。但我们深知，南头镇的课堂教学改革只是走出了"万里长征第一步"，仍有很多困惑需要我们破解，有很多困难需要我们克服，有很多问题需要我们解决。

（一）部分教师观念转变缓慢

课改，作为一个新生事物，让教师们接受需要一个过程。搞课改，前提是教师观念的转变。几年来，南头镇为切实转变教师观念，累计投入了200万元，用于开展以课改为主题的"走出去探访课改名校，请进来让名家指点迷津"专题培训，年年精心策划 2 ~ 3 场课改现场会、课改论坛及课改教学比赛，有效地促进了绝大多数教师教学观念的转变，但部分年龄偏大、不善于接受新事物、传统教学观念根深蒂固的教师不愿变、不敢变

的意识仍比较强烈，以致学而不化、化而缓慢，阻碍了观念转变的进程，课堂教学仍是"穿着新鞋走旧路"。

（二）各中小学校课改进程不一

推进课改是一项系统工程，教师是推进课改的主体与主力，但课改深化程度及其成败，核心在于一个有课程领导力和课改引领力的校长，关键在于学校教学部门的精心策划、得法指导与持续推动，基础在于学校德育、后勤等部门的有效联动与紧密配合，与家长的支持和配合也极为重要。因各校对课改认识程度不一、重视程度不一，学校干部课程领导力与课改引领力存在差异，教师队伍学习能力、业务能力等存在差距，南头镇中小学校推进课改的力度存在差异，进程不一。一些学校推进课改的机制、制度较为完善，已形成全员参与、全校实施的局面，而个别学校的个别年级、个别学科仍处在观望不前、举棋不定的状态。

（三）教学资源库建设进度滞后

体现"自主、合作、探究"理念及学习方式的高质量的微课、导学案等教学资源，对于推进及深化课堂教学改革而言，是不可或缺的重要资源和有力支撑。自 2014 年启动课改至今，南头镇十分重视课改资源库建设，已收集微课近 600 个，精选出的导学案几乎涵盖从小学一年级至初中三年级的各个学科。但微课及导学案数量仍明显不足，可供选择的数量不够；质量上良莠不齐，存在着对课标把握不准、对教材分析不透、设计制作粗糙等问题；资源库在管理技术上仍比较落后，只停留在打包存储、下发学校参考使用层面，对教师日常使用情况不能实施监测，对微课及导学案修订情况未能及时收集整理等。

（四）特色课堂模式构建有待探讨

目前，南头镇中小学校"两主三查"课堂教学改革基本模式已被广大教师接受，教师们在教学设计、指导学生"自主、合作、探究"学习、教学流程操作等方面已逐渐娴熟。但在课堂教学的创新性设计、与学科教学特点的有机融合、与教师个性化的科学整合以及如何更加有效地发挥"教师主导，学生主体"作用等方面的处理上仍存在不少困惑，遇到不少困难，课堂教学主要还是停留在模仿阶段，还未形成科学融合学科特点、充分发挥教师主导功能、充分凸显学生中心的特色鲜明的高效课堂模式。

四、南头镇深化课堂教学改革的对策建议

（一）进一步强化对教师课改的个性化指导

1. 加强对课改领军教师的个性化指导。一是深化与课改名校的交流合作。通过安排课改领军教师深入课改名校蹲点学习、邀请课改名师前来"送课上门"、与课改名校名师深入开展"同课异构"、组织课改领军教师开展课例微格研讨等活动，悟自己之不足，学他人之所长，不断创优课堂教学。二是深入开展课改领军教师理论高端培训。用前沿理论武装领军教师头脑，引导领军教师对课堂教学理念、方式方法等进行理性反思，在科学理论指导下实现高屋建瓴的课堂改革，更好地发挥课改领军教师的"传、帮、带"作用，助力教学改革深入推进。

2. 抓实课改后进教师的帮扶指导工作。一是深入与课改后进教师开展谈心活动，引导他们敢于摒弃传统课堂观念与课堂教学方法，积极投身课堂教学改革。二是组织课改后进教师开展新一轮课改理论、理念、基本模式及操作方法、技术等方面的培训，为他们尝试课改提供指引。三是组织课改后进教师深入领军教师的课堂进行观课，让他们在模仿学习中学会课改的基本技术和操作方式、方法。四是组织学科骨干教师深入课改后进教师的课堂听课，对他们进行"手把手，心贴心"的指导与鼓励，提高他们坚定课改的信心，增强他们深化课改的能力。

（二）进一步优化强化课改的机制制度保障

成立以教育事务指导中心教研员牵头的南头镇深化课改攻关小组，进一步深入开展课改研讨，深入各中小学开展课改课视导，及时把握课改推进进程，分析课改问题，总结推广经验。修订完善导学案设计指引、小组合作学习指引、课堂观察及评价指引等文件制度，为进一步深化课改提供理念、技术、方法上的指引和保障。定期开展"同课异构"教学交流、课改优质课比赛、导学案设计比赛、课改论文评比等活动，引导教师在交流中反思，在反思中变革，在变革中创优，不断优化课堂教学，激活师生课堂生态，提高课堂教学质量。

（三）进一步优化课改资源库的建设与管理

成立南头镇课改资源库建设与管理工作组，邀请学科专家、学科骨干教师对现有微课、导学案等教学资源进行审阅、修订，并分年级、学科、单元等进行分类整理。针对现有资源不足的状况，部署新一轮课改资源的开发与收集工作，严格资源审核把关环节，配足、配齐、配优微课、导学案等资源，提高资源的质量及可选择性，最大限度地满足各中小学课改的需求。加快资源库管理软件的开发与运用进程，尽早实现对教学资源的科学管理，及时监测教师使用资源的情况，提高资源的利用率，及时收集教师对资源库建设的意见建议，不断优化资源库的管理。

（四）进一步深化课堂教学模式的实践探索

组织课改攻关小组及课改领军教师在"两主三查"基本操作范式基础上，针对当前课改中遇到的问题，实行分学科类别、找问题清单式的攻关研究，牢牢把握"教重主导，学为中心"的课改方向，紧密结合学科教学特点及教师的个性特质，深入探讨"自主、合作、探究"学习的有效策略，优化"两主三查"操作细节，总结高效课堂运作规律，提炼凸显学生中心的独特的高效课堂模式，引导南头镇课堂教学改革更加深入、更加有效地推进，助推南头镇教育综合改革全面深化。

（五）进一步综合利用与省教育研究院的合作平台

针对南头镇与广东省教育研究院合作共建现代化学校实验区两年来累积的经验，以及当前南头镇教育改革发展中遇到的新问题，邀请省教育研究院专家组再次深入南头镇中小学校就学校发展顶层设计、队伍建设、课程建设、课堂改革、教育科研、特色发展等进行全方位把脉问诊，进一步梳理教育改革发展思路，把准改革发展突破口，明确改革发展深化策略，并借助省教育研究院专家的智慧、力量及名校、名师资源，优化学校发展的顶层设计，强化骨干队伍培养，深入开展教育研究，深化课程建设与教学改革，积极打造学校特色，全面提升全镇教育综合发展水平。

"路漫漫其修远兮，吾将上下而求索。"课改路上虽然艰辛，但艰辛历练促进了师生的成长，提高了课堂的效率，让我们看到了南头教育特色发展、内涵发展的曙光！课改，仍将在路上！我们将不忘初心，继续前行！

（执笔：谢桂华、梁柳珍；审稿：谢绍熺）

后 　记

　　回首 2017 年，广东省教育系统以教育"争先进、当标兵、建高地"为统领，在学习贯彻党的十九大精神和习近平新时代中国特色社会主义思想，贯彻落实国家、省教育规划纲要和省教育发展"十三五"规划上迈出了坚实的步伐，粤东西北地区教育"创强""争先"工作成绩斐然，珠江三角洲地区教育现代化工作"当标兵"佳绩频传。展望 2018 年，广东省将以深化教育体制机制改革为动力，加快教育现代化，全面提升教育内涵发展水平。广东省教育研究院继 2013 年至 2017 年每年编撰出版《广东教育改革发展研究报告》（又称"广东教育蓝皮书"）引起广泛关注和好评后，又隆重推出 2018 年广东教育蓝皮书。

　　作为"打造我国南方先进教育思想理论形成与实践高地"重大教育研究工程，2018 年广东教育蓝皮书坚持高举中国特色社会主义伟大旗帜，秉承邓小平理论、"三个代表"重要思想和科学发展观，以习近平新时代中国特色社会主义思想为指引，以服务教育决策、创新教育理论、指导教育实践、引导教育舆论为基本定位，融"理论战略政策研究"与"基础教育课程教材教学研究"为一体，通过文献研究、调查研究、比较研究、数据分析、理论探索、政策解读，梳理、归纳、提炼 2017 年广东省各级各类教育改革发展取得的成就经验和存在的困难问题，分析、研判、预测 2018 年教育改革发展面临的形势任务和热点、难点问题，形成研究报告，为各级党委、政府及教育行政部门的教育决策、教育治理提供科学依据，为各级各类学校教育教学改革发展和办学水平提升提供有效指导，为社会各界以及海内外关心支持广东教育改革发展的人们提供权威参考。

　　编撰出版广东教育蓝皮书，坚持六项原则。一是坚持针对性原则，立足广东教育改革发展需要。各个研究报告都是从市情、省情、国情出发，针对各级各类教育改革发展的具体问题特别是重点、热点、难点问题开展研究。二是坚持科学性原则，遵循人的认知成长规律、教育教学规律和经济社会发展规律。坚持解放思想、实事求是、与时俱进，做到理论与实践相结合、继承与创新相结合、定性研究与实证研究相结合、问题与对策相结合，梳理总结教育改革发展成就，提炼归纳教育改革发展先进经验，研究分析教育改革发展存在的问题，提出深化教育体制机制改革、加快教育现代化的策略。三是坚持全局性原则，从全球、全国、全省高度审视问题。坚持广东特色、国家需要、世界眼光，努力把握国内外教育改革发展趋势，大胆探索广东特色教育改革发展路径和举措，为完善中国特色社会主义现代教育体系做贡献。四是坚持重点性原则，围绕中心工作，研究关键核心问题。深刻领会省委、省政府的战略决策，紧密围绕省教育厅中心工作部署，准确把握广东教育改革发展大方向，研究实质性问题，跟踪热点问题，剖析难点问题，寻求教育改革发展重大突破之道。五是坚持前沿性原则，打造理论与实践研究品牌。追踪国内国际教育理论、战略、政策和实践前沿，致力于打造教育理论与实践研究品牌，力求具有思想先进性、理论创新性、战略前瞻性、政策可行性、实践科学性。六是坚持客观性原则，实事求是盘点广东及各地教育改革发展成就，分析广东及各地教育改革发展问题，预测广东及各地教育改革发展走势。

编撰出版广东教育蓝皮书，一直得到中共广东省委教育工委、广东省教育厅和各地级以上市教育局高度重视，列入省委教育工委、省教育厅年度工作要点，成立编辑委员会，主任由省教育研究院院长担任，副主任由副院长担任，委员由省教育研究院各机构有关负责人、韶关市始兴县和中山市南头镇有关负责同志担任，总主编和副总主编由省教育研究院院长、副院长担任。各研究报告由省教育研究院各机构以及有关合作单位撰写。广东高等教育出版社为全书出版提供全方位服务。在此一并致以衷心感谢！

　　我们的宗旨是使广东教育蓝皮书成为广东教育研究品牌，成为广东教育改革发展研究的权威发布和广东各级各类教育决策与治理的重要参考，成为其他省（区、市）和世界各地了解广东教育改革发展的重要窗口。综合而言，2018 年广东教育蓝皮书视野有待进一步扩展，对成就、经验的总结有待进一步提炼升华，对存在问题的把握有待进一步提高，对策建议的提出还需要进一步强化全局意识、决策思维和科学性、可行性论证，另外在数据、文字表达以及体例规范上可能还存在一些问题。敬请读者不吝赐教！

广东教育蓝皮书编委会

2018 年 3 月 6 日